DICTIONNAIRE
HISTORIQUE
ET ARCHÉOLOGIQUE

DU

DÉPARTEMENT DU PAS-DE-CALAIS

PUBLIÉ PAR LA

Commission départementale des Monuments historiques.

Arrondissement de Béthune.

TOME I.

ARRAS
SUEUR-CHARRUEY, LIBRAIRE-EDITEUR,
31, PETITE-PLACE, 31.
1875

DICTIONNAIRE

DU

PAS-DE-CALAIS

Pas de Calais 2
E

DICTIONNAIRE
HISTORIQUE

ET ARCHÉOLOGIQUE

DU

DÉPARTEMENT DU PAS-DE-CALAIS

PUBLIÉ PAR LA

Commission départementale des Monuments historiques.

Arrondissement de Béthune.

TOME I.

ARRAS
SUEUR-CHARRUEY, LIBRAIRE-EDITEUR,
31, PETITE-PLACE, 31.
1875

PRÉFACE

Nous disions, en commençant le premier volume du *Dictionnaire du Pas-de-Calais,* arrondissement d'Arras, que cette œuvre était autant le travail des anciens membres de la commission que de ceux qui la composent aujourd'hui. Et en effet nous citions, comme un des principaux collaborateurs, M. l'abbé Parenty, dont les Notes précieuses servent si souvent à ses successeurs dans la carrière difficile, scabreuse, de l'histoire locale. Aujourd'hui nous avons à produire un second fait de la même nature, puisque c'est le travail d'un de nos collègues mort depuis près de cinq ans que nous venons d'abord offrir aux lecteurs.

M. le comte Achmet d'Héricourt avait laissé une histoire de Béthune, fruit de longues et patientes recherches dans les Archives de cette ville et dans celles du Pas-de-Calais. La Commission a cru faire œuvre de justice et de pieux souvenir envers l'un de ses membres les plus zélés, en publiant ce travail dans toute son étendue, et elle a trouvé le plus sympathique acquiescement à cette bonne pensée dans la noble famille du défunt. C'est donc une œuvre posthume que nous donnons d'abord, et cette œuvre, sans les pièces justificatives, comprend plus de 10 feuilles d'impression. On ne saurait s'en plaindre, puisqu'on a une histoire complète d'une ville, importante dans le passé et qui le devient de jour en jour davantage.

Ce développement considérable de la Notice consarcée à la ville de Béthune nous a conduits à donner à l'arrondissement de Béthune deux volumes au lieu d'un, et à ne composer ce premier volume que des seuls cantons de Béthune, Cambrin et Carvin.

Béthune-Ville ayant été traité par M. d'Héricourt, M. de Cardevacque n'a eu à s'occuper que de Béthune-Canton. M. Dramard nous donne ensuite les Notices de toutes les communes du canton de Cambrin, et M. Dancoisne termine le volume par celles du canton de Carvin.

Ce dernier canton renfermant des communes d'une fort grande importance, on trouvera sûrement que l'auteur a eu raison d'entrer à leur sujet dans des développements considérables. Tous profiteront ainsi des recherches longues et opiniâtres, des démarches, des études spéciales d'un homme connu depuis longtemps pour l'exactitude et l'esprit consciencieux qui distingue ses travaux.

Le second volume contiendra les Notices sur les cantons d'Houdain, de Laventie, de Lens et de Lillers: ils ont été étudiés avec le plus grand soin, et l'édition de Guimann qui paraît en ce moment leur servira pour préciser certains points, en même temps qu'elle fournira à ces Notices un assez bon nombre de faits nouveaux.

Rien n'est épargné pour rendre ce *Dictionnaire* le plus complet possible. Les auteurs ne reculent ni devant les démarches, ni devant les dépenses quelquefois considérables, en copies de manuscrits et en voyages ; c'est qu'ils sont animés par l'amour de la vérité et par le désir de donner à leurs lecteurs ce qu'il est possible de trouver, dans l'état actuel des sciences historiques et dans leur application aux communes du Pas-de-Calais.

L'ABBÉ E. VAN DRIVAL,
PRÉSIDENT DE LA COMMISSION.

Arras, le 23 décembre 1875.

CANTON
DE
BÉTHUNE

BÉTHUNE.

S'il y a dans le culte des traditions et des antiquités quelque chose qui ressemble au double sentiment de la piété filiale et du patriotisme, rechercher dans l'obscurité des temps inconnus les annales d'une cité pour en réveiller le souvenir dans chacun des enfants qu'elle a vu naître est donc une entreprise pieuse et louable, et on ne peut en contester l'immense utilité. Le plus sûr moyen, en effet, de vouer les hommes au sol natal est d'exposer à leurs yeux la longue série d'événements qui intéressent à la fois leur gloire civile, militaire et industrielle ; les entretenir de l'activité, du courage et des vertus de leurs ancêtres, n'est-ce pas les engager à marcher sur leurs traces ? Redire les luttes que les anciens bourgeois de Béthune ont soutenu pour maintenir leurs chartes et leurs priviléges, n'est-ce pas aussi les engager à se montrer comme leurs pères, citoyens dévoués au pays ?

D'autres avant moi ont écrit sur Béthune ; et cependant cette histoire si palpitante d'intérêt, si curieuse au point de vue féodal et municipal, est généralement ignorée.

En 1597 un professeur en langue grecque de l'Université de Douai, supérieur du séminaire d'Arras, lorsque les prêtres séculiers en avaient encore l'administration, publia un discours sur les villes de Douai, Arras et Béthune. Ce discours ne contient que quatre pages et offre peu de faits intéressants. La part que les avoués de Béthune ont prise aux Croisades, le siége de Béthune en 1297, l'échange de cette place en 1365, tels sont les faits les plus importants et presque les seuls que contient ce discours. La moitié au moins en est occupée par une description de Béthune faite en longues phrases sonores et en périodes arrondies avec soin. On voit que Hoius, tel est le nom du professeur, voulait surtout faire un discours cicéronien.

Toutefois, nous ne pouvons passer sous silence l'importante publication d'André Duchesne, 1 vol. in-fol. et qui renferme dans sa partie diplomatique (Preuves) plusieurs documents fort importants pour l'histoire de Béthune. Malheureusement, comme ce savant historiographe n'écrivait qu'au point de vue généalogique il a tronqué un grand nombre de preuves et pièces justificatives publiées par lui. Empreint en outre d'un esprit de partialité que rien n'explique, il a omis sciemment tout ce qui pouvait porter atteinte ou préjudice à la puissance des seigneurs dont il écrivait l'histoire. Enfin ce travail s'arrête à l'époque où la ville de Béthune passa par mariage au comte de Flandre, et même pour cette période le style incolore et suranné de son texte en rend la lecture fatigante.

Pendant plus d'un siècle, l'histoire de Béthune fut négligée ; personne ne se préoccupa de rechercher dans les archives locales les faits dont la connaissance pouvait offrir quelqu'intérêt. En 1838, un avocat de cette ville, M. Lequien, compulsant les archives avec le projet de les classer, fut frappé de cette lacune ; il se mit avec ardeur à l'œuvre, mais détourné de ses soins par des fonctions administratives il ne put mener son travail à bonne fin et ne publia qu'une courte notice. Le seul mérite de cet opuscule, dit l'auteur, qui n'est guère autre chose que le relevé d'extraits faits sur des lectures toujours rapides et souvent interrompues, sera en effet de mettre à même ceux que les renseignements contenus dans cette notice peuvent intéresser, de les obtenir sans prendre la peine de déchiffrer les écritures des XIII° et XIV° siècles et de feuilleter de nombreux manuscrits, dans lesquels sont épars au milieu des relations les plus insignifiantes quelques documents plus ou moins précieux pour l'histoire de Béthune. Ce sont ces documents plus ou moins précieux, ces relations les plus insignifiantes que nous publions aujourd'hui, et nous avons la prétention de croire que notre travail est digne de fixer l'attention de l'Académie des Inscriptions et belles-lettres, moins par le talent de l'auteur, il lui a fait souvent défaut, que par l'importance des faits inconnus qu'il a arrachés à l'oubli.

Chargé en 1840 de mettre en ordre les archives de cette ville, (les plus graves préoccupations du moment étaient alors la publication du savant ouvrage de M. Aug. Thierry), nous fûmes frappés des nombreux documents échappés au ravage des temps et des révolutions. Nous ouvrîmes plusieurs registres avec un religieux respect, espérant y trouver quelques nouveaux aperçus, et nous vîmes que tout était encore à faire.

C'est donc un ouvrage neuf que nous publions aujourd'hui écrit uniquement d'après les sources inédites. Non content d'avoir compulsé avec le plus grand soin les Archives communales nous avons fouillé le dépôt départemental, nous avons frappé aux portes des Archives nationales de Paris, nous avons compulsé les manuscrits de la Bibliothèque nationale, puis prenant notre essor vers le Nord, après une pause heureuse à Lille, nous avons réclamé du zélé Vandermeers de Gand la connaissance des pièces qui concernaient Béthune, et partout nos investigations ont été couronnées du plus grand succès. Puissent les conservateurs de ces riches dépôts recevoir ici un témoignage public de notre sincère reconnaissance.

Il en est de Béthune (1) mme de la plupart des villes d'ori-

(1) Betunia dans une ate de Godescalque évêque d'Arras du XIII⁰ siècle. *Archives du Pas-de-Calais, titres de St. Barthélemy.*

Beithunie, dans une charte de Robert avoué d'Arras de 1241 relative à une rente qu'il possédait sur Annezin. (*Mêmes arch.*)

Bétune, dans une charte de 1248 relative à la donation faite par Robert de Béthune de 20 liv. de rente au Chapitre de St. Barthélemy et dans des lettres de Robert de Fiennes, Connétable de France du 28 mai 1366. (*Mêmes archives.*)

Biethune, dans une charte de Marguerite comtesse de Flandre de 1269 et dans une information ordonnée par le roi de France, en 1317, dans le but de connaître quelles sont les rentes que le chapitre de Béthune possède à Essars (*Tit. de St. Barth.*)

gine féodale qui n'ont point de commencements connus. On a cherché son nom dans la prétendue langue des Celtes, et, cette langue véritable providence des étymologistes, ne les a point laissés au dépourvu. Un d'eux, savant professeur en l'université de Douai, plus fort probablement en littérature latine, a trouvé un rapprochement avec l'ancienne Bythinie (1), selon lui, Béthune dériverait des mots Thuyn, Thunen, Bei-Thunen qui, en langage flamand (probablement teuton ou celtique), signifieraient haies, buissons et clotures ; *lieu asseuré et bien contregardé*, dit-il, d'autant, comme le remarque Duchesne qui rapporte également cette étymologie que les plus anciennes villes des Gaules n'étaient protégées que par des haies et par des palissades. D'autres s'en sont rapportés à Bullet et ont cherché dans ses travaux une étymologie tirée de la situation de ce lieu, *Bydunem*, voulant dire près des dunes qui sont selon un chroniqueur *colines élevées contre la mer et contre les marets desquels tout le pays voisin de Béthune est remply* (2). Enfin, pour rapporter une dernière étymologie qui nous paraît la plus vraisemblable au point de vue de l'origine des villes féodales *Beythun* signifierait littéralement près de l'enclos (3). Quant à nous, nous n'attachons qu'un intérêt très-secondaire à ces travaux, car on sait avec quelle réserve il faut accepter la plupart des étymologies des noms de lieux.

Des traditions qui, il est permis de le croire, n'étaient pas sans attrait pour nos pères rapportent que cette ville existait à une époque reculée. C'est du reste un usage généralement établi de reculer autant que possible la fondation des villes ; il suffit qu'el-

---

Bethunia dans une Charte de 1315. (*Mêmes sources.*)

Biethunne, dans un titre de 1344, du mois de novembre, relatif à différents biens situés au Maisnil. (*Mêm. source.*)

Betthune, dans des lettres du 20 mai 1352 relatives aux fossés de Béthune. (*Mêmes archives*).

Dans le cours du XIIIe et du XIVe siècles on écrit fréquemment Béthune.

(1) Hoii orationes tres... et Betunia.
(2) Duchesne, *Histoire de la Maison de Béthune* p. 9.
(3) Harbaville. *Mémorial hist. et archéol. du Pas-de-Calais*, t. 1, p. 283.
Selon cet auteur Thun signifie tantôt *hortus, septum, domus, villa, vicus* et tantôt *nemus* et *campus*.

les soient situées près d'une source d'eau pure, au milieu de vertes prairies pour que les annalistes de ces localités prétendent que les Romains ont dû s'y fixer. L'éloignement de ces voies tracées au commencement de notre ère pour mettre en rapport les extrêmités du monde connu avec la ville éternelle (1), le silence des historiens, tout parait s'élever contre cette opinion. D'ailleurs, si nous avions à nous prononcer pour l'établissement d'un vicus ou d'une mansio, nous inclinerions à croire que les Romains se sont fixés plutôt à Beuvry. Des fragments de poterie, des vases de terre grossièrement travaillés, d'armes gauloises en silex, et surtout un grand nombre de monnaies que le sol des charrues met journellement à découvert nous paraissent justifier notre opinion. Quant à Béthune, sa position élevée nous fait croire que son origine est plutôt féodale. Quelque seigneur, peut-être comme le dit Duchesne un des descendants de ces anciens comtes d'Arras (2) sur lesquels l'histoire n'a que des notions si indécises vint y fixer sa demeure seigneuriale. A l'abri de la forteresse féodale des habitants se groupèrent, et bientôt cette petite ville, si l'on peut donner ce nom à l'assemblage de quelques maisons réunies dans un but de protection mutuelle reçut de nombreux accroissements. Une monnaie découverte par M. Dancoisne et que doit bientôt publier ce zélé numismate (3) prouve que dès le VIII° siècle Béthune

---

(1) Les voies romaines qui traversaient le pays compris maintenant dans l'arrondissement de Béthune, sont au nombre de deux ; l'une est la route départementale n° 12 ; l'autre dite Chaussée Brunehaut ou simplement Bruneau est devenue en grande partie le chemin de grande communication n° 65. Toutes deux, de l'ancienne capitale des Atrebates (Nemetacum et Origiacum) se dirigeaient vers le littoral ; celle-ci par Thérouanne et celle-là sur Cassel par Lens (Vicus Helena), Labassée (Bassea) et Estaires (Minoriacum).

M. F. Lequien, dans un rapport manuscrit sur les anciennes voies romaines dans l'arrondissement de Béthune, incline à voir une *via terrena* dans le chemin formant aujourd'hui les lignes de grande vicinalité, n°s 57, 8 et 9 venant presqu'en ligne droite du centre de la Picardie aboutir sur La Bassée à la première des deux anciennes voies ci-dessus.

(2) Sur les comtes d'Arras, Voir Buissart : *Notice sur le siège d'Arras par les Espagnols*.

(3) Dans un curieux travail sur les méreaux de Béthune on lit sur cette monnaie *Bethunin* et de l'autre côté quelques lettres indiquant le nom du monétaire.

avait déjà une certaine importance et que l'on y frappait monnaie. Toutefois le premier document écrit qui fasse mention de cette localité et qui même paraît ne point présenter toute l'authenticité désirable en semblable matière serait l'érection au faubourg de Catorive, ou la reconstruction, d'une église dédiée à St.-Vaast (1). Elle aurait eu lieu par les soins pieux d'Hermanus, seigneur de Béthune et d'Eva son épouse. Granmage et Delocre qui vivaient au XVI° siècle sont les premiers historiens qui, à notre connaissance, aient mentionné ce fait échappé aux laborieuses recherches de Duchesne. Ce zélé historien n'a même point découvert le nom d'Hermanus que Delocre mentionne, ce qui permet quelque doute ; en outre n'est-il point probable que si une église eut existé au faubourg de Catorive comme le prétend Delocre et ses copistes, on n'eût point fondé à quarante ans de distance la collégiale de St. Barthélemy qui joua un rôle si important dans l'histoire locale du moyen-âge; les seigneurs de Béthune eussent augmenté les donations faites par leurs prédécesseurs, mais ils n'auraient point pensé à élever un nouveau temple dans un siècle où ils étaient encore si rares. D'ailleurs, et c'est un fait digne de remarque, c'est que dans les nombreuses donations des seigneurs de Béthune, donations que Duchesne a enregistrées avec un soin minutieux dans son histoire généalogique il ne soit fait aucune mention de l'église de St-Vaast.

On ne peut cependant point mettre en doute qu'au X° siècle les seigneurs de Béthune ne fussent de riches et puissants seigneurs. On sait en effet qu'à l'époque où les abbayes voyaient que les rois n'étaient plus assez forts pour les couvrir de leur autorité, elles s'adressèrent au seigneur qu'elles croyaient le plus capable de les protéger et sacrifièrent une partie de leurs domaines à la néces-

---

(1) On dit même que St-Vaast, dont les travaux apostoliques contribuèrent à faire fleurir la religion catholique en Artois, y aurait fondé une chapelle au faubourg de Catorive olim sanctus vedastus Flandriæ occiduæ apostolus, Virgini matri inscripserat.
Locrii, *Chron. belg.* p. 154.

sité de se procurer un défenseur (1). Parmi ces monastères, l'un des plus riches et des plus puissants, mais aussi l'un de ceux qui avaient eu le plus à souffrir était sans contredit celui de St.-Vaast d'Arras ; il dut donc apporter le plus grand soin dans le choix de son protecteur ou avoué qui, non seulement était chargé de défendre l'abbaye contre les brigandages des gens de guerre et les exactions des seigneurs impies, mais qui avait voix consultative dans les délibérations où se discutaient les intérêts de l'église (2). Et cependant il est prouvé qu'à la fin du X° siècle Robert dit faisseux (3) premier seigneur de Béthune dont Duchesne fasse mention, était en possession de cette charge. Nul doute que ses

(1) Bonorum ecclesiasticorum partem aliquam eis in beneficium ultro concedebant ut reliquorum essent patroniac defensores.(Du Cange v. *vice dominus*.)

L'abbé de S. Saulve de Montreuil s'expliquant en l'an 1100 sur les motifs qui l'ont porté à choisir le comte d'Hesdin pour avoué de cette abbaye, déclare qu'il lui a accordé cette préférence parcequ'il est le plus fort, le plus puissant et le plus en position de faire respecter les propriétés et la justice de son église.

Voy. l'ouvrage de St Genois sur les *Avoueries et les Avoués de la Belgique*.

(2) En 1036 Leduin abbé de St.-Vaast d'Arras voulant régler les droits du tonlieu de son église et savoir ce que chaque marchand qui fréquentait le marché d'Arras devait lui payer, convoqua une assemblée à laquelle assista Gérard évêque de Cambrai et d'Arras, Albéric châtelain de cette ville, plusieurs seigneurs du pays ainsi que Robert Fesseux et Helgot avoués.

Duchesne, *Hist. généal. de la Maison de Béthune*. Preuves, p. 4

De ce que l'on trouve à cette époque deux avoués de St.-Vaast il n'en faut point conclure, ainsi que le fait très-bien remarquer le savant Duchesne, que l'avouerie n'ait point été entière dans la Maison de Béthune, mais plutôt qu'Helgot et Robert étaient unis par une proche parenté, et que cette charge avait été partagée soit entre leurs pères, soit entre eux. Du reste après Jean, que l'on croit être le successeur direct d'Helgot, l'avouerie retourna toute entière à Robert III petit fils de Robert Ier.

(3) Ce Robert était surnommé le faisceux ou faisseux, *fasciculus*, soit pour avoir adopté dans ses armoiries des bandes ou fasces *fasciæ seu fasciolæ*, soit pour avoir établi des impôts sur les faisceaux ou bulles de marchandises, soit par allusion au port des faisceaux de verges, introduit à Rome par Tarquin le Vieux, soit à cause de l'usage qu'il avait fait renaître de « certaine « parure de chausses que l'on appelloit bandes de vermeil fasciolæ crurales vermiculatæ. »

Voy. Duchesne, *Ouvr. précit.*, p. 70 et suiv. et Hennebert, *Hist. d'Artois*, t. II, p. 58.

vastes domaines ne se confondissent avec ceux de l'abbaye (1) enrichie par les donations successives de plusieurs rois. Quoique puissante déjà, la Maison de Béthune, si nous pouvons employer cette locution moderne pour désigner les successeurs de Robert, ne fit que croître en gloire et en puissance.

A cette époque Béthune n'est encore qu'une faible ville où l'on n'eût point deviné le germe de la célébrité industrielle et commerciale qu'elle acquit quelques siècles plus tard. Toute sa vie paraît concentrée autour d'un château-fort qu'outre ses défenses factices protégent les marécages qui s'étendent au pied de la montagne. Mais bientôt la force brutale va céder, la civilisation représentée par les clercs va poindre sous la protection des seigneurs à qui elle ne tardera guères de dicter des lois. Le règne de Robert en effet est tout religieux, et l'histoire n'a mentionné que ses pieuses fondations. C'était le temps ou la terreur de la fin du monde, les remords personnels, le désir de détourner les fléaux qui sévissaient amenaient à chaque instant dans toutes les parties de l'Europe chrétienne la fondation des églises et des monastères. La foi était vive, elle consolait le peuple par l'espérance d'une vie meilleure de son siècle; et elle arrêtait les grands par la crainte. — Robert suivit l'exemple leure de son siècle; à l'instigation de Herluin(2) évêque de Cambrai et d'Arras, qui confirma ces donations, il éleva à Béthune une église en l'honneur de Dieu, de la vierge Marie et de St. Barthélemy apôtre ; l'autel fut affranchi de toutes charges et reconnaissances dues au prélat à la condition qu'il y aurait des clercs dits chanoines pour

---

(1) L'avoué tenait plusieurs terres en relief de l'abbaye de St.-Vaast. « Idem « advocatus homoligius sancti vedasti ad relevium sexaginta solidorum, « feudum ejus est ea quæ habet in allodio sancti vedasti de Sally et de Fleur-« bais et de La Ventya.

« Item advocatus homoligius sancti vedasti ad relevium sexaginta solidorum, feudum ejus est medietas villæ quæ vocatur Richebourg. »
Extrait de Wiman religieux et grand prévôt de l'abbaye de St. Vaast. Annotations du journal de la paix d'Arras, p. 167. M. Tailhar, de Douai, prépare un travail sur le Cartulaire de Wiman. (Ce travail a paru. *N. de l'éd.*)

(2) Berluin, archidiacre de Liége, succéda à Rotard II en 993, sur les sièges réunis de Cambrai et d'Arras. Il mourut en 1014 après avoir puissamment contribué à développer le mouvement religieux dans le nord de la France.

y célébrer le service divin. Robert lui donna en outre l'église du Locon avec plusieurs dîmes qu'il avait le droit de percevoir sur la forêt d'Allonne, les terres situées à Nœu et une brasserie, car déjà à cette époque reculée la bière était la boisson ordinaire des habitants de l'Artois. Herluin fulmina en outre des anathèmes et des excommunications contre quiconque violerait cette donation (1).

Pendant que les hommes pieux de l'Occident se rendaient aux saints-lieux pour accomplir des vœux formés dans des moments de détresse ou pour obtenir le rachat de quelques fautes (2); des prélats orientaux venaient à travers l'Italie et la France jusque dans le comté de Flandre et même en Angleterre réclamer de puissants secours pour la délivrance des chrétiens opprimés (3). Après avoir accompli leur pieuse mission ils faisaient quelques pèlerinages dans les lieux les plus en renom afin que Dieu bénit leurs travaux, puis ils retournaient près de leurs frères avec des paroles d'espoir et de consolation. Quelquefois cependant la mort les saisissait dans le voyage, mais Dieu témoignait combien leurs efforts lui avaient été agréables ; des miracles signalaient leur puissance et l'église les vénérait au nombre de ses saints.

---

(1) Duchesne, *Ouv. précit.* Pièces just., p. 1 et suiv.

Le *Cartulaire de St Barthélemy* désigné sous le nom de *Livre rouge* existe encore aux Archives du Pas-de-Calais.

En 1152 le pape Eugène confirma les donations faites à la collégiale de St Barthélemy, lui concéda toute justice, sauf la suprématie de l'évêque diocésain et menaça d'excommunication quiconque voudrait porter préjudice à ces donations.

Archives du Pas-de-Calais. Titres et papiers de S.-Barthélemy. — Orig. en parch. dont la bulle de plomb est perdue.

(2) Voy. Ludovic Lalanne, *des Pèlerinages en Terre-Sainte avant les Croisades*, 1 vol. in-8.

(3) C'est ainsi qu'au Xe siècle l'arménien Masarius, archevêque d'Antioche qui, à deux reprises différentes avait visité les lieux-saints, vint terminer ses jours à Gand au monastère de S. Bavon. *Vita S. Mac. ap. Boll. acta SS. apr.* 1 p. 880. Ses récits réveillèrent sans doute le zèle pieux de ceux qui les entendirent, et le jour de Pâques suivant S. Poppo, fils de Tizekin et d'Adelwife vit le feu sacré descendre sur le tombeau du Sauveur. *Acta SS. ord. S. Ben. sec.* VI, 1 p. 502.

— 10 —

Pendant l'année 1033 Jorius (1) évêque du Mont Sinaï s'arrêta à Béthune au retour d'un pélerinage qu'il venait d'accomplir à la statue de la vierge boulonnaise (2). Mais pendant la nuit il succomba aux fatigues du voyage ; son hôte, craignant d'être inquiété à cause de cette mort subite, prit le cadavre et l'enterra secrètement dans son jardin. Bientôt des apparitions et des événements surnaturels firent découvrir sa sépulture, le corps du B. Jorius fut levé de terre avec grande pompe et transporté dans l'église St-Barthelémy où il fut honoré d'un culte particulier. La maison où il avait rendu le dernier soupir fut convertie en une chapelle qui subsista jusqu'à la fin du siècle dernier (3).

Le 26 juillet, jour de sa fête, les chanoines de St-Barthélemy y venaient processionnellement en chantant une prose en cinq strophes qui nous a été conservée (4). En outre dans l'église collégiale une chapelle était placée sous son vocable et le trésor des reliques possédait plusieurs objets que l'on croyait lui avoir appartenu (5).

(1) On sait fort peu de chose sur Jorius: l'auteur qui en a parlé avec le plus de détails est Petrus Louwius in posthumis Molani Schedis ad Natales sanctorum belgii. Il se contente de dire que le père de Jorius était Etienne et sa mère Hélène ; qu'il eut sept frères dont l'un fut Macaire. Ces détails se trouvent également rapportés par Rayssius in Hierogazophylacio Belgico, p. 83. Malbrancq de *Morinis et Morinorum* rebus, liv. VIII ch. XXX. — Gazet, *Tableaux sacrés de la Gaule Belgique* p. 67, etc... Les Bollandistes, qui, dans les *Acta sanctorum*, t. V, p. 340 et suiv. ont publié le résultat de leurs recherches sur les saints, avouent n'avoir rien ajouté à Molanus : hæc Molanus, quibus, quod addamus, nihil est. Et cependant ils s'étaient adressés aux chanoines de St-Barthélemy de Béthune, ils avaient consulté la tradition, enfin ils n'avaient négligé aucun moyen de connaître de nouveaux détails. Voy. encore sur ce saint l'abbé Parenty, *Histoire de Florence de Verquigneul*, pp. 183 et 184.

(2) *Histoire de N.-D. de Boulogne*, par Ant. Leroi, 9e édit., publ. par P. Hedouin, p. 29. Selon la tradition la statue miraculeuse de la vierge aurait pénétré vers 633 dans le port de Boulogne dans un vaisseau sans rames et sans matelots.

(3) *Mémoires mss. du P. Ignace*, t. III, p. 404 et Harbaville, *Mémor. hist. du Pas-de-Calais*, t. 1, p. 284.

(4) *Boll. tom. precit. et Loc. chronic. Belg.* p. 187 et 188.

(5) On conservait deux petits coffres et deux étriers que l'on croyait lui

ROBERT II ayant succédé dans la seigneurie de Béthune et dans l'avouerie de St-Vaast d'Arras à son père mort en 1037, s'attacha à continuer ces pieuses fondations. Six chanoines furent établis dans l'église de St-Barthélémy à la charge d'y chanter jour et nuit les louanges du souverain créateur. De nouvelles donations assurèrent leur vie indépendante, et Gérard évêque de Cambrai excommunia publiquement quiconque oserait y porter atteinte ou seulement revendiquer les biens donnés à l'église de St-Barthélémy par les deux Robert de Béthune. Ce seigneur qui avait joint au domaine paternel la seigneurie d'Hénin-Liétard, y établit douze chanoines (1) vers 1040 (2), leur donna divers biens et leur céda certains droits et revenus pour leur assurer une existence indépendante (3). En outre Robert prit une part active aux principaux événements de l'Artois. Toujours à la cour de Flandre il souscrivit aux pieuses libéralités des comtes (4), les accompagna dans leurs voyages à Arras, à Saint-Omer, à Corbie, etc... A la mort de Baudouin VI de nombreux démêlés agitèrent le comté de Flandre ; Richilde de Mons s'était emparé de la tutelle de ses en-

---

avoir appartenu. Son corps avait été déposé dans l'église de St-Barthélemy et sa tête était annuellement portée en procession au lieu où il avait d'abord été enterré. Gazet. *Histoire ecclés. des Pays-Bas,* édit. d'Arr. p. 160. Art. Jorin. — Le bréviaire de Béthune conservé sous le n° 884 des manuscrits de la bibliothèque d'Arras ne fait aucune mention de ce saint.

(1) *Chronique de Baldéric,* édit. de Le Glay. p. 223.—Duchesne, *Hist. généal. précit.* pp. 87, 89 et 92. — Roger. *Arch. de Picardie et d'Artois.* — Emmanuel Sueyro, *Annales de Flandre en espagnol.* — Castillion, *Sacra belgii chronologia.*

(2) L'abbé de Glen, *Hist. manus. d'Hénin-Liétard.*— Ferry de Locre, *Chron. belge,* p. 190 et depuis lors cette date a été adoptée par tous les écrivains qui ont parlé de cette institution, tels que Wastelein, Harbaville, etc.

(3) Toutefois il serait difficile de dire précisément quels étaient ces droits et ces biens. L'abbé de Glen, *Ouv. précité,* pense que Robert avait accordé aux chanoines deux parts de la dîme d'Hénin et douze bonniers de terre. Ces chanoines ne se bornaient pas uniquement à célébrer l'office canonial, ils avaient aussi charge d'âmes à Hénin et allaient dans les villages voisins prêcher la parole de Dieu.
Voy: Dancoisne. *Recherches sur Hénin-Liétard.*

(4) Duchesne, *Preuves,* nous a conservé presque tous ces titres, nous renvoyons à cet auteur.

fants mineurs, tutelle que revendiqua Robert que les chroniqueurs appellent le Frison à cause de la gloire qu'il avait obtenue dans les provinces néerlandaises. On en vint aux armes, et les villes ainsi que les seigneurs se partagèrent entre Robert et Richilde (1). Béthune prit parti pour cette infortunée princesse ; quant à Robert, il trouva dans les plaines désastreuses de Cassel une mort glorieuse près du jeune prince à la cause duquel il avait voué son épée (21 février 1072) (n.s.).

ROBERT III, son successeur, suivit une autre conduite et se soumit à Robert le Frison généralement reconnu comte de Flandre. A cette époque une grande consécration des idées religieuses se manifestait en Flandre et une expédition mémorable se préparait. La voix de S¹ Arnoul avait préparé ce mouvement ; Robert le Frison, le cruel vainqueur de Bavichove, l'auteur perfide du meurtre du duc de Lorraine, le complice de l'impiété de Lambert de Bailleul, provoqua les chevaliers et les entraîna aux saints-lieux. Ce fut en 1085 qu'après avoir confié le gouvernement de la Flandre à son fils Robert il se dirigea vers la Syrie avec Baudouin de Gand, Weilner de Courtray, Burehard de Commines, Gratien d'Ecloo, Heremar de Somerghem et autres chefs (2). Robert de Béthune ne prit aucune part à ce pélérinage qui précéda de si peu la première croisade, lorsque Robert de Flandre entouré de sa bouillante féodalité arriva le troisième sur les rives du Bosphore. Le seigneur de Béthune fut-il du nombre des croisés ? il y est compté même par les chroniqueurs contemporains (3), mais il n'eut point la gloire de contri-

---

(1) Richilde, non contente d'appeler à sa cour les Wallons, qui, au dire d'une vieille chronique flamande, « haïssent et détestent les Flamands » avait exigé de ces derniers, des impôts auxquels ils n'avaient jamais été soumis, et elle voulait les forcer à payer quatre deniers par maison, quelque pauvre qu'elle fût. Cet impôt reçut le nom de Balfart. *Chronique flamande*, publiée par MM. Blommart et Serrures, t. 1, p. 22.— Lambert d'Ardres, *Script. rer. fer.* t. XI, p. 298. *Oudegherst*, édit. Le Broussart, t II, p.142, et les historiens qui ont écrit sur la Flandre.
(2) *Chron. Aldenb.* 1085, Kervyn de Lettenhove, *Hist. de Flandre*, t. 1, p. 305.
(3) *Albert d'Aix*, p. 293 ap. Bongars.
Plusieurs auteurs modernes ont admis cette version, *Jacobi Meieri annales*

buer à la délivrance des saints-lieux, car au mois de novembre 1097, pendant que les chevaliers croisés, après avoir envahi la Syrie, arrosaient de leur sang les murs d'Antioche, Robert de Béthune apposait sa signature au bas d'une charte confirmative des donations faites à l'abbaye du Mont-St-Eloi (1). Dès lors, et jusqu'à sa mort arrivée en 1106 l'histoire n'a enregistré aucune des actions de Robert (2).

ROBERT IV, désigné sous le surnom de Tros, se signala par sa généreuse piété à l'égard de l'église collégiale de St-Barthélemy et de l'abbaye du Mont-St-Éloi (3). Il établit dans la ville de Béthune trois chapelles, l'une située hors des murs et consacrée à

Flandriæ lib. 4. On l'aura sans doute confondu avec son fils Adam de Béthune qui s'illustra par sa bravoure et obtint pour sa part des conquêtes de la Terre-Sainte la baronnie de Bessan en Galilée. — Voy. Duchesne, *Ouv. précité*, p. 95 et 543. — Roger, *Noblesse et Chevalerie du comté de Flandre*, etc., p. 174.

(1) Par cette Charte Lambert de Guînes premier évêque d'Arras depuis la séparation de ce siége de celui de Cambrai ratifiait les donations et confirmations accordées à l'abbaye du Mont-St-Eloi par ses prédécesseurs. Cette charte se trouve dans *Miræi oper. dipl.*, édit. de Foppens, t. 1, p. 166 et 167.

M. l'abbé Fréchon a publié dans le 6e vol. des *Mémoire des Antiquaires de la Morinie*, une excellente monographie sur Lambert.

(2) Nous ne parlons pas d'une charte mentionnée par Duchesne à laquelle il a apposé sa signature, et qui n'a nul rapport avec sa biographie. C'est moins d'ailleurs l'histoire des seigneurs de Béthune que nous nous proposons d'écrire que celle de la ville ; leur généalogie a été bien faite par Duchesne et notre travail, quelque complet qu'il puisse être, ne dispenserait jamais de recourir à son ouvrage. Toutefois les riches archives des comtes de Flandre confiées aux soins éclairés de M. Leglay et celles de la Flandre orientale, que M. Vander Meers nous a fait connaître avec une obligeance si parfaite nous ont fourni l'occasion d'ajouter quelques notes qui avaient échappé aux recherches minutieuses du zélé historiographe.

(3) L'abbaye du Mont-St-Éloi fondée en 1066 pour des chanoines réguliers était beaucoup plus voisine d'Arras que de Béthune; néanmoins les seigneurs de cette ville contribuèrent puissamment par leurs généreuses libéralités à augmenter ses richesses. Ce fait s'explique facilement: car les terres environnantes de ce monastère appartenaient aux avoués, notamment Carenci qui, dès le Xe siècle, était en la possession de Bauduin II, fils de Robert faisseux. Duchesne a ignoré le nom du premier possesseur de Carenci, mais il se trouve dans un acte de l'an 1033, rapporté en entier par de Douai dans sa continuation de l'*Histoire généalogique de la Maison de Béthune*.

la mère de Dieu sous le nom de N.-D. du Perroy (1), l'autre dans l'intérieur de la ville sous le vocable de St-Éloi et la troisième près de la Collégiale de St-Barthélemy en commémoration de St-Jacques, apôtre. Robert tint à la cour de Flandre le rang illustre qu'avaient occupé ses ancêtres. Ce comté était alors agité par de nombreuses divisions intestines ; les gens d'armes, sourds à toute conciliation, y commettaient d'affreux ravages; les seigneurs se faisaient une guerre continuelle, et le seul droit qui paraissait régner en Flandre était celui du plus fort. Bauduin (2), attristé d'excès qui portaient un préjudice notable à ses intérêts et à son autorité, réunit près de lui ses pairs et ses principaux conseillers afin de faire cesser un état de choses si désastreux (27 mai 1111). Il leur fit jurer ce qu'on appelait la paix du pays dont les principales dispositions avaient été arrêtées à Audenarde en 1030 lors de la réconciliation de Bauduin de Lille avec son fils (3). Parmi les personnages qui la jurèrent on cite Robert de Béthune, Alard de Tournai, Winemar de Gand, Gautier de Bruges, Roger

---

(1) C'est cette chapelle du Perroy qui fut le premier fondement du prieuré de ce nom établi en 1176. Voy. plus bas.

(2) C'était alors Bauduin VII qui, au dire d'Oudegherst, « fut appelé Hapkin
« ou Hapicule à raison de sa grande justice, car en son temps et plusieurs
« ans après les exécutions de justice qui de présent se font de l'espée se fai-
« soient de douloires ou hapkins. » Oudegherst, édit. de Lesbroussart, t. I,
p. 337. Selon une chronique flamande il portait toujours une petite hache à la main et quand il voyait un beau chêne il le marquait de sa hache en disant : « Voilà un bel arbre pour construire une forte potence. » *J. de Dixmude*, p. 39.

(3) Baudoin qui devait être comte de Flandre, le 5e de ce nom, s'était révolté contre son père, et l'avait contraint de réclamer l'appui de Robert de Normandie. Les troupes de ce chef, si célèbre dans les chants du moyen-âge et les traditions locales envahirent l'Artois, s'emparèrent de Chocques, près de Béthune et brûlèrent ceux qui y étaient renfermés. Alors Bauduin demanda la paix et sa soumission fut sincère. (Will. Gemmet VI, p. 6, *Chron. de Normandie ap. script. rer. fr. XI*, p. 223.) Dans l'assemblée tenue à Audenarde pour effacer jusqu'au souvenir de ces déplorables divisions on proclama la paix de Dieu ou trêve du Seigneur que tous les assistants jurèrent de respecter (*Vita S. Gerulfi ap. Boll. acta SS. Sept. VI*, p. 268. — *Leges pacis et treviæ Dei ap. scrip. rer. fr. XIV*, p. 389. — Kervyn de Lettenhove, *Hist. de Fl.*, t. I, p. 234.)

de Lille, Guillaume de St-Omer, etc. (1) Du reste cette paix n'eut pas les résultats que Bauduin en espérait. En comprimant les passions des nobles et bravant leur colère il eût dû penser que si sa vie devait être trop courte pour qu'il eût à les craindre elles ne tarderaient point à frapper son successeur.

Les monastères eux-mêmes n'étaient pas à l'abri des désordres de ce siècle; leurs principaux feudataires les trompaient et se faisaient un jeu des serments les plus sacrés. Un nommé Engelbert avait obtenu en récompense d'une charge féodale qu'il exerçait de lever sur toute la *famille de St-Vaast*, c'est-à-dire sur les gens de condition serve tant hommes que femmes qui dépendaient de ce monastère un tribut annuel au moyen duquel ils étaient exempts du droit de tonlieu qui se prélevait au profit des moines sur toutes les marchandises achetées ou vendues au marché d'Arras (2). Engelbert, outrepassant ses droits, rachetait moyennant une somme d'argent un grand nombre d'hommes libres qu'il inscrivait comme serfs (adulterina servitute), et lorsque des réclamations s'élevaient il prêtait le faux serment qu'ils étaient de la famille de St-Vaast et les délivrait ainsi de l'obligation du tonlieu. Les revenus du monastère en étaient considérablement diminués, aussi l'abbé conçut-il le projet de réclamer auprès de Charles le Bon qui régnait alors sur le comté de Flandre contre de semblables exactions. Le comte de Flandre vint à Arras, réunit ses principaux conseillers, et sur le rapport de Robert, avoué de l'abbaye de St-Vaast stipula que la condition d'un homme serf ne devait point se prouver par seul serment, mais que l'on devait vérifier son origine. Cette charte, une des plus importantes de ce monastère, fut délivrée à Arras en 1122 (3).

(1) Meieri *Annales Flandriœ*, ann 1111. Le Glay, *Hist. des comtes de Flandre*, t. 1, p. 249.

(2) Ingelbertin feodale ministerium est, censum capitalem a familia Sti Vedasti, serviis et ancillis scilicet, annuatim cum monacho colligere, et die constituto abbati repræsentare : quo censu omnes liberi sunt a theloneo tam viri quam feminæ. Duchesne, *Ouv. précit. Preuv.*, p. 17.

(3) Ingelbertum in auditu omnium compellari per Robertum advocatum... qui euntes, per Robertum advocatum responderunt.

— 16 —

A quelque temps de là, Charles le Bon, que les chroniqueurs ont appelé, à juste raison, le *redresseur de torts*, tombait au pied de 'lautel de St-Donatien de Bruges frappé d'un fer assassin (1). Dès lors, la prospérité dont avait joui le pays s'évanouit, la guerre civile éclata avec fureur et les Flamands déployèrent de nouveau ce caractère turbulent et difficile qui les distingua au moyen-âge. Aussitôt de nombreux compétiteurs surgirent, le sang coula, et toute la chrétienté eut les yeux tournés vers ce malheureux comté. Alors Louis VI intervint dans les affaires d'un pays dont il était le souverain, il s'avança jusqu'à Arras et écrivit aux principaux seigneurs flamands de venir le trouver sans retard afin que d'un commun accord ils puissent élire un prince convenable et de leur rang pour gouverner le pays (2). Dans la situation périlleuse où était la Flandre il devenait urgent d'aviser aux moyens de la soustraire à l'anarchie, et le parti le plus expéditif était de s'entendre avec le roi au sujet des princes que l'on devait élire. On fit choix de députés qui partirent dès le lendemain, et Robert de Béthune fut de ce nombre. Quelques jours après ils revinrent à Bruges, assemblèrent le peuple dans le champ où il avait coutume d'être convoqué et lui lurent une proclamation du roi adressée aux habitants de la Flandre. Gauthier de Lillers prit ensuite la parole et déclara que les princes de Flandre et les premiers de cette terre par l'ordre et le conseil du roi avaient choisi pour comte du pays, Guillaume de Normandie (3), puis il ajouta :

Cette charte très-curieuse a été publiée par extraits dans Duchesne, *Ouv. précit.* pp. 17 et 18,

(1) 2 mars 1122. Charles unissait sa voix aux prières du clergé et récitait les psaumes de David ; il avait commencé le quatrième de la pénitence, lorsque Burchard lui abattit la tête d'un seul coup d'épée. Voyez sur cet événement les chroniqueurs flamands et Vita Caroli auctore Gualterio dans le *Recueil des historiens des Gaules*. Cette chronique a été traduite dans la collection des *Mémoires de Guizot*, t. VIII.

(2) Volo et præcipio vobis sine dolatione coram me convenire et communi consilio eligere comitem utilem quem vobis æqualem et terræ et incolis præesse consenseritis. Galb. ap. dom. Bouquet, *Ouv. précit.* p. 197.

(3) Guillaume surnommé par les Normands Longue épée (*Longaspata*, selon *Chr. S. Petri vivi Senon. ap. scrip. rer. fr.* t. XII, p. 283.), était fils de l'infor-

« Moi-même je lui ai donné mon suffrage, et Robert de Béthune, Bauduin d'Alost, Iwan, son frère, le chatelain de Lille et les autres barons l'ont élevé au comté. Nous lui avons prêté l'hommage de foi et fidélité selon la coutume établie pour ses prédécesseurs les comtes de Flandre. Quant à lui, pour nous récompenser de nos travaux il nous a gratifié des terres et des propriétés des traîtres sur lesquels pèsent la proscription, d'après le jugement porté par tous nos chefs et qui n'ont plus rien à attendre qu'une mort cruelle au milieu d'affreux supplices (1). » Dès lors Robert devint l'un des principaux conseillers de Guillaume Cliton ; il le reçut dans sa ville (2), l'accompagna en Flandre et apposa sa signature au bas de la charte par laquelle ce prince confirmait les priviléges des habitants de St-Omer et leur concédait une charte de commune (14 avril 1127).

GUILLAUME Ier succéda à son père en 1129, dans les seigneuries de Béthune, de Richebourg, Warneston, etc., et dans l'avouerie d'Arras devenue héréditaire dans cette famille. Le règne de ce prince fut marqué par un désastreux incendie qui, en 1137 consuma la plus grande partie des habitations ; l'église de St-Barthélemy ne fut même pas épargnée (3). La fréquence de ces

---

tuné Robert de Normandie et de Sybille de Conversan et petit-fils de la reine d'Angleterre, Mathilde de Flandre. M. de Givenchy a publié une notice sur ce comte, *Puits artésien*, t. III, p. 317.

(1) Galb. *Ouv. et édit. précit.*, p. 197. Ce discours a été traduit par Leglay, *Hist. des comtes de Flandre*, t. I, p. 298 et suiv.

(2) Tailliar, *De l'affranchissement des communes dans le N. de la France*, p. 132.

(3) « Bethunia perelegans in artesiis civitas, advocatiæ titulo clarissima, tristi flamma percutitur. Bresinius, Meyerus et Andr. Hoyus in sua Bethunia.
Une charte de 1448, citée par M. Lequien dans sa *Notice sur Béthune*, p. 13, signale l'incendie de 1137 comme ayant complétement détruit la ville. On attribue à ce désastre le manque de documents écrits antérieurs à cette époque.
« S. Bar-ptolomœi templum, quod tristi illo anni 1137 incendio simul cum urbe conflagrarat.
Ferreoli Locrii, *Chronic. Belgic.*, pp. 294 et 310.

désastres s'explique naturellement par les constructions en bois qui seules étaient alors en usage. Guillaume donna ses soins à la reconstruction de sa principale ville et répara autant qu'il était en lui ces désastres. Imitant les pieuses libéralités de ses ancêtres, il augmenta les donations faites par son père, à la chapelle N.-D. du Perroy (vers 1144) (1), y construisit un prieuré qui fut desservi par un chanoine régulier de l'abbaye du Mont-S¹-Éloi (2).

ROBERT V, son fils, qui lui succéda en 1144 fut l'un des seigneurs les plus illustres de l'ancienne Maison de Béthune et s'intitula : Robert par la grâce de Dieu, seigneur de Béthune, avoué d'Arras (1). Sur ces entrefaites le comte Thierry de Flandre, dont Robert était l'un des principaux vassaux, entraîné par le désir des voyages lointains, se rendit pour la quatrième fois en Terre Sainte et laissa l'administration de ses États à son fils Philippe. Soit que Robert eut réellement entrepris quelques actes contre l'autorité du comte de Flandre, soit que ce prince eût été jaloux

---

(1) Il lui abandonna vingt sols parisis de rente à prendre sur la terre de la Buissière, des dîmes à Staillebroc et à Richebourg ainsi qu'un faisceau de bois à prendre chaque jour dans sa forêt tant qu'un homme peut en porter, et quotidie fasciculum lignorum in silva mea, quantum humeris homo deferre poterit ad ignem faciendum. Cette charte sans date a été publiée par Duchesne, *Ouv. précit.*, p. 25.

(2) Duchesne, *Hist. généal.* p. 109. — P. Inace, *Mém. mss. de la Biblioth. d'Arras*, t. III, p. 425.

Pierre, prévôt de St-Barthélemy fit en 1180 tant en son nom, qu'en celui du chapitre, un accord avec l'abbaye de St-Éloi au sujet des offrandes que l'on faisait à la chapelle de ce prieuré. L'acte publié en partie par Duchesne, *Pr.* p. 46, porte que doresnavant les offrandes resteront aux religieux qui la desservent. Cette difficulté s'était élevée parce que cette chapelle se trouvait comprise dans l'étendue de la paroisse St-Barthélemy : Infra parrochiam sancti Bartholomæi extra castrum...

Le chanoine chargé de desservir le prieuré logeait au refuge que l'abbaye de St-Éloi avait dans la ville de Béthune. — P. Ignace, *Mém. mss.* t. III, p. 426.

(1) Le premier acte où il s'intitule ainsi est une concession à l'abbaye de Corbie d'un droit qu'il pouvait prélever sur plusieurs villages qui s'étaient mis sous sa protection. Cet acte, sans date, paraît être de 1155. Duchesne, *Hist. précit.*, *Pr.*, p. 31 et 32.

du crédit dont jouissait l'avoué de Béthune, toujours est-il que ce seigneur fut arrêté en 1158 et enfermé dans la forte tour de Douai; mais après une courte détention Robert fut rendu à la liberté à la condition qu'il s'engagerait par serment de rester fidèle au comte et de maintenir ses droits. Robert reprit ensuite le rang qu'il occupait à la cour de Flandre, et l'on ne voit point que de nouvelles difficultés aient troublé l'harmonie qui existait entre ces seigneurs (2).

Après avoir donné quelque temps à l'administration de sa seigneurie (1), Robert retourna à la cour de Flandre où il devint l'un des principaux conseillers du comte Philippe. Ce prince, après avoir assuré la paix de son comté, prit la croix, le 11 avril 1175, avec son frère et les principaux barons de ses États dont faisait partie Robert de Béthune (2). Toutefois ils ne s'embarquèrent pas immédiatement car l'archevêque de Cantorbéry et l'évêque d'Ély vinrent lui annoncer que Henri II d'Angleterre voulait, en expiation de la mort de Mathieu, comte de Boulogne, lui accorder un subside important s'il consentait à ajourner son départ jusqu'aux

---

(2) Sans vouloir nier positivement ce fait que Duchesne a cité d'après une chronique de Lambert de Waterlos, *Pr.*, p. 33, nous devons dire qu'aucun autre historien ni chroniqueur n'en fait mention.

(1) 1160 ou environ. Accord entre Robert, avoué de Béthune et Bauduin, châtelain de Lens et leurs héritiers, par lequel le châtelain, sa femme et Eustache leur fils, donnent à Robert la terre que Ségard de Céoches, Heldiarde, sa fille et Rainald, fils d'Heldiarde, possédaient en Angleterre, à tenir en fief du roi d'Angleterre. Le châtelain lui donne encore le bois de Feru, l'aulnoit et le marais qui est entre Toluie et la Beuvrière, à condition que l'avoué ne pourra y bâtir ni villes, ni châteaux, mais y aura seulement ses aisemens; moyennant ce, les difficultés qu'ils avaient ensemble au sujet de Camblin et de la forêt de Paschan sont terminées; et ils doivent se secourir l'un l'autre sauf la foi de leurs hommes.

Si les hommes de l'avoué et ceux du châtelain se disent des injures, la peine en doit être portée, pour ceux qui sont de la juridiction de Lens, *ad tumultum* de Nue (de Nœue) et pour ceux qui sont de la juridiction de Béthune à la trace de Vendin.

Cet accord a été fait par Thierry, comte de Flandre et Roger de Wavrin. (*Archives du département du Nord*, orig. en parch. scellé.)

(1) *R. de Dueto*, p. 582. *Bromton*, ann. 1175.

fêtes de Pâques. Henri avait deux motifs pour en agir ainsi; il espérait que le comte de Flandre ne marierait point les filles du comte de Boulogne sans réclamer son assentiment; puis, songeant lui-même à se rendre en Asie et conservant ses vues ambitieuses jusque dans l'accomplissement d'un pélerinage dicté par la pénitence il ne voulait point arriver le dernier en Orient (1). Cependant toute l'année 1176 s'écoula, sans que le roi d'Angleterre ait rempli sa promesse. Lorsque l'hiver fut arrivé, Philippe, fatigué de ces retards, chargea Robert de Béthune et le châtelain de Tournai d'aller porter ses plaintes à Henri II. Ils ajoutèrent que si le roi d'Angleterre ne remplissait point cet engagement, Philippe marierait ses nièces aux fils de Louis VII. Peut-être cette déclaration n'était-elle qu'un mensonge habile; néanmoins, elle eut un plein succès, et Philippe eut l'air de céder aux instances réitérées des ambassadeurs anglais en unissant les filles de Mathieu à ses principaux vassaux (2). Quant à Henri II, il remit au comte de Flandre cinq cents marcs d'argent et ne demanda plus à partir pour la Terre-Sainte (3).

Robert de Béthune, l'un des plus riches seigneurs de ce temps, avait profité de son voyage en Angleterre pour y visiter ses domaines de Mysewelle. Il signala sa piété par de riches donations à l'abbaye de Feversham, dont il accepta la protection contre tous, excepté contre le roi d'Angleterre. (4)

---

(1) *R. de Hoveden*, p. 561.
Mathieu, comte de Boulogne était frère de Philippe de Flandre; il l'avait suivi en Normandie dans l'expédition dirigée contre le roi d'Angleterre pour venger le meurtre de S. Thomas Becket, archevêque de Cantorbéry. Le comte Mathieu de Boulogne fut atteint d'une blessure mortelle dans une escarmouche le 25 juillet 1173.

(2) L'une des filles de ce comte de Boulogne épousa le duc de Louvain. (Miræi. *Oper. dipl.*, t. I, p. 106), l'autre le duc de Lœhringen qui conserva peu de temps le comté de Boulogne, bientôt transféré aux maisons de Saint-Pol et de Dommartin.

(3) *Gerv. Dorob.* an. 1177, *Hoveden*, p. 561. *Bromton*, p. 177. *Kervyn de Littenhove, ouvr. précit.*, t. 2, p. 62 et suiv.

(4) Les *Archives du département du Nord* contiennent des lettres par lesquelles Guerri, abbé de Feversham, et tout le couvent reconnaissent que Ro-

Vingt jours après le dimanche de Pâques fleuries la flotte flamande mit à la voile. On y voyait parmi les principaux chevaliers Robert de Béthune, Évrard de Tournai, Henri, châtelain de Bourbourg, Roger, châtelain de Courtrai, Ras de Gavre et un grand nombre d'autres barons et principaux vassaux du comte Philippe (2). Après s'être arrêtée en Portugal et à l'île de Chypre, elle aborda vers le mois d'août à Ptolémaïde. Baudouin II, dit le Preux, régnait alors sur ce pays ; il offrit à Philippe le gouvernement de ses États, mais ce prince le refusa. Que lui importait en effet un royaume lointain sans cesse déchiré par la guerre, à lui qui possédait l'un des plus beaux fiefs non-seulement de la couronne de France, mais du monde entier. Néanmoins soit qu'il voulut récompenser les services que lui avait rendus Baudouin de Béthune, soit qu'il ne fût guidé que par son ambition, il conçut le projet d'une double alliance entre les fils de ce seigneur et les deux sœurs de Baudouin le Lépreux. Sybille était veuve du marquis de Montferrat, et il n'était point douteux que le nouvel époux qu'elle accepterait n'obtînt avec la tutèle de son fils le gouvernement de l'Orient. Quant à sa sœur, jeune encore, elle habitait avec sa mère à Naplouse. Philippe espérait que Robert de Béthune n'hésiterait point à lui céder en échange de quelques baronnies en Palestine les vastes domaines qu'il possédait en Flandre. Se trouvant un jour au milieu des conseillers parmi lesquels siégeait l'archevêque Guillaume de Tyr, Philippe leur demanda pourquoi ils ne le consultaient pas sur le mariage de sa parente Sybille,

---

bert de Béthune, avoué d'Arras, leur a donné, du consentement de Robert, Guillaume, Bauduin, Jean et Conon ses enfants, toute la terre de Missewelle, avec ses appartenances, à tenir en fief sous la redevance annuelle de six livres sterling à payer à Robert ou à ses héritiers, à Feversham.

Robert promet de les protéger contre tous hommes, excepté contre le roi d'Angleterre.

L'abbaye déclare avoir payé à Robert, pour ces lettres et la confirmation, cent marcs sterling ; elle promet faire participer à ses prières Robert, Adelice, sa femme, et Clémence, sa mère.

Témoins : Elbert de Carency, Jean de La Fosse, etc, etc.

Ces lettres sont imprimées dans Miræus. *Oper. dipl.*, édit. Foppens, t. IV.

(2) Oudegherst, *Ann. de F.*, édit. de Lesbroussart, t. I, p. 440.

veuve de Guillaume de Montferrat.Ils répondirent, après avoir pris l'avis du roi, qu'ils ne s'étaient point occupés du mariage de la marquise de Montferrat parce qu'elle n'était veuve que depuis peu de temps, mais que s'il proposait une union convenable on ferait usage de ses conseils. Ils ajoutaient que son choix serait soumis à la délibération commune des barons. Je ne le ferai point, répliqua Philippe irrité ; il faut que les princes du royaume jurent de respecter ma volonté, car ce serait couvrir de honte une personne honnête que de la nommer pour l'exposer à un refus. Ces plaintes et ces menaces n'amenèrent point de résultats, et Philippe en montra son ressentiment par la froideur qu'il témoigna aux chevaliers de la Terre-Sainte. Il n'avait en effet passé que quinze jours à Jérusalem qu'il prit la palme, signe ordinaire de l'accomplissement du pieux pèlerinage et se retira avec ses chevaliers à Naplouse. Peu de temps après il envoya l'avoué de Béthune dire qu'il était prêt à combattre soit en Égypte, soit partout ailleurs où l'intérêt de la religion le réclamerait. De nouvelles difficultés s'élevèrent encore ; le comte de Flandre, après avoir fait prêter à ses chevaliers, et notamment à Robert de Béthune, le serment d'agir loyalement et de bonne foi, voulut y mettre des restrictions qui empêchèrent les chevaliers croisés de l'accepter. Philippe ne tarda guère à revenir en Flandre, et Robert l'y accompagna (1177) (1).

Le règne de Robert fut marqué par plusieurs désastres ; un nouvel incendie qui éclata en 1176 (2) ne fut en effet que le prélude de malheurs plus terribles.

Au Moyen-Age les maladies contagieuses étaient en quelque sorte endémiques dans les cités ; les populations entassées dans les maisons sales, exigues, bordant des rues étroites et tortueuses qu'obstruaient souvent des amas d'immondices, étaient frappées par le fléau. Parfois il paraissait redoubler de violence ; l'effroi était parmi les habitants, les églises devenaient désertes, et le

---

(1) Guill. de Tyr, passim et les autres historiens de la Croisade.
(2) Bethuniense opidum incendio percutitur. *Chron. Aquicinct.*
Ferreoli Locrii, *Chron. belg.*, p. 332.

clergé seul essayait de vaincre ce découragement universel. Mais des hommes du peuple, simples, ignorants, déclaraient avoir eu commerce avec des êtres surnaturels ; quelquefois même un gage leur avait été remis. La confiance dès lors renaissait ; les temples suffisaient à peine à contenir les fidèles qui venaient rendre des actions de grâces au Dieu Sauveur. Pendant l'année 1188 le mal des Ardents faisait de grands ravages à Béthune, décimait la population et arrêtait tout généreux sentiment, les morts étaient laissés sans sépulture, les cadavres obstruaient la voie publique et les miasmes délétères qui s'en exhalaient redoublaient la violence du fléau. Soudain deux pauvres forgerons, Gaultier de St.-Pry et Germon de Beuvry eurent simultanément la même vision. Saint Éloi leur apparut au milieu d'une nuit sombre et leur prescrivit de réunir leurs efforts pour établir une charité ou confrérie dans le double but d'assister les malades et d'enterrer les pestiférés. Dès le matin tous deux obéissant à la voix mystérieuse se mirent en route et se rencontrèrent à mi-chemin des deux villages. Ils se jetèrent en pleurant dans les bras l'un de l'autre, se racontèrent leur vision et formèrent le projet de consulter le vénérable Royon, religieux du monastère de Saint-Pierre d'Abbeville et alors prieur de Saint-Pry. Ce saint prêtre les encouragea dans ce dessein, et, munis de ses instructions, les forgerons se rendirent en ville et annoncèrent aux habitants que bientôt leurs maux allaient cesser. Ils racontèrent l'apparition de saint Éloi et comment il leur avait promis la cessation du fléau lorsqu'une chandelle de cire vierge dont il leur avait donné le modèle serait allumée en son honneur. Une quête faite aussitôt leur permit d'accomplir les prescriptions du saint ; à leur exemple des habitants de Béthune ensevelirent les morts, soignèrent les malades, et bientôt cette confrérie eut les plus heureux résultats. Nous aurons plusieurs fois dans cette histoire l'occasion de mentionner le dévouement des confrères, les services qu'ils ont rendus, et de retracer leur organisation.

Robert consacra les dernières années d'une vie si bien remplie à de pieuses fondations ; l'église de Saint-Barthélémy devint riche et puissante, car les libéralités de son protecteur appelèrent de nouvelles dotations ; l'abbaye du Mont-St-Éloy, celle de Chocques, celle de N.-D. de Beaupré sur la Lys se ressentirent de sa pieuse génerosité (1), et, pour nous servir de l'expression employée par les chroniqueurs de cette époque, la langue ne suffirait pas pour énumérer tous ses bienfaits.

Sur ces entrefaites une fatale nouvelle jeta la terreur en Europe : Jérusalem était tombée au pouvoir des infidèles. Une nouvelle croisade fut déclarée à Gisors, et Philippe d'Alsace prit la croix. Toutefois, ce ne fut que deux ans plus tard (1190) que, ainsi que le dit un vieil historien, il prit la besace et le bâton (2) dans la ville de Gand. Robert de Béthune, son fidèle vassal, se trouvait à ses côtés ; avec lui il vint former le siége de Ptolémaïde ou saint Jean d'Acre, et comme lui il mourut victime de la peste qui décimait l'armée. (3)

ROBERT, surnommé le Jeune, pour le distinguer de son père qu'il avait accompagné aux saints lieux en 1176, prit une part active aux divisions qui agitèrent la Flandre à cette époque. Philippe d'Alsace avait en effet marié sa nièce Isabelle à Philippe de France qui devait peu après porter la couronne sous le nom de

---

(1) Voir dans Duchesne, ouv. précit. *Preuves*, p. 46 à 49, le détail de ces diverses donations.

Vers l'an 1190, Robert donna à l'église de St-Prix de Béthune une rente annuelle de vingt sols sur le tonlieu de Béthune pour célébrer un anniversaire, et du surplus en faire une récréation (procurationem) aux moines. Cette donation, qui a échappé aux recherches minutieuses de Duchesne, se trouve dans le second *Cartulaire de Flandre* déposé à Lille, pièce 109.

(2) Cum autem... peram et baculum accepisset, Gilb. Mont., *Chron.* ap. J. de Guyse édit. Fortia d'Urban, t. XIII, p. 28.

(3) On comptait parmi les victimes dix-huit évêques, quarante-quatre comtes et une multitude innombrable de barons et de chevaliers, dont les principaux étaient Robert de Béthune, Guillaume de St-Omer, Athelstan d'Ypres, Eudes de Trazégnies, Henri de Binch, Ywan de Valenciennes, Raoul du Mesnil, Nicolas de Perruwez, etc... Meyeri, *Annales*, ann. 1191 et tous les chroniqueurs flamands ainsi que les historiens des Croisades. Si mille habe rem linguas, non potero proferre necessitates famis, frigoris et æstus quas in quadriennâ urbis obsidione exercitus dei sustinuit. Cont. Aquicinct. ap. Pertz *Script. rer. Germ.* VI, p. 427.

Philippe-Auguste. Heureux de cette alliance, il avait constitué pour dot d'Isabelle la majeure partie de l'Artois (1). Dès que Baudouin de Hainaut, neveu (2) et héritier du comte Philippe, sut la mort de ce prince, il se mit en possession du comté de Flandre et fut reconnu avec empressement par les principales villes. Arras, Aire, Saint-Omer et tout le pays d'Artois récemment concédés au roi de France l'auraient même reconnu pour leur seigneur légitime s'il eut voulu agréer leurs propositions (3). Désireux de prévenir la guerre, il refusa leurs offres, et dès que Philippe-Auguste fut revenu d'Orient il se rendit à la cour de France. Mais le roi, qui avait jeté plus d'un regard d'envie sur les riches provinces de Flandre, voulut le faire arrêter et le garder dans quelque château comme depuis Philippe-le-Bel retint Gui de Dampierre. Averti par ses amis, Baudouin parvint à fuir dans ses États et appela ses vassaux près de lui. Guillaume, archevêque de Reims, et Pierre, évêque d'Arras, voulant prévenir l'effusion du sang, offrirent leur médiation et obtinrent qu'un traité arrêterait les hostilités (4). A leur instigation Baudouin se rendit à la cour de France accompagné de Robert VI de Béthune, lui rendit hommage pour les terres qu'il conservait et abandonna Arras, Saint-Omer, Aire, Bapaume ainsi que les hommages de Boulogne, Saint-Pol, Lillers, Guines, Harnes, Richebourg et autres lieux situés dans l'avouerie de Béthune en deçà du Neuf-Fossé. Duchesne ajoute que par cet abandon Robert devint vassal du roi de France. Toutefois pour ce qui a rapport à Béthune l'indécision que laisse ce traité a entraîné les historiens dans des conjectures. M. Herman, dans son *Histoire monétaire de la province d'Artois*, p. 390 et suiv., a très-savam-

---

(1) Voy. nos *Sièges d'Arras*, p. 32.

(2) Par son mariage avec Marguerite d'Alsace, nièce de Philippe.

(3) Cives itaque Atrebatenses et burgenses Arienses et St Audomari et multi alii, comiti Hannoniensi adhæsissent tanquam domino hæreditario si ipse comes eos suscipere voluisset. Gilb. Mont. édit. precit. p. 60. Sur l'esprit de l'Artois à cette époque. Voy. Meyer, Marchantius, Locrius, Buzelinus, etc.

(4) A ces prélats se joignaient Simon, abbé d'Anchin et Daniel, abbé de Cambron, Buzelini, *Annales*, 1192. — Hennebert, *Hist. d'Artois*, t. II, p. 292.

ment éclairci cette question. Quant à nous, nous pensons que si la ville de Béthune n'a pas été mentionnée nominativement dans les différents actes et traités où il fut question de la cession de l'Artois par Philippe d'Alsace à Isabelle de Hainaut, mère de Louis, c'est qu'elle n'avait pas à cette époque une importance assez grande. Les seigneurs de ce nom étaient riches et puissants parce qu'ils possédaient un grand nombre d'autres terres, mais il n'en était pas de même de la ville qui ne fut, ainsi que nous le dirons plus tard, entourée de murs que vers 1230.

Pendant le règne si court de Robert VI, Baudouin de Béthune, son frère, se signalait par un de ces rares dévouements que l'histoire est toujours heureuse d'enregistrer. Richard d'Angleterre avait quitté Ptolémaïde le 7 octobre 1192, et après une navigation assez lente jusqu'à Corfou, il se sépara de la reine et pour échapper à la déloyauté des princes allemands il se déguisa en marchand. Quelques chevaliers seuls formaient son escorte. Parmi eux se distinguait Baudouin de Béthune, qui par dévoûment pour Richard, cherchait en s'entourant d'une pompe toute royale à faire croire qu'il était le prince Anglais, toutes ces ruses furent inutiles ; Richard, arrêté près de Vienne, fut livré par le duc d'Autriche à l'empereur et bientôt après enfermé dans une prison.

Là ne se borna point le dévoûment de Baudouin et il resta pour ôtage dans les cachots de Léopold d'Autriche; ce prince cruel avait résolu de le faire périr si le roi d'Angleterre ne lui livrait la sœur d'Arthur de Bretagne et la fille de l'empereur de Chypre. Richard, pour sauver son ami lui remit les deux jeunes filles, mais le ciel ne permit pas ce sacrifice, et des incendies affreux succédèrent de désastreuses inondations ; enfin une épidémie frappa Léopold et rendit la liberté aux infortunées captives. A son retour Baudouin de Béthune remit au roi Richard le comté d'Aumale (1).

---

(1). *R. de Hoveden*, p. 728, Coggeshale an. 1195 : cet historien suit le récit d'un témoin oculaire Anselme, chapelain de Richard : Mathieu-Paris an. 1195. Jean de Béthune, père de Baudouin, reçut de Richard le décanat

Quant à Robert il mourut peu après sans laisser de postérité, et Guillaume, surnommé le roux, son frère, qui jusque là s'était intitulé seigneur de Tenremonde, lui succéda dans la seigneurie de Béthune et dans l'avouerie d'Arras.

A l'instigation de Richard d'Angleterre, Baudouin de Hainaut ayant réclamé la terre d'Artois, sous le prétexte qu'elle devait lui revenir par la mort de la reine Elisabeth quoique cette princesse eut laissé un fils nommé Louis, et n'ayant pu l'obtenir, déclara la guerre au roi de France ; il vint avec Guillaume de Béthune et plusieurs autres de ses vassaux, s'empara d'Aire et mit le siége devant St-Omer. Le traité de 1199, qui mit un terme aux hostilités, stipule que le comte de Flandre, obtiendrait les villes d'Aire et de St-Omer dont il s'était emparé, ainsi que les fiefs de Guines, Ardres, Lillers, Richebourg, Lagorgue et les terres que Guillaume, avoué de Béthune, possédait au delà du Neuf-Fossé vers la Flandre. Il fut en outre convenu qu'à la mort de la reine Mathilde, tout son douaire lui reviendrait et qu'il en serait de même pour le reste de l'Artois qui demeurerait entre les mains du roi et de son fils Louis si ce prince mourait sans postérité, ces terres lui furent remises comme provenant du chef de sa mère (1).

Peu de temps après le traité de Péronne, le comte de Flandre ayant rassemblé sa famille et ses chevaliers dans l'église de St-Donat de Bruges, y prit la croix ainsi qu'Eustache et Henri ses frères. Marie de Champagne, encore dans la fleur de l'âge et dans tout l'éclat de sa beauté, réclama aussi le signe de la croix pour suivre son époux au delà des mers. De touchantes sympathies

---

d'York, mais l'archevêque de cette ville s'opposa à ce qu'il en fût investi. *R. de Hoveden*, p. 731. Voy. sur Baudouin de Béthune, Duchesne, *ouv. préc* p. 149 et suiv.

Les archives de Lille contiennent plusieurs pièces intéressantes pour l'histoire de ce seigneur.

(1) Ce traité est imprimé dans le *Recueil des Traités de paix*, par Dumont, p. 15. et dans *Jacques de Guyse*, édit. Fortia d'Urban, t. XVI, p. 168, voy. aussi Martine, tom. 1, p. 771. *Coll. ampliss.* t. 1, pag. 1021. Duchesne, *Hist. de la Maison de Guines*,, pr., p. 264. L'original existe aux Archives de Lille.

saluèrent son dévouement, et cet exemple fut suivi par un grand nombre de barons présents. L'histoire signale parmi les principaux : Guillaume de Béthune, ses deux frères Quesne et Barthélemy (1), Mathieu de Walencourt, Jean de Nesles, châtelain de Bruges, Ras de Gavre, Roger son frère et quantité d'autres. Les préparatifs de la Croisade durèrent deux ans que Robert employa à régler les affaires de sa famille et à obtenir par les donations qu'il fit aux églises la protection du ciel. L'église de St-Barthélemy était alors forte et puissante ; Guillaume reconnut qu'il ne pouvait lever aucune taille, corvée, ni exaction sur les hommes feudataires de l'église de St-Barthélemy, dans tout le territoire de l'avouerie. Les hommes de Nœux et de Béthune étaient seuls exceptés et devaient rester soumis aux charges et aux impositions des échevins. Guillaume déclara en outre que si quelques-uns de ses officiers attentaient à ces priviléges ils agiraient contre leur conscience. Cette reconnaissance fut approuvée par Mahaut femme de Guillaume et par Daniel son fils (2). A cent cinquante

---

(1). Geoffroy de Villehardouin, *Histoire de la conquête de Constantinople* ; — Meyeri, *Annales*, 1203. Locrii, *Chron.* 1203.
Quesnes fut sans contredit l'un des hommes les plus célèbres qu'ait produit la Flandre à cette époque. Il rendit les plus grands services aux croisés. Voy. notre *Biographie des hommes célèbres nés à Béthune*.

(2). Les témoins de cette Charte furent Guillaume, abbé de Chocques, Guillaume, prévôt de l'église de Béthune, Me Renier, Arnoul le Chapelain, R. Protin, A. Barkin, Arnould de Carenci. A. de Planke, J. Cardon, G. de Bellesaise, R. de Roholt, E. de Hersin, H. de Pascau.
(*Archives du départ. du Nord*, 2e *Cartulaire de Flandre*, p. 112). Un extrait de cette Charte a été publié par Duchesne, *Ouvrage précité*, p. 83. Guillaume fit aussi d'autres donations ; c'est ainsi qu'il fonda sept obits ou services annuels en l'église de St-Bertin (Duchesne, p. 69), qu'il donna à l'abbaye de Clairmarais en perpétuelle aumône une quantité de fromages de Flandre à prendre annuellement sur les revenus de sa terre de Lamprenesse, qu'il garantit à l'église épiscopale d'Arras les dîmes et autres revenus qu'il possédait à Richebourg. Les lettres qu'il en donne étaient scellées de son sceau représentant un seigneur à cheval avec les armes de Béthune qui étaient de bandes d'or en champ d'azur brisées de deux fasces et le contre-scel de même. Robert le Roux et Robert le Jeune avaient porté les armes sans brisure comme chefs de maison, mais Guillaume qui avait d'abord adopté les uresbris comme cadet les conserva dès qu'il fut seigneur de Béthune.

ans de là les chânoines de S¹-Barthélemy, réclamaient le partage des droits de justice avec le puissant comte de Flandre, devenu par son mariage seigneur de Béthune (1). Guillaume partit ensuite pour la croisade ; il contribua par sa bravoure à la prise de Constantinople (1204) et ne revint en France que lorsque l'infortuné Baudouin eut disparu (2). Avant son départ ce prince avait remis la tutelle de ses deux filles, dont l'aînée n'avait point quinze ans, à Philippe de Hainaut, marquis de Namur. C'était un seigneur ambitieux et avide qui, loin de remplir les devoirs imposés par la défense de la patrie et les liens du sang, préparait d'affreux remords aux derniers jours de sa vie (3). Philippe-Auguste, voulant obtenir la garde noble de ces princesses séduisit Philippe de Hainaut par les plus brillantes promesses. Il lui promit la main de sa fille Marie née de son union adultère avec Agnès de Méranie et lui remit plusieurs sommes d'argent que le marquis de Namur lui devait encore. Ce honteux contrat fut signé à Paris au mois d'août 1206, et le roi donna comme garantie de sa parole le comte de S¹-Pol, Guillaume de Béthune, Mathieu de Montmorency, le comte de Boulogne, le comte de Dreux et plusieurs autres seigneurs (1). A ce prix le roi obtint tout ce qu'il désirait et Jeanne et Marguerite lui furent remises et conduites

---

(1). Voy. plus bas le *Concordat de 1237*.

(2). On sait les nombreuses versions sur la mort de Baudouin que sa bouillante ardeur avait entraîné à la poursuite des Bulgares : On peut comparer sur cet événement Nicet, George Logothete, Henri de Valenciennes, Albéric de Trois-Fontaines, Robert de Moiste, G. Guiart, J. de Guyse, Mouskes et la chronique de la conquête de Constantinople par un auteur anonyme écrite dans les premières années du XIVᵉ siècle et traduite par Buchon. Paris, 1825.

(3). Philippe de Hainaut, prêt à rendre le dernier soupir, voulut se confesser solennellement à quatre prélats, les abbés de Cambron, de Villers, de Marchiennes et de St-Jean de Valenciennes. Il réclama ensuite qu'on le traînât avec une corde au cou à travers les rues et les carrefours de Valenciennes criant à qui voulait l'entendre : J'ai vécu comme un chien et il faut que je meure en chien.
Art de vérifier les dates, édit. in-8, t. XIV p. 122.

(1) Duchesne, *preuves*, p. 85.

à Paris (1) ; mais la Flandre vit avec peine l'éloignement de ces princesses. Bouchard d'Avesnes se plaça à la tête des mécontents, et i osa déclarer que si le roi de France retenait leur légitime souveraine il chercherait un protecteur dans le roi Jean sans terre. Philippe-Auguste s'effraya ; il jugea qu'il était nécessaire de rendre la liberté aux filles de Baudouin et moyennant la stipulation de quelques avantages (2) il en maria l'aînée à Ferdinand, fils de Sanche roi de Portugal et de Dolcis de Barcelonne. Dès que Ferdinand vit la mauvaise volonté de ses sujets il conçut le projet de marcher contre le prince Louis qui l'attendait à Arras et qui ne paraissait pas disposé à s'en tenir aux villes que lui avait concédé le contrat de mariage (3). Néanmoins on l'amena à conclure le 24 février 1211 entre Lens et Pont-à-Vendin un traité par lequel Ferdinand et Jeanne remirent définitivement au prince Louis, fils aîné du roi et à ses hoirs comme étant aux droits de sa mère Isabelle de Hainaut, les villes d'Aire et de St-Omer. Louis promit de son côté de ne jamais rien réclamer dans le comté de Flandre sauf le serment de fidélité et l'hommage qu'ils en devaient au roi. L'on donna pour ôtages de ces conventions mutuelles les plus puissants seigneurs du pays, les châte-

(1). Ly rois fist deus filles nourrir
Qui du conte estoient remeses :
Tout n'eussent eles deus freses
Ou vaillant un riez plomée
En la terre dessus nommée
Que leur père avoit forfaite.
Par la guerre quau roy ot faite.
Guill. Grusart, t. I., v. 5785.

(2). Si donna tant le roy del sien
Quele i fist son afaire bien.
Chron. de Mouskes. édit. de Reiffenberg, v. 29805.
Edw. Leglay, *Hist. des comtes de Flandre*, p. 471, n° 1.

(3). Philippe-Auguste s'était fait promettre à l'avance par Ferdinand, les villes d'Aire et de St-Omer, qui jadis avaient été rendues au comte de Flandre en vertu du traité de Péronne. Dès que Jean et son mari furent arrivés en cette ville, le prince Louis les fit arrêter avec leur suite et sa femme dans le château, jusqu'à ce qu'il se fût emparé d'Aire et de St-Omer.

lains de Bruges, de Gand et de Lille, Bauduin de Commines, Michel de Harnes et Sybille de Wavrin, garantirent la parole de la comtesse Jeanne et de son mari. Guillaume avoué de Béthune, le seigneur d'Oisi, Jean de Lens et plusieurs autres furent caution du prince Louis (1). Néanmoins et quelque fussent les services rendus par Guillaume à la couronne de France, on y doutait encore de son attachement, et lors de la guerre qui éclata entre Philippe-Auguste et Ferrand, guerre dont l'issue devait être la sanglante bataille de Bouvines, Adam, vicomte de Melun, s'assura au nom du prince Louis de la ville de Béthune (2). Guillaume mourut sur ces entrefaites (13 avril 1214) et Mahaut de Tenremonde, sa femme, prit en main l'administration de ses Etats jusqu'à ce que leur fils Daniel, fût en âge de gouverner par lui-même (3).

Un des objets d'étude les plus curieux est celui des noms de famille, l'une des plus grandes utilités sociales. Dans un excellent travail sur ce sujet, M. de Laplane (4), le savant auteur de

(1) *Archives de Flandre à Lille, 1er Cartulaire d'Artois*, P^{co} 193.
Ce traité a été imprimé plusieurs fois mais jamais d'une manière complète. P.d'Oudegherst, *Ann. de Fland.* édit. Lesbroussart. 2 p.67. Plusieurs témoins furent ôtages pour les deux partis.

(2) Duchesne, *Ouv. précit.* p. 176.

(3) Guillaume avoué d'Arras déclare quelques jours avant sa mort que s'il vient à mourir avant sa femme il donne à ses deux filles Mahaut et Marguerite pour leur mariage quinze cents marcs d'argent savoir: mille à Mahaut et cinq cents à Marguerite pour lesquels il leur donne en garantie la seigneurie de Richebourg. Elles pourront vendre la forêt de Richebourg, et ce qu'elles en recevront sera à-compte des quinze cents marcs.

Parmi les témoins figurent comme pairs de Béthune; Bauduin de Planca, Robert de Rohaut et comme bailli Jean de Allouagne.

Cette charte qui se trouve en original aux Archives du département du Nord n'a pas été relevée ni mentionnée par Duchesne.

Par une autre charte donnée à Béthune insérée dans le *second Cartulaire de Flandre* existant aux Archives du Nord, en date du mois d'avril et imprimée en partie dans Duchesne (*Preuves* p. 92, sous la date de 1213), le même Guillaume donne du consentement de sa femme et de ses hommes à Me Mathieu son clerc douze livres à recevoir tous les ans sur les échopes de Béthune à Pâques closes.

(4) Origines et Révolutions des noms de familles en Provence à la suite du tom. 1 (p. 329-440) de l'*Histoire de Sisteron*, par M. Ed. de Laplane.

l'histoire de Sisteron, a prouvé que dans la Provence, l'introduction des noms patronymiques eut lieu chez les bourgeois vers 1070, et au commencement du XII° siècle, parmi les gens du peuple. Longtemps les historiens ont négligé cet intéressant sujet de recherches, ils n'en parlaient qu'en passant, et le peu qui leur échappait était le plus souvent erroné, car ils n'y mettaient aucune importance. Et cependant quelle heureuse influence ont exercé les noms de famille dès qu'ils commencèrent à être généralement adoptés; l'attachement qu'ils inspirent même dans nos cités modernes à ceux qui les ont reçus en naissant est une preuve de ce qu'a été au Moyen-Age, ce cachet qui imprimait, pour ainsi dire sur le front de chaque parent un signe de reconnaissance (1). Rien n'a peut-être contribué davantage, dit un auteur estimé (2), à la grandeur de la république romaine que cette succession nominale qui, en incorporant, pour ainsi dire, la gloire de l'Etat à la gloire des noms héréditaires joignit le patriotisme de race au patriotisme national. Dans le Nord, et notamment à Béthune, cette hérédité des noms de famille fut plus lente à se former. Au 13° siècle on trouve deux sortes de noms presqu'entièrement distincts, les noms de fiefs exclusivement portés par la noblesse et les noms roturiers. Deux documents puisés dans les Archives de la Flandre orientale à Gand et portant tous les deux la date de 1250 nous fournissent d'utiles renseignements pour cette étude. Le premier est une liste des hommes liges de l'avoué d'Arras, Seigneur de Béthune (3), quant au second intitulé: *Rentes de l'avoué d'Arras* Seigneur de Béthune tant en deniers qu'en chapons, prestations et redevances diverses en nature et en argent, il sera inséré dans un travail publié sur la langue romaine par la société royale de Douai. Chacun de ces noms propres qui devait rester, comme l'a dit M. Eusèbe Salverte, entâché de l'abaissement civil et politique où vivait cette classe, a un sens

---

(1) *Gentiles mihi sunt qui meo nomine appellantur,* dit Ciceron au liv. 1. *des Tuscul.*
(2) De Brosses. *Traité de la form. méch. des Langues,* 1765, in-12 tom. II, p.287.
(3) Voy. aux pièces justificatives.

marqué et une origine différente. Ils sont diversement tirés 1° du lieu qu'on habite : Jean de La Bassée, Eustache de Canteleu, Sohier de Douvrin, Pierre de Gorres, Robert de Lens, ou bien encore simplement Wallon le Picard, Flamand, Lorrain, d'Arras. — 2° Des qualités physiques : Laisné (l'aîné), Li Jovene (le jeune), Li Jumaux (le jumeau), Legris, Lenoir, Blondeau, Lebrun, Legros, Legras, Lemaigre, Pencras, Le Bossu, Legrand, Gayant, Petit, Rose, Le blanc, Le Chassieux, Lebauberes (le bègue). — 3° De quelques faits particuliers aux individus : Le comte, Le châtelain, Le bourgeois, Le mayeur, Le prêtre, peut-être à cause des rapports que les individus avaient avec les gens de cette classe ; Le roi, distinction accordée à quiconque s'était distingué dans les jeux publics. Toutefois il est possible que ces noms aient été simplement donnés pour marquer l'orgueil et les prétentions de ceux qui les portaient. — 4° Des rapports des individus avec quelques animaux : Le bœuf, Le porc, Cheval, Baudet, Mulet, etc... — 5° De la profession : Le Sommeiller, Le Charpentier, Le Tisserand, Le Tanneur, Le Mégissier (apprêteur de peaux), Le Clerc, Le Portier, Le Fèvre (ouvrier en métaux), Le Saunier (fabriquant de sel,) Le Cuvelier, Le Barbier, Le Myrrhe ou chirurgien. — 6° Du caractère: tels que Sauvage, Pipelart, Caïfart, Boudart, Le Coureur. Le Chasseur, etc....

Pendant le XII° siècle un grand mouvement s'est fait sentir dans la province d'Artois ; Guillaume Cliton avait accordé aux bourgeois de Saint-Omer une charte confirmative de leurs anciens priviléges. Philippe-Auguste, devenu seigneur de la ville d'Arras, lui avait également concédé une charte de commune, les libertés municipales surgissaient de toutes parts comme la manifestation spontanée d'un besoin senti. Du reste, en Artois, point de violence de la part des bourgeois pour obtenir de nouveaux priviléges, ceux qui octroyaient ces chartes semblaient obéir à une des nécessités de l'époque. Parmi les seigneurs artésiens, les uns se rendirent aux exhortations du roi ou suivirent ses sages conseils; les autres, éclairés par les terribles insurrections qui avaient éclaté dans les provinces voisines, devancèrent prudemment la demande de leurs sujets, aimant mieux faire de leur plein gré des concessions que de subir les conditions du parti victorieux. D'autres enfin furent guidés par la crainte de voir les populations mécontentes de leur sort déserter les villes, et les bourgades tenues en fief, et se réfugier dans les communes libres. Tel fut le développement des communes artésiennes : en ces temps de perturbation et d'orages, elles grandirent sous la protection royale ou seigneuriale. Ces chartes, qui se ressemblent, présentent toutes un caractère d'institution de paix ; les seigneurs garantissent des droits dont les habitants étaient en possession traditionnellement ; les questions d'intérêt s'y trouvent jointes et, notamment à Béthune, les limites du pâturage sont fixées avec le même soin que la justice et la juridiction. Il est difficile de préciser à quelle époque les échevins furent créés dans cette ville ; on les trouve dès le commencement du XIIIe siècle. Avant de partir pour la croisade, Guillaume rend à la ville de Béthune tous les revenus de la chaussée que son père et lui avaient injustement retenus. Doresnavant, les droits levés par les échevins seront appliqués à l'entretien des portes, des ponts, des rues, des chaussées, etc. Du consentement de Mathilde, sa femme, et de Daniel, son fils, il déclara que s'il y a excédant de recettes, il doit être employé aux réparations des murailles de la ville de Béthune. Le seigneur ne peut, ni ne doit rien réclamer dans les revenus de la chaussée : aux échevins appartient l'établissement de l'impôt, son application, et en cas d'insuffisance le droit d'en créer un nouveau. Guillaume, Mathilde et Daniel, leur fils, entendent restituer entièrement ce droit à la ville de Béthune et s'engagent à ne pas les troubler doresnavant dans leur jouissance. Ce qu'il y a de particulier dans cet acte c'est que Guillaume fait amende honorable à la ville dans des termes tout-à-fait mystiques ; le préjudice qu'il lui a causé est devenu pour lui une affaire de conscience, et il n'emploierait point d'autres termes s'il avait méfait contre l'église. Cette charte fut accordée au mois de juin 1202 (1). Comme on le voit déjà, la commune

---

(1) Duchesne, dont le principal but a été de relever outre mesure les seigneurs de Béthune dont il écrivait l'histoire générale, n'osant faire autrement de citer cette charte, l'a tronquée habilement (*preuves*, p. 84). Nous la repro-

de Béthune est organisée; les échevins chargés de son administration jouissent de certains droits et prérogatives. Une autre charte de 1210, publiée par le même seigneur est encore plus explicite. Par cet acte, Guillaume déclare qu'il a promis à ses échevins et bourgeois de Béthune et à toute la ville que lui ni ses héritiers ne les soumettraient jamais à la jouissance ou à la loi d'une autre ville et qu'ils ne les abandonneraient ni pour leurs dettes, ni pour celles d'autrui. Il leur concède la jouissance commune de toutes les pâtures adjacentes à la ville pour l'usage et l'utilité des habitants selon la reconnaissance qu'en feront les échevins sous leurs serments, à l'exception des prés situés dans les fossés, vulgairement appelés Prés de Jean d'Anezin, dont il se réserve la propriété à lui seul. Il ajoute qu'en outre toutes les affaires de l'échevinage seront réglées par les échevins sans qu'ils puissent y mettre aucun empêchement ni condition comme il reconnaît l'avoir promis par serment ainsi que l'a également juré Daniel, son fils aîné. Et afin que cet acte restât inviolable, il en donna des lettres scellées de son grand sceau et de celui de son fils, en présence de plusieurs prévôts et de plusieurs chanoines de l'église de Saint-Barthélemy, et de six pairs du château de Béthune (1).

Daniel ayant succédé en 1214 à son père s'empressa de confirmer et de ratifier aux bourgeois et aux échevins de la ville de Béthune les priviléges qui leur avaient été concédés; il leur abandonna en outre un grand nombre de marais voisins de la ville à

duisons *in extenso*, d'après l'original retrouvé aux Archives du Pas-de-Calais, à nos pièces justificatives. Elle a été recopiée avec soin dans le *Liber constitutionum capit.ecclesiæ collegiatæ S. Bartholomæi de Bethuna* f° 16.

(1) Ces lettres ayant été publiées intégralement par Duchesne dans ses preuves, pages 86 et 87, nous ne croyons pas utile de les reproduire dans nos pièces justificatives; elles sont également insérées dans le registre aux priviléges reposant aux Archives de cette ville.

Les pairs de Béthune mentionnés dans cette charte etaient Robertus del Roholt, Willelmus del Brusle, Balduinus de Cantilupo tunc temporis senescalius, advocati, Johannes de Allouaigne, Eustacius de Anezin et Egidius de Maingheval.

l'exception du pré dit Jean de Anezin qu'il se réserva aussi. Il stipula que, si pour son usage particulier ou pour la défense de la ville il avait besoin de percer un étang il se réservait la faculté de le faire. Il déclara également que toutes les affaires de l'échevinage de Béthune devaient être décidées par les échevins sans qu'il pût intervenir et déclara que ses héritiers seraient tenus d'observer cet acte (1). Toutefois ces actes n'étaient positivement point des chartes de commune. La *Keure* de Béthune fut publiée en 1222 par le même Daniel. Nous donnons ici la traduction de cet acte important qui établissait les droits des échevins et ceux que se réservait le seigneur :

Sachent tous ceux qui auront connaissance de cette charte que moi Daniel, avoué d'Arras et seigneur de Béthune ai assuré à mes échevins et bourgeois de Béthune ainsi qu'à toute la ville que moi ni mes héritiers ne les placeront jamais sous la loi ni juridiction d'aucune autre ville, je ne les engagerai jamais pour dettes ou pour aliénation. A leur prière j'ai accordé ce privilége à tous mes hommes de la terre de Béthune telle que me l'a transmise mon père. Je leur ai également assuré pour l'utilité de leur commune les paturages adjacents à la ville de Béthune à savoir tout le marais que l'on appelle vulgairement le marais du Pont des Vaches tel que l'a possédé mon père et qui est contenu entre les ruisseaux du château et d'Anezin. Celui entre la rivière du château et la ville de Béthune, celui que l'on appelle *del Bruillé* (de Bruisle), proche Saint-Pry, les paturages que l'on appelle *aux Chênes*, situés près du lit de la rivière tels qu'ils sont renfermés entre les fossés et les paturages qui s'étendent entre la Chaussée de Goutoruine et le pré de l'avoué, mais je me réserve le pré de Richard et tout ce qui est contenu entre les fossés et que l'on appelle vulgairement le champ de Anezin, et j'entends qu'il continue de m'appartenir. Qu'on sache aussi que si je voulais faire un vivier pour mon usage particulier dans les paturages précités sans que je puisse le céder à personne ou pour la sûreté de la ville je m'en

(1) Duchesne, Voy. *Preuves généal.*, p. 87.

réserve également le droit. Je veux aussi que l'on sache que si, soit par moi, mon prévôt, mon *nuntius*, soit par les échevins dans l'échevinage de Béthune je fais citer quelqu'un pour délit, et s'il ne comparaît pas, les échevins doivent connaître de cette infraction et seront tenus d'appliquer l'amende selon la gravité du délit et de la faute, et si par hazard le délinquant est retenu pendant ce temps là dans l'échevinage jusqu'à ce qu'il ait fourni des cautions j'ai le droit de l'y retenir, et il ne sera libre et acquitté que lorsque les échevins l'auront jugé. En outre si moi et les gens chargés de rendre justice en mon nom voulons avoir caution soit de cri (*fore facto*), soit d'argent, nous devons avoir telle caution que les échevins déclareront être suffisante, et si nous en demandions davantage et que les échevins disent : c'est assez, nous devons nous contenter de leur décision, et par là les échevins resteront quittes et libres. De plus, toutes les affaires de la ville de Béthune qui touchent à l'échevinage doivent être jugées par la loi des échevins, et je ne dois ni ne peux y contrevenir. Je reconnais même leur en avoir juré l'accomplissement. Pour le maintien de ces priviléges tous mes héritiers sont engagés pour l'avenir. Et pour que cette confirmation obtienne une stabilité perpétuelle j'ai muni ce présent titre de mon sceau. Fait l'an du Seigneur 1222, au mois de mai.

Afin de donner encore plus d'autorité à cet acte, Eustachie, avouée d'Arras et dame de Béthune, femme de Daniel, le ratifia, s'engageant à le maintenir de toutes ses forces, quelque soit la position qui lui soit réservée. Elle se lia également par serment et ajouta son scel à sa ratification.

Ces lettres furent en outre ratifiées en 1228 par Robert, frère et successeur de Daniel (1) qui étendit la jouissance de ces franchises à tous les hommes dépendants de la terre de Béthune.

Ces chartes complètent la première organisation de Béthune; sans doute elles ne concèdent point de libertés aussi étendues que

---

(1) *Arch. du Pas-de-Calais.* Copie moderne signée par le greffier de la ville : Fauquet et Duchesne, *Preuves*, p. 124 et 125.

celles qui faisaient la prospérité des villes voisines, la puissance féodale s'y réserve une grande autorité, mais il n'en est pas moins vrai que Guillaume et Daniel ont dû céder au mouvement communal et obéir aux besoins de ce siècle de franchises et de libertés. Peut-être ont-ils craint que les habitants de Béthune ne vinssent se réfugier sous la protection d'Arras ou de Saint-Omer, et leur concession n'a-t-elle eu pour objet que d'apaiser des plaintes; peut-être aussi n'ont-ils été mûs que par le désir de rendre leur ville la plus prospère possible. L'année suivante, en effet (1223), Daniel se rendait caution pour les échevins et la communauté de la ville d'une rente viagère de cinquante livres parisis que les besoins de la cité les avaient forcés de contracter (1). Rien n'est plus commun en effet dans ce siècle que les emprunts, mais soit que la parole du chevalier n'eût plus eu la même force qu'aux siècles précédents les prêteurs demandent des cautions, ils parlent en maîtres et exigent même pour une légère somme l'engagement de plusieurs riches seigneurs. Les gens d'église eux-mêmes ne rougissaient point de demander un taux usuraire, et le pape fut obligé de leur faire entendre la voix sévère de la religion. Daniel, à cause des terres nombreuses qu'il possédait, car il avait hérité de toutes les propriétés paternelles, tandis que Robert, son autre frère, ne devait avoir que celle de Mahaut, leur mère (1), était l'un des plus riches seigneurs de l'Artois; aussi

---

(1) Avril 1218. — Lettres par lesquelles Daniel, avoué d'Arras, et seigneur de Béthune, reconnaît avoir donné à son frère Robert les terres qui appartenaient à sa mère, à l'exception de Huysse, Vive et de Molenbeke, sous la forme suivante : Si les terres de Cokes, Rosbeke, Witeke, Souscote, Audingescle, advenaient audit Robert avant les terres de leur mère, il les retiendra jusqu'à ce qu'il hérite de ces dernières, et quand celles-ci lui seront advenues les premières retourneront à la manse du seigneur de Béthune ; ce que ledit Robert doit garantir à son frère et à ses héritiers. En cas qu'il ne remplisse pas cette dernière condition, il donnera en hypothèque une partie des biens de sa mère qui lui sont déjà dévolus. Mais s'il arrive que les terres de leur mère soient dévolues audit Robert avant celles de Cokes, il pourra les retenir, mais il devra restituer les autres à la manse du seigneur de Béthune comme il est dit plus haut.

(Orig. en latin. *Archives de la Flandre orientale à Gand.*)

son nom vient-il à chaque instant, et les archives de Lille et de Gand contiennent-elles de nombreuses reconnaissances faites à son profit par les seigneurs dont il s'est rendu caution.

Daniel (1) s'empressa de rendre hommage au prince Louis, son suzerain, et lui fit confirmer les lettres par lesquelles il constituait le douaire de sa femme Eustache de Chatillon. Après avoir accompagné ce prince en Angleterre où il était appelé par les barons révoltés contre le roi Jean (3), Daniel revint à Béthune et s'occupa dès lors presqu'exclusivement de l'administration de cette ville et de l'église collégiale de St-Barthélemy dont il était le principal protecteur et à qui il fit de nombreuses donations (4). Robert et Guillaume, son père, avaient fondé à La Buissière une chapelle. Daniel au mois de janvier 1220, confirma la fondation. Le chapelain devait résider dans le château ; on devait lui donner le bois nécessaire à son chauffage, et chaque fois que Daniel y résidera il devra être nourri avec son clerc. Le chapelain pourra faire paître deux vaches dans le parc et faire moudre au moulin du seigneur. Il aura les offrandes faites à l'église, excepté les jours de Pâques, de Pentecôte et de Noël, qui appartiendront au seigneur à la charge par lui de pourvoir la chapelle des ornements nécessaires au culte. Daniel abandonne, pour le traitement du chapelain, deux muids et demi de froment, deux muids et demi d'avoine et dix livres à prendre annuellement à Bruay. Le cha-

---

(1) Meyerus dans ses *Annales de Flandre* et Locrius dans sa *Chronique*, an. 1214 ont prétendu que Daniel était fils de Robert qui combattit contre la royauté à Bouvines. Cette erreur a été savamment réfutée par Duchesne, *Ouv. précit.*, p. 191.

(3) *Chronique de Flandre*, publiée par Denys Sauvage, chap. VII, Duchesne, *Ouv. précit.*, p. 193. Selon eux, le premier qui monta sur les remparts de Douvres fut « un escuyer qui portoit la banière lance de Béthune. » La *Chronique de Normandie* publiée par les soins de la Société de l'Histoire de France et qui contient des détails si curieux sur l'expédition de Louis VIII, en Angleterre, ne parle nullement de ce fait ni du rôle qu'y aurait joué Daniel.

(4) Voy. Duchesne, *Pr. Passim* et P. Ignace, *Mémoires manuscrits du diocèse d'Arras*, t. III, p. 322 et suiv.

pelain, de son côté, devra payer le clerc qui desservira la messe (1).

Fier de sa richesse et de sa puissance ainsi que de l'espèce d'indépendance dans laquelle ses suzerains l'avaient laissé jusqu'ici, Daniel dénia à Louis VIII, de France, la haute justice qui lui appartenait entre la Lys et le Tronc-Béranger. Cédant aux sollicitations de l'évêque de Senlis, chancelier de France, et de plusieurs autres puissants seigneurs, il déclara au mois de mars 1223, qu'il n'avait agi ainsi que par mauvais conseils, et que mieux éclairé, il reconnaissait que la haute justice, c'est à dire celle qui avait rapport au rapt, au meurtre et à l'incendie, appartenait au roi de France et à ses successeurs (1). Louis VIII, de son côté, déclara que son cher et féal Daniel ayant reconnu que ses prétentions étaient injustes et mal fondées, il lui accorda à toujours la justice du rapt, du meurtre et de l'incendie, dans le château de Béthune et dans tout le territoire qui en dépend ainsi que les bornes en sont posées. En outre, comme un duel devait avoir lieu entre Daniel et Raoul de Malannoi, qu'ils s'étaient déjà donné des gages réciproques, Louis stipula que ces gages leur fussent rendus et que leur honneur restât sauf et intègre (2).

A cette époque le château de Béthune menaçait ruine à cause des guerres nombreuses qu'il avait à subir ; Daniel le fit reconstruire, et pour le mettre à l'abri des gens de guerre il le fit ceindre partout d'une muraille excepté du côté de la ville dont il le sépara par un large vivier pour l'utilité des habitants et son agrément personnel. (3). Il mourut peu de temps après sans laisser d'enfants.

---

(1) Ces lettres existent en original aux *Archives du Pas-de-Calais;* elles sont insérées dans un *Vidimus de l'Official d'Arras de 1302*.

(1) Imp. par extrait par Duchesne, *Ouv. précit.*, et dans les *Preuves de la Maison de Courtenay*, par Duchesne, p. 29.

(2) *Archives du Pas-de-Calais et du Nord*. Titres des anciens comtes d'Artois. Cette pièce et la précédente sont avec d'autres de 1196, 1199, 1203, 1224, et 1291 sur une grande feuille de parch.

(3) Daniel, *sextus Bethunienis opidi advocatus ejus pomœrium, ductis muri-*

ROBERT, 7° et dernier du nom, second fils de Guillaume de Béthune et de Mahaut de Tenremonde, son frère et son héritier, s'intitula dès lors seigneur de Béthune, de Tenremonde, de Richebourg et de Warneton, avoué d'Arras et de St Bavon de Gand. Depuis longtemps il était célèbre par sa valeur et son énergie ; n'étant encore que chevalier banneret il fut envoyé en 1213 à Jean d'Angleterre par Ferrand comte de Flandre qui venait de déclarer la guerre à Philippe-Auguste. Ayant obtenu que Jean enverrait du secours aux Flamands, il revint avec les troupes auxiliaires que commandait le comte de Salisbury et combattit vaillamment à leur tête. Peu de temps après, le comte de Flandre, voulant aller lui-même en Angleterre pour y obtenir de nouveaux secours, y envoya Robert et plusieurs autres seigneurs prévenir le roi de son arrivée. Dans une entrevue qu'ils eurent avec lui à Windsor Jean leur dit : « seigneur vo sire li comte de Flandre est en cette terre. » A quoi Robert de Béthune, passionné pour l'honneur de son prince, répondit : « Sire qu'attendez-vous que vous n'alez à l'encontre. » Et le roi dit en souriant : « Oez de ce flameng qui cuide que ce soit grant cause de son seigneur. « Robert répartit : « Par le foy que je doy à Dieu si est-ce. » Le roi rit plus fort en entendant cela, mais cependant montant à cheval il alla au devant du comte de Flandre. L'année suivante Robert se trouva avec le comte Ferrand à la bataille de Bouvines et partagea sa mauvaise fortune ; mais tandis que ce comte était enfermé dans la forte tour du Louvre alors nouvellement bâtie, Robert recouvrait la liberté après avoir payé rançon. (1).

Robert mis en possession de la seigneurie de Béthune donna tous ses soins à la défense de la ville qu'il entoura de murailles. Sept grosses tours la rendaient une des places les plus fortes de l'Artois, et de larges fossés la préservaient de toute attaque. (2).

(modico prædio in piscinæ, seu stagni piscarii usum, reservato) civium commoditatidilatat. Ex. arch. opidi Bethun.
Ferreoli Locrii chronicon belg. p. 389.
(1) *Hist. littér. de la France* t. XVIII p. 385 et 386.
(2) *Idem Robertus juxta vetustissimun firmissimum que Bethuniensium advocatorum castrum ipsum opidum fossis et mœnibus cinxit atque propugnaculis muni-*

— Le moulin du château que Robert II, avoué d'Arras avait donné à l'église collégiale de St-Barthélemy gênant la défense de la place, il le transporta dans l'intérieur de la ville. Robert reconnut au mois d'avril de la même année, tenir ce moulin du chapitre et lui devoir annuellement quatre muids de blé de mouture, trois mencauds de froment, six sous, six deniers parisis et quatre muids d'avoine. Le paiement de cette redevance se fait sur le pied de quatre mencauds de blé et autant d'avoine par mois ; le froment peut se payer en argent ; il est estimé vingt-six deniers le mencaud. Le blé doit être porté dans la maison du prévôt et des chanoines aux dépens du moulin. Robert veut que le chapitre de Béthune jouisse sur ce moulin des mêmes droits qu'il avait sur l'autre, savoir de soixante sols pour relief, autant pour la vente et autant à chaque aliénation. S'il n'est exactement payé, le chapitre pourra saisir les bêtes qui servent à ce moulin et en prendre les fers. L'avoué ou ses successeurs peuvent changer de place ce moulin, mais ils doivent le faire à leurs frais. Si par quelqu'accident il est détruit Robert et ses successeurs s'obligent à le rétablir ; ils n'en seront pas moins soumis à payer les mêmes redevances si le petit moulin dit Pélart et celui du château souffrent quelque diminution à cause de l'établissement de ce nouveau moulin, et si ce changement fait tort au chapitre, deux chanoines et deux échevins de Béthune en constateront la perte par enquête, et Robert s'oblige à les en dédommager. (1). Au mois d'octobre 1244 Robert rendit une nouvelle déclaration par laquelle il reconnaissait tenir du prévôt et des anciens chanoines de Bé-

---

vit. Simul que beati Barptolomæi canonicorum templum cooperantibus Daniele fratre, Elizabetha conjuge, atque Willelmo patre (qui omnes eo in templo, communi sepulcro continentur) eodem in opido fertur erexisse. Ferr. Loc. chron. Belg. 4 391.

(1) *Arch. du Pas-de-Cal.* Orig. en parch. dont le scel est perdu.

Les lettres sont avec d'autres de 1219, de 1244, de 1248 et de 1257 dans un vidimus donné par le prieur de St-Pry à Béthune, la 4e férie après l'ascension du seigneur 1302.

Orig. en parch. dont le scel est perdu. Imprim. en partie dans Duchesne, *Preuves de la Maison de Béthune*, p. 130 et *Arch. du département du Nord.*

thune les moulins du Châtel et de Pélart moyennant une redevance et autres droits désignés avec soin dans cet acte et qu'il sera tenu d'acquitter quand bien même ces moulins seraient détruits (1). Telle est l'influence ecclésiastique au XIII° siècle qu'une église fondée il y a à peine deux cents ans dicte des lois à son suzerain et réclame des garanties de sa parole. Et cependant les seigneurs de Béthune, qui s'étaient signalés par leurs pieuses libéralités, lui avaient fait de riches donations, fondé sept prébendes, établi des chapelles soumises à sa dépendance, étaient encore appelés à pacifier les difficultés qui s'élevaient au sein de la collégiale. Au mois de décembre 1219, Daniel, qui s'intitulait seigneur de Béthune et patron de l'église de Saint-Barthélemy avait accordé à ce chapitre la liberté d'élire un chantre pour lequel il assignait dix livres à prendre annuellement sur le tonlieu du blé de Béthune. Ce chantre devait avoir reçu les ordres sacrés, être chanoine de cette église, y résider et s'acquitter de ses fonctions. (2).

En 1239 des contestations s'étant élevées entre le prévôt et le chapitre d'une part et le sacristain, Robert fit un réglement au mois de mai pour les apaiser. Il stipula que celui-ci devait résider continuellement en l'église et ne pouvait s'en éloigner que pour une évidente nécessité. A lui la charge de surveiller nuit et

(1). 1244. Octobre. Robert avoué d'Arras, seigneur de Béthune et de Tenremonde déclare tenir du prévôt et des anciens chanoines de Béthune ses moulins du Chatel et de Pélart pour lesquels il leur doit annuellement dix muids de froment, six muids de mixture, trois mencauds de froment, dix sols parisis et six deniers. Le froment doit être à quatre deniers pris du meilleur qui se vendra dans le marché de Béthune, la mixture à deux deniers pris du meilleur. Les termes des paiements y sont désignés. Si les rentes ne s'en paient pas exactement le chapitre pourra s'emparer des bêtes qui serviront à ces moulins, les saisir et en prendre les fers, etc , etc...
Ces lettres sont avec d'autres de 1219, 1228, 1248 et 1257 sous le vidimus du prieur de St-Pry à Béthune de la 4° férie après l'Ascension du seigneur 1302.
Arch. du Pas-de-Calais. Orig. en parch. dont le scel est perdu.

(2). *Archives du Pas-de-Calais*. Ces lettres sont insérées dans un vidima du prieur de St-Pry, de la 4° férie après l'Ascension du seigneur 1302.
Elles sont, en outre, imprimés à peu près textuellement dans les *Preuves de la Maison de Béthune*, p. 102 et dans *Miræi diplomatica belgica*, t. 3 p. 381.

jour et de restituer les objets qui seraient perdus par sa négligence, à moins toutefois qu'il pût prouver que violence lui avait été faite ou qu'on lui avait refusé les clefs de l'église lorsqu'il les avait réclamées. Ce réglement qui contient un trop grand nombre d'articles pour être analysé ici, est le plus complet que nous ait conservé le moyen-âge sur les importantes fonctions du sacristain. (1). Le *coustre*, en effet, ainsi que l'on disait au moyen âge, jurait sur sa part de paradis de garder les droits, les coutumes, les statuts, les priviléges et les libertés de l'église ; il s'engageait à ne jamais laisser amoindrir les bénéfices de cette dignité ; et si quelques parties avaient souffert par suite du malheur des temps il promettait de les rétablir dans toute la plénitude de leurs prérogatives. Ce serment était prêté en présence d'un notaire et de deux témoins. On exigeait de plus que le sacristain fournît caution suffisante. (2).

Ces soins n'empêchèrent point Robert de Béthune de prendre une part active aux principaux événements qui se passaient de son temps. Il s'associa avec Henri fils du duc de Brabant, Arnould d'Audenarde, Thierry de Dixmude et d'autres nobles non moins illustres, pour marcher contre les habitants de Staden, voisins des bords de l'Elbe dont le pays semblait le dernier refuge des rites idolâtres du paganisme dans le nord. Le 16 mai 1233 les Flamands rencontrèrent les stadings qui, au nombre de plus de sept mille et groupés autour de leur chef, monté sur un cheval blanc, opposèrent une vigoureuse résistance. Enfin le seigneur de Béthune s'élança au milieu d'eux et sema le désordre dans leurs rangs. Dès lors ils ne se rallièrent plus, et tous ceux qui ne parvinrent point à se cacher dans leurs marais périrent dans le combat (3). D'autres sectes semblables existaient en Frise ; les che-

---

(1). Duchesne, dans ses Preuves généalogiques, p. 130, n'a publié que le commencement de cette charte intéressante. Nous l'avons reproduite textuellement à nos Pièces justificatives.
(2). *Arch. dép.* Cartulaire de St-Barthélemy (Voy. nos Pièces justificatives.)
(3). *Chron. de Mouskes*, édit de Reiffenberg, vers 28183.

valiers croisés s'arrêtèrent, à la prière du comte de Hollande, et les mêmes succès y couronnèrent leurs efforts (1).

Robert, prince libéral s'il en fut, révisa la même année, en présence des notables de la ville de Tenremonde, leurs chartes et leurs priviléges, promulgua la nouvelle coutume et lui donna sa sanction. Cet acte renferme trente-un articles, dont quelques-uns sont assez remarquables. Selon l'article II, tout citoyen accusé d'un forfait doit être cité à comparaître pendant trois jours de suite ; et s'il ne vient pas se disculper il ne peut être condamné comme coupable qu'après la troisième citation. L'article III porte que si un banni traite avec le seigneur de Tenremonde pour rentrer dans ses foyers, il ne le pourra, nonobstant le consentement de ce dernier, qu'après avoir payé aux bourgeois la somme de soixante sols pour l'entretien de la citadelle. L'article XX° veut que celui qui sera convaincu de viol ait la tête tranchée. Le XXI° ordonne la peine du talion envers les meurtriers. L'article XXVIII statue que si le seigneur de Tenremonde ou quelqu'autre veut diriger une poursuite contre un ou plusieurs échevins, la cause ne peut être plaidée que devant les échevins d'Anvers. Le suivant porte que si le seigneur veut faire quelques changements dans les usages d'un bourg, il ne le pourra qu'avec le consentement des échevins de ce bourg. Enfin l'article XXX contient une disposition que n'ont vue chez eux que bien tard les peuples qui se disent les plus libres : « Nous voulons, dit cet article que les bourgeois de Tenremonde ne puissent pas être mis en prison, s'ils ont des représentants suffisants » (2).

Robert fut ensuite envoyé, au mois de novembre 1237, vers Henri III roi d'Angleterre, seigneur d'Irlande et de Normandie et comte d'Anjou par la comtesse de Flandre, pour réclamer et offrir des indemnités au sujet des saisies faites sur leurs terres res-

---

(1). *Cruce signati Iperii Chronicon p.* 716. — Kervyn de Lettenhove, *hist. de Flandre*, t. 2 p. 236.

(2). Cette coutume a été rapportée par David Lindanus dans son histoire de Tenremonde, p. 93, et par Frammaye dans ses *antiquités belges*. Du Cange, dans son Glossaire, au mot Planca.

pectives pendant la guerre précédente. Cette ambassade eut un plein succès, et Henri, voulant arriver à une prompte conciliation choisit Robert pour son arbitre dans le cas ou de nouvelles difficultés viendraient à s'élever.

A quelque temps de là une solennelle cérémonie avait lieu dans la ville de Béthune; Robert n'avait en effet qu'une fille qui devait hériter de ses riches seigneuries. A son retour de Paris, en 1245 Gui de Dampierre qui venait de rendre à St-Louis l'hommage qu'il lui devait comme à son suzerain demanda sa main et l'obtint. Les noces eurent lieu à Béthune, au mois de février 1246. Robert devint l'un des principaux conseillers de la comtesse de Flandre et prit part, à ce titre, à toutes les actions importantes qui se passèrent alors en Flandre.

Après avoir accompli un grand nombre de pieuses fondations, doté les abbayes voisines avec lesquelles ses ancêtres avaient eu des rapports, Robert conçut le projet de se rendre en Terre-Sainte et il s'y dirigea par l'Italie. Partout sur son passage il reçut l'accueil le plus empressé. Le Pape, en effet, qui avait déclaré prendre sous sa protection Robert de Béthune, sa femme, ses propriétés (1), avait donné des ordres pour qu'on lui fît une réception conforme à son rang et pour qu'on lui rendît les honneurs dus à un si vaillant chevalier (2). Mais la mort le frappa au château de Châle en Sardaigne; sa dernière pensée fut pour cette église de Saint-Barthélemy à laquelle il portait une affection toute particulière; il augmenta en effet les revenus de cette église de vingt livres parisis à prendre annuellement sur les revenus du tonlieu et des rentes qui lui appartenaient sur la halle de Béthune (1).

---

(1) Duchesne. *Ouvrage précité.* Passim.
1248, juin. Robert, avoué d'Arras, seigneur de Béthune et de Tenremonde et Élisabeth, sa femme, donnent à l'église de Saint-Barthélemy de Béthune cent sols parisis à recevoir annuellement à toujours sur le tonlieu de la Halle de cette ville, pour célébrer les anniversaires le jour de leur mort.
Original en parchemin, scellé du scel de ce prieur en cire brune pendant à double queue de parchemin. (*Archives du Pas-de-Calais.*)
1248. Au château de Kalos, au royaume de Sardaigne, le jour des âmes (2 novembre). Robert, avoué d'Arras, seigneur de Béthune et de Tenremonde,

Son corps fut rapporté en France et inhumé dans l'abbaye de Saint-Vaast d'Arras contre la clôture du chœur sous un magnifique tombeau de marbre dont Duchesne nous a conservé le dessin (1).

L'un des premiers actes de Mahaut de Béthune fut de fixer en présence de Marguerite, comtesse de Flandre et de Hainaut, le douaire de sa mère Élisabeth, dame de Moriaumez. Mahaut obtint la jouissance de Béthune, de Tenremonde, ainsi que de tout ce qui avait appartenu à l'avoué de Béthune dans les comtés de Flandre et d'Artois, tels que revenus, bois, hommage, justice, etc. Élisabeth, à laquelle était abandonnée la terre de Richebourg, tout ce que Robert de Namur avait possédé dans les comtés de Namur, de Hainaut et dans l'évêché de Liége, à la charge par elle de décharger Gui et Mahaut de toutes les dettes contractées sur la terre de Warneton et qui étaient estimées à cinq cents livres (2)

Gui prit d'une main ferme l'administration de la ville de Béthune; mais à cette époque le comté de Flandre était agité par de nombreuses divisions dont était cause le double mariage de Marguerite. En effet cette princesse, unie en premières noces à Bouchard d'Avesnes, avait vu casser son mariage par l'autorité du Pape et en avait contracté un second avec la puissante famille de

---

donne aux chanoines de l'église de Saint-Barthélemy à Béthune vingt livres parisis à prendre annuellement après son décès sur le tonlieu et les rentes de la halle de Béthune, à charge de célébrer tous les ans un anniversaire.
(*Archives du Pas-de-Calais*). Chartes d'Artois. Elles sont insérées aussi dans le *Cartulaire* ou *Livre Rouge de Saint-Barthélemy*.

Ces lettes sont confirmées par Gui, comte de Flandre, sire de Béthune, son fils et Mahaut, sa femme, par leur charte du mois de mai 1257, insérée dans le Cartulaire précité.

L'original de cette confirmation existe aussi aux *Archives du Pas-de-Calais* (Titres et papiers de la Collégiale de Saint-Barthélémy.) Le sceau du comte est perdu, mais celui de la comtesse y est encore très-bien conservé.

(1) Duchesne, *Ouv. précit.*, p. 215. Ce seigneur changea les armoiries de la maison de Béthune et adopta pour écusson : *d'argent à la fasce de gueules*. Elles devinrent dès lors celles de la ville. Malbrancq, *Histoire des Morins*, liv. II, chap. L, a fait un pompeux éloge de Guillaume de Béthune. Il est probable qu'il l'a confondu avec Robert dont nous venons de raconter les principales actions.

(2) P. 350 et 354 de l'*Inv. de Lille*

Dampierre (1). Elle voulait assurer son comté à Gui, fils aîné de cette seconde union. Les d'Avesnes étaient forts et puissants, et ils appuyèrent leurs prétentions par les armes. On en vint aux mains à West-Capelle, et Gui y perdit la victoire et la liberté. Pendant ce temps, et tandis que Marguerite réglait les principales affaires du comté de Flandre, Mahaut s'occupait des intérêts de la ville de Béthune.

Les chanoines de la collégiale de St-Barthélemy qui étaient à cette époque au nombre de vingt-quatre, non compris le prévôt et les chapelains, étaient devenus forts et puissants. Ils réclamèrent un grand nombre de droits seigneuriaux, et au mois de mai 1257 Gui de Flandre voulant mettre un terme aux nombreuses difficultés qui s'étaient élevées fit un accord avec eux où furent insérés les droits de chaque parti. Cet acte est l'un des plus importants de notre histoire, car il détermine l'étendue de la juridiction ecclésiastique à Béthune. Nous croyons être utile à nos lecteurs en en donnant une analyse étendue.

A tous les fidèles en J.-C. tant présents que avenir salut. Gui, comte de Flandre et seigneur de Béthune et Mathilde, dame de Béthune, son épouse, salut en N. S.

Sachent tous ceux de votre commune que comme depuis longtemps des difficultés s'étaient élevées entre nous d'une part et nos chers et bien aimés en Dieu le prévôt et le chapitre de l'église de St-Barthélemy de Béthune touchant le droit et l'administration des justices de la terre et ténements que lesdits prévôt et chapitre ont dans l'enceinte de notre territoire domanial et féodal de Béthune, après un grand nombre de discussions et par le conseil d'hommes experts, du commun accord et consentement desdits prévôt et chapitre ces difficultés ont été apaisées et éloignées, et la vérité a été légitimement reconnue de la manière suivante savoir : que toute justice de sang, de vol, de violence, de querelle, de fait, de parole, de bans rompus, d'épaves et de choses trouvées, d'insultes, de serfs ou de voleurs et autres injures qui

---

(1) Voir sur ces difficultés les historiens de la Flandre et notamment Edw. Le Glay, qui a savamment éclairci cette époque obscure.

arriveront dans la terre de ce Chapitre, soit dans le territoire de Béthune, Nœux et Hersin, seront jugés par les juges de cette église et à la conjure de mayeurs et sergents jurés que le Chapitre pourra changer à sa volonté sans en demander l'autorisation à personne.

Les amendes d'argent ainsi que les catheux que ces jugements prononceront seront également partagés entre cette église et les seigneurs de Béthune après le remboursement des frais que les mayeurs et les sergents de cette église auront faits.

Le sergent du Chapitre est tenu d'arrêter le forfaiteur s'il se trouve dans son ténement, mais les frais seront payés en commun.

Si le forfaiteur n'a point de catheux suffisants pour acquitter le jugement et qu'il ait un héritage, ce bien sera vendu pour payer l'amende. Il ne pourra être relaché que la paix ou quittance ne lui ait été donnée d'un commun accord.

Le chapitre et le seigneur ne pourront faire paix ni donner quittance sans leur consentement respectif.

Quand une affaire aura été jugée le chapitre et le seigneur pourront disposer à leur volonté de ce qui leur reviendra.

Le mayeur et les sergents de cette église en entrant en fonctions devront faire serment au prévôt et au chapitre, et à chaque nomination ils seront tenus de jurer au seigneur de Béthune ou à son bailli qu'ils conserveront fidèlement les droits du seigneur.

Tous les hostes et tenans qui seront nouvellement admis par le chapitre lui prêteront également serment ainsi qu'au seigneur de conserver leurs droits respectifs.

Tout prévôt de cette église, quinze jours après sa réception, sera tenu de jurer au seigneur de Béthune qu'il recevra les serments de ses hostes et tenans.

Lorsque le mayeur et les sergents auront à traiter de quelque affaire ils conjureront les tenans et juges de cette église pour autant que cette affaire les regarde. Mais pour toutes les autres, excepté celles où le seigneur en a la moitié, ils ne seront tenus de conjurer les tenans, si ce n'est sous la fidélité qu'ils doivent à l'église de St-Barthélémy.

Lorsque quelqu'un aura commis un vol ou coupé un membre dans le ténement de l'église, et qu'il aura été jugé par les tenans et jugeurs de cette église, à la conjure du mayeur et de ses sergents, on en conviendra avec le seigneur.

Aucune justice corporelle ne pourra et ne devra se faire par le seigneur de Béthune ou ses ministres dans le ténement de cette église.

Toutes les amendes, catheux et rachats d'amendes et de catheux seront partagés également entre le chapitre et le seigneur.

Si quelqu'un se plaint au seigneur ou au bailli de Béthune que le maïeur et les échevins de cette ville aient refusé de faire droit et loy, le seigneur ou son bailli ira trouver le prévôt et deux chanoines et les avertira en présence de deux ou trois témoins de faire droit à la plainte, selon les lois et coutumes de la patrie. S'ils s'y refusent, le seigneur pourra y satisfaire par les pairs du château de Béthune, mais cela ne pourra porter aucun préjudice à cette église et son droit restera toujours en son entier.

Le seigneur de Béthune ne doit avoir dans toute cette terre que les droits repris ci-dessus sur le ténement du chapitre et de ses hostes, et ils seront libres et exempts envers les seigneurs de tous ost, chevauchées, tailles, corvées et autres exactions de quelque espèce qu'elles soient, si ce n'est lorsqu'ils seront avertis de se trouver avec les hommes de cette terre pour la défense de la terre de Béthune.

Le prévôt et le chapitre de cette église jouiront en entier à toujours dans leur ténement en dedans les territoire, domaine et fief de Béthune de tous les reliefs, entrées, sorties, concessions, lois et ordonnances, amendes pour injures dites contre les juges, excepté de celles qui auront été dites dans les affaires communes parce qu'alors les amendes seront partagées également.

Ils auront tous les plaids et toutes les justices des héritages, tout ce qui appartient à ces justices; tous les clains et toutes les justices des catheux hors des ville et échevinage ci-dessus, selon l'usage de la patrie; toutes les échéances des bâtards et toutes les terres adjugées pour forfait dans quelque cour que ce soit, et même celles qui écherraient à d'autres seigneurs quand elles se trouveront dans le ténement de cette église.

Ils auront tous les tonlieux, forages, cambages, amendes pour les choses cachées frauduleusement, pour les bornes arrachées et changées, et généralement tous droits, justices, échéances et autres domaines appartenant à héritages dans leur ténement, et ils en jouiront à toujours ainsi que le seigneur de Béthune les a dans son ténement franc, sauf qu'ils ne doivent aucun service à personne si ce n'est à Dieu.

Les mêmes prévôt et chapitre jouiront sur tous leurs *hostes et tenans* tant dans la ville et l'échevinage de Béthune qu'à Nœu et Hersin, des mêmes droits, justices, échanges et domaines que les pairs du château de Béthune ont sur les leurs, sauf qu'ils ne doivent aucun service, si ce n'est à Dieu.

Si les hostes et autres jugeurs de la Cour desdits prévôt et chapitre ont besoin *censu terre* (de faire une enquête judiciaire) pour rendre leurs jugements, le seigneur ou son bailli la fera faire en bonne foi par les pairs du château de Béthune toutes les fois qu'il en sera requis.

Le bailli et les sergents du seigneur de Béthune seront tenus de jurer en entrant en fonctions qu'ils conserveront les droits de cette église de tout leur pouvoir et qu'ils n'y contreviendront jamais ; mais ils ne mettront pas les mains aux droits de cette église, à moins qu'ils ne soient requis par le prévôt et le chapitre, si ce n'est seulement pour un voleur ou un homme qui aura ôté la vie ou un membre à quelqu'un pour lequel on conviendra avec le seigneur quand il aura été jugé par les juges et les tenans du chapitre, à la conjure du sergent de cette église.

Le seigneur de Béthune ne pourra en aucun temps donner, vendre, changer, engager ou aliéner de telle façon que ce soit les droits et domaines qui lui appartiennent dans les ténements de cette église et tout acte à cet égard sera déclaré nul. Le chapitre et ses sergens ne seront tenus de répondre qu'au seigneur de Béthune sur tel objet que ce soit.

Ce chapitre confirme et approuve tous ces articles et s'oblige de les exécuter. (1)

---

(1) *Archives du Pas-de-Calais. Voy. nos pièces justificatives.* — Cette pièce se trouve insérée dans le *Cart. ou Livre rouge du chapitre de St. Barthélemy*, f. 84.

Guillaume, avoué d'Arras et seigneur de Béthune avait employé des termes trop précis, lorsqu'il reconnut aux échevins de Béthune le droit d'administrer à leur guise les sommes provenant des péages et chaussées, pour que ses successeurs aient pu y porter atteinte. Néanmoins, en 1261, le chapitre de S. Barthélemy, l'échevinage et la communauté consentirent à abandonner au comte Gui et à Mahaut, sa femme, deux parts de la *recoite de la Canchie* pour être employées aux frais que nécessitait le rivage. Cet abandon était fait pour quatre ans consécutifs, mais il était stipulé que si pendant ce laps de temps les recettes outrepassaient les dépenses, l'excédant devrait retourner de plein droit au chapitre et à l'échevinage. Après ce délai les choses devaient être remises sur l'ancien pied. Le comte et la comtesse s'engagèrent formellement à se conformer en tous points à cet accord (1).

Dès lors nous ne connaissons plus de la comtesse Mahaut que l'acte de sa dernière volonté. On y voit cette libérale piété qui avait animé si longtemps les seigneurs de Béthune (2). A quelque temps de là une triste cérémonie réunissait dans l'église de Flines à laquelle Mahaut portait toujours le plus vif attachement, les principaux chevaliers de la Flandre et de l'Artois. Mahaut avait cessé d'exister, et son corps avait été déposé dans la chapelle de St-Aubert sous une tombe de marbre noir dont la description nous a été conservée (3).

(1) *Archives du Pas-de-Calais.* — Titres de S. Barthélemy. — Original en parch. scellé
(2). Par son testament en date du mois de mars 1258, reposant aux Archives du départ. du Nord, Mahaut veut être enterrée en l'abbaye de Flines à laquelle elle fait une donation de quinze livres de rente annuelle pour la fondation d'une chapelle. Elle fait un semblable don à l'abbaye de Beaupré dans le même but. La comtesse accorde en outre différentes sommes en argent à plusieurs abbayes et couvents ainsi qu'à une grande quantité de personnes dénommées dans cet acte. Nous mentionnerons pour Béthune l'église de St-Barthélemy, l'hôpital, le curé de St-Barthélemy, de St-Vaast, etc. ; pour Lille les frères-prêcheurs, les frères mineurs, le béguinage ; pour Arras les frères mineurs et les frères-prêcheurs, etc., etc...
Elle ajoùta à ce testament un codicile en date du mois de février 1260.
(3) Buzelini *Gallo fland.*, liv. 3, chap. 5. — Duchesne, *ouv. précit.*, p. 224. — Ferri de Locre, *chronic. ann.* 1265, etc...

Robert, son fils aîné, se mit dès lors en possession de l'héritage maternel et promulgua, sous le titre de seigneur de Béthune, avoué d'Arras, sire de Tenremonde, plusieurs chartes qui témoignent de sa piété. (1)

Un de ses premiers soins fut aussi de confirmer les priviléges et les coutumes concédés par ses ancêtres à la ville de Béthune (2). Il voulait ainsi, sans doute, s'attacher les habitants d'une cité qui par sa proximité de l'Artois devait avoir pour lui une si grande importance et dont il espérait faire une des principales défenses de son comté, si la guerre éclatait avec la France. Cette confirmation ne put ramener la prospérité dans la ville, car les échevins et la communauté de Béthune souscrivirent en effet, à cette époque, plusieurs obligations. C'est ainsi qu'au mois d'octobre 1271 ils donnèrent des lettres par lesquelles ils reconnaissaient devoir à Jacques Mayeur, citoyen d'Arras, fils d'Arnulphe Mayeur, la somme de deux cent trente livres parisis qu'il leur avait prêtées pour les besoins de la ville. Ils s'engagèrent à la lui rembourser à Arras le samedi après la fête de S. Rémi et de les indemniser des frais occasionnés par ce prêt. A cet effet ils s'obligèrent eux et leurs biens et renoncèrent à tous les priviléges qui auraient pu les soustraire à l'accomplissement de leur promesse. Cet acte est d'autant plus intéressant qu'il rappelle par sa forme le droit romain.

Des difficultés s'étaient élevées entre l'abbaye de Loos et la communauté de Béthune, relativement à une maison située près du rivage de cette ville. L'abbaye la possédait moyennant cinq sols de relief payés au seigneur sans stipulation d'aucun autre droit (3). L'échevinage réclama que cette maison fût soumise à la

(1). 1265-octobre. Robert, fils aîné du comte de Flandre, et Blanche sa femme fondent une chapelle à perpétuité dans l'église de St-Barthélemy de Béthune, assignent vingt livres parisis au chapelain et veulent qu'il soit soumis à la correction du chapitre et qu'il assiste à tous les offices qui se diront dans cette église. Il assigne le paiement de vingt livres sur les forages et le tonlieu de la halle de Béthune.

(*Archives du Pas-de-Calais.* — Orig. en parch.)

(2) *Arch. municipales de Béthune.* — Cette charte est insérée dans le registre aux priviléges, fol. 97 v°. Elle porte la date de 1265, le jeudi avant S. Rémy.

(3) Lettres de Robert, fils aîné du comte de Flandre, faisant donation à la

taille comme les autres. L'abbaye s'y refusa, et après de nombreux démêlés, les partis convinrent de s'en rapporter à l'arbitrage de Mathilde, comtesse de Flandre, et de son fils Robert, seigneur de Béthune à qui avaient été abandonnés les cinq sols de relief. Mathilde accepta l'arbitrage et rendit une décision acceptée par les parties, en vertu de laquelle l'abbaye de Loos abandonnait une rente annuelle que lui devaient les échevins pour une autre maison. De son côté, l'échevinage s'engageait à ne rien réclamer de l'abbaye de Loos pour la maison située près du rivage.

Jusqu'ici nous avons retracé dans notre histoire de Béthune les principaux faits de ses seigneurs, car il y avait pour ainsi dire communauté entre eux et la ville dont ils portaient le nom. Ils s'étaient identifiés avec elle et avaient une vie commune. Maintenant il n'en est plus de même, Robert, devenu l'héritier présomptif du comté de Flandre, prend part aux agitations de ce fief important non plus comme vassal mais comme principal acteur : à lui l'administration du pays pendant la captivité du comte Guy, cet époux infortuné de Mahaut de Béthune, à lui de tenter la délivrance de son père. Il continue néanmoins à prendre une part dans l'histoire intérieure de Béthune ; c'est ainsi qu'il fait avec les communautés de cette ville plusieurs accords, qu'il leur abandonne de nouveaux paturages et qu'il espère, en augmentant leurs revenus s'attacher les bourgeois dont la fidélité va bientôt être mise à l'épreuve. L'église collégiale de St-Barthélemy témoin de la piété de ses ancêtres, enrichie par leurs dons, est aussi l'objet de sa préoccupation (1).

---

ville de Béthune de son pré situé en dedans le pourchainte du marais de Béthune entre son vivier et celui du seigneur d'Anezin, à condition qu'il retiendra un *praielet* qui appartenait à cette ville. (*Archives de Béthune, Reg. aux Priviléges*, fol. 77.)

(1) 1295.— Charte de Robert, comte d'Artois, amortissant les possessions du chapitre de St-Barthélemy lui provenant par aumône ou acquisition.

Le détail de ces rentes et possessions est exprimé tout au long dans cette charte.

Cette charte, du mois de décembre 1295, existe en original aux *Archives du Pas-de-Calais, Titres de S. Barthélemy.*

Sur ces entrefaites le comte Gui sortit de la prison où l'avait retenu Philippe-le-Bel, mais en laissant sa fille pour ôtage et en jurant de ne faire aucune alliance avec Edouard d'Angleterre. Gui était de bonne foi dans son engagement, mais lorsqu'il eut su quels étaient les besoins de son comté, lorsqu'il eut entendu les doléances de ses principaux sujets, il vit bien qu'il lui serait impossible d'exécuter ces conditions à moins de ruiner ces provinces autrefois si riches. De nouvelles négociations s'entamèrent donc avec le roi d'Angleterre et une alliance offensive et défensive fut signée à Ipswich, dans le comté de Sufolk; aussitôt Philippe-le-Bel résolut de venger ce qu'il appelait un manque de foi et il convoqua l'ost français dans la ville d'Arras. Robert, comte d'Artois, en reçut le commandement, et tandis qu'il se dirigeait sur S¹-Omer, son fils Philippe vint mettre le siége devant Béthune. Nous n'avons aucun détail sur cette expédition ; nous savons seulement que les Français s'en rendirent maîtres après un siége assez court (1297) (1). A quelque temps de là, en effet, l'infortuné Philippe, après avoir puissamment contribué au gain de la bataille, trouvait dans les plaines de Furnes une mort glorieuse. Cet échec plongea le comte Gui dans la plus grande détresse, mais le pape Boniface VIII offrit sa médiation et fit accepter une trêve de deux ans. Il est probable que Béthune fut à cette époque rendue à Robert. Nous trouvons en effet dans les chroniqueurs contemporains que dès la fin de la trêve, Charles de Valois reparut sous ses murs à la tête d'une division de l'armée française et contraignit la ville de recevoir de nouveau la foi du vainqueur (1). Peu de temps après le comte Guy mourait dans

---

(1) 1297. — Philippo rege insulam seu Lillam obsidente, Robertus princeps noster aliis cum ducibus et copiis pergit ad regem : cujus in adventu Bethunienses, omnium primi deditionem fecerunt, Philippo Roberti principis filio se tradentes : *Balduinus de Glen, cap. 18 historia abbatum Hennaicensium.*

Ferreoli Locrii *chronicon belgicum*, p. 437 et 438. — Jules Van Praet, *hist. de la Flandre* depuis le comte Gui de Dampierre, fol. 1 p. 54. — Kervyn de Lettenhove, *hist. de Flandre*, t. II p. 400.

(1) « En cest an ensivant (1299) quant le terme des trivees fu passes qui « estoit entre le roy de France et le conte de Flandres, Charles conte de

sa prison et Robert son fils aîné, qui avait partagé sa captivité, n'obtenait la liberté qu'après avoir signé le désastreux traité d'Athies (juin 1305).

Par une condition de cet acte le roi de France devait garder les châteaux et châtellenies de Béthune, Lille et Douai, que le roi occupait déjà ainsi que les châteaux de Cassel et de Courtrai jusqu'à ce que le comte Robert ait fait exécuter les conditions de ce traité et rasé les fortifications dont il avait promis la démolition (1).

Pendant douze ans environ, Béthune fut administrée au nom du roi de France, mais au mois de décembre 1311 il abandonna à la comtesse Mahaut d'Artois tel droit qu'il avait et pouvait avoir en cette ville pour en jouir elle et ses héritiers à la charge qu'elle lui donnerait en retour 1131 livrées de terre qu'elle avait dans le comté de Bourgogne et dans la seigneurie de Salins et qui provenaient du douaire de son mari Otto en son vivant comte d'Artois (2). Mahaut s'empressa de prendre possession de la ville de Béthune et d'y faire reconnaître son pouvoir ; elle prêta serment d'observer les us et priviléges de cette ville et de l'administrer loyalement comme doit en agir tout seigneur. Elle accorda aux habitants la confirmation des immunités dont ils avaient joui jusqu'alors et qui leur avaient été concédées par les anciens seigneurs de Béthune (3). Ces priviléges étaient beaucoup plus étendus que

« Valois fu envoies de son frère Philippe le biau roy de France en Flandres a
« tout grand ost apres la nativite nostre seingneur. Et lors des maintenant
« si tost comme il fust venu reçut Douay et Béthune tout abandon. »
Chroniques de St-Denys, p. 666. *Collection des hist. des Gaules et de la France*, tom. II, publiée par Daunou et Naudet.

(1) *Archiv. de Lille* et *archiv. nation. de Paris*, J, 548, 1.

(2) Lettres de Mahaut, comtesse d'Artois et de Bourgogne palatine, dame de Salins, par lesquelles elle assigne au roi Philippe le Bel 1131 livrées de terre en Bourgogne pour et en échange de la ville de Béthune l'an 1311, au mois de septembre.
Arch. générales du royaume de France, art. *Bourgogne* et nos *Pièces justificatives*.

(3) 1311, 10 août. — Charte de Mahaut par laquelle elle jure de maintenir les us et coutumes de la ville de Béthune.
Registre aux priviléges de Béthune, fol. 98. (*Archiv. municip.*)
Cette confirmation est inédite ; nous la publions dans nos pièces justifica-

nous n'avons pu le faire connaître ; ils étaient sans doute basés sur les us et coutumes des villes voisines, sur des concessions faites par les seigneurs et qu'ils n'avaient point confirmées, sur la tradition enfin. C'est ainsi qu'à cette époque la ville de Béthune était régie par dix échevins ; ces magistrats se renouvelaient tous les ans par moitié, et l'élection des nouveaux membres avait lieu par les échevins restés au pouvoir et à l'unanimité des suffrages. Un des cinq membres nouvellement choisis vint à mourir pendant l'année 1323 ; alors les quatre magistrats écrivirent à la comtesse Mahaut pour obtenir l'autorisation de procéder à une élection nouvelle comme s'ils eussent été complets. Cette autorisation leur fut accordée par lettres du 7 février 1323 (v. s.) (1) ; en outre, les habitants avaient des droits qui leur avaient été concédés à des époques que l'histoire n'a pas enregistrées. C'est ainsi qu'ils pouvaient étaler leurs marchandises aux *francs étals réaux* sans être astreints à aucune redevance. Le bailli de la comtesse les troubla dans l'exercice de leurs droits, et leur réclama la même somme qu'aux marchands dont les *étals* n'étaient pas francs. De là, plainte des habitants, mais la comtesse Mahaut après une information fit droit à leur requête par ses lettres du mois de juillet 1325 (2). Enfin trois ans plus tard la même princesse accorda aux échevins de Béthune d'établir une assise sur les marchandises, à la charge par eux de lui payer annuellement et en trois termes jusqu'à l'expiration du délai la somme de quatre cents livres parisis (3).

Un tel état de choses ne pouvait durer, il fallait nécessairement arrêter de semblables désordres ; il était donc de la sagesse des administrateurs de prévenir les difficultés que le manque des lois

---

tives avec la confirmation d'Eudes C'est par erreur que Delocre l'a mise en 1313.

(1) *Archives du Pas-de-Calais*. — Dossier de Béthune. Copie moderne. — *Archives municipales de Béthune*, gr. Reg. ou Privilèges, f° 255 v° et Pièces justificatives.

(2) *Archives municip*. Registre précité, f° 255 v

(3) Les Echevins reconnurent par ces lettres du 4 juillet 1328 avoir pris à ceux les tonlieux de la ville. *Arch. du Pas-de-Calais*. — Copie moderne.

écrites et l'obscurité des traditions devaient naturellement faire naître. La comtesse Jeanne qui avait hérité de Mahaut, sa mère, la seigneurie de Béthune ainsi que la province d'Artois le 2 mai 1334 résolut d'y remédier. Une enquête contradictoire fut ordonnée, et par ses soins l'on mit en écrit les coutumes et les priviléges dont les habitants de Béthune avaient la jouissance. Le monument qui nous en a été conservé est le plus complet de ceux qui peuvent offrir quelqu'intérêt pour l'histoire municipale de cette ville. Son importance est telle que nous ne pouvons nous dispenser d'en donner ici une analyse étendue.

Les échevins, comme nous l'avons-dit, étaient au nombre de dix ; la moitié était renouvelée tous les ans par les cinq qui restaient au pouvoir. Les nouveaux élus seront présentés au bailli pour obtenir la confirmation de leur nomination. Il aura huit jours et huit nuits pour rendre sa décision. Si dans cet espace de temps il ne les accepte pas il en devra être élu de nouveaux. Lors même que les cinq seraient acceptés par le bailli il pourra cependant s'il le veut en révoquer un dont il se réservera la nomination. Les nouveaux élus prêteront ensuite serment entre les mains du bailli. Si durant l'année un membre de l'échevinage meurt il sera immédiatement remplacé.

Un prévôt et deux mayeurs seront également élus annuellement. Ils seront spécialement chargés de la police des marchés et pourront saisir tout ce qui ne devrait pas y être vendu.

Les échevins à la conjure du bailli auront la connaissance des délits commis dans la ville ou dans la banlieue ; et les prisonniers seront amenés devant les échevins à l'exception des gens du seigneur ou de ceux qui auraient commis des délits dans ses bois, ses étangs et ses autres propriétés dont réserve est faite.

Une amende de soixante sols au profit du seigneur sera prononcée contre celui qui frappera d'épée, de couteau ou d'autre arme si ce n'est en légitime défense — contre celui qui aura appelé serf qui ne l'est pas — contre celui qui insultera un échevin. Sur toutes les amendes les échevins prélèveront cinq sols.

Une amende de onze livres et dix sols punira celui qui ayant jeté quelqu'un par terre le frappera après sa chûte, à moins qu'il ne soit en cas de défense légitime.

On ne pourra frapper personne de la main si ce n'est en se défendant sous peine de trente sols d'amende. Si l'agresseur a la main garnie de gant ou d'autre chose l'amende sera de dix livres.

Les injures entraîneront une amende de six sols sur lesquels douze deniers reviendront aux échevins.

Pour cas criminel aucun banni ne pourra être rappelé par le seigneur sans le consentement des échevins si des témoins ont été produits. Dans les autres cas il pourra le faire.

Le banni qui aura enfreint son ban en verra doubler le temps. S'ils est repris dans la banlieue il perdra l'oreille ou paiera vingt livres sur lesquelles les échevins prélèveront cinq sols.

Lorsqu'ils le jugeront nécessaire les échevins pourront prononcer le bannissement sauf rappel.

La justice (1) devra accompagner les échevins lorsque ceux-ci le requerront pour la publication des ordonnances.

Les échevins peuvent contraindre les débiteurs d'acquitter leurs dettes sous peine de soixante sols applicables à la ville. Si dans certains cas ils trouvent que cette demande est trop faible ils pourront l'augmenter de l'assentiment du bailli.

La justice ne pourra arrêter aucun bourgeois qu'en flagrant délit ou en la présence des échevins. Dans le cas contraire elle devra immédiatement relâcher le prisonnier excepté pour cas criminels. Elle devra cependant avant de l'emprisonner l'amener par devant les échevins.

Pour arrestation en maison bourgeoise la justice devra être accompagnée d'échevins. Réserve est faite pour les cas criminels.

Si un bourgeois est surveillé par la justice quoiqu'étant déjà sous la surveillance des échevins celle-ci doit indiquer dans l'espace de trois jours le cas criminel présumé du prévenu. Si l'accusé est susceptible d'être puni de détention il sera arrêté et mis en la prison du château, mais on ne pourra lui faire subir l'épreuve

---

(1) On appelle ainsi le bailli, son lieutenant et ses sergents.

de la question. Pendant les trois jours la·garde du prévenu peut être confiée à un échevin à ses risques et périls.

Si la justice accuse un bourgeois d'avoir porté la main sur le bailli ou sur un sergent sermenté, d'avoir pêché dans les eaux du seigneur, chassé dans ses bois ou commis d'autres délits dépendant de la juridiction seigneuriale, elle devra l'indiquer sommairement en la présence des échevins.

La connaissance des délits commis par les gens du seigneur lui appartiendra exclusivement.

Lorsqu'un bourgeois arrêté pour cas pécuniaire offre une caution suffisante elle doit être aceptée.

Celui qui empiètera sur le terrain de son voisin ou sur celui de la ville sera jugé par les échevins à la conjure du bailli. La condamnation sera de soixante livres d'amende sur lesquelles les échevins auront cinq sols.

La même amende sera encourue par ceux qui, hors de la banlieue, dresseront guet-à-pens contre un bourgeois. Si c'est un bourgeois qui le dresse contre un autre elle ne sera que de vingt livres, mais il sera en outre banni.

Sur chacune de ces amendes cinq sols reviendront aux échevins.

Si un bourgeois enfreint paix ou trèves données par échevins il ne sera passible que de soixante livres d'amende s'il n'y a sang courant ni plaie ouverte.

Les échevins devront établir annuellement des eswardeurs qui auront la garde des marchandises de la ville.

Les créanciers pourront aller seuls prendre gages chez leurs débiteurs lorsque leur créance sera échue. Si ceux-ci leur refusent ils seront à soixante livres d'amende.

Lorsqu'un bourgeois juré rencontre à la halle de la ville un de ses débiteurs il peut le faire tenir par deux autres bourgeois jurés jusqu'à ce qu'il ait requis la justice de l'arrêter.

Si un cas difficile se présente à juger, les échevins devront aller à Arras prendre conseil de leurs collègues.

Les échevins, du consentement du prévôt, de deux mayeurs et

des mayeurs de *geudes* peuvent lever des tailles sur leurs bourgeois quand ils le jugent nécessaire.

Ils peuvent vendre des rentes à vie avec l'assentiment de la communauté lorsque le besoin le requiert.

Ceux qui voudront *yssir* (sortir) de la bourgeoisie devront abandonner à la ville le septième de leurs biens. S'ils doivent écheoir à une personne non bourgeoise, ils doivent être *excarsés* de la septième partie seulement, excepté ce qui pourrait revenir au seigneur pour *forfaiture*.

Si des bourgeois se font des menaces ou se disent des injures, les échevins doivent leur imposer des trêves. Les personnes qui y sont soumises devront se présenter deux fois par an au siége de l'échevinage et ne pourront être inquiétées sauf si elles sont coupables de crimes ou de bans rompus. Celles qui seront en défaut seront passibles de soixante livres d'amende.

Le meurtrier devra être condamné par les échevins à avoir la tête tranchée s'il ne prouve que le meurtre n'a été commis qu'en cas de légitime défense. S'il nie le crime et qu'il en est reconnu coupable, il sera traîné, puis pendu.

Le bourgeois qui recevra de nuit chez lui des gens armés de hoquetons ou de haubergons, etc., sans en informer la justice, paiera dix livres d'amende.

Le demandeur en justice pardevant le tribunal de l'échevinage pourra se faire représenter par un fondé de pouvoirs.

Ceux qui n'observeront pas fidèlement les sentences rendues par les échevins encourront soixante livres d'amende (1).

L'administration des comtes d'Artois contribua à développer le

---

(1) Cette charte qui se trouve dans quatre ou cinq registres des Archives municipales de Béthune était encore inédite. Nous ne pouvons en effet la regarder comme publiée quoi qu'elle soit insérée dans le *Recueil des Chartes et titres concernant les fonctions des grands-baillis de la province d'Artois*. Ce recueil qui, du reste, est fort rare, a été imprimé au siècle dernier dans un but judiciaire. Les textes y ont été tronqués pour servir au gain de la cause, et les copies dont on s'est servi étaient si inexactes que les plus grossières erreurs s'y sont glissées. Nous avons apporté le plus grand soin à la collation du texte que nous donnons dans nos pièces justificatives.

mouvement religieux dans la ville de Béthune. Quoique la peste eut déjà sévi plusieurs fois avec violence, cette ville n'avait encore aucun endroit où elle pût renfermer ses lépreux et préserver ainsi les habitants de tout contact avec ces malheureux. Les échevins s'adressèrent à la comtesse Mahaut, qui sans nul doute ne tarda guère à faire droit à leurs demandes, quoique l'on n'ait plus l'acte mentionnant la fondation de la maladrerie de Béthune, des religieuses y furent appelées par la comtesse Mahaut en 1323 (1), et sept ans plus tard, Robert, gouverneur de Béthune, et Blanche, sa femme, jetèrent les fondements d'un couvent de Frères ou Ermites de Saint François comme l'on disait alors, et leur église fut dédiée à sainte Agnès, vierge et martyre (2). Cinq religieux y reçurent d'abord asile, mais le nombre s'en augmenta et au commencement du dernier siècle, il s'en trouvait trente-un. D'abord fixés à l'endroit où furent plus tard percés les fossés utiles à la défense de la ville, ils obtinrent d'un abbé de Saint-Vaast un vaste terrain qui avait servi de refuge aux prévôts de Gorre et de La Beuvrière (3).

Le traité d'Athies-sur-Orge, conclu le 5 juin 1305 (4), avait stipulé que, outre les châteaux et châtellenies de Lille, Douai et Béthune, déjà en la possession du roi, Robert de Béthune lui remettrait les châteaux de Cassel, de Courtrai, comme garantie de l'exécution des clauses exorbitantes qu'il en avait exigé et dont le détail serait trop long ici. Robert, fatigué de sa longue captivité et desireux de rentrer dans sa patrie, signa ce traité ; mais ses sujets s'élevèrent avec force contre lui, et les bonnes villes refusèrent de le ratifier, disant que si le beau roi de France, roi frauduleux et violateur de sa parole, était amoureux de combattre, il n'avait qu'à descendre au pays et qu'il y trouverait à qui parler (5). Ces plaintes énergiques, les dispositions hostiles

---

(1) *Annales manusc. de dom Legris*. Biblioth. de M. le baron de Hauteclocque.
(2) Locrii. *Chronic.*, p. 457.
(3) P. Ignace. *Mém. mss. du dioc. d'Arras*. (*Biblioth. comm. d'Arras*), p. 389.
(4) Voy. Le Glay. *Histoire des comtes de Flandre*, t. II, p. 319. Note.
(5) Meyeri. *Annales*, ann. 1305.

des communes avaient amené en 1309 Philippe le Bel à accorder quelque modération ; il n'en avait pas moins conservé entr'autres places celle de Béthune, qu'il transmit deux ans plus tard comme nous l'avons dit à la comtesse Mahaut d'Artois. Philippe le Long, monté sur le trône de France, conclut avec le comte un traité qui fut discuté à Pontoise en 1316 (1). Celui-ci devait prendre part à la première croisade, prêchée par le pape ; il s'engageait à ne plus réclamer les châtellenies de Lille, Douai et de Béthune et à démolir les châteaux de Courtrai et de Cassel (2). Toutefois ce traité ne fut point encore définitif, et l'on se contenta de signer une prolongation de la trêve, mais Philippe le Long agit sur les communes avec une telle persuasion qu'elles réclamèrent énergiquement la paix et qu'elles eussent peut-être dépouillé le comte de Flandre de son autorité, s'il n'eût consenti à accompagner leurs députés près du roi, vers les derniers jours du mois d'avril 1320. Après qu'il eût répété les paroles de l'hommage qu'il devait prononcer, on lui présenta le traité du 1er septembre 1316, afin qu'il eût à l'approuver. Cependant, dès que l'on arriva à la clause relative à la cession des châtellenies de Lille, Douai et Béthune, le comte s'écria énergiquement que cette cession était nulle parce qu'il n'y avait jamais eu que la remise d'un gage provisoire, ajoutant que si on lui avait fait sceller un autre engagement c'était une tromperie d'Enguerrand de Marigny (3). Il fallut ajour-

---

(1) Déjà dans un projet de traité conclu à Pontoise le 11 juillet 1313, le roi considérant que Robert de Béthune s'était rendu coupable de négligence plutôt que de malice, avait ratifié le rachat de dix mille livres de rente, moyennant six cent mille livres tournois et acceptait pour le second paiement de 10,000 livres, la possession des ville et châtellenies de Béthune, Douai et Lille. Galland. *Mém. sur la Flandre fr.*, p. 152.

(2) *Arch. de Mons. Chron. métrique de Godefroy de Paris*, vers 3240. Kerv. de Lettenhove. *Hist. de Fl.*, tom. III, p. 81

(3) Le chanoine de Saint-Victor raconte que Baudouin de Zonnebeke avait fait écrire, dans les pouvoirs donnés par les villes de Flandre à leurs députés, qu'ils traiteraient de la paix de concert avec Robert de Béthune : il ajoute qu'il résulta de cette clause insérée frauduleusement, que le refus du comte empêcha les communes de poursuivre les négociations. Joan. *Can. S. Vict.*, col. 126. Kerv. de Letten. *Hist. de Fl.*, t. III, p. 99.

ner l'entrevue; le roi se montra fort mécontent, on l'entendit jurer par l'âme de Philippe le Bel (1) que le comte de Flandre ne recouvrerait jamais ces trois châtellenies et il pria ses oncles, le comte de Valois et de La Marche, ainsi que les autres seigneurs présents de prononcer le même serment. Lorsque le comte de Flandre sut ce qui se passait, il quitta précipitamment Paris pour retourner dans ses États; mais les députés des communes se mirent à sa poursuite, avec son fils, Louis de Nevers, qui venait de renouveler à Philippe le Long son serment d'obéissance; ils l'atteignirent à trois lieues de Paris, le ramenèrent avec eux et lui firent ratifier quelques jours plus tard (5 mai 1320) le traité de 1316 (2).

Quelles que fussent les assurances que les communes avaient données au roi de France de ne jamais revendiquer la ville de Béthune, elles profitèrent de la première occasion favorable pour diriger une nouvelle entreprise contre cette ville. Fortes de l'alliance anglaise, les milices s'armèrent le 24 juin 1346, et le 2 août elles s'éloignèrent de leurs foyers, sous les ordres de Henri de Flandre, pour envahir l'Artois. Repoussées par la garnison française qui gardait le pont d'Étaires, elles franchirent la Lys à Merville, et le 10 août elles s'emparèrent du bourg de Saint-Venant, mais le château résista. Enfin, la veille de la fête de l'Assomption, l'armée flamande mit le siége devant Béthune (3). Renforcés par cent-soixante arbalétriers venus d'Arras (4), encou-

(1) Per animam patris sui Joann. *Can. S. Vict.*, col, 127.

(2) Cont. Guill. de Nangis, 1320. Anon. de Denis Sauvage, 60: *Can. S. Vict.* col. 128; Galland, p. 247. Au mois d'octobre 1320, les députés flamands demandèrent qu'à l'avenir on leur donnât acte pardevant notaire des messages du roi, comme ils ne se confiaient ni dans la garantie de sa loyauté ni dans celle du sceau apposé à ses chartes. *Archives nationales à Paris*, p. 264.

(3) Gilles li Muisis, pub. par de Smith, p. 241. Knyghton IV, t. — Cependant les historiens de l'Artois s'accordent à dire que le chef de l'armée flamande était messire Oudart de Renti, banni de France pour avoir suivi le parti de Robert d'Artois. Ce seigneur obtint dans la suite de rentrer en France et s'efforça d'y faire oublier qu'il avait porté les armes contre sa patrie. Jacques Meyer donne deux chefs aux Flamands, Henri de Flandre et Oudart de Renty.

(4) Meyeri. *Annales*, ann. 1346.

ragés par l'exemple de messire Geoffroy de Charny, Eustache de Ribeaumont, Bauduin Dennequin, Jean de Landas (1), Jehan de Châtillon, le seigneur de Puckus (2) que le roi à la première nouvelle du danger leur avait envoyé, les habitants résistèrent avec la plus grande énergie. Dès le commencement du siége, Dennequin s'y distingua par son courage; il s'était caché dans un bois situé près de la ville et avait même fait incendier les faubourgs pour augmenter la confiance des Flamands. Il arriva en effet que leurs chefs pensèrent que c'était leur avant-garde qui les avait précédés pour brûler les faubourgs, et ils s'avançaient imprudemment croyant n'avoir rien à redouter, quand les Français parurent tout à coup et s'élancèrent dans les rangs de leurs adversaires surpris. Ceux-ci s'enfuirent en désordre et ne se rallièrent qu'après avoir éprouvé une perte importante. Deux jours après, les Flamands voulurent se venger en escaladant les remparts de la ville ; mais leurs efforts ne furent pas couronnés de succès. L'assaut dura depuis le matin jusqu'au soir, et lorsque les assiégeants se virent réduits à cesser le combat, plusieurs chevaliers flamands avaient été blessés. Henri de Flandre, lui-même, fut atteint d'un trait, en cherchant à ranimer l'exemple des siens (3).

Une expédition, dirigée vers Lillers, ne fut pas plus heureuse ;

---

(1) Chron. de Froissart, liv. I*er*, chap. 310 de l'édit. de Buchon. Geoffroy de Charny qui portait la bannière royale à la bataille de Poitiers, le 19 septembre 1358, Eustache de Ribaumont et Jean de Landas à qui avait été confiée la garde du comte de Normandie, fils aîné du roi de France, restèrent à la dolente journée de Poitiers. Jean de Landas avait épousé, douze ou treize ans auparavant Jeanne de Fiennes, veuve de Jean de Châtillon, comte de Saint-Pol qui avait gouverné ce comté pendant la minorité de Gui de Châtillon et de sa femme. Dufaitelle, Siége de Béthune. *Puits artésien*, t. III, p. 537, n° 3.

Bauduin Dennequin, grand maître des arbalétriers, fut tué à la bataille de Cocherel, le 16 mai 1364.

(2) *Annales de Flandre* de P. d'Oudegherst, édit. de Lesbroussart, t. II, p. 467. Ces chevaliers concouraient sans doute à la défense de Béthune avec ceux nommés par Froissart. C'est le sentiment de Meyer et de Dufaitelle. Brezin cité par Delocre, p. 462, porte l'armée des flamands à plus de 70,000 hommes.

(3) Gilles li Muisis, pub. par de Sinet, tom. II, p. 241.

les flamands y perdirent cent chariots et cinq cents hommes ; de graves dissensions éclatèrent entre les milices de Bruges et celles du Franc, et Dennequin parvint, grâce au désordre qui régnait dans leur camp, à brûler leurs tentes (1). Ce dernier échec acheva de décourager les assiégeants ; ils détruisirent leurs machines de guerre, se replièrent sur Merville, et comme le dit une chronique, les Flamands retournèrent *chascun à sa chascune* (2).

Pendant les trois semaines qu'avait duré le siége (3), les habitants avaient souffert de nombreux dommages, dommages qui furent évalués par le roi à plus de deux cent mille livres. Le sire de Verquigneul, chargé de la défense du château, avait formé de nombreux approvisionnements qui avaient augmenté les vivres (4), et les habitants redoutaient la licence des gens de guerre. Un assez grand nombre d'entr'eux chercha un refuge dans des cités moins exposées au pillage des ennemis. Alors Eudes, son seigneur et le roi de France, avisèrent aux moyens de donner une nouvelle vie à ces bourgeois qui avaient si généreusement résisté aux attaques des Flamands. La ville n'avait pas encore de beffroi, symbole de ses libertés communales et l'on était obligé de conduire les prisonniers du magistrat dans la prison du château. Eudes leur permit par lettres spéciales accordées le 27 octobre de cette année, de faire construire un beffroi, d'y mettre des cloches et d'établir des prisons pour les bourgeois et bourgeoises seulement, avec défense d'y enfermer toute autre personne qui aurait méfait. Le geôlier était à la nomination du comte ou de ses officiers et les profits de cet emploi en revenaient au seigneur (5).

---

(1) *Chron. de li Muisis, edit. précit.*, p. 243.

(2) P. d'Oudegherst, *Édit. précit.*, t. II, p. 467.

(3) Meyeri, *Annales.*

(4) Reconnaissance donnée par Mahieu, sire de Verquigneul, au mois de janvier 1346, insérée dans nos pièces justificatives.

(5) Cette charte est insérée dans le *Recueil des titres concernant les fonctions et droits des grands baillis d'Artois*, p. 16 ; mais comme nous l'avons déjà dit la plupart des pièces insérées dans ce Recueil sont inexactes et l'on s'aperçoit facilement qu'elles ont été produites pour servir au triomphe d'une cause. Ainsi nous lisons dans la charte qui nous occupe : « est à savoir que nostre

Le duc Eudes et la duchesse Jeanne, sa femme, confirmèrent également les priviléges accordés à la ville de Béthune par ses seigneurs, ainsi que par les rois de France. Ils s'engagèrent, eux et leurs successeurs, à ne jamais y porter atteinte. Cette confirmation de priviléges fut octroyée, à la condition que la ville respecterait leurs droits et qu'ils se réserveraient la faculté d'interpréter ce qu'il pourrait y avoir d'obscur (1). Les habitants s'étaient engagés à payer pendant dix ans, deux sous de relief au duc de Bourgogne. Eudes leur en fit remise le même jour, à la condition que ces deux sous pour livre, seraient appliqués au profit de la ville (2). Il leur accorda également le droit de prendre et de couper dans sa forêt tout le bois dont on aurait besoin pour faire trois portes, trois ponts-levis et d'autres ouvrages que rendait nécessaires la défense de la place (3). Les échevins présentèrent une requête au duc de Bourgogne, dans le but d'obtenir que la haute justice de l'avouerie de Béthune, exercée au château de Lens, le fût à celui de Béthune. A cette nouvelle, les échevins de Lens firent une vive opposition et demandèrent que cette réclamation fût considérée comme non-avenue. Le duc Eudes, après avoir ordonné une enquête par ses lettres du 9 décembre, donna une charte le 27 du même mois, par laquelle il déclara que doresnavant la haute justice de l'avouerie de Béthune serait exercée par

entente n'est pas de nostre volonté que par commission faite, prevost, mayeur et habitants de la dite ville, par le teneur de ces présentes lettres commune soit octroié et donné. » Cette clause ne se trouve pas dans la Charte originale existant aux *Archives du Pas-de-Calais* qui nous a servi pour la transcription du texte que nous donnons dans nos pièces justificatives.

Le roi de France confirma cette charte au mois de janvier 1346. (*Arch. munic. de Béthune*, gr. reg. aux privil., f° 91 v°.)

(1) Compiègne, 27 octobre 1346. *Archiv. munic. de Béthune, reg. aux priviléges et ordonnances des rois de France*, t. IV, p. 146.

(2) *Biblioth. d'Arras. Invent. des chartes d'Artois*, n° 193, p. 303. La reconnaissance des échevins est du mois de novembre ; elle se trouve au même registre, p. 300.

(3) Charte d'Eudes, duc de Bourgogne, autorisant les échevins de Béthune de prendre dans sa forêt de Béthune tout le bois nécessaire à la construction de trois portes, trois ponts-levis, trois auguis et dix bricoles pour la sûreté de la ville. *Arch. mun., reg. aux privil.*, f° 256.

les francs hommes du château de cette ville, au conjurement du bailli de ce lieu (1).

Le roi, de son côté, voulant contribuer à rendre cette ville prospère, confirma les chartes que Guillaume, ainsi que ses successeurs, lui avait concédées, défendit à ses officiers d'inquiéter les bourgeois et bourgeoises de Béthune dans la possession de leurs priviléges. Il ordonna que si les officiers royaux tentaient d'y porter atteinte, ils leur représentassent leurs chartes, et si ceux-ci refusaient d'y avoir égard, il leur permit de les poursuivre en dommages et intérêts (2). Il accorda au magistrat de Béthune le privilége d'avoir le jugement et au seigneur la *correction, punition et exécution* des bourgeois et des bourgeoises, en tous cas, criminels et civils, excepté ceux de lèze-majesté, *d'assurement donné en la cour du roy, brisé, de sauve-garde-enfrainte, de prison royale brisée, de contrefaction des sceaux royaux, de contrefaction d'obligations faites aux foires de Champagne* (3) *ou passées sous sceaux royaux, de ports d'armes publics et d'injures ou mauvais traitement adressés aux officiers du roi dans l'exercice de leurs fonctions.* Hors ces cas, les bourgeois et bourgeoises devaient être renvoyés aux échevins de Béthune lorsqu'ils en réclamaient le jugement. Dans les objets que le roi s'était réservés ou lors de flagrants délits, les juges du lieu où la faute avait été commise devaient prononcer leur jugement dans les quarante jours qui suivaient celui où la litis (contestation) avait été faite. Passé ce délai et sur la demande du magistrat, le coupable devait lui être renvoyé (4). Par une autre ordonnance, le roi accorda aux

---

(1) Même reg., f° 100 et pièces justificatives.
(2) Même registre, f°. 44, v° et pièces justif.
(3) Les foires de Champagne jouissaient de grands priviléges. Voy. le *Recueil des ordonnances des Rois de France*, passim, *l'histoire de Provins*, par Bourquelot et les *Archives du département de l'Aube*, par Vallet de Viriville.
(4) Ces lettres données au bois de Vincennes et adressées au bailli de Lille et au gouverneur du bailli d'Amiens ont été publiées dans le *Recueil des ordonnances des rois de France*, t. IV, p. 141 et 142, dans une confirmation donnée par le roi Jean à Saint-Omer au mois de novembre 1353. Elles ont en

échevins, au mayeur et au prévôt de Béthune que lorsqu'une condamnation capitale ou un bannissement aurait été prononcé contre un bourgeois par ses officiers, les biens de ce dernier reviendraient à ses héritiers et ne pourraient être confisqués au profit du domaine royal (1); il leur fit remise de plusieurs impôts, leur concéda des libertés commerciales étendues (2) et enfin stipula qu'un bourgeois de cette ville, condamné à une peine quelconque, par sentence des échevins de Béthune, pouvait demeurer paisiblement et franchement dans toute l'étendue du royaume de France, sans qu'un autre procès puisse lui être fait pour le même délit (3) à la seule charge par lui de représenter la sentence des échevins, chaque fois qu'il en serait requis.

Une dernière ordonnance de Philippe, du mois d'avril 1347, punit l'étranger qui insulte un bourgeois de Béthune, et contient les détails les plus curieux sur l'information qui doit en être faite. Si le bourgeois injurié porte plainte, le bailli est tenu de se rendre à sa requête avec plusieurs échevins de la ville, sur le lieu où l'injure a été commise, pour y appeler les témoins de l'injurié et ceux que l'injuriant produirait pour sa justification. Alors il sera crié de par le roi, le bailli, les échevins et les mayeurs de Béthune que celui qui aurait fait cette injure ait à se présenter. Si l'injuriant veut prouver son innocence, libre à lui de se défendre; s'il veut payer l'amende il le pourra également. Dans le cas où il ne se présenterait point, les échevins procéderont à une double enquête tant pour le bourgeois que pour l'étranger. Si les échevins

outre été confirmées par Charles V, au mois de mars 1364. (*Même recueil*, t. IV, p. 536.)

Ces trois chartes sont insérées dans le registre aux priviléges de Béthune.

(1) *Recueil des ordonnances des rois de France*, tom. IV, p. 143 et *registre aux privil. précité*, f° 42 et suiv.

(2) 1346, février. Exemption d'impôts, libertés commerciales et autres priviléges accordés par Philippe VI aux habitants de Béthune. (*Tr. des chartes*, R LXXVII, f° 54, pièce CIII.

(3) *Ordonnances des Rois de France*, t. IV, p. 111. Ces lettres furent confirmées par le roi Jean, à Saint-Omer, au mois de Novembre 1353, et par Charles VI au mois de mars 1364. Voy. trois différentes pièces dans un vi-

jugent que le bourgeois a été injurié par sa faute, ils le puniront, le condamneront aux frais, et même, en certains cas à une amende au profit de l'étranger insulté, si celui-ci le requiert. Si, au contraire, de leur enquête il résulte que le bourgeois n'est point en faute et qu'il a été injurié sans cause, ils devront sommer l'étranger de comparaître pardevant eux. Sur son refus, il sera crié par la ville que tous sont appelés en armes *tant à pied qu'à cheval* pour se réunir au bailli et aux échevins. On sonnera la cloche du beffroi, la bannière du seigneur de Béthune, celle du bailli seront arborées; celles des échevins seront placées aux fenêtres de la halle. Si l'injuriant comparaît on procédera contre lui et l'amende pourra être commuée en pèlerinages. S'il ne se présente pas on sonnera de nouveau la cloche du beffroi pour assembler les habitants, et il sera fait *assavoir de par le roi, le bailli et les échevins que chacun doit accompagner les officiers*. Alors, tous ensemble, précédés des bannières de la ville iront en la maison de l'injuriant et il lui sera fait sommation de se soumettre à l'amende. S'il consent à la payer chacun se retirera paisiblement. Si l'injuriant ne paraît point, le bailli s'approchera de la maison, y frappera le premier coup, et ensuite elle sera renversée et démolie jusqu'aux fondements; les arbres du jardin seront également coupés (1). Si l'injuriant n'a point de maison dans l'étendue de la châtellenie de Béthune il sera banni par le bailli et les échevins jusqu'à ce qu'il se soumette à l'amende. (2)

Ce fut à peu près aussi dans le même temps que l'on rédigea le *ban des eschevins*, sage ordonnance qui aurait dû préserver la ville des nombreuses difficultés qu'elle eut au siècle suivant avec les baillis des seigneurs. Ce recueil forme un code des lois et réglements qui régirent cette ville au Moyen-Age. Nous analyserons en détail ses principales dispositions, et afin d'en faire mieux comprendre l'esprit nous suivrons l'ordre des articles. Notre table

---

dimus du bailli d'Amiens, de 1306. *Archives de la ville de Saint-Omer*, boîte n° CCLXLJ.

(1) Voy. sur ce sujet l'excellent travail de M. Le Glay sur le droit d'Arsin dans le Nord de la France.

(2) Registre aux Priviléges de Béthune et nos Pièces justificatives.

générale des matières suffira, nous en avons l'espoir, à ceux qui voudraient n'y faire qu'une simple recherche.

Le jeu de dés est interdit de nuit et de jour sous peine de trente sols d'amende. L'hôte, dans la maison duquel il aurait lieu, serait passible de la même peine, s'il ne le défendait pas. Cette défense ne s'applique pas aux jeux de table et d'échecs.

Les marchands qui se serviront de faux poids encourront la même amende ; leurs poids seront en outre brisés.

Tous les poids devront être marqués à l'enseigne de la ville.

Les mesures devront être également justes sous la même peine et sous celle d'être *arsées*. Les mesures au blé, au tremois, au vin, à la cervoise et à l'huile, devront aussi être marquées.

Les taverniers et les cervoisiers auront des mesures en étain.

Les *hostelains* devront avoir dans le lieu même où ils déposent et vendent leur avoine une mesure marquée de l'enseigne de la ville. Si elle n'était juste, elle serait arsée.

Ceux qui mesureront ou auneront les marchandises devront avoir fait serment aux seigneurs et aux échevins. Les habitants du dehors ne pourront exercer cet emploi que les deux jours de franche fête.

Nul ne pourra prendre en gage du fils d'un bourgeois que le drap dont il est vêtu. Le crédit qu'on pourra lui faire sera de cinq sols. Celui qui le fera pour une somme plus grande perdra l'excédant si le débiteur ne jouit pas encore de son bien et sera passible d'une amende de trente sols.

Défense aux *meseaux et meselles non aian le pain à la maladerie* de venir mendier aux portes de la ville excepté aux quatre principales fêtes de l'année. S'ils y viennent on les abandonnera à despouiller au roi des *Ribauds*.

Même défense à ceux qui sont rentés à la maladrerie. S'ils y contreviennent, ils seront privés de leur pain.

Les armures invisibles et les couteaux sont défendus sous peine de confiscation et de soixante sols d'amende. Il est également interdit de venir armé dans la ville sous peine de perdre ses armes.

Chaque année après leur élection les nouveaux échevins demanderont au bailli pour eux et leurs compagnons *issans,* les cinq officiers de la ville, le clerc, le maître des œuvres, le receveur et les deux serviteurs de la halle, lorsqu'ils auront prêté serment, l'autorisation de porter des armes et des couteaux. Le bailli devra la leur accorder et ne pourra la leur retirer sans le consentement des échevins. Si bon leur semble, les échevins qui auront obtenu cette autorisation pourront avoir à leur service un valet honnête à qui il sera également permis de porter un couteau pour l'honneur et la sûreté de son maître.

Le prévôt et les deux mayeurs régnants, après leur serment prêté, demanderont et obtiendront l'autorisation de porter des armes et des couteaux, laquelle leur sera accordée par le bailli qui ne pourra la retirer sans le consentement des échevins.

Aucun forain ne peut quitter la ville sans avoir payé l'assise.

L'huile pourra être vendue à la livre, mais la livre devra contenir une pinte et les quatre pintes un lot. Le vendeur devra indiquer à l'acheteur quelle espèce d'huile il lui vend, s'il en est requis.

Nul ne pourra parcourir la ville sans lumière après que la cloche du beffroi sera sonnée, s'il n'y est autorisé.

Défense est faite de briser des pierres aux portes de la ville autres que celles qui sont destinées à y être employées. On ne pourra en transporter hors de la ville ; celles qui proviendront de démolition pourront l'être et servir à de nouvelles constructions dans les faubourgs.

Les maisons dans lesquelles il y aura des teintureries et des brasseries devront être enduites, si elles ne sont couvertes de tieulles.

Une amende de soixante sols sera encourue par ceux qui, élevant des édifices dans la ville, ne les feront pas couvrir de tieulles ou de bonnes couvertures. La démolition de ces couvertures sera aussi la conséquence de leur contravention.

Nul ne pourra s'enfuir de Béthune pour dettes. Si ce cas se présente les biens du fugitif seront mis entre les mains de la justice et seront vendus après quarante jours s'il ne s'est pas présenté après que *semonce* lui aura été faite à la bretêque. Le produit de la vente servira au paiement de sa créance. Celui qui sera dépositaire d'objets appartenant au fugitif devra, sept jours après l'expiration de ce délai, en informer la justice, quand même ces objets lui auraient été donnés comme garantie de paiement pour dette envers lui contractée. Dans ce cas, ce créancier serait le premier payé.

Défense d'acheter et d'enlever par nuit les meubles de ceux qui ont l'intention de s'enfuir immédiatement après la vente, sous peine de soixante sols d'amende et d'un bannissement d'un an et un jour.

Les ribauds ne pourront rester à l'hôpital plus de temps qu'il ne leur est permis sans le gré du maître sous peine de bannissement d'un an et jour. S'il s'en trouvait qui voulussent y demeurer de force, ceux qui porteront assistance au maître pour l'en chasser n'encourront aucune poursuite.

Les *haions* ne pourront rester droits de nuit sous peine d'amende et de confiscation, qu'aux deux fêtes de la ville.

Défense de quitter son logement sans en payer la location ou sans garantie suffisante au gré du propriétaire, d'enlever les cordes des puits ainsi que les *hefs*, les échelles et les boucheaux de la ville.

Il est également interdit de démolir les pierres des ponts, des murs et des forteresses et d'en enlever les objets en bois et en fer qui servent à leur solidité. Le bannissement jusqu'au rappel des échevins frappera les contrevenants qui devront en outre réparer le dommage causé.

On ne pourra faire, ni jeter aucune ordure sur les murs ni dans les fossés de la ville. Les parents seront responsables de celles commises par leurs enfants. Il est défendu également à ceux qui n'habitent pas la ville de se promener sur ses murs, ni sur ses forteresses sous peine d'emprisonnement.

Il ne pourra être mis d'eau dans le verjus. Le verjus ne pourra être battu en la saison que sur le marché ou en un lieu indiqué à cet effet. Il devra être suffisamment salé au bloc. Il est défendu d'insulter les batteurs.

Le sable des chemins ne pourra être enlevé. Ceux qui en auront besoin ainsi que d'argile pourront en faire prendre aux sablonnières ou argillières ouvertes, en payant un denier par *benelée* et deux deniers par *carée*.

Le jeu de *fauchille* est interdit dans la banlieue de Béthune.

Les marchands de chaux ne pourront la vendre que par mesure. Ceux qui la mesureront devront prêter serment.

Nul cabaretier ou cochereau ne pourra acheter de volailles qu'aux marchés indiqués.

Défense de faire sourclane ou fausse serrure sous peine de bannissement ni *villenie* (ordures) à dix pieds près des portes de la halle aux draps et des échevins, des maiseaux ni des étaux au pain. Si l'on met du fumier sur le marché ou dans les rues, il devra être retiré dans le délai de cinq jours. Passé ce temps, pourra s'en emparer qui voudra.

En quittant une taverne on sera tenu de payer son écot si l'hôte l'exige.

Les marchands de cauches devront amener leurs marchandises les jours de marché au lieu accoutumé.

Les draps devront être en halle avant dix heures les jours de marché. Ces jours les marchands ne pourront rien vendre, ni auner chez eux.

Aucun étranger ne pourra mesurer les draps ni en la ville, ni en la banlieue; mais des commis rétribués par les vendeurs seront nommés par le seigneur et par la ville à cet effet.

Les pennes neuves et vieilles ne pourront être vendues ensemble.

Dans l'intérieur de la ville les barbiers, fourniers, boulangers, ni cabaretiers ne pourront avoir de pourceaux chez eux.

A chaque voiture de charbon il n'y aura que quatre porteurs. Le sac de gros charbon contiendra cinq quartiers. Si l'acheteur veut le faire mesurer, il le pourra. Nul marchand du dehors ne pourra en vendre hors du marché. Ceux qui en auront acheté devront, avant de le revendre, l'avoir reconduit et déchargé chez eux.

La garance se mesurera à la mesure de la ville.

Il est défendu de laisser paturer les bestiaux dans les propriétés d'autrui, ni dans les fossés ou allées de la ville.

Les prêteurs à usure ne pourront prélever que quatre deniers sur la livre.

Les fagots amenés à Béthune en char ou charrette devront être placés en long.

Quand des charrois auront lieu dans l'intérieur des portes de la ville, le charretier devra toujours surveiller ses chevaux et les tenir.

Les vendeurs d'*aux* et ognons seront tenus de les vendre entre l'hôtellerie St-Jean et la Treille.

Aucune plantation ne pourra avoir lieu sur les *quemins* de la ville.

Les terres louées devront être amendées par les locataires.

Les maiseaux des bouchers devront être ouverts depuis soleil levant jusqu'à midi, et du premier coup de nonne à cinq heures du soir, entre la St-Rémi et les Quaresmeaux. Et de Pâques à St-Rémi, l'ouverture se prolongera jusqu'au coucher du soleil.

Les chiens des bouchers ne pourront être amenés aux maiseaux ; ils pourront seulement les laisser parcourir la ville pour escorter leurs bestiaux.

Il est défendu aux bouchers de tuer dans l'intérieur de la ville. S'ils contreviennent à cet article, la viande sera distribuée aux pauvres.

Les teinturiers, dont les maisons sont situées sur les bords de la rivière depuis le pont de pierre jusqu'à celui de St-Pry, ne pourront avoir de basse chambre sur cette rivière, sous peine de soixante sols d'amende et de démolition dans le délai de huit jours. Ils ne pourront rien y jeter qui puisse en interrompre le cours. Cette dernière clause s'applique aussi aux tanneurs, wautiers et autres.

Celui qui fera arrêter et emprisonner quelqu'un pour dette devra en déclarer la cause, s'il en est requis, et jurer qu'elle est juste. S'il s'y refuse, il paiera l'amende comme *faulx clain*, et le prisonnier obtiendra sa liberté.

S'il prouve en partie la justesse de l'arrestation lors même que le prisonnier la nierait entièrement il ne paiera pas d'amende.

Les *fèvres* et maréchaux qui forgeront au vêpre, depuis la

cloche des Pardons à S*t*-Betremieu, seront tenus d'avoir leurs maisons closes. Il en sera de même s'ils forgent le matin avant que celle du jour soit sonnée.

Nul ne pourra esteingher ni lin, ni chanvre à la lumière qu'en celier voûté de pierre. Le lin ne pourra être chauffé qu'en bonne cheminée.

Aucune injure ne pourra être dite au clerc de la ville, au maîtres des œuvres, au receveur, ni au procureur, ni aux deux sergents des échevins dans l'exercice de leurs fonctions. Une amende de soixante sols frappera les délinquants. Une autre de dix livres sera encourue par ceux qui porteront la main sur eux.

Seront également passibles d'une amende de trente sols ceux qui ne porteront pas respect aux eswardeurs dans le même cas, et toute violence exercée contre eux sera punie par une amende de dix livres (1).

Quelles que fussent les marques d'attachement que Philippe-de-Valois eût données à la ville de Béthune, il offrit la même année aux Flamands de leur remettre cette place, ainsi que Lille et Douai, s'ils consentaient à se soumettre à leur comte Louis de Mâle (2); mais les communes de Flandre lui firent répondre que

---

(1) Ces bans enregistrés dans un registre aux priviléges de Béthune le sont dans une copie de ce registre avec quelques légères modifications. Voici les principales :

Défense est faite aux houriers et femmes publiques de s'approcher de la ville plus près du lieu où se trouve le gibet sous peine de vingt livres d'amende ou de perdre l'oreille Ceux qui les hébergeront de nuit dans la ville sachent qu'ils sont seront passibles de trente sols d'amende.

Défense de porter des armes esmoulues, ni archons, ni engaigne, ne saiete, ni miséricorde, ni ploumée, ni bourquelés, ni fauchons sous peine de soixante sols, etc...

Les boulangers ne pourront prendre qu'un denier pour la cuisson d'une turte et une obole pour six flancs.

(2) Philippe de Valois voulait, non-seulement, disait-il, oublier toutes les violations des traités conclus entre la Flandre et la France, mais aussi faire lever l'interdit et fournir aux Flamands pendant six années consécutives, au prix de quatre sous, la mesure de blé, qui, à cette époque en valait douze. Il promettait de faire porter dans leur pays toutes

rien ne pouvait les engager à violer les serments qu'ils avaient faits à Édouard III d'Angleterre (1). Alors tout se disposa pour la guerre et tandis que les chevaucheurs de l'armée royale livraient aux flammes Arleux, Hazebrouck et autres villes situées sur les rives de la Lys, Philippe-de-Valois écrivait aux échevins de Béthune de relever leurs fortifications et de faire bonne garde contre les ennemis du dehors. Les administrateurs des hôpitaux et des maladreries (2) profitèrent des bonnes intentions du roi à l'égard de ses habitants de Béthune pour réclamer, eux aussi, plusieurs priviléges. Jusqu'alors les seigneurs de la ville, ces puissants avoués si libéraux pour le chapitre, pour les abbayes voisines de la ville, s'étaient montrés peu généreux à leur égard. Philippe accorda aux requérants l'autorisation d'acquérir des rentes et des propriétés jusqu'à la somme de mille livres et sans être tenus de payer à lui ou à ses successeurs aucun droit de finances; toutefois, ils ne pouvaient faire l'acquisition de terres ayant haute justice ou forteresse. Le roi stipula dans le même acte que si l'on appelait par devant son conseil des jugements rendus par les échevins et que les juges réformassent leurs sentences, ils ne pourraient être condamnés à plus de soixante livres d'amende. Cependant, s'il était reconnu que la corruption eût exercé une influence fâcheuse sur leurs jugements, la peine pouvait être plus sévère (3) : sage précaution pour préserver les ma-

---

les laines de France et de leur reconnaître le droit de fixer à la fois le prix auquel ils les achèteraient et celui auquel ils jugeraient convenable de vendre leurs draps qui devaient être les seuls que l'on pût présenter aux marchés de France. Philippe ajoutait qu'il leur restituerait les villes de Lille, de Douai et de Béthune avec leurs châtellenies, et que des sommes considérables leur seraient remises pour garantir l'exécution de ces promeeses. Kervyn de Lettenhove, *Ouv. precit.*, t. III, p. 324,

(1) Quia videbatur Flandrensibus, quod loquebatur eis verba pacifica, sed in dolo. Rob. d'Avesbury, p. 154.

(2) M. Harbaville, *Mémorial hist.*, t. I, p. 290, dit que les *châtelains* y avaient fondé une maladrerie au commencement du XIIIe siècle. Ce fait n'est pas exact. On trouve, en effet, aux *Archives de Gand*, une requête adressée au XIVe siècle.

(3) Ces lettres, données à Paris, au mois d'avril 1347, sont contenues dans le *Petit Registre aux Privilèges*. Voy. nos *Pièces justificatives*.

gistrats chargés de rendre la justice, de toute affection de famille, de toute coterie, et qui devait assurer à leurs jugements une indépendance bien rare dans un siècle où tout se payait.

Philippe de Valois avait, au mois de juillet 1347, défendu à ses officiers d'inquiéter les échevins de Béthune et leurs successeurs pour les maisons et édifices qu'ils avaient abattus pendant le siége de l'année précédente, ni pour les jardins et terreins qu'ils avaient pris pour élargir les fossés de défense, disant que ces travaux avaient été faits dans l'intérêt de la ville et pour sa sûreté (1). Les échevins profitèrent de cette autorisation pour appliquer à leur profit les herbes croissant sur les terrains du chapitre de St Barthélemy dont ils s'étaient emparés pendant le siége. Ils réclamaient aussi le droit de pêche dans les fossés dont selon eux ils avaient la propriété. Les chanoines s'élevèrent avec force contre ces prétentions et des contestations s'ensuivirent. G. d'Antoing, chevalier, seigneur de Gondecourt, et Jehan de Gongnelieu, gouverneur d'Artois furent choisis pour concilier ce différend. Le chapitre eut la jouissance des fossés percés sur leur propriété, mais à la condition de n'y pouvoir planter, ni fouir, ni faire voies ferrées. Il aura la jouissance des herbes qui croissent sur les rives ainsi que la pêche dans les parties qui lui ont appartenu ; mais il lui est défendu de placer des échelles avant le lever du soleil, ni d'en laisser après le coucher. Cette sentence fut favorablement accueillie par les parties (2).

Le roi Jean ne montra pas moins de zèle que son prédécesseur

---

(1). *Lib. const.* précit., f° 106 v°, et *Regist. aux privil.*, f° 287. — La jouissance des fossés et des viviers était des plus importantes pour les collégiales et les abbayes. On sait les nombreuses difficultés qui s'élevèrent entre l'abbaye de St-Vaast d'Arras et la ville. A chaque émeute, les habitants allaient couper les foins des prairies, pêcher les grenouilles et autres poissons des habitants. *Rapport sur les Archives municip. d'Arras*, par Louandre, et *Chronique d'Arras*, passim.

(2). Ces lettres données à Hesdin, au mois de juillet 1347, se trouvent dans le gros *registre aux priviléges*, f° 67 v° et dans *Liber constitutionnum capituli et ecclesiæ collegiatæ Sti Bartholomei de Bethunia*, f° 107 rect. Arch. départ. du Pas-de-Calais.

pour les intérêts de la commune de Béthune ; il confirma leurs priviléges et stipula, entr'autres choses, que les habitants de cette ville seraient jugés par le maire et les échevins, sauf pour crimes de lèze-majesté, etc. Les biens des bourgeois bannis du royaume ou condamnés à mort sans confiscation au profit du roi furent assurés aux plus proches parents. Les bourgeois jugés par les échevins, le prévôt et les mayeurs ne pourront plus pour le même délit l'être par les officiers du roi. Si ces derniers portaient atteinte aux priviléges de la ville ils devaient restituer aux habitants l'amende dont ils les auraient frappés. Les us, coutumes et franchises de Béthune seront respectés à moins que les habitants n'en abusent notoirement, que la ville ne se soulève contre le roi ou ne soit condamnée à ce sujet par un arrêt (1).

A cette époque donc tout le pouvoir municipal était remis entre les mains de dix échevins, de deux mayeurs et d'un prévôt. Une discussion s'éleva entr'eux au sujet de leur autorité respective (1358). Le prévôt et les mayeurs soutenaient qu'ils devaient être présents à toutes les ordonnances rendues dans l'intérêt de la ville et prendre part à tous les actes qui avaient pour but son administration sans admettre d'autres réserves que les jugements rendus par les échevins. Ceux-ci déclaraient que cette prétention était inadmissible et soutenaient que l'assistance du prévôt et des mayeurs n'était nécessaire que pour les *fermes et censes* de la ville. Ils leur abandonnaient toutefois à eux seuls l'administration des *breuveurs* et des marais. Les deux partis citaient, à l'appui de leurs prétentions, des titres et d'anciens usages.

---

(1). *Arch. génér. du royaume de France, trés. des Chartes.* R. LXXXI, f° 495 et f° 496. *Recueil des ordonn. des rois de France*, t. 4 p. 146 et 147. — Hennebert, *Hist. d'Artois*, t. 3 p. 61 et 62.

1364, mars. Confirmation par Charles V des droits de justice accordés aux habitants de Béthune. — *Arch. du Royaume. Trésor des Chartes.* R, IIII^{xx} XVII. Pièce VI$_e$ XI.

1387. Confirmation par Charles VI du privilége accordé par Philippe VI aux habitants de Béthune d'être jugés pour toutes causes par leurs magistrats, excepté pour crimes de lèze-majesté. *Trés. des Ch.*, Reg. VI ^{xx} XI. Pièce IX^{xx} XIII. Insérée au *Registre des priviléges*, f° 84.

Pour mettre un terme à ces dissensions le magistrat convint de nommer un arbitre, et il fit choix de Jehan de Gongnelieu, doyen de Cambrai et gouverneur du comté d'Artois. C'était un homme sage et éclairé ; cependant, dans une question aussi grave il crut utile de se joindre plusieurs membres du conseil de la reine (1), à l'effet d'examiner les priviléges de la ville et de faire enquête suffisante. Lorsqu'il fut suffisamment éclairé il prononça sa sentence par forme de transaction et décida qu'aux échevins seuls appartenait l'administration générale de la ville. Le prévôt et les mayeurs ne devaient être appelés que dans les questions où l'on aurait à s'occuper des marchandises, des ouvrages, de la location des fermes et censes, et de la nomination du procureur et du receveur. Aux échevins seuls la connaissance des impôts royaux (2), des jugements et autres dépens analogues. Mais pour effectuer ces paiements les échevins doivent être sept d'accord et en rédiger une cédule. Quant aux autres frais la connaissance en appartient à sept prud'hommes que les échevins, le prévôt et les mayeurs devront élire le lendemain ou le surlendemain de leur élection. Ces prud'hommes ne devront pas avoir fait partie du magistrat l'année qui précédera leur nomination et y être également étrangers l'année présente. Six sont à l'élection des échevins, le septième est choisi par le prévôt et les mayeurs. Les prud'hommes ne peuvent être ni frères, ni neveux, ni cousins germains d'aucun membre du magistrat et doivent jouir d'une réputation sans reproche. A eux, d'accord avec les échevins de semaine, la connaissance de la comptabilité courante ; ils doivent donc être présents une fois par semaine en halle échevinale. Toute décision de comptabilité n'a de vigueur que si elle est prise en présence d'au moins quatre échevins et cinq prud'hommes. Une cédule en sera dressée et scellée de leurs sceaux ; on y men-

---

(1). Jeanne, reine de France, qui avait pris la tutelle du comté pendant la jeunesse de Philippe, alors comte d'Artois.

(2). Jusqu'alors les revenus royaux consistaient dans le produit des terres et des forêts dont le souverain était propriétaire. — De Vienne, *Hist. d'Artois*, 2ᵉ part. p. 192.

tionnera les membres présents ainsi que leurs votes, afin que lors de la reddition des comptes on n'attribue pas à l'un ce qui aurait été fait par un autre. Si les échevins apprennent qu'un personnage notable, à qui il est convenable de faire un présent, doit venir à Béthune, ils doivent se réunir au nombre de quatre, convoquer le prévôt et les mayeurs et délibérer ensemble sur la réception et le présent que l'on fera. Si au contraire le prévôt ou l'un des mayeurs est informé de ce fait, il doit aussitôt en donner connaissance au magistrat, afin que la délibération soit prise en commun (1).

L'histoire locale ne nous apprend rien d'intéressant sur Philippe de Rouvre qui avait hérité la ville de Béthune ainsi que le reste de l'Artois, et sauf quelques témoignages de sa libérale piété pour l'église de St-Barthélemy son nom n'eût laissé aucun souvenir que nous eussions pu relever (2).

Marguerite de France, sa grand'tante, qui lui succéda en 1361, prit une part plus active à l'administration de Béthune. De nombreuses difficultés s'étaient élevées relativement aux franchises et aux libertés de cette ville, car les comtes d'Artois étaient trop puissants pour ne point lui porter ombrage. Le 1er mars 1367, Marguerite, sur la plainte des échevins, du prévôt et des mayeurs de Béthune prétendant que le bailli de Béthune avait empiété sur

---

(1). *Registre aux Priviléges* f° 205 v° et nos pièces justificatives.

(2). 16 avril 1361, à Béthune. Philippe, duc de Bourgogne, considérant que l'église collégiale de St-Barthélemy, a été fondée par ses prédécesseurs, que par conséquent la collation des *prevendes* d'icelle lui appartient de plein droit, considèrent aussi que ce chapitre fait célébrer trois messes par semaine le lundi, le mercredi et le vendredi pour les âmes de ses prédécesseurs et parents, amortit les acquisitions qu'il pourra faire dans le comté et baronnie d'Artois, ainsi que les donations qui lui ont été faites depuis plus de 50 ans.
(*Archives du Pas-de-Calais. Titres de St Barthélemy*. Original en parch. dont le scel est perdu.

1361. 10 juin. Arras. Charte de Philippe, duc de Bourgogne, déclarant prendre sous sa sauve-garde le chapitre de St Barthélemy et toutes ses possessions.
(*Archives du Pas-de-Calais. Tit. de St-Barthélemy*. Insérée dans la Charte de Jean Duploich, bailli de Béthune, du 15 septembre 1361,

1362. 7 septembre. Autres lettres de sauve-garde accordées par Marguerite, comtesse de Flandre. (Idem. Copie moderne en papier.)

leurs droits et sur leurs priviléges, déclara que, ouïes les parties, les gens de son grand conseil ont prononcé la sentence suivante.

Conformément à l'un des priviléges de la ville que les échevins lorsqu'ils veulent publier à la bretèque des bans ou des ordonnances, peuvent requérir le bailli de les accompagner ou de se faire représenter par un de ses sergents sans être obligés de l'informer du motif de la publication, il est décidé que lorsque les échevins voudront aller à la bretèque prononcer un bannissement à leur volonté et rappel, ils devront faire avertir le bailli ou son lieutenant et lui dire : « Nous voulons aller faire bannissement à notre rappel » sans être tenus de lui en dire davantage. A cette réquisition le bailli devra les accompagner ou y envoyer un sergent. Il en sera de même pour les autres publications.

Les échevins prétendaient avoir droit d'afforer les vins sans la licence du bailli. Il est arrêté que le bailli ou son lieutenant assistera à l'afforement des vins chaque fois qu'il en sera requis. S'il ne veut pas y être il pourra y envoyer un sergent.

Tout vin qui se vend à Béthune doit être afforé par les échevins ; cependant le bailli a autorisé un marchand forain d'en vendre en ville sans que cette formalité ait été remplie ; il le cède à un prix plus élevé qu'il ne le doit et porte préjudice aux ladres qui prélèvent deux lots sur chaque tonnel afforé. Il est reconnu que le bailli n'était point dans son droit et il lui est défendu d'en agir ainsi à l'avenir.

Les échevins remontrent que le jour du renouvellement de la loi un des échevins restants étant malade les quatre autres ne purent élire les échevins qui devaient remplacer les cinq sortants. Pour cette raison le bailli les retint prisonniers en la halle et les menaça de ne leur rendre la liberté que lorsque l'élection serait faite. Il leur accorda cependant d'aller trouver ledit malade et de s'entendre avec lui, mais ils le trouvèrent à la dernière extrémité et ne purent rien obtenir. Le bailli les retint de nouveau prisonniers et déclara qu'il ne les relâcherait que lorsqu'un échevin serait nommé pour remplacer le malade, lequel avec les quatre autres en éliraient cinq nouveaux. Les échevins représentèrent que pour en agir ainsi il fallait attendre la mort de cet échevin ou son rétablissement. Le bailli ne tint aucun compte de leurs observations et ils se plaignent qu'il les traita indignement et qu'il les obligea de faire ce qu'ils ne peuvent faire.

La plainte des échevins est mal fondée, car il est reconnu par les réponses du bailli qu'ils furent en grand défaut de faire cette nomination ; qu'en cette circonstance le bailli aurait dû mettre la loi entre les mains de la comtesse et de son conseil. Néanmoins la connaissance de cette affaire est remise à son procureur, qui devra poursuivre ce refus.

Les échevins pouvaient, lorsqu'une arrestation était faite en la ville de Béthune au conjurement du bailli, faire relâcher le coupable à condition de fournir caution suffisante. Dans le cas où l'accusé ne peut la fournir qu'après son incarcération le bailli doit la recevoir et le relâcher. A quoi il s'est refusé. Il est décidé que lorsque des cas semblables se présenteront le bailli devra relâcher ceux qui produiront cautions suffisantes.

Les échevins nomment annuellement des eswardeurs qui ont la garde et la police des marchandises de la ville, et qui après leur nomination doivent prêter serment entre les mains du bailli. Celui-ci a refusé de les recevoir prétendant qu'il devait avoir leurs noms par écrit, ce qui est contraire aux anciens usages. Il est ordonné au bailli de recevoir le serment des eswardeurs sans autre formalité. Toutefois s'il a à se plaindre de l'un d'eux, il pourra le poursuivre. Si les échevins font des ordonnances relatives à ces eswards, ils devront en donner copie au bailli.

La connaissance des cas civils et criminels de la ville appartient aux échevins, excepté ceux qui ont rapport à la comtesse ou à ses gens. Le bailli fit arrêter un jeune enfant, le fit amener en halle et conjura les échevins. Ceux-ci décidèrent qu'à cause de son jeune âge il devait être relâché. Néanmoins le bailli le retint prisonnier. Il est reconnu que le bailli pouvait en agir ainsi, vu qu'à lui appartient la correction du prisonnier.

Willaume Imbert, accusé d'avoir blessé quelqu'un, fut mis en prison pour ce fait, mais de l'aveu même du blessé il fut déclaré innocent du crime dont on l'accusait. Les échevins réclamèrent alors sa mise en liberté. Le bailli s'y refusa et menaça de l'emmener à la cour de l'évêque. Le magistrat demanda une réparation. Le bailli répondit que le doyen lui avait ordonné de faire cette délivrance ; ce que les échevins ne disent pas dans leurs plaintes. Le procureur de la comtesse s'en informera, et s'il est reconnu que le bailli a dit vrai la plainte des échevins sera non avenue.

Un réglement de police de la ville porte qu'il est défendu de vendre par la ville de neuves épées, si ce n'est à l'endroit assigné à cet effet. Le bailli fit arrêter un marchand qui contrevenait à ce réglement et le condamna à l'amende sans en donner connaissance aux échevins à qui en revenait une partie.

Il est décidé que les échevins jugeront de nouveau le délinquant et qu'ils prélèveront leur part de l'amende à laquelle ils le condamneront.

Par ordonnance publiée à la fête de St-Barthélemy il a été ordonné par les échevins de débarrasser les rues des objets qui pourraient nuire à la circulation. Plusieurs, en contrevenant à ce règlement déclarèrent qu'ils en avaient l'assentiment du bailli. Il est décidé, vu que le bailli déclare ne pas avoir accordé cette autorisation, que les contrevenants seront punis d'amende.

Les priviléges de la ville concèdent aux échevins la septième partie des biens des bourgeois qui passent à des forains et le droit de faire arrêter les délinquants quand le besoin l'exige. Le bailli ayant refusé de donner un sergent pour faire cet arrêt, il lui est ordonné de l'envoyer quand les échevins le requerreront.

Les échevins se plaignent que le bailli se présenta en la maison de plusieurs habitants de Béthune ou de sa banlieue pour y prendre et lever certains biens qu'il disait être épaves ou succession de bâtards, sans en avoir donné connaissance aux échevins. Lorsque ce cas se présentera il devra appeler les échevins et il dressera en leur présence un inventaire de ces biens. Toutes les autres opérations relatives à l'administration de ces biens se feront par les seuls officiers du comte.

Un jour de plaid le bailli vint en halle et dit publiquement que plusieurs échevins n'étaient pas dignes de s'y trouver ; il en cita un entre autres qui avait battu sa femme. Les plaids furent interrompus et la ville y perdit ses droits. Les échevins s'en plaignirent, mais il fut reconnu qu'il n'y avait pas eu insulte dans les paroles du bailli. Quant à ceux qui étaient assignés aux plaids de ce jour une nouvelle assignation leur sera donnée.

Il est aussi ordonné que si des contestations s'élèvent encore entre les maltautiers et les marchands de vin, le bailli en avertira les échevins auxquels la connaissance en appartiendra.

Enfin sur la plainte du bailli, qu'un individu arrêté par lui déclara aux échevins qu'il était clerc et qu'ils en abandonnaient la poursuite, il leur est ordonné à l'avenir d'en agir autrement à moins que l'inculpé vienne déclarer au bailli que réellement il est clerc (1).

Le roi de France qui portait une affection fraternelle au duc de Bourgogne Philippe le Hardi conçut, sur ces entrefaites, le projet de lui faire épouser la fille et unique héritière du comte Louis de Flandre, qui était assurément le parti le plus brillant qu'un prince pût rechercher. Le comte Louis, craignant l'agitation des communes, résista aux offres les plus séduisantes qu'on lui fit et encouragea les prétentions du fils d'Edouard III. Tout espoir de le persuader semblait donc perdu, quand sa mère, Marguerite d'Artois, réussit à dompter sa résistance ; elle l'avait menacé dans le langage le plus énergique de le renier pour son fils en mutilant le sein qui l'avait nourri et de léguer à quelque prince étranger son beau comté d'Artois (2). Louis de Mâle céda et rati-

---

(1) *Regist. aux Priviléges*, f° 37, v° et *Pièces justificatives*.

(2) Mme d'Artoys dist à Loys son fils : « Beau filz, vous véez que le roy de France a envoyé par devers vous grans seigneurs pour le mariage de vostre fille affin que toujours il ait bonne amour et bonnes alliances entre vous et luy qui est vostre sires, et je voy que pour pryere ne requeste vous ne voulez rien faire. » Et adonc jetta la dame jus son mantel et ouvry sa robe pardevant et prinst sa dextre mamelle en sa main et puis dist à son filz : « Je comme comtesse d'Artois, vous prie et commande que vous fachiez la voulenté du roy et vecy ma mamelle dont je vous allaitay, et je promets à Dieu que se ne vous faites la voulenté du roy et la mienne que tantost le copperay on despit de vous et le jetteray aux chiens, et se ne joirez jamais de le conte dartois. » Lors quant le conte ot oy sa mère, il se mist a genoulx de

fia le 12 mai 1369, les stipulations matrimoniales qui lui concédaient entre autres avantages, les propriétés de Lille, Douai, Orchies et leurs dépendances (1). En outre, Marguerite remit à ses hommes d'armes les villes de Béthune, St-Omer, Aire et Hesdin, pour qu'ils les occupassent jusqu'à l'accomplissement de la convention (2). Ils n'y restèrent que quelques jours ; le duc de Bourgogne avait hâte d'aller recevoir la main de cette jeune princesse qui lui portait pour dot « la conté de Flandre laquelle est plus noble, riche et grant qui soit en cresticnté (3). » Le 10 juin il avait fait acte de foi et d'hommage entre les mains du roi ; huit jours après il arrivait à Gand et la cérémonie des noces y fut pompeusement célébrée le 19 juin 1369.

Au moyen-âge, une des charges les plus pesantes pour les villes était de veiller à la défense des places et d'entretenir les fortifications, voire même de les augmenter lorsqu'on redoutait

---

vant elle et ly pria merchy en disant : « Madame vous estes ma mère, faites en a vostre bon plaisir. » (Cont. des *Chron. de Beaudoin d'Avesnes.* (Mss. de la *Biblioth. de Bourgogne à Bruxelles*, n° 11139, f° 5), cité par Kervyn de Lettenhove. Barante, *Hist. des ducs de Bourgogne*, édit. 1839, t. I, p. 125.)

(1) Leibnitz, *Cod. jur. gent*,, p. 223. — Plancher, *Hist. de la Bourgogne*, t. III, *Pr.* p. 25 et 27.

(2) « Lettres de Charles, roi de France, sous son sceau en double queue données à Paris le 14 mai 1369 contenant comme pour seureté de la perfection du mariage de Philippe, duc de Bourgogne, son frère, et de Marguerite, duchesse de Bourgogne, fille du comte de Flandre, la comtesse de Flandre et d'Artois, mère dudit comte ayt accordé et promis bailler et mectre es mains du roy ses villes, châteaux et châtellenies de St-Omer, Hesdin, Béthune et Aire, ensemble toutes les appartenances et dépendances d'icelle, iceluy sieur roy a consenti, accordé et promis à icelle comtesse de Flandre en parole de roy que le dit mariage parfait ou en défaut dudit mariage incontinent que les villes et châteaux de Lille, Douai et Orchies seront rendus au roy avec tout ce que par le comté d'Artois ou ses gens en aura este receu et levé, et la finance et autres choses qui par le roy avoient este delivrees au comte de Flandre ou a ses gens il rendra sans quelqué difficulté à ladite comtesse de Flandre lesdites villes, chateaux et chatellenies, appartenances et dépendances de St-Omer, Béthune, Hesdin et Aire avec tous les proffits et émoluments d'icelle. »

(*Mss. d'Arras*, n° 193, p. 343 et 343.)

(3) Christine de Pisan, t. II. p. 12.

quelque attaque. Les échevins de Béthune s'acquittaient avec soin de la mission qui leur était confiée, et ils sommèrent le chapitre de St-Barthélemy de contribuer aux impositions levées à cet effet. Le prévôt refusa au nom de la communauté et déclara que les ecclésiastiques étant exempts de toutes charges, ils ne devaient point contribuer à celle-ci. Le magistrat de Béthune en référa au roi qui délivra un mandement en vertu duquel l'échevinage procéda contre la collégiale de St-Barthélemy. On commença de nombreuses plaidoieries, mais enfin des hommes raisonnables intervinrent et firent entendre aux parties de sages conseils. Le prévôt et le chapitre d'une part, les échevins de l'autre, considérant les dommages et frais qui résultaient des plaidoieries annulèrent les procédures commencées et convinrent de rétablir les choses dans l'état où elles étaient avant la naissance de ce débat (1) (7 juillet 1369). Huit jours après les échevins, le prévôt et les mayeurs de Béthune déclarèrent que vu l'urgence de réparer les fortifications de la ville et la faiblesse de ses ressources comparées aux dépenses occasionnées par ces travaux ils se sont adressés au prévôt et au chapitre de St-Barthélemy (2) afin qu'il voulût bien les aider de leurs deniers. Ceux-ci inclinant gracieusement et amiablement à leur requête consentirent à y contribuer pour quatre-vingts francs du roi, à condition que ce don ne leur porterait aucun préjudice pour l'avenir (3).

---

(1) Accord conclu le 7 juillet 1369, entre les échevins de Béthune et le prévôt ainsi que le chapitre de St-Barthélemy. (L'original repose aux *Archives du Pas-de-Calais*, titres et papiers de St-Barthélemy.)

(2) La Collégiale était alors arrivée au faîte de la puissance et de la richesse. En vertu des lettres d'amortissement données à ce chapitre par le duc de Bourgogne le 16 avril 1361, confirmées le 15 juin 1370 par la comtesse de Flandre et d'Artois, la Collégiale fit acquisition de diverses rentes. C'est ce que constate un assez long état en parchemin de la fin du XIVe siècle, lequel relate les acquisitions, les maisons et héritages produisant ces revenus. La somme totale porte 37 livres, 16 sols, 8 deniers, 15 chapons et le tiers d'un chapon.
(*Archives du Pas-de-Calais*, titres de St-Barthélemy.)

(3) Cette reconnaissance du 15 juillet 1369, repose en original aux *Archives du Pas-de-Calais* ; titres et papiers de St-Barthélemy.

Mais si le magistrat trouvait de l'opposition de la part des gens d'église, il n'en était point de même des seigneurs. Ceux-ci qui avaient tout intérêt à assurer la défense des villes de leurs domaines se montraient favorables à chaque nouveau travail de fortification et l'aidaient par tous les moyens dont ils pouvaient disposer, sauf les réserves pour tout ce qui touchait à une autorité dont ils étaient très-jaloux (1).

La comtesse Marguerite paraissait néanmoins disposée à ne négliger aucune occasion de s'attacher les échevins ainsi que les habitants de Béthune, dont la fidélité et le dévouement lui étaient connus. Pendant le siége de 1346, si glorieux pour les bourgeois de Béthune, les Flamands qui avaient livré aux flammes tous les alentours de la ville, n'avaient point épargné un pauvre bâtiment situé près de la prévôté du Perroy et dans lequel vivaient de pauvres filles uniquement occupées à prier Dieu et à se sanctifier. Les échevins, mûs par un profond sentiment de piété, résolurent de rétablir ce béguinage et d'y adjoindre même un terrain qui était situé auprès. Cette acquisition devait coûter quatre-vingts écus d'or sur lesquels la comtesse devait en prélever huit pour ses droits seigneuriaux ; ils la supplièrent d'en faire l'abandon à la condition qu'ils lui livreraient *homme vivant et mourant* (2) et

---

(1) Lettres de Marguerite, fille du roi de France, comtesse de Flandre et d'Artois, autorisant les habitants de Béthune d'élargir le pont qu'ils ont fait ou qu'ils ont l'intention de faire à la porte de la ville sur le chemin allant à Gosnay et d'y construire une maison pour la garde d'icelui, se réservant de la faire abattre si elle ou ses successeurs le trouvaient convenable. Ces lettres portent la date du 2 novembre 1371.

Pour fortifier la ville, les échevins firent creuser des fossés et durent abattre différentes maisons sur lesquelles la comtesse Marguerite levait des rentes annuelles. Ils lui présentèrent requête afin d'obtenir l'exemption de lui payer ces rentes. Considérant que ce fut de son consentement que ces travaux furent faits, elle leur en accorde la remise par ses lettres du 8 mai 1374.

(*Archives municipales de Béthune. — Registre aux Priviléges.*)

Lettres de la comtesse d'Artois du 7 octobre 1379, accordant la levée de diverses assises à Béthune pour fortifier cette ville et pour l'alléger de ses charges.

(*Archives du Pas-de-Calais. Chartes d'Artois.*)

(2) Homme vivant et mourant est un homme qui est représenté au seigneur

qu'elle jouirait d'un revenu annuel. La comtesse Marguerite fit droit à leur demande par lettres rendues à Arras, le 22 septembre 1370 (1). D'autres lettres, données le 1ᵉʳ mai 1372, permirent aux échevins de Béthune de lever pendant trois ans quatre deniers pour livre du prix des différentes marchandises vendues ou achetées dans ladite ville. Marguerite leur concède cet octroi parce qu'ils ne peuvent lever aucune imposition sans y être autorisés par le comte d'Artois et à cause des nombreuses charges qu'ils ont à supporter tant pour la réparation des fortifications que pour payer des dettes déjà fort lourdes à cette époque. Cet octroi fut accordé à la condition que les échevins, les prévôts ou les mayeurs ou leurs commis seraient tenus d'en rendre loyalement compte au comte d'Artois et à ses officiers chaque fois qu'ils en seraient requis (2).

Béthune était alors une cité riche et puissante ; sa position au centre de l'Artois y attirait un grand nombre de marchands: surtout à l'époque de la fête de Sᵗ-Barthélemy, car alors les forains qui y venaient des cités et des pays voisins y trouvaient toutes les garanties désirables. Cette foire franche ne suffisait pas aux besoins d'une ville qui recevait chaque jour de nouveaux accroissements. Marguerite désirant donner à Béthune une marque de sa protection et en même temps favoriser le commerce, établit une seconde foire ou fête annuelle le jour de la Chandeleur, stipulant que les gens et marchands venus des villes et pays voisins devaient être traités par ses officiers avec les plus grands égards et jouir des mêmes franchises et immunités que ses prédécesseurs avaient données à celle de Sᵗ-Barthélemy (28 juin 1373.)(3).

Le roi Charles V, s'appuyant sur l'affection du peuple et puis-

---

par les gens de main-morte pour raison du fief qu'ils tiennent dépendant de sa seigneurie par le trépas duquel homme il y ait ouverture et profit de fief. (Ferrière, *Dictionnaire de droit et de pratique*, édit. de Paris, 1771, t. I, p. 740.)

(1) *Registre aux Priviléges de Béthune*, f° 102, v°.

(2) Cette charte est insérée dans le *Registre aux Priviléges de Béthune* et transcrite dans le *Recueil de titres* concernant les grands baillis.

(3) *Archives municipales de Béthune, Registre aux Priviléges*, f° 286, v°.

samment aidé par le connétable Duguesclin, était rentré dans la possession de presque toutes les places qu'avaient occupées les Anglais dans son royaume. La mort d'Édouard avait fait tomber la couronne sur la tête d'un faible enfant, lorsqu'il eût fallu toute la vigueur du vainqueur de Poitiers. Néanmoins, les Anglais firent de nouveaux efforts, et Thomas de Woostock, duc de Buckingham, fut chargé d'opérer une diversion et de soutenir ainsi le duc de Bretagne, révolté. Après avoir guerroyé dans le Boulonnais et les environs de Thérouanne. les Anglais pénétrèrent dans l'Artois et s'avancèrent près de Béthune. Enguerran de Coucy (1) envoya aussitôt à Béthune de puissants renforts et augmenta la garnison. On y voyait aussi de nombreux chevaliers et écuyers, parmi lesquels brillaient le seigneur d'Hangest, messire Jean et Tristan de Roye, Geoffroy de Charny, Guy de Harcourt, etc. Soit que les Anglais eussent craint une trop longue résistance, soit qu'ils eussent voulu se porter précipitamment sur le centre de la France, ils ne tentèrent aucune attaque et ne commirent point de désordre. Il n'en fut pas de même à Souchez qui souffrit beaucoup de leur passage et dont le château fut brûlé (2).

A la mort de Marguerite, la ville de Béthune passa ainsi que le reste de l'Artois à Louis de Mâle, comte de Flandre ; aussitôt les échevins s'empressèrent de lui prêter le serment accoutumé, c'est-à-dire de garder l'honneur du comté d'Artois, ses droits et seigneuries, d'être bons et loyaux sujets, de lui obéir ainsi qu'à ses hoirs et successeurs ; le comte Louis, de son côté, s'engagea à garder et maintenir leurs lois, leurs priviléges et leurs coutumes ainsi qu'ils en avaient joui jusque-là (3). C'est le seul acte par le-

(1) Sur Enguerrand de Couci, regardé comme l'un des plus braves chevaliers de France. Voy. nos *Siéges d'Arras*, p. 316, note 1.

(2) En la ville de Béthune avoit si grande garnison ; chevaliers et écuyers que le Sire de Coucy, qui se tenoit à Arras, y avoit envoyés tels que le seigneur de Hangest, messire Jean et messire Tristan de Royes, messire Geoffroy de Chargny, messire Guy de Harcourt et moult d'autres. Si passa tout l'ost des Anglais à la vue de Béthune, à l'heure de tierce tout outre, ni onques ni firent semblant d'assaillir et vinrent gésir à Sanchières.
(*Chronique de Froissart*, t. II, p. 98, édit. du Panthéon.)

(3) 1383, 18 mars. Lettres du comte de Flandre, Louis, par lesquelles en

quel Louis de Mâle intervint dans l'administration de Béthune. Il mourut quelque temps après, et Philippe le Hardi, duc de Bourgogne, hérita des comtés d'Artois, de Flandre, de Rhétel, ainsi que de nombreux autres fiefs qui le rendirent le prince le plus puissant de la chrétienté.

Profitant de l'éloignement du duc Philippe de Bourgogne et des nombreux embarras que lui avait suscités la prise de possession de la Flandre, ainsi que les affaires du royaume, le magistrat de Béthune fit plusieurs empiétements sur les droits du seigneur ; il rendit de mauvais jugements, laissa falsifier le registre aux chartes, retint au profit de la ville la part des amendes qui revenait au seigneur, en un mot, lui causa un préjudice notable. Philippe le Bon en ayant été averti cassa les jugements, annula les falsifications commises sur les registres aux chartes. Le duc termina en déclarant que pour raison de ces faits, le magistrat avait mérité une sévère punition, mais qu'il lui pardonnait, attendu que par le passé, les échevins, le prévôt et les mayeurs s'étaient toujours montrés ses fidèles sujets (1).

Depuis long-temps le duc de Bourgogne avait formé le projet de descendre en Angleterre avec un redoutable appareil ; un nouveau motif s'ajoutant à l'ardeur du jeune roi et de tous ses chevaliers en pressait l'exécution. Le duc de Lancaster allait faire une grande expédition en Espagne contre le roi de Castille, le plus puissant et le plus fidèle allié de la France. On reprit donc les préparatifs, et jamais on ne s'apprêta à une guerre avec plus de solennité et de dépense ; des impôts plus forts que ceux qu'on avait exigés depuis plus de cent ans furent mis sur toutes sortes de personnes. Dans chaque cité, dans chaque bonne ville et dans toute la campagne bien des gens étaient taxés au tiers ou au

---

considération du serment que lui a fait la ville de Béthune, le jour de sa première entrée et de sa réception comme seigneur il jure de garder et maintenir ses priviléges.

Ces lettres ont été publiées dans le *Recueil des Chartes et titres* concernant les droits des grands baillis, p. 61.

(1) Ces lettres furent données à Arras le 10 septembre 1386 ; elles se trouvent aux *Archives du Pas-de-Calais*, Chartes d'Artois.

quart de leur avoir; il y en avait même à qui, au dire de Froissart, on demandait plus qu'ils n'avaient (2). Pour surveiller ces préparatifs et réunir les vaisseaux achetés aux Hollandais et aux Zélandais, Philippe le Bon eut voulu avoir le port de l'Escluse qui était renommé pour la sûreté de sa rade. Il craignait aussi que les Anglais ne pénétrâssent par là dans la Flandre et ne fournissent des renforts à ses sujets révoltés. L'Escluse appartenait alors à Guillaume de Namur, prince généreux et magnifique que les historiens nous représentent comme avide de fêtes et de divertissements (1). Ce seigneur tenait à ce port à cause des revenus que lui procurait la marine (2). Toutefois, le duc de Bourgogne fit tant qu'il détermina ce prince à le lui céder avec la haute, moyenne et basse justice, fiefs et arrière-fiefs, etc..., en échange du château, de la ville et de la châtellenie de Béthune, y compris la haute justice les fiefs, arrière-fiefs, rentes, revenus, profits et émoluments qui appartenaient au seigneur (3) (1er décembre 1386). On convint de nommer de part et d'autre des experts pour estimer la différence du revenu, et le duc de Bourgogne ainsi que sa femme Marguerite affectèrent plusieurs domaines sur lesquels devait être prélevée la différence (4). Le duc de Bourgogne était si désireux de posséder le port de l'Escluse qu'aucune difficulté ne retarda la conclusion de cet accord, et Béthune fut dès lors confondue dans les vastes domaines de la riche et puissante famille de Namur.

La réunion de la ville de Béthune au comté de Namur (1386-1421) ne put toutefois préserver entièrement cette ville de l'agitation que ressentit la France à cette époque. De grands événements se passèrent en effet dans ce royaume, une suite non

---

(1) Galliot, *Hist. génér. eccles. et civile de Namur*, t. II, p. 75.

(2) Or tenoit pour lors messire Guillaume de Namur la ville de l'Escluse en propriété, luy estant écheue par la succession de ses ancestres ; et pour ceste cause en aimoit fort la possession : comme aussi le revenu d'icelle et ses dépendances provenant de la marine, lui estoit beau grand et profitable. *Locrii Chron. belg.*, p. 483.

(3)... La terre et seigneurie de Béthune, laquelle est un des beaux et grands héritages de tout le païs. *Locrii, Chron. belj.*, p. 483.

(4) *Archives du Pas-de-Calais* et pièces justificatives.

interrompue de guerres civiles et étrangères qui eurent pour principale cause la rivalité des maisons de Bourgogne et d'Orléans agita trop profondément l'Artois pour que Béthune pût s'en préserver entièrement. Nous avons encore toutefois quelques années de calme et de repos ; étudions-les avant de porter nos regards sur les scènes de désordre que nous serons obligés de raconter.

Sans doute à l'instigation du magistrat de Béthune, Charles VI de France en confirma les priviléges et donna l'ordre aux justiciers et aux officiers royaux de laisser jouir paisiblement les échevins, les bourgeois et toute la communauté de cette ville de toutes les franchises et immunités dont ils étaient en possession (14 novembre 1387) (1). Néanmoins la ville de Béthune était loin d'être dans un état prospère ; le beffroi qui s'élevait au milieu du grand marché sur quatre colonnes de grés autour desquelles on pouvait circuler (2), soit par défaut de construction, soit pour toute autre cause menaçait ruine. La halle aux draps qui en était voisine attristait les marchands par son aspect délabré. Un grand nombre de maisons étant surchargées de rentes et d'hypothèques, faute de réparations, les créanciers au lieu de réclamer justice à l'échevinage s'adressaient à des juges étrangers, et les finances étaient obérées. Il fallait un prompt remède. Guillaume autorisa les échevins à reconstruire le beffroi de pierres et de bois *afin que ce puisse être chose perpétuelle*, et ce monument s'éleva bientôt sur un terrain que le magistrat tenait de lui à rente à l'extrémité de la halle aux draps. Il leur permit d'y joindre une horloge (3), mais moins libéral que ses prédécesseurs il leur

---

(1) Ces lettres données à Paris ont été publiées dans le *Recueil des ordonnances des rois de France*, t VII, p. 184 et 185. Le savant éditeur de ce recueil a ignoré le jour de leur publication. Le registre aux priviléges de Béthune dans lequel elles ont été insérées f° 104 v° leur donne la date du 14 novembre 1387.

(2) Le beffroi de Béthune avait été érigé en vertu des lettres du duc Eudes en 1346.

(3) L'horloge de Béthune ne fut pas faite avec le soin qu'on eut pu désirer. « S'ensuivent les parties nécessaires estre faictes à l'orloge du beffroy de

défendit d'y établir des prisons (1). Tel est l'édifice qui, après avoir été respecté par le temps et les révolutions domine encore gracieusement la place de Béthune. Dans un moment de détresse le magistrat concéda des terrains autour du beffroi ; des échopes y furent établies, des maisons bâties d'une manière plus solide les remplacèrent, cachèrent le pied du monument et nuisirent à son aspect. Quoiqu'ainsi obstrué le beffroi de Béthune n'en est pas moins un des plus beaux édifices civils que le moyen-âge ait légués au Nord de la France.

Huit charges de courtier à vie furent créées, et les échevins eurent le droit de les vendre au profit de la ville (2). Une assemblée où se trouvait le bailli du seigneur, les échevins, le prévôt, les mayeurs, le clerc et un grand nombre d'habitants réunis dans

« ceste ville de Béthune. Primes: Est nécessaire refaire le manche du grand
« marteau des heures et le croisure les deux potentes pour soustenir ledit mar-
« teau et le resort et fault restreindre les cloques des appeaulx et les faire tenir
« fermement es moutons.

« Item fault faire à chacun marteau des dits appeaux autant d'ouvrages
« comme au grand. Et sy fault renouveller tous les tombeaulx qui sont au
« nombre de XVI ou XVIII.

« Item les ermys des deux arbres qu'ils soutiennent les deux gros plombz
« sont usez et les trouz ou tournent lesdits ernys sont trop grands et partant
« fault estouper les dits troux et en perchier des aultres.

Archives municipales de Béthune, regist. mémor. f° 95.

Le 21ᵉ jour de juillet Marcq Flourens, orlogeur de la ville de Lille et Jehan Lefebvre, orlogeur de la ville d'Arras ayant visité par la cherge de messieurs l'orloge faite par Jehan Aloe orlogeur ont dit et rapporte par serment qu'ils ont trouvé icelle orloge bien et deuement faicte et fournir son ordinaire selon qu'il appartient. (*Mêmes archives*, regist. mémorial, f° 26 v°)

(1) *Gros registre aux priviléges de Béthune* (*Arch. municip.*) f° 110 et nos pièces justificatives. Une gravure représentant le beffroi de Béthune se trouve dans l'*Almanach du Pas-de-Calais*.

(2) 29 janvier 1389. — Lettres de Guillaume fils aîné du comte de Namur autorisant les échevins de Béthune de vendre huit charges de courtier à vie. Les acquéreurs devront prêter serment entre les mains du bailli ou de son lieutenant. Ils pourront prélever pour droit de courtage la somme de quatre deniers parisis pour chaque muid de grain. — En vertu de ces lettres Robert de Liestres en rend d'autres en date du 1ᵉʳ mars 1389 par lesquelles il déclare que tous bourgeois marchands à Béthune achèteront du grain pour charger au rivage ou pour le mener hors de la ville pour le revendre paieront ledit droit de courtage. (*Archives municip. Reg. aux priviléges.* f° 184 et 284 v.)

la chambre échevinale, décida le 19 février 1399 que doresnavant les propriétaires ne pouvaient créer de nouvelles rentes sur les maisons. Lorsque les rentes déjà établies seront vendues, les propriétaires de ces maisons auront le droit de les retirer en en payant le prix à ceux qui les auront achetés, dans les quinze jours qui suivront la vente ou mise en possession de l'acheteur par les juges. Les parents des vendeurs qui voudraient retirer ces rentes par *retrait lignager* auront la préférence (1). Enfin le 4 mai 1400 sur la représentation des échevins que les créanciers ne voulaient plus poursuivre leurs débiteurs par devant l'échevinage par la raison que les procès duraient longtemps, occasionnaient de grands frais et que le magistrat avait trop d'affaires pour s'en occuper activement, Guillaume II, comte de Namur, ordonna que deux échevins auraient la connaissance de ces procès qui n'excéderaient pas dix livres, ils seront assistés par le clerc de l'échevinage. Il assigna à cet officier pour l'enregistrement des causes quatre deniers pour la première présentation, deux deniers pour chaque témoin et six deniers par condamnation et aux échevins quatre deniers par témoin. S'il était requis copie de leurs sentences, les échevins percevaient pour l'apposition de leurs deux sceaux douze deniers. Le prévôt des clains (2) a pour faire chaque ajournement et chaque relation verbale deux deniers, pour les exécutions et signatures douze deniers. Pour tous les clains qui se feront en la ville de Béthune, par quelque personne que ce soit qui n'excéderaient pas dix livres, il sera pris jour pour y procéder par devant les deux échevins. Le prévôt des clains recevra douze deniers pour chaque clain et percevra ses anciens droits pour faire en dehors de l'échevinage les significations et ajournements. Si l'on appelle de la sentence échevinale la cause sera portée devant le bailli et les francs hommes du châ-

---

(1). Le comte de Namur, seigneur de Béthune, confirma cet acte par ses lettres du 13 mars 1400, lesquelles furent également confirmées par celles de Charles VI au mois d'octobre 1409 adressées au bailli d'Amiens.
(*Recueil des ordonnances des rois de France*, tome IX, p. 482.)
(2) Claim, clain ; clameur de haro, demande judiciaire, saisie.

teau de Béthune. Les deux échevins siégeront en halle échevinale les jeudi et samedi matin de chaque semaine (1).

Ces mesures commençaient à peine à faire renaître la confiance lorsqu'un nouveau désastre affligea le territoire de Béthune. Les habitants confiants dans la protection de Guillaume de Namur, leur seigneur, avaient refusé de payer un tribut militaire aux Anglais ; alors ceux-ci firent des courses multipliées jusqu'aux portes de la ville et ne se retirèrent qu'après avoir obtenu l'objet de leurs demandes (2).

Les élections annuelles des échevins étaient souvent un sujet de troubles ; les petites passions mises en jeu, le désir de remplir ces charges excitaient des convoitises fâcheuses pour la prospérité de la ville. Pendant l'année 1407, notamment elle fut agitée par des troubles si violents que le magistrat résolut unanimement de modifier la forme des élections. Après avoir consulté la communauté des bourgeois, il pria Guillaume, comte de Namur, son seigneur, de nommer conjointement avec son bailli quinze magistrats qui seraient leur vie durant en possession de l'échevinage. Parmi eux, dix gouverneraient une année, ensuite cinq sortiraient de charge et seraient remplacés par leurs collègues, et ainsi pour les années subséquentes. Lorsqu'une de ces charges deviendrait vacante par la mort ou l'absence du titulaire,

---

(1) Gros registre aux *Priviléges de Béthune*, f° 87.

(2) 1406. Eadem tempestate ager Bethuniensis, ab eisdem Anglis, populationibus devastatur minus ideo ab nostris contra hostem ad sertus, quod Gulielmus Namurœnsis, cujus tunc erat Bethunia, æs militare cum Atrebatibus conferre recusasset. Verum Bethunienses, ne denuo ejus modi vexationes sustinerent, nummos post modum ultro pependerunt.

(Ferreoli Locrii *Chronicon Belgicum*, p. 494.)

Le *Recueil des Chartes* concernant les fonctions des grands baillis d'Artois, rapporte une prétendue publication de la paix faite par le bailli de Béthune, le 10 octobre 1408 entre les rois de France et d'Angleterre au nom de Mme la comtesse de Namur, usufruitière de cette ville. Nous n'avons pu retrouver cette pièce dans les *Archives de Béthune* ; d'ailleurs, Guillaume II, seigneur de Namur et de Béthune ne mourut que le 10 janvier 1418. (Gailliot, *Hist. générale de Namur*, t. II, p. 117.) Jeanne de Harcourt, sa femme ne prit donc possession de Béthune que vers cette époque.

les échevins survivants pourvoieraient par élection à son remplacement. Par lettres du 13 août 1409, confirmées au mois d'octobre suivant par le roi Charles VI, Guillaume accorda aux habitants de Béthune leur demande à la seule condition qu'on ne pourrait être en même temps en charge avec son père ou son frère. L'élection du prévôt et des mayeurs resta fixée au jour de St-Étienne (1).

Guillaume s'était fait dans les armes une réputation de bravoure justement méritée mais la munificense qu'il étala causa la ruine de sa maison. Veuf de Marie de Bar, il avait épousé en secondes noces Jeanne de Harcourt à qui il assura pour douaire un revenu annuel de quatre mille livres à prélever sur les seigneuries de Béthune, de Belœil et de Pétéghem. A sa mort arrivée le 10 janvier 1418 (2), comme il ne laissait point d'enfant, son frère Jean III se mit en possession de ses domaines, mais il ratifia le douaire de Jeanne (3). Quelques années plus tard ce prince, pour faire face selon les uns aux dettes contractées à l'égard de l'évêque de Liége (4) soit, selon d'autres pour assurer la tranquillité de ses sujets, résolut de vendre ses domaines au duc Philippe de Bourgogne. Il en envoya faire la proposition au duc par Philippe seigneur de Dhuy, son fils naturel (5) et par le prévôt de S^t-Au-

---

(1) Ces lettres contenues dans le *Registre aux priviléges de la ville de Béthune* ont été publiés dans le *Recueil des ordonnances des rois de France*, t. IX, p. 480 et suiv.

(2). Galliot, *Histoire générale de Namur*, t. II, p. 85 ; de Marne, *Hist. du comté de Namur*, annot. par Paquot, p. 400.

(3). Galliot, *ouv. préc.*, t. II, pag. 126.

(4). Jean de Heinsberg, évêque de Liége, désirant terminer les différends qui existaient entre ses sujets et ceux du comté de Namur, fit venir ce dernier à Huy, à l'effet d'y conclure un accommodement. Les Liégeois n'avaient point oublié que Jean III *avoit soustenu leurs anemis* à la funeste bataille d'Othée (20 décembre 1408) ; et les actes de violence que les Namurois avaient commis sur les terres de l'évêché les rendirent exigeants. Ils menacèrent Jean de livrer son comté aux flammes et au pillage s'il ne leur donnait satisfaction. Le comte fut obligé de consentir aux onéreuses propositions de ses adversaires et partit de Huy, etc...
Alex. Pinchart, *de l'Inféodation du comté de Namur au comté de Hainant*, p. 72.

(5). Philippe de Namur seigneur de Dhuy, fils naturel du comte Jean et de Cécile de Savoie sa parente.

bin. Philippe le bon avide de joindre ses possessions à ses autres états répondit avec empressement à ces avances et cete affaire fut traitée à Gand, le 16 janvier 1420. Les terres comprises dans cette vente étaient le comté de Namur, les prévôtés et les châteaux de Poilvache, de Samson et de Bouvines, les villes et seigneuries de Belœil, de Renait, de Winnenduel, de Peteghem et de Béthune, toute réserve faite du douaire de Jeanne de Harcourt. Jean déclara retenir sa vie durant son comté de Namur ainsi que ses revenus de Bourgogne, le duc n'en pourra jouir et porter le titre qu'après le décès du comte Jean. Le prix de la vente fut fixé à 132,000 couronnes d'or de la valeur de quarante-deux gros chaque couronne. Ce paiement devait avoir lieu à quatre termes différents, le premier au dimanche du Lœtare de l'année 1426, le second à la fête de Noël suivante, le troisième à pareil jour de l'année 1427 et le quatrième pendant l'année 1428. Le duc de Bourgogne, y apposa son sceau le 27 mars 1421 (1). Dès lors Jean n'eut plus aucune part à l'administration de Béthune d'autant plus que Jeanne de Harcourt lui survécut (2).

Cette princesse était venue se fixer à Béthune et faisait sa principale résidence dans le château bâti par les anciens seigneurs. Elle se montra favorable à l'extension des libertés communales, et de nombreuses difficultés s'élevèrent bientôt entre elle et le magistrat. C'est dans le registre mémorial de cette époque qu'il faut lire ces discussions, le dévouement des bour-

---

De Reiffenberg, *Annuaire de la bibl. roy. de Belg.*, p. 130.

Ces recherches sur les enfants naturels de Philippe le Bon duc de Bourgogne, avaient déjà paru dans les *Bull. de l'Acad. roy. de Belg.*, t. XIII et t. XIV.

(1). Cet acte de vente se trouve dans *Miræi dipl. Belgic.*, édit. Foppens, t. IV, p. 611 et suiv.; voy. encore Palliot, *ouv. précit.* p. 136, ainsi que plusieurs documents déposés dans les dépôts littéraires de Bruxelles et cités par Pinchart, de l'inféodation du comté de Namur au comté de Hainaut, p. 74, not. 3.

(2). Le duc Jean mourut le 1er mars 1429, tandis que Jeanne vécut jusqu'en 1455. De Marne, *ouv. préc.*, p. 415. Galliot, id. tom. II, p. 139. Pinchart, id. p. 76.

geois s'imposant volontairement pour défendre les droits et les priviléges de la ville. Le juge naturel, et ce fut aussi lui qu'on choisit, était Philippe de Bourgogne à qui appartenait cette terre en mue propriété comme le dirait un légiste de nos jours, et ce prince qui avait en amitié ces bonnes villes d'Artois n'eut garde de dénier le jugement.

Un différend existait entre les officiers de la comtesse de Namur dame de Béthune et le magistrat de cette ville relativement aux priviléges respectifs des deux parties. Par des lettres datées de Montreuil-sur-Mer du 22 juin 1421 il commit messire Guillaume de Bonnières, seigneur de La Thieuloye, gouverneur d'Arras et Me Jehan Lesot, licencié ès-lois son conseiller pour, avec les délégués des deux parties et après avoir reçu leurs plaintes et leurs réponses rendre un appointement par voie amiable et régler ainsi la loi de la ville de Béthune. En vertu de ces lettres les deux commissaires se transportèrent dans cette ville au mois de septembre 1421 et y appelèrent Me Quentin Leblond, procureur général d'Artois, Me Guérard Wanbourg, bailli de Béthune, Jehan Piernette, conseiller de la comtesse de Namur, Pierre de Bellesaiges son procureur, Jacques de Le Brique son receveur, Adam de Nœufvilette, clerc du baillage de Béthune, d'une part, les échevins, les mayeurs et le prévôt, Jean Touret procureur de la ville et plusieurs autres membres du magistrat. Après leur avoir présenté les lettres du duc Philippe ils recueillirent leurs plaintes et leurs observations et rendirent les décisions suivantes (1).

Le procureur de la dame de Béthune se plaint de ce que le magistrat de cette ville procède à la reddition des comptes en l'absence des officiers de cette dame. Le magistrat prétend que la plainte n'est pas fondée attendu qu'il a toujours fait publier cette reddition et que les officiers qui se sont présentés pour y assister y ont toujours été reçus.

Après l'examen de différentes pièces et la vérification des

---

(1) Ces décisions sont insérées dans des lettres d'appointements données à Arras le 23 février 1421.

comptes les commissaires déclarent ces derniers bons et valables. A l'avenir ils formeront deux chapitres de recettes, l'un pour les rentes et l'autre pour les censes.

Le magistrat ne devra plus expliquer dans ses comptes qu'il exemptait du droit de septième. Lorsqu'il voudra accorder cette exemption il déclarera que c'est en vertu d'appointement conclu entre lui et celui qui le devait. Ces appointements devront être transcrits sur un registre spécial dont on donnera copie au receveur pour être présentée par lui le jour de la reddition du compte.

Quant aux recettes des chaussées elle devront être employées pour leur réparation. S'il y a excédant il servira pour les *sowez* et les *puits*.

Les assises se feront et seront indiquées aux comptes en recettes et en dépenses d'après la manière habituelle.

Il y aura un chapitre pour les pensions où seront inscrits les noms des pensionnaires, leur état, le montant de leur traitement. Ceux-ci devront donner quittance au receveur. Le gait du beffroi sera compris dans ce chapitre.

Les dépenses faites par les échevins les jours de plaids et de trêves et celles de la garnison qui se font en la halle seront allouées aux comptes comme par le passé. Il en sera dressé un rôle scellé de deux sceaux des échevins et des sept hommes commis pour les vérifier.

Chaque semaine seront dressées des cédules mentionnant les ouvrages qui auront été faits et les matières employées.

Les présents de vin formeront un chapitre tout à fait semblable à celui qui se trouve aux autres comptes.

Les mises extraordinaires occasionnées pour charrois faits pour le prince devront être indiquées ; on mentionnera si elles ont eu lieu par mandement patent, par lettres missives ou par commandement verbal.

Pour les dons faits par la ville et pour les frais des monnaies les receveurs avant de les délivrer devront obtenir un mandement des échevins.

Le receveur sera tenu de rapporter à la reddition des comptes les quittances des rentes héritières qu'il aura payées.

Si la ville trouve nécessaire d'acheter des vins pour distribuer à Béthune pour l'amélioration des aides, elle devra indiquer à qui elle les aura achetés, le prix qu'ils auront coûtés, afin de s'assurer si elle a eu bénéfice ou intérêt. Et cette déclaration devra être faite aux comptes.

Toutes les recettes formeront un compte qui se fera en triple expédition. La reddition des comptes aura lieu annuellement après publication faite en la manière ordinaire en la halle des francs hommes, la porte ouverte, en la présence du bailli, des gens et officiers de la dame de Béthune et de tous ceux qui y voudront assister. Un des comptes sera donné au bailli et aux officiers, un autre aux échevins et un troisième au receveur. A la fin du compte seront indiquées les dettes de la ville et son mobilier. Le receveur sera tenu de dresser le compte tant en recettes qu'en dépenses avec exactitude, et après avoir été vérifié ainsi qu'il est ici déclaré, il devra être signé par le bailli, les officiers dessus dits et les auditeurs.

Les échevins de Béthune et les chanoines de St-Barthélemy seront tenus de préposer à l'administration des hôpitaux et des maladreries des personnes honorables, lesquelles devront annuellement rendre compte de leur gestion.

Si quelques uns de ces comptes étaient à rendre il est enjoint aux échevins de faire réparer ce retard par leurs commis dans le plus bref délai.

Il est ordonné de faire publier annuellement les bancs et les statuts de la ville au lieu où se font les cris et les publications. Les dits bans et statuts seront transcrits sur deux registres, l'un sera remis au seigneur de Béthune ou à ses officiers et l'autre demeurera aux échevins.

Dans les bans et statuts se trouvent différents points obscurs qui ont nécessité une interprétation. Il est ordonné de les faire immédiatement publier avec cette interprétation et de continuer ainsi chaque année. Si l'on trouve utile de les corriger, augmenter ou diminuer, ces changements pourront avoir lieu d'un commun accord entre la dame de Béthune ou ses officiers et les échevins, sauf ceux sur les marchandises qui pourront être améliorés par les échevins seuls s'ils le jugent convenable en se conformant toutefois aux décisions rendues sur cette matière.

Les échevins et les bourgeois prétendaient qu'ils n'étaient pas tenus à la garde du château, mais que par déférence pour la dame de Béthune ils y consentiraient à la condition qu'ils seraient mis dans un endroit cenvenable et qu'ils obtiendraient des lettres de non-préjudice. Cette demande leur est accordée.

Le bailli et les échevins seront tenus de tenir plaids de quinzaine en quinzaine.

Sur la plainte du procureur de la dame de Béthune de ce que l'on avait mis Jehan Grenet, mayeur et Pierre Robelique prévôt il en a été décidé selon les usages contenus dans les bans.

Le greffier de la ville aura pour son salaire : Procurations de lettres d'héritage : 2 sols. Sentences ou jugements d'échevins : 5 sols. Pour les grandes lettres dont le prix n'est pas indiqué la taxe en sera faite par les échevins.

Pour les sommes à prélever sur les habitants qui feront paturer leurs bestiaux dans les marais elles seront réglées d'après les bans et statuts.

Jehan du Fiefs et Pierre Robelicque, mayeurs et Jehan Fabien, échevin, ayant proféré des injures contre le forestier des bois de Béthune et le procureur de la dame de Béthune, sont renvoyés devant les juges compétents, n'ayant pas accepté l'arbitrage des commissaires.

Les commissions données par le bailli et les ajournements prononcés par lui sont déclarés nuls et mis à néant parce qu'il a empiété sur la juridiction de l'échevinage. Aux échevins seuls appartient ce privilége.

Exploits du bailli ou de son lieutenant annulés comme contraires aux priviléges de la ville. Ils seront tenus ainsi que leurs successeurs de laisser les échevins en la libre jouissance de ce droit.

Annulation d'un congé donné par le bailli en l'absence des échevins de vendre des souliers venant du dehors sans être eswardés.

Défense au bailli ou à son lieutenant et à leurs successeurs de rendre la ville à ceux qui en auront été bannis par les échevins pour cas civils, sans s'être informés à ceux-ci du motif qui a entraîné le bannissement. Pour les cas criminels ils ne le pourront sans le consentement des échevins. Les rappels de ban que le bailli a prononcés sont annulés.

Le bailli ou son lieutenant ainsi que leurs successeurs seront tenus d'assister ou de se faire représenter à la publication des bans et à la visite des bans en cellier.

Les sergents du bailli ayant levé sur plusieurs bourgeois différentes sommes d'argent les jours de la publication des bans, cette publication n'ayant pas été faite, les échevins pourront poursuivre lesdits sergents devant le bailli ou son lieutenant et réclamer restitution. Les commissaires ordonnent à ceux-ci de rendre bonne justice aux dits échevins.

Les sergents et les officiers du bailliage, à l'exception du bailli, du procureur, du receveur et du clerc, seront tenus de travailler aux réparations de la forteresse de la ville avec les habitants lorsqu'ils en seront requis.

Lorsque les sergents du baillage arrêteront quelqu'un dans les limites de l'échevinage, ils devront l'amener pardevant les échevins et déclarer le délit qui a nécessité l'arrestation. Après cette déclaration ceux-là pourront alors seulement les constituer prisonniers. Les arrestations qu'ils ont faites sans avoir observé cette formalité sont mises à néant.

Le lieutenant du bailli ayant rendu à un flamand de Bailleul une jument qui avait été arrêtée et mis en liberté un prisonnier, ces exploits sont déclarés nuls. Tous les clains et arrêtés qui se feront en la ville et en l'échevinage de Béthune devront être portés à la connaissance des échevins à qui appartiendront les jugements. C'est ce qui résulte de leurs priviléges.

Si ces différentes décisions paraissaient obscures, le duc Philippe se chargerait de les interpréter (1).

---

(1) Ces lettres furent données à Arras le 23 février 1421 et étaient scellées de trois sceaux.

A la suite s'en trouve une autre rendue par les échevins d'Arras, le 26 co-

Aucun appel n'a été interjeté.

Quatre points restèrent à résoudre : 1° La prétention du bailli de sceller les lettres de l'échevinage avec le scel aux causes en percevant des droits, et sa nomination en tête d'icelles ; 2° La prétention d'afforer par jugement avec les échevins ; 3° L'usage des bois interdit aux habitants de Béthune par la dame de ce lieu ; 4° La requête du procureur de ladite dame tendant à obtenir les comptes qui ont été visités.

Les décisions ne se firent pas attendre ; on consulta les membres de la chambre des comptes et ceux du conseil de Gand, et il fut résolu sur la première question que provisoirement les échevins se serviront de cyrographe ; sur la seconde qu'ils afforeraient les vins au conjurement du bailli ou d'un de ses représentants ; sur la troisième qu'ils feraient restitution à la dite dame de cent cinquante écus pour une fois, mais que l'ancien usage subsisterait jusqu'à ce que le seigneur-duc soit revenu de la Bourgogne après lequel retour il déciderait en dernier ressort, et qu'enfin ni la dame de Béthune ni son procureur n'aura le double des comptes de la ville arrêtés jusqu'à ce jour, mais que pour les années suivantes on en délivrera copie (1).

Toutefois cette sentence ne fut pas favorablement accueillie des partis et la comtesse de Namur en interjeta appel au Parlement. De nouveaux désordres faisaient néanmoins désirer une prompte solution à ces difficultés. Sous un vain prétexte le bailli de Béthune avait fait arrêter Guérard Dumetz premier échevin dont on

---

tobre 1423, constatant que M° Quentin Leblond, Jehan Lesot, Jehan d'Athies, lieutenant du gouverneur d'Arras, Willaume Innocent, clerc du bailliage d'Arras, Jean Quesnel, sergent dudit bailliage et Guérard du Mez, se sont rendus le 23 février 1421, en l'hôtel du bailliage à Arras, où demeurait feu Mgr Guillaume de Bannières et de La Thieuloye, gouverneur d'Arras et que ledit M °Lesot et ledit gouverneur y ont rendu les appointements qui précèdent, lesquels ont été scellés par eux.

(1) Fait à Béthune le 16 avril 1422.

(Archives municip. Regist. aux priviléges f° 54.)

Des lettres du 15 août 1422 insérées au même registre f° 164 approuvent ces décisions ; elles sont données par Philippe duc de Bourgogne.

connaissait le dévouement aux intérêts de la cité ; il refusa de le relâcher quoique Dumetz offrit caution. Alors le magistrat résolut d'en appeler au parlement ; Touret clerc de la ville fut envoyé à Arras pour prendre l'avis des principaux jurisconsultes. Il se rendit ensuite à Paris où il consulta les avocats les plus célèbres ; il en rapporta plusieurs avis, tous favorables à la ville, la liste des pièces qui devaient être fournies pour le procès ainsi que la marche à suivre afin d'obtenir la délivrance de Guérard Dumetz. Le magistrat en fut si content qu'il fit à ces divers avocats ainsi qu'au greffier du Parlement et aux personnages influents qui avaient été consultés dans cette affaire des présents de fromages généralement estimés dans toute la France. De nouvelles démarches faites près du duc de Bourgogne firent espérer qu'il s'occuperait activement de ces difficultés et que son arbitrage ne serait plus chose vaine. Accablé de besoins ce prince pressurait son pauvre peuple d'Artois et en tirait le plus d'argent qu'il pouvait : tantôt c'était pour soutenir la guerre contre les gens du Dauphin, les Armagnacs, comme on les appelait alors, tantôt pour mettre le siége devant Guise et Le Crotoi et ébranler le trône de France dont il eût dû être le plus ferme soutien. La ville de Béthune était soumise à ces charges comme les autres cités de la province. Le peuple murmurait, les réclamations des échevins n'étaient pas écoutées, en un mot la misère était générale. La comtesse de Namur, elle-même fatiguée de ces dissensions et des frais énormes nécessités par ce procès, assembla dans la cour de son château un grand nombre d'habitants de sa ville de Béthune et leur demanda quel serait le meilleur moyen d'arriver à la solution de ces difficultés. Cette mesure conciliatrice n'eut pas encore d'effet, mais enfin Martin évêque d'Arras, Jehan, évêque de Tournai et Hue de Lannoi chevalier, gouverneur de Lille, conseiller du duc de Bourgogne, commissaires nommés pour apaiser définitivement ce différend rendirent les décisions suivantes : (1)

---

(1) Leurs lettres portant la date de 1423 furent donnés au château de Béthune. Elles sont insérées dans le gros registre aux priviléges f° 315.

Le bailli ou son lieutenant sera présent, s'il le veut, avec les échevins, à l'afforage des vins. Ils afforeront amiablement. Si les deux parties étaient d'opinion contraire celle des échevins prévaudrait. Ceux-ci ne pourront être taverniers.

Pour l'afforage particulier de chaque pièce de vin qui se vend à Béthune et pour la modification des prix qu'on leur donnera ils auront lieu en la manière ordinaire, c'est-à-dire par un sergent et deux échevins, sans l'assistance du bailli ni de son lieutenant.

Les habitants de Béthune ne seront point tenus d'aller en particulier faire le guet au chastel de Béthune, mais la ville devra lorsqu'elle en sera requise pour cause de danger y envoyer à ses frais deux gardes suffisantes. Dans le cas contraire la ville paierait six sols parisis pour chaque nuit.

Les habitants de Béthune pourront acheter des fagots lorsque l'on en vendra, mais attendu que le débat qui est survenu a eu pour cause la faible monnaie dont le cours a lieu depuis longtemps, il est décidé que l'on emploiera une monnaie plus forte.

Le bailli et les échevins scelleront ensemble les lettrages tenus du seigneur, les saisines et désaisines, et les sentences qui en dépendent. Le bailli conjurera, et ces lettres seront ainsi exécutoires. Pour l'apposition du scel le bailli, les échevins et le clerc auront chacun deux sols. Relativement au scel des cas criminels et personnels il en sera usé de la manière ordinaire.

Le renouvellement de l'échevinage aura lieu encore prochainement comme les années précédentes, et comme ce débat est nouveau on l'étudiera.

Les appels au parlement, les impétrations que ce débat a occasionnées cesseront et seront annulés. Quand aux dépens de ce procès les commissaires se réservent la faculté de les régler. Ils ordonnent en outre que les bans et statuts seront publiés de la manière ordonnée en 1421 par les commissaires, et que les comptes seront rendus comme ils l'ont prescrit.

Dès lors Jeanne de Harcourt parut avoir oublié les sujets de discussion qui avaient si longtemps agité cette ville ; elle accorda aux échevins plusieurs autorisations qui devaient contribuer au bien être de cette malheureuse cité (1).

Un violent incendie qui éclata pendant l'année 1447 consuma la plus grande partie de la ville ; et cependant pour diminuer la fureur de ces désastres de sages réglements avaient été publiés par les échevins ; en cas de feu, les maçons, les charpentiers et autres gens de métier devaient s'y porter sous peine d'être punis à la volonté des gens du seigneur et de la ville, tous les habitants indistinctement devaient veiller dans leurs quartiers sous les mêmes peines, et si quelqu'un y était blessé la commune lui accordait du secours (2).

A cette époque Béthune était déjà célèbre par son commerce de grains (3). Située au centre de la province d'Artois, et cependant sur les limites de ce pays de Flandre dont les richesses étaient depuis longtemps proverbiales, cette ville voyait affluer sur ses marchés un grand nombre d'étrangers. Plusieurs bannis s'y étaient également réfugiés à cause des franchises de cette cité. Le désordre néanmoins était tel que l'on ne voyait circuler dans les rues que gens armés (4). Des rixes fréquentes s'en suivaient, et les bourgeois tranquilles osaient à peine circuler pour leurs affaires. Le réglement publié par ordre de Philippe VI

---

(1) 1431. — 2 septembre. — Autorisation accordée par Jeanne de Harcourt dame de Bétune aux échevins de cette ville d'acquérir un manoir existant derrière la halle, afin d'y établir des magasins de briques, pierres, etc.
Par lettres du 3 décembre 1432 insérées dans le gros registre aux priviléges de Béthune, f° 122 v° le duc Philippe de Bourgogne approuve l'achat.
1440. — 18 juin. — Lettres d'octroi par laquelle Jeanne de Harcourt comtesse de Namur, dame de Béthune, permet aux échevins de cette ville de percevoir les petites assises pendant trois ans ; les échevins devront en rendre compte lorsqu'ils seront requis.

(2) 1er février 1424. *Archives municipales. Registre mémorial,* f° 54.

(3) En laquelle ville qui est anchienne et ou il y a estaple de grains. (*Charte de Jeanne de Harcourt*).

(4) Mais vont et viennent parmi la dite ville tant de jour comme de nuit portant grands plainsons, gresselets, haies, espines, flaves, plombées, archs, flesches et autres armes, bastons et davantage. (Même charte).

(1347, avril) (1) était impuissant à arrêter les désordres, et les échevins en portèrent plainte à Jeanne de Harcourt. Cette princesse, après une information suffisante décréta que doresnavant les habitants qui seraient maltraités par les forains pourraient crier *commune* ou *bourgeoisie*. A cet appel les bourgeois doivent courir au secours de l'injurié, arrêter les malfaiteurs et les remettre sans délai entre les mains de la justice, c'est-à-dire du bailli représentant de la puissance seigneuriale. Si l'étranger résiste les bourgeois peuvent impunément employer la violence sans crainte de forfaire à leur dame. Mais si un bourgeois crie commune ou bourgeoisie sans cause aucune, soit par une frayeur vaine, soit pour ameuter le peuple il sera puni à la discrétion du bailli et des échevins. Dans le cas où un forain qui aurait maltraité ou insulté un bourgeois parviendrait à s'échapper et ne paierait point dans le délai de quarante jours l'amende prononcée contre lui, le bailli doit frapper le premier coup conformément aux réglements antérieurs contre la maison du *forfaiteur*, la faire abattre sous ses yeux et en vendre le terrain. Quiconque demeurant en la ville ou en la châtellenie de Béthune se rendra coupable de ce méfait sera banni à moins qu'il ne paie soixante livres applicables au seigneur, toute réserve faite des droits des échevins, du prévôt et des mayeurs ainsi que de la partie injuriée.

Ces lettres publiées le 6 août 1448 (2) furent confirmées par Philippe le Hardi, duc de Bourgogne et comte d'Artois, le 12 septembre suivant (3). Ce fut le dernier acte émanant de Jeanne de Harcourt ; cette princesse généralement estimée des principaux

---

(1) Voy. plus haut.
(2) Au château de Béthune et signées par la comtesse de Namur, Bon de Saveuse, Jean Lebas, lieutenant et Adam de Neuvileite receveur de Béthune, N. Carmont, se trouvent dans le *Gros registre aux priviléges*, f° 276, v°. Elles ont été insérées assez textuellement, pour ne point en exiger une nouvelle publication, dans le *Recueil des Chartres et titres concernant les droits des baillis d'Artois*, mais l'analyse qui s'en trouve au commencement est inexacte et incomplète.
(3) Au château de Hesdin. (*Gr. reg. aux priviléges*, f° 269 v°) et dans le *Recueil précité*.

souverains de l'époque avec laquelle elle avait eu des relations (1) mourut à Béthune le 16 février 1455. Son corps fut transporté à Namur et déposé à côté de Guillaume de Flandre son mari (2) Philippe-le-Bon prit dès lors possession de la ville de Béthune ainsi que des autres domaines qui avaient constitué le douaire de la princesse Jeanne et son pouvoir fut reconnu sans contestation.

Le chapitre de St-Barthélemy avait des priviléges assez étendus, entre autres droits il était affranchi de toute imposition et ne payait aucune *assise* sur la boisson nécessaire à la consommation des chanoines et de leurs gens. Le magistrat de Béthune se plaignit en 1464 que les chanoines abusaient de ces priviléges pour fruster les droits du comte et ceux de la ville, qu'ils avaient notamment dans leurs celiers une quantité de vin trop grande pour leur consommation mais qu'ils vendaient en détail à différents bourgeois, même à des étrangers. Le 30 juin 1464 l'abbé de Werbegne et Grart de Burry choisis arbitres pour terminer amiablement ce différend décidèrent que les chanoines pourront continuer à déposer dans leurs celiers autant de vin qu'ils le jugeront convenable pour le boire eux, leurs domestiques, officiers et habitués, mais qu'ils ne pourraient doresnavant le vendre ni le faire vendre, sauf que certaines personnes privilégiées telles que prélats et notables passant par la ville, gens et officiers de l'hôtel du duc de Bourgogne et du comte de Charolais, gouverneur, procureur et receveur de Béthune, femmes enceintes et enfants malades. Néanmoins afin que les fermiers de l'assise du vin puissent

---

(1) Elle avait assisté aux noces de Charles VII roi de France alors âgé de onze ans avec Marie d'Anjou ; elle était très-liée avec la reine Isabeau de Bavière, et Léonore de Poitiers dit dans son éloge : « Mme de Namur était
« la plus grande sachante de tous les Etats qui fut au royaume de France et
« avoit un grand livre ou tout estoit écrit et la duchesse Isabeau femme du
« bon duc Philippe de Bourgogne ne faisait rien de telles choses que ce ne
« fut par conseil et de l'avis de Mme de Namur. »
(Dunod du Charnage, *Mémoire pour servir à l'Histoire de Bourgogne*, p. 749. — Galliot, ouv. précit. t. 2, p. 128):

(2) Voy. l'épitaphe dans Galliot. *Hist. de Namur*, t. 2, p. 126.

savoir à qui le vin contenu dans le celier serait distribué, le chapitre a décidé qu'il serait ouvert chaque jour pendant quatre heures, et que pendant ce temps les fermiers des assises pourront surveiller et faire surveiller ce qui s'y ferait (1). Le chapitre de St-Barthélemy était en effet très-jaloux de ses priviléges ; il les maintenait avec une énergie qui tenait de la violence. La confrérie de St-Nicolas ayant érigé un clocher au-dessus de sa chapelle les vieux chanoines résolurent de le faire renverser sous prétexte que la chapelle était située dans la limite de leur juridiction et qu'aucun édifice ne pourrait y être élevé sans leur autorisation. Grand fut l'effroi des charitables à cette nouvelle ; ils allèrent trouver Bon de Saveuse, seigneur de Savie et autres lieux gouverneur de Béthune et les francs hommes du château pour le prier d'intervenir et d'être arbitres de ce différend. Les chanoines de St-Barthélemy se laissèrent séduire par de si puissantes sollicitations et autorisèrent le maintien du clocher des charitables ; à la condition que ceux-ci demanderaient leur consentement et qu'ils ne pourraient le faire démolir sans en avoir obtenu une autorisation préalable. Cet accord reçut force de loi par l'apposition des sceaux des juges susnommés (24 février 1468) (2).

Déjà au XVe siècle on se plaignait de la rareté des bois possédés presque tous par les seigneurs dont ils constituaient l'un des plus riches revenus. Les bourgeois et les gens des campagnes n'obtenaient que moyennant une redevance souvent lourde les fagots nécessaires à leurs besoins. Nous avons vu qu'en 1421, dans leurs démêlés avec la comtesse de Namur, les habitants de Béthune avaient surtout réclamé l'autorisation d'aller chercher des fagots dans les bois dépendants du domaine sei-

---

(1) Le celier sera ouvert chaque jour à partir du dimanche de Paques jusqu'à la Toussaint dès dix heures du matin jusqu'à midi et de six à huit heures du soir. — De la Toussaint jusqu'en Carême, de onze heures du matin jusqu'à une heure, et depuis sept heures jusqu'à neuf heures du soir et du Carême à Pâques depuis midi jusqu'à deux heures et de huit heures du soir jusqu'à dix.

(2) *Archives départementales* du Pas-de-Calais. *Registre aux priviléges de la Confrérie*, f° 64 v°.

gneurial. Charles comte de Flandre et d'Artois auquel l'histoire a attaché le surnom de téméraire renouvela la permission octroyée aux habitants de Béthune par ses prédécesseurs à la charge par eux de payer une légère rétribution fixée pour chaque cent de fagots transportés en charrette à onze sous six deniers, et à six sous pour la voiture. Le jeudi de chaque semaine les habitants avaient le droit de prendre un fagot d'une certaine grosseur et désigné dans les chartes sous le nom de fagots à tête. Cet usage leur fut confirmé à la charge de payer un denier pour chaque fagot. (1).

Charles le Téméraire qui avait succédé à son père Philippe le Bon dans la possession de Béthune ainsi que dans les autres terres de l'Artois, ayant succombé en 1477 dans les plaines de Nancy, victime de la trahison et de son ardeur belliqueuse, le roi Louis XI revendiqua le comté d'Artois et s'avança à marche forcé pour s'en emparer. Maître de la ville et de la cité d'Arras il se dirigea vers

---

(1) Ces lettres furent données à Lille le 28 Avril 1470. (*Arch. munic. Registre aux priviléges*, f° 318 v° et *Archives départ.*, dossier de *Béthune*. Copie moderne du XVI° siècle).

Les échevins présentèrent requête à l'empereur Charles-Quint et lui remontrèrent que ses prédécesseurs accordèrent à la ville différends priviléges dont ils avait toujours joui, entre autres celui de s'approvisionner dans les bois de Béthune de fagots nécessaires à leur consommation moyennant le prix de dix sept sols six deniers pour chaque cent de fagôts rendus par les marchands dans les maisons des bourgeois ; que cette distribution se faisait par rôle et ordonnance d'échevins, qu'en outre ils devaient un denier maille pour chaque fagôt porté à tête. Ils ne pouvaient cependant s'approvisionner ailleurs de bois sous peine d'amende, tant que celui de Béthune ne soit entièrement vendu et distribué.

Les officiers des domaines vinrent contester ces priviléges et apporter du trouble dans le droit de la ville. Procès s'en suivit, et sentence provisionnelle fut rendue par le Conseil privé. Elle fut publiée à Béthune, Cette ville y fit opposition. L'empereur adresse donc des lettres en date de Bruxelles, du 13 mars 1530 aux officiers de la Chambre des comptes de Lille par lesquelles il les commet pour terminer ce différend amiablement en faisant comparaître les parties ; ils devront recevoir leurs observations ainsi que tous les titres qu'elles voudront produire et s'entourer de toutes les lumières possibles. Ils instruiront ensuite le procès et devront envoyer le tout à l'empereur ou à son Conseil privé pour en obtenir un jugement définitif.

(*Arch. municip. Reg. aux privil.*, f° 324).

le comté de Boulogne sur lequel il avait jeté plus d'un œil d'envie et prit possession en passant des villes de Lens et de Béthune. (1) Son administration fut peu favorable à cette dernière cité ; les finances depuis longtemps en mauvais état s'obérèrent encore. Les échevins pour faire face aux dépenses avaient vendu sur le corps de la ville plusieurs rentes viagères et avaient négligé de les payer. Louis XI maître de Béthune résolut de relever les fortifications et de faire de cette place une des mieux défendues de la province. Dans ce but il fit venir de Normandie mille prisonniers, mais le manque d'argent les obligea de retourner sans avoir pu terminer leurs travaux (2). Le magistrat représenta au roi les nombreuses charges qui pesaient sur la ville et l'impossibilité où il se trouvait de payer les rentes qu'il devait. Louis XI, considérant que la plupart des propriétaires de ces rentes lui étaient rebelles et avaient encouru la confiscation, en fit la remise au magistrat de Béthune ; il lui abandonna en outre, pour en employer le produit à la réparation des fortifications de la ville et du château, le montant des confiscations faites sur les sujets rebelles du comté de St-Pol, de l'avouerie de Béthune, du bailliage de Lens et du pays de l'Alleu (3). Toutefois, et pour que ces personnes ne puissent arguer d'ignorance, Noé Ségur, docteur en l'un et en l'autre droit, chargé par le roi de procéder à l'enquête, ordonna de faire publier à son de trompe le nom des personnes accusées afin qu'elles pussent se disculper en venant à la porte des églises prêter serment de fidélité au roi. Après quatre défauts obtenus contre elles, elles furent déclarées coupables du crime de lèze-majesté, on prononça leur bannissement, on confisqua leurs biens et on annula les rentes qu'elles possédaient sur la ville. Les ar-

---

(1) Rex justo minori in opido relicto præsidio cum nothus Borboniæ procederet ad occupandum Boloniensem comitatum proficiscitur. Iter facienti deditionem, Atrebatensium conditionibus faciunt Lensii, ac Bethunii promittenti se eorum agros, a maleficio defensurum. Illos Teruannenses ac, Hesdinii sequuntur. Ferreoli Locrii. *Chronicon Begicum*, f° 539.

(2) Lettres de Louis XI en date du 9 juillet 1477 données à Arras et insérées au *registre aux priviléges* (gr. in f°), p. 144.

(3) Mêmes lettres.

rérages que celle-ci devait s'élevaient à la somme de 1460 livres, monnaie d'Artois, qui furent remises en partie à M. de Magny pour être employées à réparer les fortifications de cette ville et à payer les prisonniers normands. Après l'acquittement de ces charges on consacra 460 livres, qui restaient, à construire un rempart près de la porte de la Vigne (1).

A une époque qu'il est impossible de préciser et qui remonte à une date assez reculée un hôpital avait été fondé à Béthune et placé sous l'invocation de St-Jean ; l'administration en appartenait en commun au chapitre de St-Barthélemy et à l'échevinage qui y avait appelé quatre sœurs de la Madelaine (2) dites repenties afin de donner leurs soins aux malades. Toutefois ayant eu à se plaindre de ces religieuses ils les remplacèrent en 1475 par celles de St-François. Les principales dispositions du réglement qu'ils firent à cette époque furent que le nombre des sœurs ne pourrait dépasser treize y compris la maîtresse, qu'elles devraient prodiguer aux pauvres étrangers tous les soins que réclamerait leur position et ne pourraient les abandonner quand même leur maladie serait contagieuse. L'obligation leur était imposée d'aller de nuit comme de jour dans la ville ou dans la banlieue soigner les malades lorsqu'elles en seraient requises, d'ensevelir les morts qu'elles auraient soignés sans pour ce rien réclamer. Les habillements des décédés demeuraient à l'hôpital. A leur entrée elles devaient prêter serment, pardevant le notaire, l'échevinage et des notaires apostoliques, d'observer fidèlement les constitutions de cet établissement. Elles devaient remettre au receveur de l'hôpital les dons qu'elles recevaient, et celui-ci devait en rendre compte annuellement. Quant à ceux qui leur seraient personnels elles pourraient les conserver en les déclarant toutefois aux administrateurs et en donnant la note tous les trois mois au receveur. Elles devaient également à leur entrée dresser un in-

---

(1) Les lettres dudit Noé portent la date du 20 septembre 1477 ; elles sont insérées au *gros reg. aux priviléges*, f° 124 v°.

(2) Avant ces religieuses la garde des malades appartenait à des gens mariés.

ventaire du mobilier de l'hôpital et le présenter chaque année aux administrateurs pour être vérifié, etc. (1).

Cet état de choses dura jusqu'au mois de septembre 1511. A cette époque les religieuses se plaignirent au chapitre et aux échevins de Béthune qu'elles ne jouissaient pas d'une assez grande liberté, que les soins réclamés par les malades ne leur permettaient point de vaquer, comme elles l'eussent voulu à leurs exercices de piété, et qu'enfin les revenus qui leur étaient alloués étaient insuffisants à leurs besoins. Après s'être concertés avec le prévôt de l'église collégiale les échevins stipulèrent que doresnavant le nombre des sœurs serait porté à vingt-six, que lors de la reddition des comptes on leur alloueraient annuellement une somme dont le chiffre serait laissé à l'arbitrage des administrateurs et qu'aucune sœur ne pourrait en outre être renvoyée sans motif valable (2).

Comme cet établissement était insuffisant pour les malades de la ville, Bon de Saveuse en fonda un autre en 1484 pour douze vieilles femmes et le mit sous le vocable de St-Georges. Le procureur du roi de la gouvernance ainsi que les autres officiers de ce siége en étaient les administrateurs (3).

---

(1) *Archives municip. de Béthune. Reg. aux priviléges* f° 279.

(2) *Reg. aux priviléges*, f° 282 v°
Frère Jean Sylvestre inspecteur pour la province de France des frères Mineurs et des sœurs Grises de Saint-François, confirma cet accord par ses lettres données à Lille dans le Couvent de Sainte-Claire, le 13 novembre 1511.
(*Mém. reg.*, f° 283 v°).
L'église des Sœurs Grises dites d'en haut fut dédiée par Pierre de Ranchicourt évêque d'Arras le 16 juillet 1498. L'an 1575 le chapitre et l'échevinage de Béthune obtinrent du Conseil d'État séant à Bruxelles, que l'hôpital de Gonnay serait joint à cette maison. Le nombre des religieuses était toujours croissant ; elles étaient quarante-huit en 1731. A cette époque le premier président du Conseil d'Artois était le chef des administrateurs de l'hôpital ; c'était lui qui devait approuver définitivement les comptes.
(*Mémoires mss. du P. Ignace précités*).

(3) On voyait encore en 1744 sur les vitraux de la chapelle de Saint-Georges les armoiries de la maison de Saveuses ainsi que le portrait du fondateur à genoux ayant une cotte-d'armes chargé de son écusson.
(*Addit. aux Mém. mss. du P. Ignace*, t. VII, f° 479).

Louis XI s'était empressé de confirmer les privilèges dont jouissaient les habitants de Béthune ; peu de temps après ce prince par lettres datées d'Arras du mois de septembre 1477 fit don à Antoine de Chourses écuyer seigneur de Maignes, son chambellat, pour en jouir par lui et ses descendants en ligne directe, des ville, château, terre, advouerie et seigneurie de Béthune, appartenances et dépendances ; le roi voulait, dit l'acte, le récompenser des services qu'il avait rendus en son armée, et notamment pour le recouvrement des pays, terres et seigneuries échus au domaine royal par la mort de Charles le Téméraire (1). Antoine ne put immédiatement se mettre en possession de cette seigneurie à cause des devoirs qu'il eut à remplir dans l'armée royale et négligea même de faire entériner cette donation, mais Louis XI par ses lettres données à Tours le 7 octobre 1482 et adressées aux gens du parlement, à ceux des comptes, au trésorier général, au gouverneur d'Artois au bailli d'Amiens et à d'autres justiciers le releva de cette omission (2). Les traités qui suivirent ayant remis l'Artois à l'archiduc Maximilien, Antoine ne jouit pas longtemps de la ville de Béthune, on ne trouve même nulle part qu'il en ait pris possession.

Charles VIII, dès qu'il eut succédé à son père sur le trône de France, ratifia les privilèges de Béthune (3). Le traité d'Arras assigna comme dot à la princesse Marguerite fille de Maximilien le comté d'Artois. On sait comment Charles rompit cette alliance

---

Vers le milieu du XVIIIe siècle les places de cet hopital étaient à la nomination du marquis de Brosse, seigneur de Cereu en Beauvoisis héritier de Bon de Saveuse.

Le revenu de l'établissement consistait en 430 livres par an, payables par le receveur général des domaines en Flandre, sur lequel l'administration fournissait par mois à chaque femme une somme de 40 sous ; le reste était employé en vêtements et en nourriture. *Mém. id.*, t. III, p. 405.

(1) 3e vol. des *Ordon. de Louis XI*, cotté 3, f° 106, voy. les pièces justificatives.

(2) 3e vol. des *Ordon. de Louis XI*, cotté G, f° 107, voy. les pièces justificatives.

(3) Léonard. *Recueil des Traités de paix*, t. 1, p. 354. — Harduin. *Mém. sur Arras et sur l'Artois*, p. 141. — d'Héricourt, *Siéges d'Arras*, p. 140 et suiv.

projetée et enleva la belle duchesse de Bretagne qu'il épousa secrètement à Rennes quoique cette princesee fut fiancée à l'archiduc Maximilien. Ce double affront brisait le traité d'Arras, mais le roi des Romains ne put exciter la diète germanique à embrasser sa querelle et ses guerres de Flandre et de Hongrie occupaient toutes ses forces. Charles VIII, prince frivole et capricieux s'il en fut, n'en voulut pas moins obtenir la paix pour mettre à exécution les grands et chimériques projets qu'il avait conçus sur l'Italie et sur Constantinople. Dans le même temps les villes d'Arras et de St.-Omer chassèrent leurs garnisons. Alors furent entamées des négociations qui amenèrent le traité de Senlis (23 mai 1493). Par ce traité l'Artois et les autres Etats qui avaient formé la dot de Marguerite (cette princesse était renvoyée à son père) devaient être rendus à Maximilien comme tuteur et *Maimbourg* de son fils, excepté les villes d'Aire, d'Hesdin et de Béthune qui resteraient sous le gouvernement du seigneur d'Esquerdes jusqu'à la majorité de Philippe (1). Louis XII étant monté sur le trône de France les hostilités recommencèrent, mais par un nouveau traité conclu à Paris le 18 juillet 1498 on y mit un terme. Il fut convenu que Hesdin, Aire et Béthune seraient remises au jeune Philippe dès que les troupes allemandes auraient évacué la Bourgogne.

Outre les monnaies royales qui avaient eu cours dans la ville de Béthune ainsi que dans tout l'Artois il existait des méreaux ou plommets pour faciliter les transactions peu importantes et les acquisitions de peu de valeur (2). Cependant à la fin du XV° siècle (15 avril 1499) les magistrats réunis en mhcabre échevinale convinrent de retirer les méreaux et de *n'en employer plus nul* (3).

(1) De Vienne, et les autres historiens de l'Artois.

(2) On peut voir sur les méreaux et leur usage un très-curieux travail dû à M. Hermand et inséré dans les Mémoires de la Société des Antiquaires de la Morinie. Outre les méreaux de la ville il y avait ceux de Saint-Barthélémy, de la confrérie des Charitables, etc... M. Dancoisne ayant actuellement sous presse un curieux ouvrage sur ce sujet nous avons cru devoir négliger cette partie de l'histoire de Béthune qu'il a traitée complètement.

(3) *Archives municip. de Béthune. Registre mémorial*, f° 41.

On publia le 9 mai suivant que tous les bourgeois ou forains de Béthune qui en possédaient eussent à les rapporter en halle dans les huit jours qui suivaient, et l'on commit Charles Havé ainsi que Gilles Lombard, échevins, un nommé Jehan de la Rose et les serviteurs de la ville pour recevoir les méreaux et en payer la valeur aux particuliers (1). Néanmoins, en 1522, les finances de Béthune se trouvant dans un mauvais état, la ville fit forger à son coin des méreaux ou plommets de deux espèces ; les uns valaient un denier et les autres en valaient deux (2), mais en 1531, le 10 du mois de mai, le magistrat représenta que ce genre de monnaie avait été contrefait, une grande quantité de faux méreaux mis en circulation, ce qui causait un tel préjudice au commerce que les gens des campagnes n'amenaient plus leurs grains au marché de Béthune. Voulant faire cesser un état de choses aussi fatal aux intérêts de la cité, le magistrat résolut de faire rentrer ces méreaux et plommets. Mais pour opérer ce retrait il fallait de l'argent et la ville n'en avait point. Appel fut fait alors aux habitants on les convoqua en halle échevinale, les officiers de l'empereur furent également invités à s'y rendre ; les échevins, dès que la réunion fut assez nombreuse, remontrèrent que le seul moyen de se procurer les sommes nécessaires serait de les emprunter Cette mesure fut approuvée et la ville constitua en rente une

---

(1) « Le dit jour (9 mai 1500) publié a esté à la bretesque que les méreaux
« et plommetz se reprendront depuis le mardi 12 du dit mois jusque au sa-
« medi enssuivant par quoy ceux qui en avoient les rapporteront en halle et
« ceux qui y seroient commis aultrement et s'ils attendent après le dit jour
« on ne les reprendera. » *Reg. mém.*, f° 53.

« Le dit jour, Charles Havet et Gilles Lombart pour la chambre avec
« Jehan deb Rose et les serviteurs de la halle ont ete commis a recevoir les
« meraulx de la ville et pour iceux aux particuliers payer la valeur. *Reg.*
« *mém.* f° 54 v°.

(2) *Archives municip.*, *compte de Béthune de* 1541-1522, f° 13.

Etat des méreaux trouvés dans la caisse communale, 12 novembre 1511:

On fait le compte et estat des plommetz de la ville fust trouvé en coffre des dits plommetz.

De plommetz de 2 deniers pour 44 liv. 9 sols 10 deniers.

Et d'un denier pour 10 » 17 » 9 »

somme de 808 livres. Dès que l'on eut trouvé l'argent, le magistrat ordonna à tous ceux qui avaient des méreaux de les rapporter au receveur de la ville ainsi qu'aux échevins, que l'assemblée lui adjoignit, et la valeur équivalente fut remise aux dépositaires en monnaie de l'époque. Après un délai fixé, les méreaux ne devaient plus être repris. Quant à ceux reconnus faux, l'argentier les coupait et leurs propriétaires ne pouvaient en réclamer l'échange (1). Les ressources de la ville de Béthune ne lui permirent point de rembourser de sitôt cet emprunt, car dix ans plus tard elle acquittait encore ces rentes (2).

Un des premiers soins de Philippe le Beau fut de se faire reconnaître par les principales villes de la province d'Artois : Il vint à Béthune, assembla le magistrat le 8 novembre 1499 et lui représenta qu'en vertu des traités conclus à Senlis et à Paris, la ville de Béthune était remise sous son obéissance. Il termina, en réclamant des échevins le serment qu'ils lui devaient. Ceux-ci répondirent que leur intention n'était pas de le refuser, mais que conformément à leurs priviléges, le seigneur devait préalablement jurer de maintenir leurs chartes, leurs franchises et leurs coutumes. Philippe ayant prêté le serment, les échevins lui jurèrent sur leur part de paradis d'être bons et loyaux sujets et de les servir tant de leurs corps que de leurs biens (3). L'année suivante, l'archiduc Philippe confirma les priviléges concédés à cette ville par

---

(1) *Archives munic. Regist. mémorial*, f° 74, et Compte municip. de 1531-1532.

(2) « Aultres rentes et deniers paiez par le dit argentier pour 107 livres de
« rente viagere advisee par mesdits seigneurs, eschevins, pruvost et mayeurs,
« eu sur ce ladvis de M. le gouverneur, officiers de l'empereur et des plus
« notables bourgeois de ceste ville a ces fins assemblés en la halle de cette
« ville, le 10 mai 1531, vendre sur le corps et communaulté de ceste dite ville
« au rachat de 808 livres pour une fois pour icelle somme estre employee à
« la retraicte des plommectz de 2 deniers et 1 denier pieche marquez des
« armoiries de ceste ville que les predecesseurs de mes dits seigneurs au bien
« commun de la dite ville avoient fait forgier par plusieurs fois et permis
« iceulx avoir cours en la ville et banlieue, etc.... (*Arch. munic., compte de*
« *1541-1542*, f° 92 v°).

(3) *Regist. aux priviléges*, f° 219 v°.

ses prédécesseurs les comtes d'Artois, et leur donna des lettres datées de Béthune, le 25 mai (1).

Sur ces entrefaites, on publia (1506-1521) plusieurs réglements de police qui indiquent la sagesse de ceux à qui était confiée l'administration de la ville. Ces ordonnances concernaient pour la plupart les monnaies (2), la propreté des rues, l'entretien des ruisseaux, la liberté de circulation (3), la répression des pillages (4), les acquisitions de blé, le transport des grains hors de la ville (5), la pêche dans les fossés lui appartenant (6), le relevé de la population, etc. (7). Défense à qui que ce soit de parcourir la ville sans cause urgente et sans lumière dès que la cloche du vigneron aura sonné (8). Que nul ne s'approche des murailles de la ville s'il n'est du guet ou officier du seigneur (9). En cas d'alarme,

---

(1) *Regist. aux priviléges*, f° 35 v° et 219. *Archives du Pas-de-Calais*. Dossier de la ville de Béthuna. Copie authentique moderne.

L'archiduc Maximilien vint à Béthune en 1505 à l'effet d'exciter le zèle des habitants et de s'assurer de leur attachement. Nicaise Ladam dit en effet au f° 14 du mss. précité.

« Le dit roy (des Romains) pour son cas conduire à bonne fin
« Se trouva en Arras et d'Arras à Hesdin
« De Hesdin à Béthune, de Lille et puis à Gand
« Aprochant la fortune souple conme le gant.

(2) Réglement sur les plommets et méreaux (30 décembre 1504.—10 décembre 1507).—Défense de se servir de monnaies qui n'ont pas cours (27 décembre 1512.)

(3) Un de ces réglements défend aux habitants de conserver des pourceaux dans l'intérieur de la ville (29 juillet 1508).

(4) 21 mai 1513. Cette ordonnance est rendue par le gouverneur de Béthune.

(5) Ces réglements sont assez nombreux ; on comprend en effet la rareté du grain et sa cherté après les désastres que les campagnes avaient eu à essuyer.

(6) 10 août 1521. Quiconque pêche dans les fossés est passible d'amende et de confiscation de filets.

(7) Ordonnance à ceux qui ont des domestiques d'indiquer au gouverneur leurs noms, leur âge et le lieu de leur naissance. (Même date.)

(8) 30 décembre 1506 et 13 août 1521.

(9) Si des enfants allaient sur cette muraille leurs parents en seraient ressables (30 décembre 1506).

chacun sera tenu, sous peine d'amende, de se trouver armé et embastonné à l'endroit qui lui est assigné. Presque tous ces règlements de police indiquent une grande frayeur justifiée par les désordes des gens de guerre qui parcouraient les campagnes, rançonnaient les habitants et dirigeaient leurs attaques contre les villes les mieux fortifiées et gardées avec le plus de soin. Quiconque a des armes ne peut ni les vendre ni les donner (1), car chaque bourgeois se doit à la sûreté de la place.

La plus grande désolation régnait parmi les habitants; un grand nombre d'ouvriers étaient sans travail et quittaient la ville espérant trouver à s'occuper ailleurs; les échevins réunis aux habitants notables formèrent le projet de s'opposer autant qu'ils le pourraient à cette émigration et de prendre immédiatement des mesures pour faire cesser un état de choses si désastreux. Ils représentèrent à Charles, archiduc d'Autriche que la mort de son père venait de rendre seigneur de Béthune, et à Maximilien, son ayeul, que la population autrefois si florissante diminuait considérablement, et ils demandèrent l'établissement de fabriques de *sayeterie*. C'est le nom donné de nos jours à une étoffe encore en usage dans les environs de cette ville et qui a résisté aux changements apportés par les révolutions. Maximilien et Charles reçurent favorablement la demande de leurs bons et fidèles habitants de Béthune. Ils accordèrent l'établissement de plusieurs de ces fabriques, à la condition que les ouvriers qui voudraient y travailler seraient obligés de demeurer dans la ville, de même que les marchands qui formeraient des boutiques pour en vendre les produits. Des statuts et réglements seront dressés par le gouverneur et les échevins, et ces princes se réservèrent le droit de les modifier, si besoin en était (2). Cette industrie prit de nombreux accroissements et devint l'une des principales branches de commerce des habitants de Béthune et de ses environs.

Cependant l'empereur Maximilien et l'archiduc Charles, son

---

(1) 13 août 1521. Il fut ordonné le 1er juillet 1513 aux maîtres d'hôtel de porter bâtons pour leur défense.
(2) *Arch. munic., reg. aux privil.,* f° 277.

petit-fils n'étaient point favorables aux cités ; leurs efforts tendirent à diminuer les priviléges dont elles jouissaient, et Charles-Quint qui devait plus tard être surnommé par l'histoire le destructeur des libertés communales, se montrait dès son enfance tel qu'il serait un jour. C'est qu'en effet elles étaient puissantes ces riches cités de Flandre et d'Artois si jalouses de leurs chartes et si difficiles à gouverner. Il fallait une main de fer pour opprimer ces arrogants bourgeois et leur montrer qu'entre l'autorité de Dieu et la leur il y avait encore celle du suzerain. Quoiqu'il en soit, Maximilien et son petit-fils Charles par leurs lettres données à Malines le 5 novembre 1508 modifièrent les élections échevinales. Leurs baillis et autres officiers seigneuriaux, de concert avec quatre des plus notables magistrats de la ville devront déposer les échevins à l'époque du renouvellement de la loi, quelsque soient les chartes, titres ou priviléges qu'ils pourraient invoquer en faveur de leur inamovibilité. Après s'être concertés entr'eux les officiers seigneuriaux et ces quatre magistrats devront procéder à la nomination d'autres échevins d'une probité reconnue. Ils pourront être pris soit parmi les gentilshommes, soit parmi les bourgeois, voire même les habitants. Les nouveaux titulaires prêteront serment entre les mains du bailli d'être bons et loyaux sujets de leur seigneur et de se consacrer entièrement au bien de la ville (1). Quelques années plus tard, lorsque Charles-Quint fit sa première entrée dans le comté d'Artois, le magistrat de Béthune lui réclama la confirmation des priviléges, usages, coutumes et libertés dont jouissait cette ville. Par ses lettres du mois de mai 1516, il les leur confirma, se réservant toutefois pour lui et ses successeurs de modifier la création de la loi s'ils le jugeaient utile (2).

A cette époque de guerre et de désastres continuels les cités d'une même province s'entr'aidaient et se prêtaient un appui mutuel. Des réactions s'exerçaient contre les vaincus qui, chassés par la violence trouvaient un asile dans les places voisines ou la

---

(1) *Archives du Pas-de-Calais*. Voir aux *Pièces justificatives*.
(2) *Petit reg. aux priviléges* et *Pièces justificatives*.

commisération de leurs compatriotes leur venait puissamment en aide et les soulageaient dans leur exil. Des bourgeois d'Hesdin, de cette malheureuse cité qui, victime de la vengeance impériale, devait quelques années plus tard disparaître jusque dans ses fondements, n'ayant pu résister aux attaques de l'armée française (1) furent contraints de se réfugier dans des murs hospitaliers. Ils furent reçus à Béthune comme des frères et aumône leur fut faite pour Dieu et leur courage. C'est que parmi les vertus du moyen-âge celle qui était le plus généralement répandue, c'était la charité, la compassion pour les malheureux. La voix de l'église était devenue impuissante pour arrêter les désordres des gens de guerre, les pillages et les dilapidations, mais le peuple allégeait autant qu'il était en lui la misère du vaincu et lui offrait une assistance fraternelle (2).

Maîtres de la ville d'Hesdin, les Français résolurent d'étendre leurs conquêtes ; ils avaient à leur tête Eustache d'Incourt, homme de guerre aussi vaillant qu'entreprenant. Il forma le projet de s'emparer de Béthune qui lui eût ainsi permis de faire des courses multipliées sur le territoire si riche de la Flandre. Pour arriver à ses fins il fit au nom du roi François des offres séductrices à un mercier d'Aire. Cet homme devait lui indiquer la hauteur des murailles, la largeur et la profondeur des fossés, l'inventaire de l'artillerie dont la ville de Béthune pouvait disposer ainsi que plusieurs renseignements utiles à son projet. Eustache Cordier, tel était le nom du mercier, parut accepter le marché qui lui était proposé, mais excité par le patriotisme si

---

(1) Mondelot. *Histoire du Vieil et du Nouvel Hesdin.*

(2) « A aucuns povres gens de la ville de Hesdin a eus paie par la charge
« de mesdits sieurs a deux fois la somme de 17 sols monnoie courant les-
« quelz après icelle ville estre prinse des François se saulverent et se refu-
« gierent en ceste ville en pitie et compassion ausquelz ladite somme leur a
« este donnee pour Dieu et en aulmosne.

(*Arch. munic. de Béthune.* Compte de 1521, 1522.

On sait que dix-sept sols à cette époque avaient une bien plus grande valeur que de nos jours. Pour l'appréciation des monnaies on peut consulter les *Preuves de l'histoire des Français*, par Monteil *passim.*

commun de cette époque il avertit N... du Rœux, général des armées impériales, et les Français voyant leurs projets découverts n'osèrent poursuivre leur entreprise (1).

Par ordre de Charles-Quint, l'église de St-Vaast située à Catorive, faubourg de Béthune, fut complétement rasée en 1537 et réédifiée dans l'intérieur de cette ville. Les ornements, les reliquaires et les joyaux furent transportés dans le nouveau temple et toutes les cérémonies religieuses ainsi que les obits fondés

---

(1) « A Witasse de non cordier et merchier demeurant en la ville d'Aire lui
« a este paye par ledit ergentier la somme de 8 florins carolus d'or de 29 po-
« tars monnoie courante pieche a luy ordonner par mesdits sieurs par formes
« de courtoisie en faveur de la bonne advertence par luy faicte à mons du
« Rœux, gouverneur général du comté d'Artois de ce que Witasse d'Incourt,
« l'un des capitaines de la ville de Hesdin sous la charge du roy Franchois
« par promesse et aultrement le avoit suborné et seduict cerchier le moyen
« avoir la hauteur des murailles de ceste ville la parfondeur et largeur des
« fossés allentour de la grosse tour ensemble la grandeur et spaciosité de l'ar-
« gillerie seant au dehors de ladite ville assez pres et allendroict de ladite grosse
« tour pour en faire rapport audit Witasse d'Incourt adfin de furnir a lachie-
« vement du dampnable pourpos et intelligence que ledit Witasse d'Incourt
« disoit avoir sus ceste dite ville pour par surprise la rendre en la main des
« François dont desquelles choses ledit S^r du Rœux par le moien dudit Wi-
« tasse de non a sceu et congneu par autres prisonniers chergiez du cas que
« dessus la dite intelligence estre veritable. »
 (*Archives municip. de Béthune*. Compte de 1526-1527, f° 26, v°.)

« 1527. Et a lissue dapvril au di an comme la voix couroit y eult deux ar-
« chiers de corps, deux harquebutiers et deux marchans qui avoient vendu la
« ville d'Arras, la ville d'Aire et la ville de Béthune aux Franchois ; mais
« iceulx furent racusés par une femme qui les avoit ouy quils avoient prins
« journee de avec ce livrer monseigneur du Rœuls aux Franchois entre la
« ville de Hesdin et la ville de Terroanne, mais le bon seigneur en fu adverty
« qui bien s'en garda de ces traîtres ; en y eult aulcuns prins et les aultres
« senfuyrent.
 (Macquereau. *Recueil de la maison de Bourgogne*, t. I, p. 329.)

A cette époque Béthune vit augmenter considérablement sa garnison. Le même auteur dit en effet page 130 : Nous dirons que après la paix faicte au pais de Ghueldres les Espagnols de M. du Rœux sen allerent au pais de Arthois lesquels avoient este tout paies par ceulx de Anvers, desquels on mist une ensagne en la cité d'Arras, une aultre en la ville de Bapalme et une aultre en aultre lieu et aussy une en la ville de Besthunne et ailleurs jusques au nombre de deulx mille hommes leur faisant accroire que au printempz on les meteroit en sepvre (1528).

depuis un temps immémorial y furent fidèlement célébrés. L'empereur et la reine de Hongrie, régente des Pays-Bas obligèrent les habitants du faubourg à venir en ville assister aux exercices de piété qui avaient lieu dans l'ancienne église, mais sur son emplacement ils ordonnèrent la construction d'une chapelle à laquelle on célébrerait fêtes et dimanches seulement, une messe basse pour la commodité des domestiques des paroissiens de Catorive que leurs travaux empêcheraient de se rendre à Béthune (1). Le siége épiscopal d'Arras était alors vacant ; le chapitre, chargé de l'intérim fit connaître au magistrat de Béthune qu'il consentait à cette translation ainsi que l'abbé de St-Bertin qui possédait le patronage de cette cure (2).

Les paroissiens de St-Vaast s'opposèrent d'abord assez vivement à ce changement, mais par leur intervention l'archidiacre et le chapitre d'Arras ainsi que le magistrat de Béthune parvinrent à les apaiser, et l'ordonnance de l'empereur fut dès lors exécutée (3).

Cette soumission au décret impérial devait être troublée quelques années plus tard. Un maréchal du nom de Duhem réclama la célébration d'une messe dans la nouvelle chapelle. Il ameuta le peuple et l'excita à la révolte. S'adressant au gouverneur de Béthune il s'écria qu'il persisterait dans sa demande jusqu'à sa mort et qu'il se ferait plutôt traîner par quatre chevaux que de

---

(1) *Registre Mémorial*, de 1576 à 1578, f° 20.

Arrêt du conseil privé de l'empereur ordonnant ce qui suit : « Après avoir vu audit conseil les ordonnances de S. M. du 23 novembre 1537 et 20 avril 1538 ordonnant la translation de l'église de St-Vaast dans la ville, en laissant dans le faubourg une chapelle avec autel et sacrements selon l'offre des paroissiens de la ville pour la commodité de ceux des faubourgs; Sa Majesté ordonne qu'en ladite chapelle devra être construit un autel pour la célébration d'une messe basse à l'heure qui sera le plus convenable aux habitants des faubourgs, ainsi que d'autres messes que ceux-ci jugeront utile d'y faire célébrer.

« Fait à Bruxelles, le 29 octobre 1544.

« Signé : MARIE. »

(*Reg. Mém.*, f° 62.)

(2) *Regist. Mémor.* de 1538, f° 1, v^o et 6.

(3) Même registre, f^o, v^o.

se désister. Ces paroles séditieuses le firent arrêter et emprisonner. On procéda ensuite à une enquête, puis l'échevinage de Béthune, dans les attributions duquel était ce délit, rendit une sentence le 11 octobre 1575, par laquelle il condamna Duhem à rétracter ses paroles à genoux, à demander grâce à Dieu, au roi et à ses officiers et à payer six livres d'amende. Appels furent interjetés par Duhem au baillage de Béthune et à la gouvernance; enfin le Conseil d'Artois par sa sentence rendue le 5 avril 1576, confirma celle de l'échevinage et porta l'amende à huit livres (1).

L'empereur Charles-Quint, quoiqu'il fut depuis longtemps seigneur de l'Artois et de Béthune, n'avait pu encore visiter les différentes places de ce comté ; ce ne fut que le samedi 20 novembre 1540 qu'il fit sa première et joyeuse entrée dans la ville de Béthune. Il était accompagné de la reine de Hongrie (2) sa sœur, régente des Pays-Bas, de la duchesse douairière de Milan, sa mère, du comte de Rœux, gouverneur de Flandre et d'Artois, du comte d'Epinoy, du comte de Molembais et d'un grand nombre d'autres seigneurs. Les habitants de Béthune voulant rivaliser de zèle et de dévouement avec les cités voisines avaient préparé à ce prince une réception magnifique. Le clergé, ayant à sa tête le prévôt de St-Barthélemy, les prêtres des paroisses ainsi que les couvents, se

---

(1) *Registre Mémorial* de 1576-1578, f° 20, v°.

(2) La reine de Hongrie prit grande part à l'administration de Béthune ; on trouve en effet, entre autres actes, des lettres de cette princesse ordonnant de faire travailler par corvées les habitants des villages aux fortifications des villes frontières quand même ils ne seraient pas du bailliage de cette ville. Ces lettres sont adressées au comte de Rœux, gouverneur de Flandre et d'Artois qui les envoie le 3 octobre 1541 à M. d'Illies afin qu'il fasse travailler les habitants des villages des environs de Béthune au fossé que l'on creuse autour du nouveau boulevard construit à Béthune. (*Regist. mém.*, f° 87.)

La reine arriva à Béthune le 10 septembre 1541. Le grand-maître, le gouverneur, les échevins, le prévôt et les mayeurs de la ville allèrent à sa rencontre. Des présents de vin lui furent faits ainsi qu'à d'autres gentilhommes de sa suite. (*Regist. mém.*, f° 86 v°).

Le 2 mars 1546 sur l'avertissement des échevins d'Arras que la reine devait venir à Béthune le 3 du même mois, il est décidé que les échevins iront en robe au-devant d'elle et lui feront des présents ainsi qu'aux personnes de sa suite. Ils vinrent en effet jusqu'à N.-D. du Perroy. (*Registre mém.*, f° 10, v.)

posa dans la rue du Carnier près la porte d'Arras. Comme le gouverneur était malade, le magistrat pria le comte d'Epinoy de le représenter et de se mettre à la tête du cortége. Il accepta cette proposition, et, accompagné de plusieurs officiers de la gouvernance, du corps échevinal en grand costume et à cheval il sortit et s'avança jusqu'à une lieue au-devant de l'empereur. Il était suivi des compagnies bourgeoises telles que les archers, les arbalétriers et les arquebusiers. Dès que Charles-Quint fut arrivé on mit pied à terre. Huttin Naye, seigneur de la Chapelle, prévôt de la ville, complimenta l'empereur sur sa venue dans sa bonne ville de Béthune. Jean de Wignacourt, seigneur de Berlette, premier échevin, lui présenta les clefs et le harangua, puis tous remontèrent à cheval et se mirent en marche. Il était cinq heures lorsque l'empereur fit son entrée dans Béthune : des torches éclairaient son passage, des cordes auxquelles pendaient différents ornements et des croix de Bourgogne étaient tendues dans les rues. Les bassins des barbiers suspendus à de grandes croix de Bourgogne contenaient aussi des flambeaux allumés (1). Au-dessus du dragon du beffroi se trouvait une couronne impériale illuminée, que le vent renversa le lendemain. Les corporations de métiers s'étaient empressées de fournir des torches et avaient rivalisé de zèle pour prouver leur dévouement (2). L'empereur, après avoir passé sous différents arcs de triomphe et assisté à la

(1) *Archives municip.*, *Reg. mémor.*

(2) Les torches étaient au nombre de 463. Voici la liste des confréries qui les fournirent :

Les Porteurs au sac,	100	Les confrères de St-Jacques,	2
Les Drapiers,	40	Les Chavetiers,	6
Les Merciers,	40	Les Poissonniers,	12
Les Briseurs et Maçons,	40	Les Marchands de blé,	12
Les confrères St-Crépin,	12	Les Taverniers, Hostelains et Cabaretiers,	12
Les Barbiers,	12		
Les Carpentiers,	12	Les Fariniers et Fruitiers,	20
Les Bouchers,	20	Les Peltiers, Wantiers et marchands de layne,	12
Les Déchargeurs de vin,	13		
Les Cordiers,	6	Les Féronniers, Maréchaux, Cordeliers, Estainiers.	20
Les Parmentiers,	12		

représentation de plusieurs jeux scéniques (1) se rendit au logement qui lui avait été préparé chez le S^r d'Antigneulles. Le lendemain le magistrat en grand costume et conduit par le comte d'Espinoy assista au lever de l'empereur et lui offrit de riches présents tels qu'un bassin et une aiguière d'argent pesant dit le registre mémorial 15 marcs, 2 onces, 6 esterlins d'argent, puis deux pièces de vin ; ils lui recommandèrent ensuite de vouloir bien protéger la ville et réclamèrent une somme de 20,000 florins pour les aider dans les travaux qu'ils comptaient faire aux fortifications (2), mais l'empereur ayant pris cette requête des mains du premier échevin la remit à son grand-maître d'artillerie disant qu'il avait hâte de partir et qu'il ne pouvait l'examiner de suite. Néanmoins il visita les fortifications de la ville et du château et se dirigea ensuite vers Lens où il coucha (3).

La ville, pour se ménager l'appui des seigneurs de la cour, leur fit aussi de riches présents ; elle offrit à la reine de Hongrie une pièce de vin blanc et une de vin rouge à la duchesse de Milan. Les autres gentilshommes qui eurent le plus de part aux libéralités de la ville furent le maître des ouvrages du château de Gand, le clerc du receveur général et les huissiers du conseil privé.

---

(1) Le détail des *hystoires* qui furent représentées à cette époque a Béthune a été reproduit dans les *Archives de Picardie*, t. II, p. 219.

(2) 20 mars 1538. — Le secrétaire du comte de Rœux avait écrit au magistrat de Béthune, pour l'informer que les sept châtellenies du West, pays de Flandre, ont donné libéralement audit comte la somme de 2,000 liv. de 40 gros pour lui faire son voyage, qu'il ne les a pas acceptées, mais les a priés de les distribuer aux villes de St-Omer, Béthune et Aire, pour être employées aux réparations des dites villes. Il l'engage donc d'en écrire au receveur général de Cassel. Voici comment le comte a réparti cette somme par ordonnance du 13 mars 1538. — St-Omer : 1,000 liv. — Béthune : 500 liv. — Aire : 500 liv. — (*Regist. mémor.*, f° 11, v°.)

Cette ressource fut insuffisante ; on voit en effet dans le *Registre mém.*, que le 7 septembre 1541, Adrien Hannedouche, argentier, a remontré qu'il a entendu dire que l'on devait travailler au boulevard aux dépens de la ville pendant quatre semaines et qu'il ne pourrait fournir qu'une partie de la somme nécessaire. Il lui est répondu qu'il doit fournir la somme entière.

(3) Il se rendait à Arras pour y présider l'assemblée des Etats.

Des dons en argent furent faits également aux serviteurs et aux domestiques de la maison impériale.

La ville de Béthune n'avait point encore à cette époque de prison qui lui fût propre ; elle enfermait les malfaiteurs dans les cachots du château, ce qui offrait de grands inconvénients ; mais comme cette forteresse n'était point ouverte de nuit la ville ne savait où déposer, en attendant le jour, ceux qu'elle arrêtait. Le magistrat présenta le 27 octobre 1541 de vives remontrances au gouverneur pour obtenir l'établissement d'une prison dans la ville, mais cet officier se contenta de répondre qu'il y penserait et qu'il en aviserait avec les conseillers de l'empereur (1).

Un nouvel incendie éclata à Béthune le 4 octobre 1546 ; il prit à une maison dite l'hôtellerie du Cerf et consuma entièrement la rue de la Vigne. Le lendemain plusieurs céliers fumaient encore ; on réunit une grande Assemblée où furent appelés tous les principaux habitants, nobles, ecclésiastiques, bourgeois et manants, les confrères des archers, des arbalétriers, des arquebusiers, des porteurs au sac. Il fut décidé que pendant trois jours et trois nuits on veillerait à différents endroits. Chaque confrérie s'engagea à fournir dix hommes qui devaient être commandés par un chanoine, un gentilhomme et un échevin (2). On publia ensuite de sages règlements pour prévenir le retour de semblables désastres, et on fit l'acquisition des objets les plus propres à arrêter la violence du fléau s'il sévissait encore (3).

La rareté du numéraire, le manque de crédit, la difficulté des

---

(1) *Arch. munic., Regist. mém.* f° 87, v.

(2) *Arch. munic., Registre mém.*, f° 3, v.

(3) 12 novembre 1546. « Deux douzaines de gravez seront faites aux dépens « de la ville ; la moitié se mettra à l'atelier de la ville et l'autre aux maisons « et coins de rues le plus convenable. On en fera une douzaine à la légère « pour les faubourgs. On fera construire des échelles. On fera faire 50 sceaux « de cuir et 50 d'ozier.

« Publication sera faite que ceux qui auront en leur possession des objets « appartenant aux incendiés le jour St Hubert aient à les rapporter et res-« tituer sous peine de bannissement ou autre peine arbitraire. *Regist.* « *mém.*, f. 4.

transactions, nuisaient à l'essor que le commerce aurait pu prendre et rendaient souvent la position des bourgeois fâcheuse. Alors des étrangers souvent originaires d'Italie s'établissaient dans les cités et y formaient des comptoirs où l'on donnait de l'argent en échange d'un gage. L'empereur se montra très-favorable à ces sortes d'établissements qui se formèrent dans toutes les villes importantes. Le 23 novembre 1548 Bartholomé Salomon natif d'Atsh en Piémont présenta à l'échevinage des lettres impériales qui l'autorisaient à établir pour douze ans en la ville de Béthune une table de prêt. Le magistrat, redoutant les effets de cette nouvelle institution, convoqua plusieurs chanoines et notables habitants pour prendre leurs avis. Après avoir entendu la lecture des lettres de l'empereur on fut unanime à admettre Bartholomé Salomon dans la ville et à l'autoriser à tenir sa table de prêt (1).

Charles-Quint, sur la requête des échevins lui remontrant que plusieurs marchands et habitants cherchaient à se soustraire à leur juridiction et que d'autres étaient gênés dans la transaction des marchés à cause du long intervalle qui existait dans les séances du magistrat, ordonna le 15 février 1549 que les plaids de l'échevinage auraient lieu chaque semaine. Ils s'étaient tenus jusque là tous les quinze jours (2).

Les guerres continuaient toujours entre la France et l'Espagne ; le roi Henri II, fort de l'alliance qu'il venait de conclure avec les Protestants de son royaume, résolut de porter un coup décisif et

---

(1) *Registre mémorial*, f. 76, v° Les lettres de l'empereur qui y sont jointes portent la date du 23 novembre 1545. — Par lettres du 12 mars 1574 insérées dans le registre mémorial, Philippe, roi d'Espagne, accorda à Scipion Bois l'autorisation de tenir table de prêt à Béthune, pendant dix ans, à dater du 4 avril suivant, à la condition de ne prélever un intérêt plus élevé que trois liards par chaque livre de gros la semaine.

(2) *Regist. aux Priviléges*, f. 149.

L'année précédente (26 novembre 1548), l'empereur avait accordé aux échevins et aux habitants des lettres d'octroi qui leur permettaient de se faire payer des fermiers de leurs impôts et assises par voie d'exécution comme pour deniers royaux et privilégiés. — *Mss. de la biblih. d'Arras*, n° 41 — *Archives du Pas-de-Calais*, 3e *regist. aux placards*, f. 130. — *Registre aux Priviléges*, f. 80, v°

dirigea une armée sur les frontières septentrionales de son royaume. A cette nouvelle, Marie, gouvernante des Pays-Bas, écrivit au comte de Rœux, de faire fortifier la ville de Béthune et de démolir toutes les maisons situés aux faubourgs à une distance moindre de quatre cents pieds des fossés de cette place (1). Le gouverneur d'Artois écrivit aussi à son collègue de Béthune pour le prévenir qu'une longue brèche existait contre la porte dite d'Arras et lui signala quelques sages mesures pour la défense de Béthune (2). En outre on augmenta le guet; les remparts furent visités avec soin par les hommes de l'art, les endroits faibles furent fortifiés (3) et l'on écrivit à la gouvernante pour en obtenir des gens de guerre. Le magistrat fit amener dans la ville tous les grains qui se trouvaient dans les faubourgs, et les meules de fagots furent placés dans les jardins des archers et des arbalétriers. Enfin il fut ordonné aux plus riches bourgeois de se munir de farine pour deux mois sous peine d'être punis (4).

(1) « Mon cousin pour ce que je suis advertye qu'il y a plusieurs maisons
« es faubourgs de la ville de Béthune dont icelle durant la présente guerre
« polroit tumber en danger et inconvénient; Et aussy que averiez souffert
« rediffier celles que l'on avoyt ordonne abattre durant les dernières guerres
« quy devoient demourer abbatues; Je vous requiers bien instamment que
« incontinent la réception de cestes vous faictes abbattre toutes les maisons
« estans esdits faulxbourgs de Béthune jusques a 400 piedz prez des bords
« des fossés d'icelle ville sans aucunement souffrir la réédification quy deb-
« voient demourer abbatues. Atant mon cousin nostre S^r soit garde de vous.
« Escript à Bruges le 17 janvier 1551. Signé : votre cousine Marie.
« Au dos : A mon cousin le comte de Rœulx gouverneur et capitaine
« général de Flandre et d'Arthois. (*Registre mémorial*, f° 284.)
(2) 23 janvier 1551. Lettre écrite au gouverneur de Béthune par celui d'Artois par laquelle il l'informe que cette ville pourrait facilement être prise par une brèche qui existe vers la porte d'Arras; il le prie donc de se mettre sur ses gardes de rehausser d'un avant-pied de terre l'endroit où se trouve la brèche et d'y mettre quelques harquebuttes à crochet. Sitôt que la reine sera levée il se rendra vers elle pour savoir s'il est nécessaire d'envoyer quelques capitaines des gens de pied. (*Reg. mém.*, f° 284, v°)
(3) 6 novembre 1551. — Sur la requête des habitants des faubourgs le magistrat décide de placer des barrières. — 1° Une près du bas jardin et une autre près de la grosse tour. — 2° 3 autres au faubourg du Perroy. (*Reg. mém.*, f° 256.)
(4) *Arch. munic., Regist. mém.*, f° 282, v°.

Tandis que l'on se préparait ainsi à soutenir les attaques du dehors des prières étaient faites publiquement pour obtenir la paix entre les princes chrétiens, la continuation du Concile assemblé à Trente pour l'extirpation des hérésies et l'exaltation du nom de Dieu (1).

(Mort de Jérôme Granvelle à Béthune, octobre 1554.

Nicolas Perrenot avait eu de son mariage avec Nicole Bonvalot quatorze enfants : trois moururent en bas-âge, onze lui survécurent ; six filles, toutes mariées avantageusement dans la province et cinq fils : Antoine, cardinal de Granvelle ; Thomas de Chantonnay, comte de Cante-Croix ; Jérome de Champagney, baron d'Antremont ; Charles, abbé de Faverney ; et Frédéric, qui prit après la mort de son père Jérôme le nom de Champagney.

Jérôme, nommé par Charles-Quint gouverneur de Guillaume de Nassau, héritier de la maison de Châlons, l'accompagna dans les grandes guerres contre la France et mourut au mois d'octobre 1554 à Béthune, âgé de trente ans « d'une arquebusade qu'il avait « reçue au siége de Montreuil » (2).

Les officiers de la gouvernance d'Arras étaient jaloux des priviléges concédés par les rois de France au magistrat de Béthune et faisaient leurs efforts pour diminuer leurs attributions. Plainte en fut portée au conseil d'Artois, et par sentence du 13 février 1555 il fut ordonné à ces officiers de laisser jouir le magistrat de Béthune de ses privilèges, et notamment celui de connaître en première instance, à la conjure du gouverneur de Béthune et du prévôt des clains les délits criminels et civils de leurs bourgeois. Les officiers de la gouvernance interjetèrent appel de ce jugement au roi Philippe et à son conseil à Malines, mais ils furent

---

(1) Le 25 septembre 1551, les échevins, le lieutenant du gouverneur et les chanoines de St-Barthélemy décidèrent que le dimanche suivant une procession générale aurait lieu à Béthune. Ils ordonnèrent en conséquence que chaque habitant serait tenu de nettoyer le devant de sa porte et d'assister avec recueillement à cette cérémonie. (*Reg. mém.*, f° 256, v°)

(2) *Notice sur les maisons de Grandvelle et de St-Maurice-Montbarrey*, par M. Ch. Duvernoy, anc. mag. Besançon, 1839, in-8.

Papiers d'Etat du cardinal Grandvelle, par Weiss, tom. I, p. xj.

déboutés par lettres du roi du 3 mars 1564 rédigées en son conseil, lesquelles confirment le jugement du conseil d'Artois et condamne les appelants aux frais (1)

Ces décisions n'eurent point pour les échevins le résultat qu'ils en attendaient ; appel était interjeté de leur jugement d'abord à la gouvernance de Béthune, puis à celle d'Arras ensuite au conseil d'Artois, ce qui faisait non-seulement traîner le procès en longueur, mais rendait illusoire la sentence des échevins. Ils en portèrent plainte au roi Philippe, et ce prince, par ses lettres du 4 mars 1588 ordonna que les sentences des échevins seraient exécutoires pour les sommes n'excédant pas cinq florins ou dix florins de rente annuelle nonobstant toute opposition ou appel (2).

La peste sévit avec une nouvelle violence à Béthune pendant l'année 1557 et y enleva deux ou trois mille personnes. Les cimetières alors adjacents aux églises devinrent trop petits pour contenir les victimes d'un fléau si terrible, et l'on craignait que les miasmes délétères qui s'en exhalaient ne rallumassent ce fléau mal éteint. Aussi le 27 avril de l'année suivante le gouverneur et les échevins convoquèrent en halle les prieurs de St-Pry et du Perroy, les chanoines de St-Barthélemy, le curé de St-Vaast et celui de St-Pry, les gentilhommes et les officiers du roi, les bourgeois et principaux, le prévôt et le mayeur de la confrérie de St-Eloy, etc. Là il fut représenté que le cimetière de St-Barthélemy situé dans l'intérieur de la ville et entouré de maison habitées était encombré de victimes, que l'on avait été obligé de déposer les cadavres les uns sur les autres, de telle sorte que plusieurs se trouvaient au niveau du sol. A ce récit, dont l'exactitude pouvait être facilement vérifiée, on fut unanime à craindre que si l'on eût continué d'enterrer, une peste générale ne ruinât de nouveau la ville. Il fut donc décidé que les charitables de St-Eloy porteraient doresnavant les cadavres dans les cimetières situés hors des murs tels que ceux du Perroy, St-

---

(1) *Registres aux Priviléges*, f° 220, v° 223 et suiv. ainsi que 303 v° et 305.
(2) Ces lettres sont enregistrées au *Registre aux Priviléges*, f° 342 v°.

Jean, ayant égard à celui qui serait le plus proche de la maison où serait enlevé le corps (1).

Quelque temps après (1574) fut construit l'hôtel de ville de Béthune ; la façade était de grés piqués ainsi que la bretèque, de forme triangulaire, où se publiaient les ordonnances du magistrat Au milieu de la façade se trouvaient les armoiries de Béthune. Cet édifice se trouvait à l'endroit qu'occupe maintenant l'hôtel de ville moderne (2).

Béthune fut aussi troublée par les discordes religieuses qui agitèrent la province d'Artois pendant les années 1577 et 1578 qui, notamment à Arras et à St-Omer, faillirent avoir de si fâcheux résultats. Toutefois l'insurrection qui éclata à Béthune fut facilement réprimée ; elle avait cependant commencé avec une certaine violence, les habitants s'étaient portés en armes contre le château, en avaient comblé les fossés et ruiné complètement la partie qui faisait face à la ville. Une lacune dans les riches archives municipales de cette ville nous empêche de connaître les détails de cette sédition (3).

Pendant longtemps l'éducation populaire n'avait été l'objet d'aucun soin ; les gens riches avaient des maîtres particuliers avec lesquels ils voyageaient souvent ; les gens d'église s'instruisaient dans des écoles tenues par les ecclésiastiques, mais il n'y avait pas d'établissements d'instruction pour les pauvres. Cependant les écoles placés sous la juridiction des chanoines étaient tenues par un grand maître institué par eux qui leur payait annuellement la permission d'enseigner. Les États d'Orléans tenus en 1560, décidèrent que dans chaque ville pourvue d'une église collégiale, il y aurait un maître chargé d'enseigner gratuitement et que pour le dédommager de ses soins le revenu d'une prébende

---

(1) *Reg. mém.*, f° 5, v°.
(2) P. Ignace, *Recueil*, t. II, p. 427.
(3) 1578. « Ars Bethuniensis parte quâ urbem spectat, populari tumultu intestinis que dissidiis, solo tenus ad æquatur. »
Ferreoli Locrii chronicon Belgicum, p. 656.
Bibl. comm. d'Arras, mss. du P. Ignace, mémoire, t. III.
Le registre mémorial de cette époque est incomplet.

lui serait alors affecté. Le nombre des écoles augmenta alors dans toutes les villes de France, et cet exemple gagna même la cité soumise à l'administration de la maison d'Autriche.

Le 4 juillet 1579 les échevins de Béthune, désirant pourvoir à l'instruction des enfants pauvres de la ville à la charge de la bourse commune et leur ôter par ce moyen les occasions d'osiveté et de vagabondage, firent l'acquisition d'une maison située en la rue *au Sac*, jadis à usage de calendre et teinture, laquelle servira de maison d'école. Le maître, qui devra être marié, y tiendra sa résidence et recevra tous les enfants pauvres des deux sexes qui lui seront envoyés autant que le local en pourra contenir.

Il sera tenu de les instruire sur la religion, les articles de foi et les endoctriner en bonnes vertus, conditions de mœurs. Il leur enseignera le catéchisme, les commandements de Dieu et de l'Église. Il devra leur faire porter respect, honneur et révérence aux gens d'église, commis aux pauvres et vieillards qui passeront près d'eux, afin de les rendre honnêtes et polis.

Il devra conduire les enfants à l'église les dimanches et les fêtes et la veille de ces jours. Lorsqu'ils auront assisté au salut du Saint-Sacrement du jeudi en l'église de S¹-Vaast et au salut en l'église de S¹-Barthélemy il devra leur faire chanter *da pacem Domine* avec l'oraison *Deus a quo sancta* ainsi que le psaume *De Profundis* pour les bienfaiteurs avec l'oraison *Fidelium*.

Avant de sortir de la maison pour se rendre à l'église les enfants devront chanter le *Veni Creator* et l'oraison *Deus qui corda fidelium*.

Le maître ne pourra recevoir aucun enfant à l'école ni à table sans le consentement du magistrat, des superintendants et des commis aux pauvres.

Chaque dimanche, après les Vêpres, il comparaîtra devant les administrateurs pour rendre compte de l'état des enfants, de leurs mœurs et de leur conduite. Il fera porter à chaque enfant la marque de la ville. Le maître pourra prendre le nombre de vingt enfants pour instruire moyennant rétribution et salaire comme les autres maîtres d'école.

Les maîtres des apprentis seront tenus de les envoyer à ladite école deux heures le jour (de neuf à onze heures). On fera l'appel pour connaître les absents. Les dimanches ils iront à l'église avec les autres écoliers ; s'ils y manquent il leur sera fait une déduction de 6 deniers.

Le maître d'école sera tenu de mener ses élèves, lorsqu'ils en seront requis, aux services qui se célébreront « pour y avoir des « pains et dons qui y seront offerts, et retourneront lesdits pains « au regard de ceux qui seront à table, au proffit de la despence « dudit maistre quy pour sa peine avera aussy un pain. » Pendant que se fera la distribution des pains il fera chanter aux élèves le *De Profundis* et l'oraison *de Fidelium*.

Seront tenus les dits enfants s'ils en sont requis porter aux services des torches et de rapporter au maître le drap ou l'argent qui leur sera donné pour en rendre compte par lui à la pauvreté le dimanche suivant. Auquel maître sera donné pour sa peine un sol ou deux à la discrétion des administrateurs.

Les enfants malades seront envoyés à l'hôpital St-Jean.

Quant à la nourriture le maître donnera pour déjeûner, aux enfants en pension chez lui, du pain et du beurre, à dîner du potage, de la chair salée, du lard ou du bœuf frais, au *rechiner* du pain et du fromage, au souper du pain et du beurre ou ce que le maître trouvera convenable. Les jours maigres des œufs et du poisson, au dîner et au souper de la bière et aux heures extraordinaires de la bouillie.

Moyennant quoi, le maître d'école aura son logement pour lui et sa famille, plus, pour traitement « avecq et qui luy seront payés et fournis par chacun an aux quatre termes accoustumés en la dite ville par le fermier du vin deux renchers portant chacun 26 livres parisis faisant 58 florins, 10 sols tournois, par le fermier de la bierre au lieu d'un rencher de 10 livres parisis la somme de onze florins, 5 sols et par le fermier des grains au lieu d'un rencher de quatre sols revenant à la somme de 80 florins, 19 sols.

Il sera exempt de guet et garde et de l'assise de la bierre qu'il lui faudra pour lui et ses écoliers.

Il aura 200 fagots provenant des bois de Béthune qui devront lui être fournis au prix ordinaire et avant les maisons religieuses et les bourgeois.

Il recevra de l'administration chaque semaine et pour chaque enfant la somme de dix sols pour leur nourriture, le feu, le blanchissage et les entretiens de propreté.

La pauvreté fournira au maître, les lits, le linge qu'il faudra pour chaque enfant.

Les enfants seront vêtus aux frais de la pauvreté de drap dont ils fixeront la couleur (1).

Les anciens seigneurs de Béthune, dont nous avons retracé l'histoire, étaient sortis de maisons riches et puissantes ; la généalogie en a été relevée avec le plus grand soin par Duchesne ; Maximilien de Béthune qui appartenait au parti protestant fit en 1581 un voyage à La Bassée auprès de la comtesse de Masting sa tante qui l'avait menacée de le deshériter à cause de la religion qu'il suivait. A son retour il posa quelque temps à Béthune ; il était à peine arrivé qu'une foule de bourgeois et d'habitants précédés de hallebardiers portant la livrée de la ville vinrent à sa rencontre. Le premier mouvement de Maximilien fut la frayeur, car quoiqu'il fut à peine âgé de vingt-deux ans, il avait porté les armes contre le roi d'Espagne, mais il fut bientôt rassuré car un des bourgeois le haranguant lui dit qu'il ne pouvait assez lui rendre de respect puisqu'il était descendu de l'ancienne maison de leurs premiers seigneurs dont les bourgeois savaient bien qu'il y avait quelques branches en France et lui firent ensuite des présents de vin, de pâtisserie et de confitures. Maximilien se promena ensuite dans la ville, visita le château, les fortifications, les principaux monuments, les différents couvents et églises; enfin les bourgeois le menèrent dans l'église de St-Barthélemy où il visita les mansolées et les sépultures des anciens seigneurs.

---

(1) Fait et donné à Béthune en chambre échevinale, le 4 juillet 1579.

Ferry Legrand, maître d'école a accepté ces conditions et a prêté serment le dit jour.

Maximilien fut enchanté de l'accueil qu'il avait reçu et en remercia les habitants (1).

Les échevins, le prévôt, et les mayeurs de Béthune remontrèrent au roi: 1° que de temps immémorial ils étaient obligés annuellement le jour de St-Luc de tenir des informations publiques pour connaître les actions des bourgeois, ce qui s'appelait franches vérités, et pour ce étaient tenus de se transporter dans la ville et les faubourgs. Il leur était attribué pour leur dîner et leur récréation la somme de 36 sols. — 2° Que les deux jours de St-Eloi, principal patron de la ville ils assistaient en corps au nombre de 18 à 20 à la procession ainsi qu'à la messe qui se célébrait au prieuré de St-Pry, y portaient la sainte Chandelle et avaient également la somme de 36 sols.—3° Que pour la visite des fours et cheminées dans la ville et dans les faubourgs ils avaient aussi 36 sols, ainsi que pour la visite de la minute des comptes de l'argentier et de celle des bois.—4° Que lorsqu'ils rendaient des sentences criminelles condamnant au dernier supplice ou au bannissement ils recevaient la même somme.—5° Que 27 sols leur étaient attribués pour chaque jour de plaids qui se tenaient de huitaine en huitaine hors des saisons d'août et de vacance. Quand aux trois journées extraordinaires, l'une pour le renouvellement de la loi, la seconde pour la reddition des comptes et la troisième pour le bail des assises et des maltotes, les dépenses en étaient payées d'après la valeur des denrées de l'époque. Cette somme de 36 sols ne pouvant plus leur suffire, en raison de l'augmentation du prix des vivres, un arrêt du conseil privé du roi du 16 septembre 1589 accorda au magistrat 40 sols au lieu de 27 pour les plaids et 60 au lieu de 36 pour les autres jours, sauf les trois derniers mentionnés (2).

Philippe II, n'ayant pu faire reine de France sa fille Isabelle-Claire-Eugénie, lui donna la souveraineté des Pays-Bas catholi-

---

(1). *Biblioth. comm. d'Arras.* P. Ignace. *Dictionn.*, t. I, p. 449 et *Addit. aux Mém.*, t. I, p. 318 et 319.

(2). *Reg. aux Privil. de Béthune*, f° 443.

ques et lui fit épouser Albert d'Autriche qui en était gouverneur (1598). Ces princes furent accueillis avec le plus vif enthousiasme par l'Artois qui voyait avec plaisir des souverains particuliers à sa tête. Béthune ne fut pas une des dernières cités à témoigner son allégresse.

Ce chapitre renferme l'histoire des XVII° et XVIII° siècles, mais les faits provinciaux sont moins pressés à cette époque et ils excitent moins d'intérêt qu'aux siècles passés. Au Moyen-Age, le plus petit événement a une signification particulière importante pour l'histoire du temps où il s'accomplit; on étudie sans ennui une simple donation faite par quelque bourgeois inconnu, parce que non-seulement elle porte avec elle un caractère d'ancienneté, mais parce qu'elle nous révèle l'existence de coutumes étranges et ignorées. Mais à l'époque où nous sommes arrivés ces minuties historiques cessent de nous attacher. Dans les temps de travail et d'intelligence qui préparent le grand événement du XVIII° siècle, il faut pour attirer, pour retenir notre attention des choses plus grandes, plus sérieusement curieuses ; les individualités provinciales s'effacent, les coutumes s'éteignent, la vie propre des localités se perd dans la vie commune de la nation.

Dans les provinces septentrionales surtout, où la guerre est permanente pendant près d'un siècle, où les Français vainqueurs s'efforcent de déchirer ces chartes que nous avons copiées avec tant de dilection, d'anéantir ces libertés dont les habitants s'étaient constamment montrés si jaloux, l'histoire devient stérile et décolorée. Le Tiers-État appauvri suffit à peine à payer les impôts dont on l'accable, la noblesse attristée traverse les mers pour offrir son épée aux princes étrangers (1), le clergé lui-même se recueille dans le silence : c'est qu'il n'a plus comme autrefois le monopole de la science et du génie, c'est que la philosophie arrache des

---

(1) A la fin du siècle dernier, les gentilshommes artésiens s'engagèrent dans les gardes Wallonnes et presque toutes les familles nobles du Nord de la France y avaient des représentants.

esprits lambeaux par lambeaux les croyances religieuses déjà ébranlées par la réforme.

Pendant quelques années encore cependant la piété va fonder de nouveaux établissements et se ménager l'indulgence de Dieu par l'établissement de nombreux couvents. Treize pères capucins furent appelés de Paris et se fixèrent dans la rue du Marais (1595). Antoine de Nœux, de Saint-Pol, fut l'instigateur de cette fondation et y contribua puissamment par ses pieuses libéralités. Mathieu Moulart, qui occupait alors le siége épiscopal d'Arras, consentit à cet établissement après avoir pris l'avis du clergé et des échevins de cette ville. La dédicace de leur église n'eut lieu qu'en 1606 par Richardot son successeur, qui la mit sous l'invocation de sainte Catherine de Sienne. Cette maison prit de rapides accroissements et la protection des archiducs Albert et Isabelle y contribua puissamment. (1)

Catherine de Croix légua sa fortune à cinq filles dévotes choisies de préférence parmi ses parentes qui devaient vivre en communauté et consacrer leur temps à la méditation et à la prière (1623) (2). L'année suivante, une maison fut achetée pour y mettre des religieuses de saint Benoit, dites de la Paix, et le couvent d'Arras en envoya après en avoir obtenu l'autorisation de l'évêque (3). Enfin, des jésuites y avaient été appelés en 1622 et leur maison prenait de promtps et rapides accroissements.(4)

(1) *Locrii Chronicon*, p. 672. *Mém. du P. Ignace*, t. III, p. 390.
Outre des lettres d'amortissement données par les archiducs au mois d'octobre 1614, ces princes affranchirent au mois d'août 1617 de tous reliefs et droits quelconques une maison achetée au profit des religieux, laquelle relevait des seigneurs de la ville. Le magistrat se pourvut contre cette acquisition au conseil d'Artois, mais elle fut confirmée à Bruxelles le 4 novembre 1617.

(2) P. Ignace, *Mss. supplément aux Mémoires*, f° 742, et *Addit. aux Mém.*, t. I, f° 199.

(3) Nous renvoyons aux détails contenus dans les 3 vol. des Mém. mss. du P. Ignace.

(4) Le P. Ignace dit que les jésuites furent établis à Béthune en 1606. MM. Lequien, Harbaville et Roger ont fixé avec beaucoup plus de raison la date de 1622. Nous reviendrons sur ces religieux.

L'administration des archiducs Albert et Isabelle avait été toute paternelle, le commerce avait refleuri, la confiance renaissait, les plaies terribles de la guerre civile guérissaient, et par toute la province on établissait des maisons religieuses. Béthune ne fut pas en dehors de ce mouvement; on changea l'époque de ses foires afin que plus de monde pût y venir (1), on apaisa les difficultés qui s'élevaient (2), enfin on ne négligea rien pour accroître l'importance de cette cité. La mort d'Isabelle qui avait succédé à son mari réunit de nouveau l'Artois et les Pays-Bas sous la puis-

---

(1) Le magistrat de Béthune remontra aux archiducs Albert et Isabelle que deux franches fêtes avaient lieu annuellement à Béthune, l'une le jour de la Saint Barthélemy, l'autre le lendemain du jour de la Chandeleur; que la première tombait au mois d'août, époque de la moisson et était par conséquent peu fréquentée ; qu'en outre par suite de dix jours retranchés par le calendrier grégorien, cette foire tombait encore plus avant en saison d'août. Il les prièrent de vouloir bien en changer l'époque. Ils accordèrent qu'elle ait lieu le 22 septembre par lettres données à Bruxelles le 2 octobre 1601 ; elles sont insérées au *Registre aux privileges*, f° 446.

Les échevins présentèrent une nouvelle requête aux archiducs dans laquelle ils lui remontrèrent que ce changement de franche-fête, loin d'être avantageux, est très-préjudiciable à leurs intérêts respectifs, vu qu'elle a lieu en même temps que celles de Tournai, Hesdin et autres villes voisines. Ils demandèrent aux archiducs de la rétablir au jour saint Barthélemy, ce qu'ils accordèrent le 21 juillet 1606. (*Reg. aux privil.*, f° 446 v°.)

(2) Un débat s'était élevé entre la mère et les religieuses de l'hôpital Saint Jean d'une part et les administrateurs de cet hôpital d'autre part 1° pardevant le président d'Artois, 2° pardevant le père provincial de l'ordre de saint François et actuellement au Conseil privé des Archiducs sur trois points en litige. — Son Altesse, voulant aplanir ce différend, déclare les administrateurs non fondés sur le premier point en ce qu'ils prétendaient contraindre les suppliants d'envoyer en temps de contagion deux d'entr'elles en un lieu qu'ils désigneraient pour y recevoir et garder en commun les pestiférés que leur adresseraient les administrateurs.

Sur le second point il est décidé que celles qui voudront être reçues audit hôpital seront tenues, avant la prise d'habit de l'ordre de saint François, assistées de leurs parents et amis, de présenter requête aux administrateurs afin qu'ils leur accordent le pain et les admettent. Ceux-ci pourront les accepter ou les rejeter s'il y a juste cause. Quant au 3° point il n'y aura aucune augmentation de provisoin de blé, mais les malades arrivant audit hôpital.

sance du roi d'Espagne, et Béthune ainsi que les autres cités voisines retomba sous le pouvoir des gouverneurs généraux.

La paix régnait dans le pays depuis plus d'un quart de siècle, et le peuple avait joui d'un de ces repos si rares qui aident à son développement et à ses progrès. Mais Richelieu arrivé au faîte de la puissance conçut le projet d'abaisser la maison d'Autriche et de l'attaquer sur toutes les frontières de la France (1635). Le territoire de Béthune souffrit beaucoup du passage des armées ennemies, surtout lorsqu'Arras eut ouvert ses portes à l'armée française. La mort de Louis XIII ralentit un moment les hostilités, mais ne put les suspendre, et pendant l'année 1645 de nouveaux renforts ayant été envoyés à Gaston d'Orléans qui commandait l'armée française sur les frontières de Flandre, le siége de Béthune fut résolu (1). Le 23 août, un détachement arriva par Étaires et Merville ; le 26, d'autres troupes venues de St-Venant complétèrent l'investissement. Gaston, voulant surveiller lui-même les travaux d'attaque, arriva peu après et divisa ses troupes en deux corps ; l'un fut placé sous le commandement du comte de Rantzau qui cinq ans auparavant s'était illustré au siége d'Arras et l'autre sous celui du maréchal de Gassion.

Arrivé au camp le 27 août, le duc d'Orléans employa le reste de la journée à reconnaître les fortifications de la place et à prendre ses mesures pour commencer immédiatement l'attaque. Le lendemain Gaston ordonna d'ouvrir la tranchée de deux côtés différents ; le maréchal de Rantzau avait sous ses ordres le régiment de Picardie ; les gardes-françaises et suisses furent commandés pour les travaux opposés par le maréchal de Gassion. Le premier travail de tranchée fut poussé avec tant de vigueur qu'avant de commencer les lignes on se saisit d'une traverse et d'un retranchement dont les assiégés avaient masqué la contrescarpe. Tandis que l'on occupait le faubourg, Rantzau commençait l'attaque avec

---

(1) Sur le siége de Béthune, voy. les différentes relations de cette époque, les Mémoires des officiers qui y ont pris part, les ouvrages mentionnés dans le second volume de la bibliothèque hist du P. Lelong, etc. De Vienne. *Hist d'Artois*, 5ᵉ part.

tant d'énergie que la contrescarpe fut enlevée et que les assiégés se refugièrent en désordre dans la demi-lune. Les Français excités par le succès les y poursuivirent et s'en emparèrent ainsi que d'un ouvrage à corne et s'y logèrent après avoir construit à la hâte un retranchement pour se mettre à l'abri du feu des remparts.

Les assiégés, voulant les déloger, firent deux vigoureuses sorties, mais elles furent impuissantes. Alors les Français, voyant qu'ils ne pourraient avancer leurs travaux en résolurent l'attaque. Cette demi-lune était éloignée d'une centaine de mètres de leurs logements, et les assiégeants étaient exposés au feu de leurs ennemis. Néanmoins, l'attaque ayant été ordonnée, des soldats armés de haches rompirent la palissade et s'y logèrent malgré les efforts des assiégés. N'ayant pu en effet arrêter les Français, ils leurs opposèrent un rempart de leurs piques : vaines tentatives, ils furent repoussés jusque dans la ville.

La frayeur se répandit alors dans Béthune et l'on sonna le tocsin pour prévenir les bourgeois qu'ils eussent à se tenir prêts à repousser l'ennemi ; mais, profitant de cette terreur, le maréchal de Gassion envoya un tambour sommer les assiégés de se rendre, les prévenant que s'ils refusaient et attendaient que l'on attachât le *mineur* à leurs murailles ils ne devaient plus espérer aucune composition. Les assiégés furent effrayés de cette menace ; ils demandèrent une suspension d'armes qui leur fut accordée. Les ôtages ayant été échangés, Gaston leur envoya deux parlementaires pour entendre leurs propositions. A leur tour les assiégés en envoyèrent deux au maréchal, et les articles de la capitulation furent arrêtés le même jour 29 août.

Les habitants de Béthune stipulèrent d'abord les droits de leur religion : la liberté de conscience ne sera point proclamée dans leurs murs, ni dans les villages voisins, faisant partie du ressort de cette gouvernance. On priera le roi de composer l'état-major de la place, la garnison et le magistrat, d'officiers, de soldats et d'échevins appartenant à la communion romaine. Le saint Cierge et les autres reliques pourront être transportés ailleurs. Trois mois sont accordés aux bourgeois, étrangers ou soldats pour prendre la détermination de rester dans la ville ou d'en sortir. Ceux qui sont absents pourront y rentrer dans le même temps sans être inquiétés pour leur passé. Libre à eux d'y transporter pendant ce temps leurs meubles et leurs effets s'ils le jugent à propos. Quiconque quittera Béthune pourra librement vendre ses biens. Exemption de la gabelle du sel pour les bourgeois et habitants de la ville, de la gouvernance et de son ressort. Ils ne pourront être soumis à d'autres impôts qu'à ceux consentis par les bourgeois d'Arras : Les effets, le mobilier et les bestiaux des paysans mis par eux en sûreté dans l'intérieur de la ville de Béthune pourront être enlevés par leurs représentants dans le délai de trois mois. Libre aux bateaux qui se trouveront dans le rivage d'en sortir. Le chapitre de St-Barthélemy, les ecclésiastiques, les religieux, les bénificiers séculiers et réguliers, le collége des jésuites, les couvents des Récollets, capucins et filles hospitalières continueront à jouir paisiblement de leurs offices, droits, rangs, dignités, revenus, priviléges, franchises, fonctions, administration et usage. Il sera pourvu à la manière accoutumée aux prélatures des abbayes, canonicats. Les exemptions dont ils jouissaient sont maintenues aux magistrats, aux officiers du bailliage et de la gouvernance, excepté toutefois les officiers de la gouvernance d'Arras établis à Béthune. Maintien de leurs anciens droits aux corps de métiers et aux confréries. Le roi d'Espagne sera tenu de payer avec les domaines qu'il possède dans Béthune les dettes qu'il a contractées pendant ce siége. Les receveurs des deniers royaux, des Etats ou de la ville, de la pauvreté, de la maladrerie et des hôpitaux ne pourront point être recherchés pour faits antérieurs au jour de la capitulation. On rendra aux bourgeois les biens qui leur ont été confisqués pendant cette guerre. Les paysans et autres forains pourrront venir commercer librement et trafiquer en cette ville sans crainte d'être inquiétés. Les curés circonvoisins du ressort de la gouvernance qui se sont[t] réfugiés dans la ville retourneront librement à leurs églises pour y exercer les fonctions pastorales. Les dettes contractées par le seigneur, les bourgeois, les habitants ou étrangers sont maintenus. La table de prêt, ainsi que les joyaux et les pierreries qui y sont engagés seront placés sous la surveillance du roi de France et maintenus dans leurs priviléges et leurs prérogatives. Les soldats se contenteront du logement et autres charges selon l'usage de leur pays. Les logements auront lieu selon les réglements anciens. En seront exemps les ecclésiastiques, les gentilshommes, les officiers royaux et municipaux, les magistrats, etc.. Tout procès commencé en la halle échevinale ou en la gouvernance sera terminé en la manière ordinaire. Cette capitulation conclue le 29 août 1645 fut signée par Gaston d'Orléans et par Froment gouverneur de la ville. Le comte de Guines fut chargé d'empêcher les désordres des soldats et sut maintenir un si bon ordre que les boutiques se r'ouvrirent le même jour. Les ingénieurs français chargés de reconnaître la place déclarèrent que les fortifications étaient assez fortes pour arrêter une armée entière pendant plus d'un mois. Mais par la négligence du gouverneur aucun canon n'avait été placé sur son affût, et la garnison qu'on trouva dans la place était trop faible pour résister. Elle ne se composait en effet que de trois cents habitants. En outre le siége fut poussé avec une telle vigueur que les assiégés eurent à peine le temps de dresser les batteries de six pièces de canon.

A la fin de l'année 1646 les troupes espagnoles dirigèrent une tentative sur Béthune. Trois cents soldats déguisés en femmes pénétrèrent dans la ville et s'y cachèrent; mais la facilité avec laquelle ils avaient été introduits, la lenteur qu'apportèrent leurs compagnons leur firent craindre une trahison, et ils se retirèrent. A quelque distance de là ils aperçurent les troupes qui devaient les soutenir et entendirent le signal convenu. Il eût été imprudent de tenter une seconde fois la fortune ; ils préférèrent ajourner leur entreprise et se retirèrent avec leurs compagnons (1)

Les officiers du roi et les hommes de fief de la gouvernance de Béthune formèrent d'abord le projet de profiter de l'autorité française pour se rendre indépendants des échevins et diminuer leurs priviléges. Néanmoins, ils furent déboutés de leurs deman-

---

(1) De Vienne. *Hist. d'Artois*, 5ᵉ part., p. 184.

des, et le 7 juillet 1663 ils furent obligés de reconnaître que les habitants de Béthune, tant en matières civiles que criminelles étaient responsables devant les échevins de cette ville qui, seuls, y avaient la haute justice tant pour décréter les prises de corps, les ajournements personnels contre les délinquants que pour rendre sentences ainsi que la justice le requiert (1). Toutefois cette reconnaissance était le dernier acte qui concédait aux échevins les priviléges de justice dont ils avaient joui jusqu'à ce jour. L'intérêt de la France demandait des mesures combinées sur une plus vaste échelle, et l'on ne devait point tarder à porter atteinte aux priviléges dont les habitants de Béthune s'étaient montrés si jaloux. Une sentence du Conseil provincial d'Artois du 17 avril 1680 défendit aux échevins et aux greffiers de rendre leurs jugements à autre conjure que celle du lieutenant général à peine de nullité et de tous dépens, dommages et intérêts (2). Enfin un édit royal promulgué au mois d'août 1692 créa un office de maire à la nomination du roi. Ce maire devait avoir la principale place parmi le magistrat; le premier rang dans les cérémonies publiques lui appartenait ainsi que la direction générale des affaires (3). Alors les échevins et les autres officiers du magistrat de Béthune formèrent le projet d'acheter l'office de maire devenu héréditaire, dans la famille Wallart et de la réunir au corps de la ville (4),

---

(1) *Archives du Pas-de-Calais. Dossier de Béthune.*

(2) Cette sentence est publiée dans le *Recueil des Grands baillis.* p. 154 et 155.
Une autre sentence du 28 mai 1686, maintint le lieutenant général dans le droit de donner des Commissions d'attache sur tous les actes émanant des échevins de cette ville. Il leur est fait défense de prononcer leurs jugements autrement qu'à la conjure du lieutenant général, ni de faire aucune signification dans Béthune à peine de nullité. Même recueil, p. 145.

(3) Le premier qui fut pourvu de cet office fut maître Maximilien de Boisrond, qui le vendit le 28 décembre 1698 à M. Jean-Baptiste Wallart, licencié ès-lois.

(4) Le contrat porte que moyennant la rente héritière de 1,200 livres, monnaie d'Artois, par chaque année au rachat de 24,000 livres que les dits échevins, prévôt et assesseurs au nom de la dite ville créent et constituent par ces présentes sur les biens patrimoniaux et d'octroi d'icelle ville et communauté,

Le contrat ne pouvait avoir son entière exécution qu'après avoir obtenu l'approbation préalable du roi, mais après avoir pris l'avis de M. de Bernage, intendant général des provinces d'Artois et de Picardie, stipula que moyennant une rente de 1,200 livres portée au contrat au profit du sieur Wallart, titulaire, cette réunion aurait lieu (1).

Au commencement du XVIIIe siècle, les discussions au sujet de la succession d'Espagne, rallumèrent la guerre dans toute l'Europe, mais ce ne fut qu'en 1708 que la Flandre et l'Artois en devinrent le théâtre. C'étaient chaque jour de nouvelles attaques des détachements qui escarmouchaient, des surprises dirigées contre les villes. A cette époque, en effet, l'Artois était divisé entre la France et l'Espagne, et deux places ennemies n'étaient souvent séparées que de quelques heures. L'année 1710 fut des plus désastreuses pour la France; les troupes alliées pénétrèrent en Artois et y enlevèrent un grand nombre de villes.

Le 15 juillet 1710, un détachement de troupes alliées apparut sous les murs de Béthune par les villages de La Beuvrière et de Nœux. Il se composait de 18 escadrons et de 30 bataillons que commandaient les généraux Fagel et Schulembourg.

A cette nouvelle, les grenadiers de la garnison reçurent de M. Du Puy-Vauban, gouverneur de la place, l'ordre de brûler les maisons des faubourgs à l'exception de quelques-unes situées à St-Pry. Presque tous les moulins eurent le même sort.

Le gouverneur prit toutes ses mesures pour résister aux ennemis, mais le magistrat, voulant éviter le bombardement de la ville, envoya le 18 juillet une députation au duc de Malborough, au prince Eugène ainsi qu'au baron de Schulembourg avec mis-

---

présent et à venir au profit du sieur Wallart, ses hoirs ou ayant-cause, acceptant pour lui à avoir cours de ce jourd'hui en avant et à toujours, du moins jusqu'au remboursement que les dits sieurs du magistrat et leurs successeurs pourront faire quand bon leur semblera à quatre paiements égaux en tel or, monnaie qui aura alors cours en ce pays..... Ainsi fait et passé audit Béthune, dans l'hôtel échevinal, le 26 janvier 1709.— *Archives du Pas-de-Calais. Copie authentique.*

(1) *Arch. du Pas-de-Calais. Dossier de Béthune.* Copie authentique.

sion de faire différents présents aux officiers d'artillerie chargés spécialement de l'attaque de la place afin d'obtenir d'eux qu'ils voulussent bien l'épargner (1).

Les ennemis ouvrirent la tranchée le 24 au bas du chemin de Beuvry. La garnison fit alors une sortie, et après avoir fait éprouver une perte considérable aux alliés, les chassa de leurs retranchements. Mais ceux-ci ayant obtenu du renfort repoussèrent les Français et reprirent les positions qu'ils n'avaient fait qu'abandonner. Dès ce moment un grand nombre d'habitants quittèrent la ville, et l'artillerie du Mont des Récollets, de la porte d'Arras, et du bastion Saint-Ignace ne cessa de diriger son feu contre la ville. La garnison tenta une nouvelle sortie; les alliés furent repoussés, mais comme à celle qui avait eu lieu précédemment, ils reparurent quelque temps après. Le lieutenant-colonel du régiment d'Artagnan, un lieutenant et sept soldats y furent blessés.

Le lendemain (2 août) sept pièces de canon placées par les alliés au faubourg de St-Pry furent braquées contre le château; deux autres batteries sur la hauteur de la porte d'Arras furent également dirigées contre celles du bastion St-Ignace et de la demi-lune. Un petit fort, situé dans l'inondation entre la Porte-Neuve, le village d'Annezin et la porte de St-Pry, devint alors l'objet des attaques des assaillants; mais après un feu assez meurtrier des troupes que Du Puy-Vauban y avait placées ils l'abandonnèrent.

Quelques jours après, le général Schulembourg craignant un échec et voulant entreprendre le passage de l'avant-fossé fit venir un renfort composé de 14 bataillons et de 20 escadrons commandés par le lieutenant-général Ross et le major-général Villégas.

---

(1) Les membres de cette députation furent MM. Lemercier de Grandcourt, chanoine de Saint-Barthélémy, Guyjoye, avocat et Philippe-Augustin Deserecin, sieur de Lannoy, avocat. La somme qui fut mise à leur disposition s'éleva à 3,000 livres qui furent prises dans les caisses de l'École dominicale, de celle de Saint-Joseph et de la confrérie de Saint-Éloy. (*Arch. munic. Reg. memorial*, f° 35 et suiv.)

Soutenu par ces troupes, il attaqua la contr'escarpe, s'en empara, non sans avoir éprouvé une énergique résistance et se logea sur les deux angles saillants. Par suite des travaux qu'exécutèrent immédiatement ses soldats il se maintint dans cette position et força les assiégés d'abandonner la place d'armes qu'ils occupaient.

Le jour suivant (21 août), le général Schulembourg fit demander au gouverneur une suspension d'armes dans le but de faire enlever les cadavres et les blessés. Mais Du Puy-Vauban, craignant que les ingénieurs ennemis n'en profitassent pour faire une reconnaissance du terrain, la refusa. Les assiégeants recommencèrent alors leurs attaques ; la garnison fit de fréquentes sorties, et de part et d'autre on perdit beaucoup de monde. Cependant les provisions de la ville s'épuisaient, l'argent même manquait pour payer les troupes et pour subvenir aux frais qu'occasionnait un si long siége. Le gouverneur fit appeler le magistrat, l'informa qu'il lui fallait une somme de dix mille livres et qu'il eût à la lui fournir sur le champ. De retour en la halle échevinale, celui-ci y fit convoquer les ecclésiastiques et les principaux habitants et leur fit part de cette demande. Il y fut résolu de fournir cette somme en plusieurs fois. Une première avance de 4,037 livres fut faite ; elle fut prise sur les caisses des receveurs de la pauvreté, des consignations et des États d'Artois. Les ecclésiastiques et les principaux habitants se cotisèrent pour achever l'entier paiement.

Les assiégeants continuaient leurs attaques avec un redoublement d'énergie ; des boulets et des bombes lancés vers les chemins couverts et les fossés de la place qu'occupaient les Français firent une brêche de cinquante à soixante pieds à la courtine placée en face de la demi-lune verte et des ponts prêts à être jetés entre cette demi-lune et l'avant-fossé allaient faciliter l'assaut du château qu'entourait une masse de décombres provenant de la courtine du rempart. Réduit à cette extrêmité, le gouverneur réunit son conseil de guerre et la résolution de battre la *chamade* y fut prise. Elle eut lieu le 28 août vers cinq heures du soir à la brèche du château, et le drapeau blanc y fut arboré. Le général Schulembourg fit immédiatement cesser le feu. Mais il n'en fut pas de même à l'attaque de la porte d'Arras dirigée par le général Fagel. Celui-ci, qui n'avait pu encore parvenir à entamer la muraille, irrité de ce que le pavillon blanc ne fût point arboré de son côté, déclara qu'il ne cesserait ses travaux que lorsque cet honneur lui serait rendu. Du Puy-Vauban, en étant informé, ordonna de satisfaire à cette susceptibilité du général et l'on vit dès lors flotter le drapeau blanc sur les deux points attaqués.

Plusieurs officiers firent leur entrée dans la ville le lendemain 29, et après l'échange des ôtages les articles de la capitulation y furent arrêtés.

Les principaux articles furent que la garnison sortirait avec les honneurs de la guerre pour se rendre à St-Omer, tambour battant, drapeau déployé avec deux canons et douze coups à tirer. — La religion romaine serait maintenue dans la ville à la condition que le magistrat fournirait deux temples pour le libre exercice du culte protestant. — Les employés au service du roi, sans aucune exception auraient un délai de trois mois pour régler leurs affaires. Pendant ce temps leurs femmes et leurs enfants pourraient se retirer où bon leur semblerait. — Le sieur Lambert, commissaire général des guerres resterait en ôtage dans la place pour garantie des dettes contractées au nom du roi de France.

Les autres articles de la capitulation n'offrent rien de particulier à la ville de Béthune, et l'histoire de cette époque en contient un grand nombre de semblables.

Le traité d'Utrecht, conclu en 1713 après la glorieuse bataille de Denain, remit Béthune ainsi que les autres villes de la province tombées au pouvoir des alliés sous l'autorité des rois de France. Dès lors l'histoire de cette cité n'offre plus de faits intéressants au point de vue municipal, l'autorité militaire y est seule forte et puissante.

Au mois de mai 1742 il y eut une si grande mortalité dans Béthune que De Varennes qui était alors lieutenant du roi défendit de laisser enterrer aucun cadavre dans les églises. Celle de S‍ᵗ-Vaast en était alors si remplie que l'on avait enterré jusque sous l'orgue et même sur le parvis.

Les descendants de la famille de Sully avaient toujours désiré posséder la ville de Béthune. En 1766 le duc de ce nom proposa au roi de lui céder la principauté de Boisbel et d'Enrichemont, située dans le Berry en échange de la ville de Béthune. Cette proposition fut acceptée et l'on convint le 12 septembre 1778 d'un accord portant cession au duc de Sully et à ses successeurs de la seigneurie de Béthune désignée sous le nom de comté, avec tous les droits de propriété, de haute, moyenne et basse justice.

Les États d'Artois, au mois d'avril 1779 déclarèrent que cet échange portait atteinte à la juridiction échevinale de Béthune, et ils représentèrent que de temps immémorial cette ville avait eu deux juridictions distinctes ; que malgré quelques variations introduites dans la forme des élections aux fonctions de mayeur et d'échevins, sa juridiction échevinale n'en avait pas moins conservé le droit de juger en première instance, soit au civil, soit au criminel ; qu'à leur qualité de juge ordinaire les échevins joignaient celle d'officiers municipaux chargés de l'administration des biens et revenus de la ville, et que sous l'une et l'autre qualité ils ne tenaient pas leur pouvoir du seigneur, mais de la commune dont ils étaient les représentants.

L'autre juridiction était la Gouvernance, Cour féodale du seigneur où ressortissaient l'échevinage et les autres juridictions des nobles dont les terres relevaient du château de Béthune.

Les États d'Artois terminaient leur requête en priant le roi de maintenir le maire et les échevins de Béthune dans leurs droits, priviléges et prérogatives pour en jouir sans aucune innovation.

Après une réponse illusoire, le duc de Sully, sous prétexte de confusion de mouvance du marquisat de Lens avec celle de Béthune demanda en supplément de contr'échange ce marquisat et de plus le droit de rentrer dans tous les objets engagés qui en dépendaient, sauf aux engagistes à se faire rembourser par le roi.

Ce nouveau contrat fut accepté le 31 août 1780. Les États d'Artois, dans leur assemblée du 24 septembre 1781, sollicitèrent du roi la résiliation de ce contrat comme portant préjudice à tous les droits tant du roi que de la municipalité. De part et d'autre on publia une foule de mémoires qui, loin d'éclaircir la question ne firent que l'obscurcir. Des moyens de conciliation furent proposés, mais ils n'eurent jamais de résultat favorable. Cette affaire n'était point encore terminée lorsqu'éclata la révolution du siècle dernier, révolution qui en modifiant l'ancien ordre de choses, mit à néant les prétentions du duc de Sully ainsi que les réclamations des États d'Artois (1)

Ce fait est le dernier que nous rapporterons : nous considérons maintenant notre tâche comme terminée. Nous avons parcouru une assez longue carrière ; le passé avait des difficultés, nous avons essayé de les vaincre, mais le présent aurait des écueils que la prudence nous prescrit d'éviter.

Le système financier de la ville de Béthune est un des plus curieux à étudier, à cause des nombreux documents qui, à dater du commencement du XVe siècle, permettent d'élever un édifice complet. Le plus ancien compte municipal commence le 4 juillet 1406 et finit le même jour de l'année suivante ; il est en parchemin et contient plus de quarante feuillets dont les derniers à peine sont maculés par l'humidité. A cette époque, Pierre de Le Fosse était receveur de la ville ; les comptes étaient rendus en présence des échevins, du prévôt et des mayeurs au franc pour seize sous et couronne pour dix-huit, monnaie du roi. Quelques mots sur la division de ce compte.

Le receveur y mettait tout d'abord le reliquat des comptes précédents, les rentes héritables dues à la ville ainsi que les menues censes, les septièmes échus, le longuet du rivage qui rapportait 71 livres, 11 sous, 8 deniers, non compris le quart qui revenait au seigneur. Venaient ensuite les recettes des assises au nombre

---

(1) Voir sur cette affaire les nombreux dossiers déposés aux *Archives du Pas-de-Calais* ainsi que les registres aux Délibérations des États d'Artois.

de dix sept, dont les plus considérables étaient celles des vins, du blé et de la draperie qui toutes ensemble rapportaient 1094 livres, 16 sols, 7 deniers parisis. On enregistrait aussi au titre des recettes les rentes à vie vendues dans un moment de nécessité. Le duc de Bourgogne et le roi avaient levé une aide sur la ville de Béthune, laquelle avait été précédemment payée à Guillaume de Lespine, huissier du Parlement. Quelques personnes n'avaient point acquitté leur part dans cette aide et la payèrent cette année. Ces quatre cents livres parisis font encore un chapitre ; enfin les recettes se terminent par l'argent des censes 28 livres, 16 sols. La somme totale du chapitre des recettes s'élevait à 5,142 livres, 3 sous, 2 deniers, 1 patar 1/2 parisis.

Les dépenses sont aussi divisées par chapitres et se paient en même monnaie que les recettes. Le premier chapitre contient les rentes héritables que devait la ville ; ainsi au seigneur de Béthune 70 sous payables en deux termes pour la place où l'on vend les *cauchies* (en face du beffroi) et 10 sous pour la porte des fers. Au seigneur de La Beuvrière trois deniers pour diverses terres cédées à la ville. Enfin au chapelain de la chapelle de La Madelaine en l'église St-Barthélemy quatre livres, etc.... Les gages du waite (garde) de la ville 98 livres. A plusieurs pensionnaires de la ville 99 livres 17 sols parisis. L'argentier enregistrait avec soin les traitements. Les receveurs de la ville touchaient 20 livres. Au Moyen-Age, les fonctions échevinales étaient non-seulement honorables, mais elles rapportaient à ceux qui en étaient chargés ; sans doute ils n'avaient point de gages comme de simples officiers, mais chaque année aux comptes de la ville plusieurs chapitres leur étaient consacrés. On y inscrivait les frais qu'ils avaient dû faire, les dépenses pour pourvoir à la chambre échevinale et un autre chapitre encore pour les frais du magistrat. Ces frais concernaient en général les jugements *auquel jour furent plaidées les causes du seigneur* et des parties, et à chaque fois leur était compté 24 sous parisis, et pendant toute l'année 1406 ils assistèrent à seize de ces jugements. Le chapitre pour le pourveance de la chambre contient tout ce qui était nécessaire aux échevins pour leurs réunions et les écritures qu'ils étaient obligés de faire, tels que chandelles, tourteaux, lampes de nuit, frais d'éclairage, parchemin, cire, papier et autres menus frais qui, en l'année 1406, n'en montèrent pas moins à 47 livres, 8 sous, 5 deniers obole parisis. Le chapitre des frais des échevins, prévôt et mayeurs, est encore une preuve du peu de désintéressement que ces magistrats apportaient en général dans leurs fonctions. Ainsi pour se rendre aux bois et y faire jurer aux bucherons de faire les fagots bons et loyaux, selon la coutume, ils s'allouaient 32 sols parisis, car tout se payait, même l'assistance à la halle. On comprend que les voyages nécessités par le peu de rapports qu'avaient les cités étaient aussi payés aux dépens de la ville ; ils se divisaient en deux titres, ceux à cheval et ceux à pied, auxquels on joignait quelques courtoisies. Cette année, de grands frais furent occasionnés à cause d'une aide demandée par le duc de Bourgogne et que la ville prétendait ne pas devoir. De là voyages à Lille, à Arras, à Tournay, à Paris et consultations prises. Cependant les frais de tous les voyages à cheval ne s'élevèrent pour cette année qu'à 102 livres, 11 sols parisis ; les messages étaient payés sur le pied de 13 sols par jour. Les voyages à pied étaient peu nombreux dans un siècle où les routes n'étaient point sûres et où l'on ne trouvait qu'à prix d'argent les messagers pour aller tant à Paris qu'en Bourgogne. Ce qui augmente ce chapitre, dont les dépenses totales s'élèvent à 85 livres, 11 sols, 7 deniers oboles parisis, ce sont les courtoisies ou cadeaux dont on se montrait d'autant plus généreux qu'elles se faisaient aux dépens de la ville.

A ces profusions de deniers communaux peuvent être joints les présents ordinaires de vins, gratifications, etc. Au lieutenant de M. le comte de Namur, à divers receveurs, aux arbalétriers qui, venaient des villes de Douai, Lille, Tournai et autres pour se rendre à l'armée du duc de Bourgogne, on offrait des vins au nom de la ville. Le comte de St-Pol, ayant passé par Béthune, fut gratifié de 12 lots de vin d'Espagne, lesquels furent pris chez Bétrémieu Lecat, un des meilleurs fournisseurs. Tout jusqu'ici est dans l'ordre ; on pourrait sans doute reprocher un peu de prodigalité, mais c'étaient des gens dont les magistrats pouvaient avoir besoin, des soldats qui allaient combattre pour le seigneur héritier de la ville, un comte puissant et brave que tous respectaient. Mais, nouvelle preuve du peu de désintéressement des magistrats, Wallart, alors mayeur de la ville, ayant marié sa fille en présence des échevins, reçut des vins qui montèrent à 44 sous, 6 deniers, monnaie du roi.

Une des grandes dépenses de la ville auxquelles étaient préposés deux échevins, était celle des ouvrages. Elle était divisée en deux chapitres. Dans le premier, sous la dénomination d'étoffes, étaient inscrites par ordre les fournitures que les réparations avaient nécessitées ; le second renferme, pour nous servir d'une expression toute nouvelle, les journées des ouvriers. On les payait, au XVe siècle, sur le pied de trois sols par jour. Les dépenses totales de ces deux chapitres montent à 194 livres, 14 sols, 20 deniers parisis. Au chapitre ayant pour titre : Deniers payés par l'ordonnance de messieurs les échevins, prévôt et mayeurs sont renfermées toutes les dépenses qui n'avaient pu trouver place ailleurs : les soldes des arbalétriers veillant aux portes de la ville, etc...

Les riches chevaliers de Jérusalem avaient aussi des biens à Béthune : c'était une rente de 133 livres, 6 sols, 7 deniers oboles parisis qui leur était due à cause d'un échange qu'ils avaient fait avec la comtesse d'Artois. Viennent enfin divers droits que le seigneur prend sur les censes de la ville, l'imposition annuelle, due au roi, de 905 livres, 6 sols, 6 deniers parisis. La somme de toutes les dépenses monta à 4946 livres, 17 sols ob. parisis. Donc il y eut 195 f. 6 s. 1 d. 3 patars 1/2 de reliquat de recettes.

En outre, dans tous les comptes figurent des distributions aumonieuses, sous le titre de pitances de vins aux communautés aux 4 nataux. Enfin, pour couper court à toutes les dépenses, plusieurs comptes mentionnent, sous le titre de gratifications extraordinaires, les moyens de justifier l'imprévoyance de l'administration municipale et d'augmenter les émoluments.

Comte ACHMET D'HÉRICOURT.

Dans l'œuvre qu'on vient de lire et qui a été laissée manuscrite par notre collègue bien cher et toujours regretté, M. le comte A. d'Héricourt, il est peu parlé des deux beaux monuments de Béthune, le Beffroi et l'église St-Vaast, du moins au point de vue archéologique, car il en est souvent parlé au point de vue de l'histoire. C'est que l'auteur a consacré à chacun de ces monuments une notice spéciale, avec planches, qui ont été publiées dans la statistique monumentale du Pas-de-Calais. Là ont été décrits et mis sous les yeux des lecteurs ces deux témoins du bon goût des habitants de cette ville ancienne. Disons ici que le bon goût des habitants actuels ne le cède en rien à celui de leurs devanciers. En effet, l'Eglise St-Vaast, qui menaçait ruine et qui fut fermée en 1864, vient d'être restaurée avec une intelligence parfaite et dans des conditions exceptionnelles de sollicitude et de solidité. Aujourd'hui elle apparaît plus belle, plus hardie, plus gracieuse que jamais, et elle offre un excellent modèle de l'architecture ogivale de la dernière période.

La ville elle-même de Béthune a subi dans ces dernières années un agrandissement considérable. Ses murailles disparaissent, depuis le décret de déclassement du 26 juin 1867, ses dimensions deviennent considérables : car elle est aujourd'hui le centre de tout un pays d'une richesse extrême en agriculture comme en industrie. Evidemment une nouvelle vie commence pour elle, non moins brillante que celle dont on vient de lire les actes principaux.

Les faubourgs de Béthune se confondant aujourd'hui plus ou moins avec les communes environnantes, on trouvera dans les notices qui vont suivre ce qu'il importe d'en connaître.

Béthune a donné le jour à un assez grand nombre d'hommes illustres.

Plusieurs ont déjà été mentionnés avec détails dans le cours de l'histoire qui précède, notamment Robert l'un des compagnons de Godefroid de Bouillon et tous ces membres de l'illustre maison de Béthune qui, pendant plusieurs siècles, s'associèrent à toutes les gloires de la patrie.

Voici, dans les lettres et les sciences, les noms des hommes célèbres nés dans cette ville :

Quênes ou Conon de Béthune, et Antoine de Béthune. Le premier, trouvère d'un grand mérite, est fort connu et souvent cité.

Il vivait au XII° siècle.

Sauvage ou Salvage, poète au XIII° siècle.

Buridan, le célèbre recteur de l'Université de Paris, si connu par son syllogisme de l'*âne*.

Everard ou Eberhard, auteur d'une grammaire grecque. — XIV° siècle.

Amerval, poète à la même époque.

J. Dauffay, historien, conseiller privé de l'Empereur Maximilien.

Le petit (Jean-François), historien, né en 1546, mort vers 1615.

Clérici, franciscain, auteur de plusieurs traités de spiritualité.

De Pouvillon, abbé de St-Aubert à Cambrai, né en 1572, mort en 1606.

Deslions (Antoine), jésuite, auteur de poésies latines et autres traités, notamment d'une histoire de la Confrérie de St-Eloi, né en 1590, mort en 1648.

Jamot, docteur en médecine et poète, XVI° siècle.

Jean Surius, jésuite, XVII° siècle, différent de Laurent, l'auteur hagiographe.

Warlincourt, poète et traducteur.

Marchand de Burbure, né à Béthune en 1734, mort à la Flèche en 1802 : Travaux littéraires et scientifiques.

Jean Chrysostome, capucin, prédicateur, auteur de paraphrases sur le psaume 118°.

Bail, né en 1777, mort en 1827 : ouvrages et brochures d'économie politique.

ALLOUAGNE.

Allone. — Charte 1037.
Allonne. — Ibid.
Aslone. — Charte 1087.
Alovana. — Charte latine, XI⁰ siècle.
Aleania. —   Ibid.
Aleonia. —   Ibid.
Allewaigne. — Charte 1071-1324-1434. *Arch. du Nord de la France.*
Alosne. — Duchesne, *Hist. de la Maison de Béthune.*
Allouaigne. — Charte 1214.
Alluoagne. —   Ibid.
Alouaigne. — Coutumes 1507.
Aloigne. —   Ibid,
Allouane. — 1671.
Allewanne. — 1671.
Alloine. — Mss. du Père Ignace, 1740.
Alloigne. .—   Ibid.
La Vaigne. — L'abbé Plique, *Pélerinage.*

Ce village situé près de la source d'un des affluents de la Nawe, nommé dans le pays le *Grand Nocq*, dépendait de l'ancienne *Avouerie* de Béthune.

Il en est fait mention dès le XI⁰ siècle.

En 1037, Robert II, sire de Béthune, accorda à la collégiale de St-Barthélemy de Béthune la dîme des bêtes fauves nourries dans la forêt d'*Alone*. Un seigneur d'Allewaigne figure, en 1071, comme témoin d'une charte de St-Liébert, évêque de Cambrai. Ses successeurs étaient pairs du châtelain de Béthune (1).

Jean d'Allouagne, bailli de Béthune, figure comme témoin dans une charte testamentaire de Guillaume, avoué d'Arras. (avril 1214.)

Un autre seigneur d'Allouagne, du nom de Jean, signe comme témoin une charte donnée par Guillaume et Daniel de Béthune en faveur de la collégiale de Sᵗ-Barthélemy dont ils étaient les bienfaiteurs (2).

(1) Harbaville, *Mém. hist.*
(2) Mss. Père Ignace, *Recueil*, t. II, p. 270.

Un chevalier nommé Jean Esmenault, gendre de Baudouin d'Allouaigne, fut tué à la bataille de Ruisseauville. Son corps fut rapporté à Allouagne et déposé dans une chapelle sépulcrale construite pour la famille.

« L'an 1414, Regnant en France, Charles VI et es Pays-Bas,
« Jean duc de Bourgogne, vivait encore un nommé Jean Esme-
« nault, gentilhomme anchiennement extrait de la noble maison
« de Lillers, allié aux anchiens gentilshommes de ce comté d'Ar-
« tois, lequel en qualité de lieutenant de la compagnie d'hommes
« d'armes du sieur de Wavrin, son parent, se trouva en la ba-
« taille de Rousseauville pour la querelle de son prince, et por-
« toit son estendart sur le cry de St-Nicolas, la bataille luy cousta
« la vie, et fust son corps trouvé entre les morts et raporté par
« quatre femmes au village d'*Allouagne*, où il fut honorablement
« inhumé en la chapelle qui se nommait anchiennement la *chapelle*
« *des Esmenault*, soubz un marbre gravé de ses armes et car-
« tiers. Il avait espousé la fille de Messire Bauduin d'Allouaigne,
« chevalier, sieur dudit lieu, dont il laissa un fils aussi nommé
« Jean, lequel s'allia par mariage a Damoiselle Peronne de la
« Plancque, fille de noble homme Regnault de la Plancque et de
« damoiselle Yolente de Nedonchel.

« Le dit Regnault de la Plancque at eu de ladite Nedonchel,
« deux autres filles dont la première fut alliée à un du surnom
« d'Allouagne qui fut chevalier, etc., etc. (1).

Nous trouvons dans le cartulaire de Gosnay, à la date du 1er août 1324, la mention de Jean d'Allouaigne, écuyer, et celle de Jacques-Orondel d'Allouaigne, prêtre, notaire apostolique en 1580.

Pierre d'*Aloigne*, dit le Borgne, en était seigneur en 1386 (2)

A la requête de Desvres d'Allewaigne, Jean de Bourgogne lance un mandat d'arrestation en 1434, contre Regnault La Personne et ses complices, qui, accompagnés de gens de guerre avaient ravagé la ville d'Allewaigne (3).

(1) P. Le Pez, *Gén.*t. II, p. 499.
(2) Idem.
(3) *Archives du Nord de la France.*

Jean d'Allewaigne, écuyer, mari de demoiselle Jeanne de Donqueurre, relève en 1501 les trois fiefs de Friesves, Vy-sur-Authie et Galametz, ayant appartenu à feu Jean de Donqueurre, chevalier, son beau-père (1). Sa sœur Marguerite d'Allewaigne entra aux Chartreuses de Gosnay, le 12 juillet 1509, et en devint prieure en 1520.

Foulques de Lens-Rebecque prenait le titre de seigneur d'Allewaigne, en 1450. Jacques de Rebecque, écuyer, seigneur d'Allouagne, fut mayeur de St-Omer en 1494, 1496, 1510 et 1521.

La terre d'Allouagne appartenait au commencement du XVIe siècle à la famille d'Assignies (2). Elle tire son nom d'une seigneurie avec château fort, située dans les environs d'Aire.

Léon, sire d'Assignies, prévôt de Valenciennes, commandant 1500 lances pour le service de Maximilien d'Autriche, mourut le 12 février 1517. Il eut de sa femme, Marie de Lannois deux fils, Pontus, sire d'Assignies, auteur de la branche des barons d'Assignies et de Bailleul et Antoine d'Assignies, seigneur d'Allouagne. Ce dernier, avoué héréditaire de Thérouanne, maistre de camp de cavalerie, fut créé chevalier par lettres patentes de l'empereur Charles V, du 28 janvier 1554. Il mourut le 2 novembre 1590.

Il avait épousé : 1° Jeanne Le Chevalier ; 2° Jeanne de Fœutre, qui donna le jour à Antoine, dit le Jeune, marié à Anne de Tournay, d'où est sortie la branche des Tournay-d'Assignies, comtes d'Oisy.

Antoine d'Assigny eut de sa première femme un fils : Antoine IIe du nom, seigneur d'Allouagne et autres lieux, lieutenant-général des hommes d'armes des Pays-Bas, mort en 1614.

Il avait épousé Barbe d'Aufai dont il eut Oudard, seigneur d'Allouagne, marié à Jeanne d'Assignies, sa parente.

Ce fut en faveur de leur fils, Jean-Baptiste d'Assignies que la baronnie d'Allouagne fut constituée en marquisat par Louis XIV, au mois d'octobre 1676.

(1) *Comptes du bailliage de Hesdin*, Le Ver.
(2) La famille d'Assignies portait : *Vairé or et azur, au franc quartier de sable, chargé d'une épée d'argent, la garde et la poignée d'or, la pointe en bas.*

La seigneurie d'Allouagne, dépendant du château de Lens resta dans la maison d'Assignies jusqu'au milieu du XVIII° siècle, où elle passa dans celle des comtes de Lannoy, par suite du mariage de Marie-Françoise-Constance-Antoinette d'Assignies, avec Ferdinand, comte de Lannoy. Ces nouveaux seigneurs n'habitant pas la commune, laissèrent dépérir l'antique castel d'Allouagne, dont il ne reste d'autres traces que des fossés entourant l'emplacement actuel de l'église et de la maison communale.

Suivant une tradition populaire, un amiral anglais périt dans les fossés du château d'Allouagne dont il voulait s'emparer. Le lieu dit le *Chemin des Anglais* semble rappeler cet épisode de l'invasion anglaise dans cette contrée. Le bois d'Allouagne fut amodié en 1695.

La seigneurie d'Allouagne avait sous sa dépendance un grand nombre de vassaux, propriétaires de petits fiefs, tels que la seigneurie d'Acquembronne et le fief de Le Becque.

Allouagne relevait autrefois de la gouvernance et du bailliage de Béthune. Sa coutume particulière fut rédigée le 25 septembre 1507. Il y avait alors un échevinage. Nous retrouvons les noms de Jacques Sirot, Bauduin Le Couvreur, Jaquin Lefèvre, Colart Warin, comme échevins d'Allouagne à cette époque et celui de Jehan de Poix, en qualité de lieutenant du bailli. (1) Une partie du village relevait de l'abbaye du Mont-Saint-Quentin et du prieuré de la Beuvrière. C'est aujourd'hui une commune importante du canton de Béthune. La population qui n'était que de 350 communiants en 1720 s'est élevée à 1,448 habitants d'après le dernier recensement. Elle est située à 10 kilomètres de Béthune et à 5 de Lillers ; son territoire est traversé à l'une de ses extrémités par la ligne du chemin de fer des houillères d'Arras à Hazebrouck.

Le Marais, Le Réveillon et l'Obled sont des hameaux ou écarts qui en dépendent.

Les registres de l'état-civil remontent à 1664.

L'église d'Allouagne a été construite à l'aide des dons de la

---

(1). Bouthors. *Cout. loc. du bailliage d'Amiens*, t. II, pages 390 et 391.

famille d'Assignies ; elle a pour patron saint Léger. Cet édifice, construit en pierres blanches du pays, se compose de trois nefs. On n'y remarque aucune date, mais par son style romano-byzantin ou de transition, il semble remonter au XII° siècle. On remarque sur les piliers qui soutiennent la tour quelques restes de moulures où sont sculptés des animaux, des feuillages et des têtes grimaçantes.

Le chœur était autrefois séparé des nefs par la tour : en 1808, le clocher l'effondra en tombant, et il fut reconstruit à l'extrêmité opposée. Cette construction nouvelle est loin d'être en rapport avec le style du monument ; l'église du reste est dans un état de dégradation qui porte en beaucoup d'endroits les signes des ravages du temps.

La paroisse d'Allouagne, après avoir fait partie du diocèse de Thérouanne, fut annexée à celui de Boulogne, après le traité de Cateau-Cambrésis, 3 avril 1559.

La cure, dont le prieur de La Beuvrière était collateur, relevait du doyenné d'Auchy-au-Bois ; mais plus tard le curé de cette paroisse fut nommé doyen.

A l'époque de la Révolution française, Allouagne avait pour doyen M. Lobel, et pour vicaire M. Roche, qui tous deux refusèrent de prêter serment à la Constitution civile du clergé et prirent le chemin de l'exil. M. Lobel mourut peu de temps après avoir quitté le sol de la France ; M. Roche passa trois années à Alost, petite ville située entre Bruxelles et Gand, et revint à Allouagne, où il exerça les fonctions du saint ministère au péril de sa vie.

Pendant son absence, l'église de son ancienne paroisse avait partagé le sort de toutes les églises du royaume. On l'avait complétement dépouillée de son mobilier ; ses belles cloches étaient fondues, ses riches reliquaires, ses autels, sa chaire, ses confessionnaux vendus à vil prix. Le presbytère et la maison vicariale furent adjugés à un habitant de La Beuvrière pour 1,512 francs. L'église échappa néanmoins au vandalisme de l'époque, parce qu'on n'en offrit que 1,500 francs, somme que le gouvernement d'alors regarda comme trop minime. Elle demeura fermée jusqu'en 1803.

Le généreux concours de la famille de l'Orne d'Alincourt permit au curé Roche, rappelé à Allouagne; de réparer en partie les ruines amoncelées par l'impiété révolutionnaire, et de donner au culte la décence qu'il réclamait. Les vases sacrés et les ornements que possède cette église, viennent pour la plupart de cette pieuse famille. M. Louis de l'Orne d'Alincourt avait été guillotiné à Arras, par l'ordre de Lebon, le 12 juillet 1796, à l'âge de 58 ans. Sa emme, que l'on avait enfermée dans la prison de Béthune, en même temps que son époux, eut également péri sur l'échafaud, si l'enfant qu'elle portait dans son sein n'avait déterminé ses bourreaux à différer son exécution. La chute de Lebon et de Robespierre la sauva de la mort. Elle revint à Allouagne où elle vécut jusqu'en 1856, entourée du respect et de l'amour de tous ceux qui la connaissaient.

Il existe à Allouagne un pélerinage très-fréquenté en l'honneur de la Sainte-Larme. Nous empruntons à Monsieur l'abbé Plique, la légende d'après laquelle la paroisse fut mise en possession de ce trésor.

Après la prise de Jérusalem par les croisés, le vendredi 15 juillet 1099, Godefroy de Bouillon, l'une des gloires les plus pures de notre pays et de la France entière, fut élu roi de la ville et de tout le territoire conquis. Son règne commencé sous tant d'heureux auspices, ne dura qu'une année, ce héros chrétien étant mort le 17 juillet 1100. Pendant ce court intervalle, Godefroy de Bouillon, aussi distingué par sa piété que par sa bravoure, envoya de Jérusalem à Boulogne où il était né, la relique du Saint-Sang de Notre Seigneur. Il savait qu'il ne pouvait rien faire de plus agréable à son père Eustache II, comte de Boulogne, et surtout à la pieuse Ide, sa mère, que l'église a placée depuis sur ses autels.

« Mais, dit à cette occasion l'historien de St-Omer (1), Godefroy
« ne se contenta pas d'enrichir sa famille de Boulogne, en lui fai-
« sant ce présent magnifique, il voulut aussi témoigner sa recon-
« naissance à sa nourrice bien-aimée, en lui donnant une belle
« propriété dans un village dépendant du comté de Lens, nommé

(1) Malbrancq, *de Morinis*, t. III, liv. 9, chap. 9.

« *Allouaine,* entre Aire et Béthune, sur le territoire de la Mori-
« nie. Il lui envoya de plus, dans ce village qu'elle habitait, une
« des larmes que répandit Notre Seigneur, lorsqu'il ressuscita
« Lazare, son ami. Maintenant encore, continue-t-il, on conserve
« dans cet endroit une châsse haute de plus d'un pied, faite de
« l'or le plus pur et le plus fin, renflée vers le milieu en forme de
« cercle, où l'on croit qu'est renfermée cette Sainte-Larme. C'est
« pour cela que ce village porte depuis longtemps le nom de
« Sainte-Larme. On y voit accourir de la France, de la Flandre, de
« la Morinie, de l'Artois, du Haynaut, d'Amiens, etc., une multi-
« tude de pélerins qui y trouvent souvent un remède salutaire
« pour les maladies d'yeux.

« C'est aussi pour ce motif que dans l'église paroissiale, cons-
« truite en pierre blanche, on célèbre une messe particulière tirée
« de l'ancien missel de Thérouanne ou de la Morinie, messe autre-
« fois approuvée par les évêques de Thérouanne, et dans ce siècle
« même, par celui de Boulogne et par les docteurs de l'Académie
« de Belgique. »

Dès que la nourrice de Godefroy de Bouillon eut donné à l'église de son village la précieuse larme du Christ, il s'y établit un pélerinage qui commence chaque année, le 21 juin et dure plusieurs jours, pendant lesquels on expose à la vénération des fidèles la Sainte-Larme contenue dans une petite fiole que revêt un riche reliquaire.

Ce reliquaire, qui se trouvait autrefois renfermé dans la riche châsse en or fin dont parle le père Malbrancq et convertie de nos jours en bois de chêne doré, est une petite fiole en argent haute de 28 millimètres, ayant dans le bas un renflement de 20 millimètres environ de diamètre. Ce renflement est surmonté d'un goulot de 8 millimètres d'élévation sur 5 millimètres de diamètre, terminé par un couvercle en argent soudé. Il y a vers le milieu du goulot deux ansettes, une de chaque côté, et deux autres semblables également disposées sur le renflement de la fiole. Sur le milieu de ce renflement sont percés horizontalement, à des distances égales, 8 trous circulaires de 2 à 3 millimètres de diamètre, laissant apercevoir à l'intérieur de la fiole une pierre grisâtre sur laquelle est tombée la larme du fils de Dieu. (1)

Raissius avant Malbrancq avait parlé de la Sainte-Larme d'Allouagne (2).

Après avoir signalé les Saintes-Larmes de Liége et de Vendôme, il ajoute : « On montre également une Larme de Notre Seigneur « Jésus-Christ en Artois, dans un village entre Béthune et Lillers, « appelé Vagne, et maintenant désigné sous le nom de Sainte-« Larme par les pélerins, en l'honneur de ce précieux trésor. Une « foule de personnes y viennent en pélerinage des pays les plus « éloignés pour la vénérer, et, soit par la vue de cette relique, soit « en la touchant avec foi, obtiennent la guérison de la maladie dont « leurs yeux sont atteints, où, du moins, du soulagement à leurs « douleurs. » Autrefois on distribuait aux pélerins de l'eau-bénite, dans laquelle on avait plongé la fiole vénérée, et on leur vendait des médailles d'argent, de cuivre et de plomb, des images ou des petits livres qu'on avait fait toucher au reliquaire et qui avaient rapport à la dévotion spéciale de ce pélerinage.

Ces médailles ont été savamment décrites par M. Dancoisne dans la *Numismatique Béthunoise*. (3)

Voyez, sur Allouagne. — Raissius, — Malbranq, de Morinis, — Harbaville, — Le Carpentier. *Hist. de Cambrai*, — F. Lequien, — Plique (l'abbé), *Allouagne et son Pélerinage*, — Dancoisne. *Numismatique Béthunoise*.

ANNEZIN.

Anesin, 1210. Charte de Guillaume de Béthune.
Anezin, XV° siècle.

Selon M. Tailliar, ce village situé sur l'un des bras de la

(1) L'abbé Plique. *Allouagne et son pélerinage.*
(2) *Hierogazophilacium Belgicum*. Douai, 1628.
(3) Page 136 et suiv.

Lawe, tire son nom du celtique *Agnio, an,* qui signifie eau vive.

An zin, demeure près de la rivière. Nous citerons, sans y ajouter la moindre importance, l'opinion du Père Ignace, d'après lequel, *Annezin, Anzin* et *Onzain* auraient été ainsi nommés par suite de « la grande quantité d'ânes qui y séjournaient pour « le service des châteaux de Béthune, Arras et Valenciennes. »

Quoiqu'il en soit, l'origine de cette commune est assez ancienne. En 1095, Roger Soufflant et Walburge sa femme, nobles bourgeois de Béthune, donnent à l'abbaye de St-Eloy 22 septiers de grains à prendre chaque année sur le moulin *Bienfait,* appelé plus tard moulin Gauthier, à Annezin, et 4 courtils situés sur le même territoire.

En 1123, Lambert, abbé de St-Bertin, obtint du comte de Flandre l'autel d'Annezin. En 1210, Jehan, sire du lieu, était pair du comte de Béthune (1). Cette dignité échut à son fils Eustache. Il est mentionné dans une charte de 1210, publiée par Guillaume le Roux, et dans laquelle ce seigneur de Béthune règle les droits et prérogatives des échevins chargés de l'administration de cette ville.

Le 24 août 1220, Michel de Harnes mande à Roger d'Annezin de faire hommage à son cher cousin Robert, avoué d'Arras, Béthune et Tenremonde, dont il était l'un des hommes liges et pairs, pour le fief qu'il tenait de lui (2).

Une charte de Robert, en date de 1241, fait mention d'une rente que ce comte de Béthune possédait à Annezin (3).

La terre d'Annezin, dont le seigneur avait rang parmi les familles équestres sous le règne de Charles-Quint, appartint ensuite à la maison des ducs de Roquelaure, et tomba par alliance dans la famille d'Houchain, marquis de Longastre. — Jean d'Houchain, 1er de nom, s'intitule seigneur d'Annezin au XIVe siècle. Son fils, Jean II, surnommé *Houchinel,* épousa Christine de Morcamp, fille d'Antoine, mayeur de St-Omer. Jean de Hou

---

(1). *Locrius. Chronicon Belgicum.*
(2). *Chambre des Comptes :* Lille. — *Histoire du Comté de Harnes.*
(3). *Archives du Département, titres de St-Barthélemy.*

chain III releva la terre d'Annezin, en 1404, Jean IV, seigneur d'Annezin, Mory et Annœulin, était pannetier d'Antoine de Bourgogne, duc de Brabant ; il épousa Ide, fille héritière de Robert de Sains, seigneur de Longastre, et d'Ide, dame de Mory. Leurs armoiries étaient peintes sur deux fenêtres du chœur de l'ancienne église.

Jean de Houchain, V^e du nom, leur fils, épousa Marguerite d'Inchy (1) ; ils furent enterrés dans l'église d'Annezin. Les deux époux étaient représentés à genoux sur un prie-dieu les mains jointes. Jean avait les éperons aux pieds, le casque et les gantelets au bas du prie-dieu.

Jean VI de Houchain, chevalier, seigneur de Longastre, Annezin, Mory, etc., etc., mourut en 1435. On voyait encore en 1737, son épitaphe gravée sur la bordure antérieure de la pierre du maitre autel, devant lequel étaient gravées les armoiries de Houchain, de Longastre, de Sains et de Mory. Le tombeau de sa femme, placé dans le chœur de l'église d'Annezin était surmonté d'un groupe en marbre blanc représentant une dame à genoux sur un Prie-Dieu, présentée au seigneur par St-Antoine abbé, le bâton en main, et un pourceau derrière lui.

Charles I de Houchain, leur fils, prenait comme ses ancêtres le titre de fondateur de l'église d'Annezin. Il fut inhumé le 23 octobre 1550 dans le chœur. Il avait épousé Catherine de Vignacourt, qui mourut le 17 mars 1534.

Izambard de Houchain, seigneur d'Annezin, fit faire de nombreux embellissements dans l'église, il donna la table d'autel et fut enterré dans le chœur auprès de ses aïeux. Il eut de sa femme, Antoinette de Lens, décédée le 24 septembre 1556, un fils Charles II de Houchain. La seigneurie d'Annezin échut en partage à son fils Philippe, qui épousa Françoise de Gavre. Ils eurent 5 enfants dont l'aîné, Charles-Claude de Houchain fut seigneur de Longastre et d'Annezin. Il épousa en 1688 Béatrix du Chastel, vicomtesse d'Haubourdin et d'Emmerin, dont il eut entre autres enfants Louis-François-Joseph de Houchain, dit le *marquis de*

---

(1) Le Carpentier, *Histoire de Cambrai*, 3e partie p. 708.

Longastre, qui fut député général et ordinaire du corps de la noblesse des états d'Artois. Son mariage avec Marie-Joseph-Thérèse de Thiennes, fille du marquis de Berthen, baron de Broeck, eut lieu le 19 novembre 1636, et les nouveaux époux firent leur entrée solennelle au château d'Annezin le 2 décembre suivant. L'aîné de leurs quatre enfants, Louis-François-Joseph, comte de Houchain, seigneur d'Annezin, marquis de Longastre, etc., etc., fut, comme son père, député à la cour. Il mourut dans son château d'Annezin et fut inhumé dans le chœur de l'église (1). Sa première femme, Marie-André-Joseph de Berghes, lui donna un fils, Jean-Joseph-Anne-Marie, marquis de Houchain et de Longastre, qui hérita du domaine d'Annezin.

Le 23 août 1645, les français commandés par Gaston d'Orléans, débouchant par Merville, vinrent mettre le siége devant Béthune. La principale attaque, confiée au maréchal de Rantzau, eut pour point central le château d'Annezin; la tranchée y fut ouverte le 26, après la prise des faubourgs de Cateau-Rive et de la Porte-Neuve.

Lors du siége de Béthune en 1710, les Hollandais établirent leur campement dans *la plaine du mont d'Annezin*.

Les prairies qui s'étendent entre Béthune et Annezin, à l'ouest appelées en 1210 *les prés de Jean d'Annezin*, et dont Guillaume, avoué d'Arras et seigneur de Béthune, se réservait la jouissance, étaient autrefois très-fréquentées. Elles ont perdu, depuis quelques années, une très-grande partie de leur charme, par suite de la destruction de leurs plus beaux arbres. Toutefois, l'allée *dite le Chemin-Vert* et l'avenue du château ont été respectées.

Le château d'Annezin, ancienne propriété des ducs de Roquelaure, est entouré de fossés alimentés par la Bretta et d'un parc renfermant une belle pièce d'eau. Il en est fait mention dans les chartes de 1222. Bâti à neuf en 1555, comme l'indique la date inscrite au-dessus d'une des portes, il fut détruit pendant l'occupation espagnole. Pendant le siége de 1710, le gouverneur de Béthune retira, le 18 juillet, du château d'Annezin un poste de cent hommes qu'il y avait placé, et qui n'avait

(1) Mss. Père Ignace, *Add. aux Mém.*, tome I, page 518.

aucune communication avec la place. Deux jours après, il était occupé par deux cents hommes du parti des alliés. On se mit immédiatement à l'œuvre pour le restaurer. En 1732, d'Asfeld, chef du génie, qui devint maréchal de France, vint visiter les travaux et les embellissements. Il ordonna de construire un pont de maçonnerie au delà des jardins, à peu de distance de l'endroit où pendant le siége de Béthune, les Hollandais avaient fait couler les eaux de la rivière pour leur faire ensuite traverser la chaussée (1).

La reconstruction fut presqu'entièrement terminée vers 1775, par le marquis de Longastre, le plus fameux duelliste de son temps. Aussi s'est-il donné plus d'un coup d'épée dans le jardin de ce château. La réputation du marquis était telle que maint gentilhomme arrivait à Annezin uniquement pour mesurer sa lame avec la sienne. Nous avons vu que le marquis de Houchain descendait du fameux Roquelaure; cette parenté valut au château d'Annezin le surnom de *Château de Roquelaure*. Ancien rendez-vous de chasse du temps de Louis XIV, le marquis de Longastre voulait en faire une maison de plaisance tout à fait remarquable, un séjour délicieux où il put passer une partie de l'année, en menant joyeuse vie. Le logement ne devait pas manquer à ses amis, car le château dans son vaste corps de logis et dans ses deux ailes qui font saillie du côté du jardin, compte une centaine d'appartements. Il n'eut pas le temps de jouir de son œuvre. La Révolution arriva, et il crut prudent de fuir. A cette époque, le château était bâti, mais non décoré à l'intérieur ; un vaste fossé rempli d'eau faisait une île de l'habitation et du jardin; un pont de pierre donnait entrée du côté du village, un pont-levis était placé du côté de la ville, à l'extrémité d'une jolie avenue percée dans un bosquet bien planté dont on chercherait vainement la place aujourd'hui. Racheté par l'ancien receveur du marquis de Longastre, M. Barthier, il a été vendu par ses héritiers à M. Hanon Sénéchal, propriétaire à Béthune.

(1) Mss. Père Ignace, *Add. aux Mém.*, t. I, f° 598.

Le dimanche 14 septembre 1847, 450 souscripteurs se réunissaient dans le château d'Annezin pour un banquet réformiste sous la présidence de M. Odilon Barrot. Ce banquet, on le sait, a eu la plus grande influence sur la révolution de février 1848.

Ce château appartient aujourd'hui à la Compagnie des mines de houille d'Annezin qui y loge ses directeurs et ses principaux employés. On y compte, suivant les habitants du pays, 365 fenêtres, 52 portes et 24 cheminées.

L'abbaye de St-Jean-au-Mont-les-Thérouanne jouissait de certains droits seigneuriaux sur la terre d'Annezin. La coutume locale fut rédigée le 25 septembre 1507 (1).

L'église d'Annezin, bâtie au XIVe siècle, fut dévalisée à la Révolution de 1789. En 1872, son état de vétusté et de délabrement a déterminé le curé, M. Wallart, à la faire démolir, et un magnifique sanctuaire à 3 nefs construit sous la direction de M. l'architecte Mayeur, remplacera bientôt l'ancienne construction qui menaçait ruine.

Nous croyons intéressant de citer les descriptions qui ont été faites de l'ancienne église d'Annezin, par le Père Ignace et, plus tard, d'après les notes de M. le chanoine Parenty.

« L'église telle que nous la voyons à présent — 1740, dit le père
« Ignace, c'est-à-dire le chœur et les deux chapelles, a été cons-
« truite en même temps ; elle est voûtée, et l'on voit à chaque
« pilier qui sert de base à la voûte dans le chœur, les armoiries
« des fondateurs et de leurs épouses, savoir : au 1er, celles de
« Charles de Houchin ; au 2°, celles de Caterine de Vignacourt, sa
« femme, ce qui montre que cette église a été bâtie avant le milieu
« du XVIe siècle ; au 3° pilier, ce sont les armes de Jean de Houchin,
« et de Yde de Sains, son épouse, qui le premier a fait ériger
« Annezin en paroisse, cent ans auparavant ; au 4° pilier sont
« gravées celles d'un autre Jean d'Houchin et de Marguerite
« d'Inchy, sa femme. Quelques-uns de ces seigneurs ont le Lam-
« bel sur leurs armes, ce qui prouve qu'ils étaient cadets.

(1) Bouthors, *Coutumes du Bailliage d'Amiens*, t. II, p. 367.

« Le chœur a cinq croisées toutes égales et d'un beau vitrage.
« Sur chaque vitre un seigneur et son épouse sont peints à ge-
« noux, les épaules couvertes d'un manteau chargé de l'écusson
« de leurs armoiries. Derrière chaque figure qui se regarde est
« le portrait du saint ou de la sainte dont les deux conjoints por-
« tent le nom ; au bas de cette vitre sont écrits les noms des
« personnes représentées à peu près dans la même attitude que
« sur le rétable d'autel, dont on a parlé plus haut, savoir : sur
« celle du fond, ou au cul de lampe, Jean de Houchin, chevalier,
« seigneur de Longâtre, qui est enterré sous l'autel avec son épouse
« de Sains.

« Celle du côté de l'évangile est de Jean de Houchin et de Mar-
« guerite d'Inchy ; celle du côté de l'épître est d'un autre Jean
« d'Houchin et d'Antoinette de Montigny, sa femme, fils du
« fondateur. La quatrième du même côté est celle d'Isembart
« d'Houchin et d'Antoinette de Lens, dite de Rebecque, et la cin-
« quième vis-à-vis, du côté de l'Évangile, est de Charles d'Hou-
« chin et de Caterine de Vignacourt, son épouse.

« Tous ces seigneurs sont enterrés avec leurs femmes dans cette
« église qui subsistait avant qu'elle fût bâtie dans l'ordre que
« nous la voyons en 1744.

« La chapelle du côté de l'évangile, et qui est celle du seigneur,
« a deux croisées plus grandes que celles du chœur, et d'un
« vitrage moins épais et mieux nuancé, l'un et l'autre néanmoins
« ont été construits en même temps. A la vitre au-dessus de
« l'autel est représenté un seigneur de la maison d'Houchin, dont
« l'épouse étoit de celle de Longueval. Cette vitre est de l'an
« 1546. Les personnages qui y sont représentés sont dans la même
« attitude que ceux que l'on voit aux vitres du chœur. Ce d'Hou-
« chin est un fils de Charles, fondateur de cette église, c'est-à-dire
« qui l'a fait bâtir ; mais on ignore s'il était son aîné. Il est cer-
« tain qu'il fit construire le château d'Annezin, avec le pont-levis,
« l'an 1555 le tout de briques, et que l'on voyait encore l'an
« 1744.

« Cette chapelle est celle du seigneur d'Annezin, il y a son
« banc et une porte indépendante de celle de l'église ; les armes

« de la maison d'Houchin sont à la clef ou au cintre de cette porte ;
« car toute cette maçonnerie a été faite en même temps, ainsi que
« je l'ai déjà dit. La seconde vitre de cette chapelle a été donnée
« l'an 1542 par Antoinette de Bourbourg, tante du fondateur
« Charles d'Houchin ou de Caterine de Vignacourt son épouse.

« La chapelle parallèle à celle-ci est de la même main et par-
« faitement conforme. Les vitrages de ses deux croisées sont de
« l'an 1546. On ne pouvait plus en 1737 déchiffrer les noms des
« personnes qui ont fait faire ces vitres.

« L'autel du chœur est bas et petit, sans aucune décoration
« convenable. Au-dessus de cet autel reposait anciennement la
« Sainte Hostie, selon la pratique de quelques cathédrales.

« L'église paroissiale a pour fondateur Jean de Houchin, sei-
« gneur de Longate, etc., mort le 22 février 1461.

« Quatre-vingts ans après ou environ, un de ses descendants fit
« bâtir celle qui subsiste encore à présent, 1744. C'est un chœur
« et deux chapelles en cul de lampe, le tout voûté, et construit
« partie de grès, partie de pierres dures, les uns très-bien piqués,
« les autres taillées avec soin, ce chœur et cancelles sont cou-
« vertes d'ardoises et furent faites l'an 1539. On le voit aux
« deux pilliers du chœur où sont gravées les armoiries de Char-
« les de Houchin et de Caterine de Vignacourt, sa femme. »
(Ces piliers ont été conservés et replacés à l'entrée du chœur
de la nouvelle église). « Ce seigneur avait fait graver celles de
« Jean et de sa femme de Sains au 3ᵉ pillier, comme 1ᵉʳ fon-
« dateur. Le chœur a cinq croisées toutes égales et d'un beau
« vitrage. La chapelle du côté de l'évangile est celle du seigneur
« qui y a une porte. Cette église n'a qu'une nef où est l'autel de
« Notre-Dame-du-Mont-Carmel, confrérie et pélerinage. Son éten-
« dart a été donné l'an 1634 par un chevalier de la Toison-d'Or.
« Cette nef est postérieure aux chœur et chapelles. L'entrée, qui
« est sous le clocher, fut réparée en 1702. Ce clocher qui contient
« trois cloches, est de bois ; c'est une flèche quarrée. »

L'église d'Annezin fut rendue au culte le 11 juillet 1800. Elle
était alors dans un état déplorable ; toutes les magnifiques verrières étaient brisées, les belles boiseries en chêne du chœur et

du transept, les autels, le calvaire, le confessionnal, la chaire de vérité, avaient été détruits ou vendus le 3 floréal an II; les nombreux ex-voto, les guidons, témoignage de la reconnaissance des fidèles à N.-D. du Mont-Carmel, avaient disparu; une seule des 4 cloches avait été conservée, les autres avaient été conduites au poids public à Béthune. Lors de sa démolition en 1871, l'église était entourée extérieurement d'une litre ou cordon funèbre, dont les armoiries étaient en partie effacées. Sur les piliers de forme octogone qui soutenaient, à l'intérieur, l'ouverture ogivale du transsept, se lisait cette inscription, « *Je fut fait l'an 1539* », accompagnée des armes presque frustes des fondateurs. En effet, la famille de Longastre avait contribué beaucoup à son embellissement, et c'est dans le sanctuaire, près des marche pieds du maître-autel, que le cœur du marquis d'Houchain fut inhumé. Retrouvé lors de la démolition, il a été replacé avec un soin tout religieux, par M. l'abbé Wallart à l'endroit où il avait été primitivement déposé.

Le transept renfermait deux beaux autels modernes en chêne sculpté.

Les inscriptions funéraires, parfaitement conservées, avaient échappé aux fureurs du vandalisme de 1793. C'étaient les derniers vestiges de la gloire et de l'opulence des seigneurs de la famille Longastre. Ces pierres ont été recueillies par M. le curé et transportées au presbytère. En voici la description :

Chi gist noble et vertueuse dame
Madame Catherinne de
Wignacourt femme d'icelluy
Seigneur Charles qui déééda en
Leage de soixante quatre ans
Le vii de mars xv c. xxxiiii.

Chi gist noble et vertueuse
Dame madame Anthoine' de Lens
Dict de Rebecq feme du dit seigneur
Imbar et termina en l'eage
De xxxviii ans, le xxviii de
Septembre xv c. lvi. Priez pour eux

Chi gist noble et puissant seigneur
Sire Imbart de Houchin
Fils de Charles Chler seignr et fondr
du dit lieu, lequel termina
{en l'eage.....

Chi gist noble et puissant seignr sire
Charles de Houchin Chler seigneur
Et fondateur des dits lieux fils de
Jean aussi chevalier,
Qui deceda en l'age de iiiixxviii
Ans le xxiii jour d'octobre
L'an xv c. cinquante.

Chi gist noble et puissant seigneur sire Jean de Houchin fils de Jean Chler seigneur de Longastre, Mory, Anezin, Ghuollezin, Cher fondateur de ce lieu lequel Mourut en l'eage de LXXVIII ans ..... L'an xv c. et xv.	O mater Dei. Memento Mei.	Chi gist noble et vertueuse Dame madame Anthoinette de Montigny Femme Dudit seigneur Jean, laquelle mourut En l'eage de trente et deux Ans, l'an mil quatre cent Soixante et douze.

Des anciennes richesses de l'église d'Annezin il ne reste qu'un Christ en ivoire d'un travail exquis , et une pyxide émaillée de fabrication limousine, qui date du XII° siècle. Elle sert aujourd'hui de chrismatoire et a figuré honorablement aux expositions d'objets d'art chrétien à Malines, 1864, à Paris, 1867, et à Lille, en 1874. (Voir le n° 656 du Catalogue.)

On remarque encore un grand tableau représentant la Descente de Croix, deux anciennes peintures sur bois (*Le Christ en croix et l'Ecce Homo*); l'inscription funéraire de O. Sullivan, époux de dame N. de Foulers, mort en 1804; il descendait d'un de ces nobles et fidèles Irlandais qui s'attachèrent à la fortune du dernier Stuart, le malheureux Charles Edouard, et l'ancienne clef de voûte du chœur qui a été replacée dans le nouveau sanctuaire.

L'église a pour patron saint Martin.

Én 1210 Annezin n'était qu'un hameau dépendant de la paroisse de Fouquereuil. Les seigneurs d'Houchain obtinrent en 1617 son érection en cure dépendant du doyenné de Béthune et du diocèse d'Arras. Elle eut alors pour collecteur le chapitre de cette dernière ville. Un registre remontant à une haute antiquité contenait la nomenclature des rentes et des revenus dont elle jouissait : le chiffre de ces revenus était considérable. Les seigneurs d'Annezin entretenaient le chœur et pourvoyaient aux besoins de l'église; le presbytère très-important, était entouré d'un immense jardin. C'est aujourd'hui une guinguette où la plus grande partie des habitants de Béthune se réunit les dimanches et fêtes pour la danse et autres divertissements. Il s'y trouve une très-jolie fontaine qui attire l'attention des étrangers.

Une confrérie de Notre-Dame du Mont-Carmel existe à Annezin depuis plusieurs siècles et elle a été l'occasion d'un pèlerinage renommé. Les registres de la paroisse renferment une série de documents se rapportant aux actes anciens de cette confrérie et aux miracles qui se sont opérés par l'entremise de Notre-Dame-du-Mont-Carmel, à Annezin. (1)

Le village d'Annezin dépendait de la gouvernance d'Arras, subdélégation, recette et gouvernement de Béthune, intendance de Picardie à Amiens. Il ressortissait à l'avouerie de Béthune et par appel au conseil d'Artois et parlement de Paris ; il y avait aussi un échevinage situé à 2 kil. de Béthune, à gauche de la route d'Aire ; il était sur les confins des diocèses de Boulogne et de St-Omer. La population qui n'était que de 146 âmes en 1720, s'éleva successivement à 315, recensement de 1750 et à 1085 habitants, d'après le recensement de 1872. Cette augmentation s'explique par l'établissement de la fosse aux charbons de la compagnie de Vendin-lez-Béthune. Cette population se répartit entre plusieurs hameaux qui sont le haut et bas Annezin, la ferme de Bellesa, G. de Bellesa, figure comme témoin de la charte donnée par Mahault femme de Guillaume de Béthune et par Daniel son fils en 1204, les Quatre Vents, la maison rouge, illustrée par Alex. Dumas, dans son roman des Mousquetaires, et désignée par lui comme étant de temps immémorial la demeure du bourreau de Béthune. Le Saulchoye était autrefois un fief dépendant d'Annezin. Le 21 septembre 1255, Jacques de Béthune, chanoine et official de Cambrai, propriétaire de 7 quartiers de terre situés au Saulchoye, près Béthune, de la paroisse d'Annezin, les donna à la chapelle de son cousin Jean Dumont, chevalier, seigneur de Montbernanchon ; ces terres relevaient de l'abbaye de Choques (2).

(1) Mss. du P. Ignace.— N.D. du Mont-Carmel à Annezin, Arras 1874.— etc.
(2) P. Ignace.

CHOCQUES.

Coka. 1029. — Malbrancq.
Cheockes, 1180. — Cartulaire de l'abbaye:
Cokes, 1218. Avril. — Charte de Daniel de Béthune.
Chokes. 1284. — Godefroy. Inv. des chartes d'Artois.

Situé sur la Clarence, à 4 kilomètres ouest de Béthune, Chocques est une très-ancienne résidence des avoués d'Arras, seigneurs de Béthune.

Bauduin, qui devait être comte de Flandre, le V° de ce nom, s'étant révolté contre son père, ce dernier avait dû réclamer l'appui de Robert de Normandie. Les troupes de ce duc, si célèbre dans les récits du Moyen-Age, envahirent l'Artois, et rencontrèrent les rebelles près de Béthune. Robert fut victorieux et le château de Chocques tomba en son pouvoir (1).

Robert de Béthune, propriétaire de ce fief, se détermina à ceindre le bourg de murs et de fossés, vers l'an 1070 (2). Il l'érigea en ville, se plut à la décorer et lui accorda des priviléges qui furent confirmés en 1072, par Robert le Frison, comte de Flandre. Cette nouvelle ville comptait à peine 60 ans d'existence lorsque Robert de Normandie fit une nouvelle irruption en Artois en 1128. Il se présenta devant Chocques, l'emporta sans peine, et la détruisit de fond en comble.

Eustache, châtelain de Lens, s'intitule seigneur de Chocques dans une charte de 1209, concernant la dîme de Gonnehem.

Au mois d'avril 1218, Daniel, avoué d'Arras, et seigneur de Béthune, reconnut avoir donné à Robert les terres situées sur Choques, qui appartenaient à sa mère.

Guillaume Ier, par son mariage avec Clémence d'Oisy, fille du châtelain de Cambrai, était devenu propriétaire d'un tiers de la

---

(1) Will. *Gemm.*, t. VI, p. 6: *Chron. de Normandie*, t. XI, p. 323.
(2) Il existe encore le long de la route d'Aire un fossé surnommé *le Fossé de la Ville*.

seigneurie de Choques; (1) les deux autres tiers appartenaient l'un à Baudouin, surnommé le Roux, et l'autre à Anselme d'Houdain. Baudouin fit réparer et augmenter le château, et en fit hommage à la reine Blanche en 1234, avec promesse de le rendre à *grande et petite force*. En 1312, Philippe de la Comté, châtelain de Lens, et Isabelle, sa femme, le cédèrent à la comtesse Mahaut. Déjà les souverains d'Artois possédaient un domaine et des droits de justice et de seigneurie sur le territoire de Choques.

Dans une charte du mois d'avril 1283, Mathieu, abbé et tout le couvent de l'église de St Jean de *Chokes* reconnaissent, que noble homme Robert, fils aîné du comte de Flandres, comte de Nevers, sire de Béthune et de Tenremonde, s'est *réservé à lui et à ses successeurs, toute justice telle que vie de homme ou membre à perdre, sur trente-deux mencaudées de terre, situées devant leur porte de Chokes, et sur deux mencaudées de terre qui y tiennent, sur lesquelles l'abbaye perçoit dix-neuf deniers et quatre chapons de rente annuelle que Amourri, sire de Fontenelle et de Maurewart, chevalier, leur a vendu toute autre justice, seigneurie, amende, forfaits et autres redevances appartenant à cette abbaye.* (2)

Chocques fut donc une des résidences de la comtesse Mahaut et de ses héritiers. Une garnison y avait été installée en 1346. Jean de Cagnicourt, parti d'Arras à la tête de plusieurs arbalétriers pour se rendre au Castel de Chocques, fut forcé de s'arrêter à La Buissière à cause du siége que les Flamands avaient mis devant Béthune. Le châtelain était alors Gilles de Beugin ; il reçut « pour remboursements d'avances faites aux soldats dudit « castel de Chocques, seize livres deux sols six deniers. » (3)

Trois ans après, en 1349, Bauduin le Wastelier, receveur de

---

(1) En 1145. Herbert, prieur de St-Pry, signe avec son compagnon Hugues, l'autorisation que donne Clémence d'Oisy, veuve de Guillaume, seigneur de Béthune, de bâtir une chapelle à Chocques.

(2) Orig. en parchemin scellé de sceaux des dits abbé et couvent, en cire verte, pendant à double queue de parchemin. (*Invent. des chartes d'Artois*, t. 1, p. 544.)

(3) Extrait des comptes des baillis d'Artois.

Béthune, livre une fourniture de vingt-quatre tonneaux de porc salé pour les châteaux de Chocques, de Béthune, de Gosnay et de La Buissière (1).

Chocques et Beuvry formaient une châtellenie dont les coutumes furent rédigées les 22 et 23 septembre 1507. Chaque année, le bailli faisait publier les *franques vérités, auxquelles les subjects et manans étaient tenus comparoir*. Jehan de Saulchoy était alors lieutenant du bailli de Chocques (2).

Deux justices distinctes existaient à Choques : celle des comtes d'Artois et celle de l'abbaye (3).

A côté de la châtellenie tenue des souverains d'Artois, venait se placer une seigneurie appartenant à la famille d'Houdain (4), Anselme, II° du nom, seigneur d'Houdain et de Chocques, vivait en 1120. Il laissa trois fils dont le second fut auteur de la branche des seigneurs de Chocques. Il fut père d'Anselme d'Houdain qui vivait du temps de l'abbé de Chocques, Gothson.

Eustache d'Houdain, II° du nom, seigneur de Chocques, laissa pour héritier Hugues d'Houdain qui épousa vers 1216, Mahaut de Béthune, veuve de Gauthier, seigneur de Bourbourg et fille de Robert le Roux, sire de Béthune. Cette dame donna à l'église de St-Jean-Baptiste de Chocques, son étang de la Pugnoy, par lettres du mois de novembre 1220, et ne laissa qu'une fille Alix, dame de Chocques, qui fut femme de Jean, seigneur de la Cauchie. Ils confirmèrent le don fait par eux à l'église de Chocques par acte du mois de décembre 1225, et laissèrent un fils nommé Hugues qui fut seigneur de la Cauchie et de Chocques.

Des lettres de Charles-Quint du 23 septembre 1555, contiennent la vente du château de Chocques au profit du sieur de Molembais (5).

---

(1) Extrait des comptes des baillis d'Artois.

(2). Bouthors. *Cout. gén. du bailliage d'Amiens*, t. II, pp. 363 et 364.

(3) Il existe encore deux lieux-dits *la Justice*; l'un embrasse les terrains près de l'avenue qui conduisait à l'ancienne abbaye, l'autre au contraire est situé à l'autre extrémité du territoire du côté de Lillers.

(4) La maison d'Houdain portait : *d'or au créquier de sinople*. Les cadets, seigneurs de Chocques, y ont ajouté *un lambel d'azur de 3 pièces*.

(5) *Premier registre aux Commissions*, p. 1698, v°.

Une partie de la seigneurie appartenait au XVIII° siècle au duc de Roquelaure et au marquis de Longastre. Ce dernier figure au rôle de 20° de 1757, comme seigneur en partie de Chocques et propriétaire de 250 mesures de bois sur le territoire.

Les Jésuites de Douai y possédaient une autre seigneurie dont les censives produisaient un revenu de 24^l 6^s 3^d. Les fiefs de Lampessine et Rosteville appartenaient au baron de Boussebecq.

Une motte d'une certaine hauteur s'élève au milieu d'un manoir situé près des bords de la Clarence et derrière l'église. C'était l'emplacement de l'ancien château-fort appartenant aux comtes d'Artois, et qui portait le nom d'*Avouerie*. En le perçant, il y a environ trente ans, pour l'établissement d'un chemin, le propriétaire, M. Hanon-Sénéchal, a mis à découvert un grand nombre de flèches en fer et en os, de bouts de lance, d'éperons, etc., etc., qui rappellent les batailles qui s'y sont livrées aux XI° et XII° siècles.

Le lieu dit *derrière la vigne*, perpétue le souvenir de la culture de la vigne qui dura jusques vers le XV° siècle sur le territoire de Chocques.

On ne saurait préciser l'époque de l'édification de l'église de Chocques. Le portail seul, reste de cette ancienne construction, rappelle celui de l'église de Lillers et semble appartenir à la même époque, XI° siècle. Une inscription funéraire en marbre blanc, concernant M. le chevalier de Raismes, est placée à droite de l'entrée principale. L'église fut brûlée en 1813 et rebâtie presque en totalité en 1815. Une reconstruction partielle a encore eu lieu en 1842. Elle est placée sous l'invocation de la sainte Vierge : quelques tableaux assez estimés la décorent.

La paroisse de Chocques dépendait du diocèse de St-Omer et la cure était à la collation de l'abbé.

Deux titres, l'un de 1493 et l'autre de 1496, fournissent la preuve qu'il existait à Chocques un hôpital sous le vocable de St-Nicolas. Il est à croire que cet hospice dépendait de l'abbaye fondée à Chocques au XII° siècle. Voici l'un des titres en question.

« Je Collart Pammart, ministre et hospitalier de l'Ostel-Dieu de

« Choques, confesse avoir reçu de Jehan du Brequin, recepveur
« de Béthune pour Monsr l'archeduc d'Austrisse, etc., par les
« mains de Guillaume Grenet, son commis, la somme de vingt
« sols parisis deu au dict hospital de Chocques pour le terme S^t-
« Remy, 111** treize darrain passé, ad cause de pareille somme
« de vingt sols parisis que le dist hospital a droit de prendre et
« avoir chascun an sur la recepte du dict Béthune, au terme St-
« Remy pour tout l'an. De laquelle somme de vingt sols, monnoye
« et pour la cause dicte je me tiengz pour content et bien paiez
« et en quite mon dict S^r l'archeduc Philippe, son dict recepveur
« et tous aultres. Tesmoing mon sceing cy mis le xxiie jour de
« décembre l'an MCCC quatre-vingt et treize. — Colart Pam-
« mart. » (1)

Les biens et les revenus de la maladrerie (2) de Chocques furent réunis à l'hôpital de Lillers par arrêt du 10 février 1702 et lettres patentes enregistrées le 15 mai suivant (3).

Plusieurs hameaux dépendent du village de Chocques : ce sont St Sauveur, le Révillon, le Boudou, l'Abbaye, Derrière la vigne, le Croquet.

La population comprenait 650 communiants en 1720. Elle s'élève à 1658 d'après le recensement de 1872.

ABBAYE DE CHOCQUES. — Une église avait été fondée dans les dépendances du château de Chocques pour être desservie par des chanoines séculiers, et deux prêtres Euremar et Arnould y avaient établi un monastère en 1094. Les seigneurs du lieu donnoient les prébendes : mais en 1120 Jean, évêque de Thérouanne, changea ce collége de chanoines séculiers en un monastère de chanoines réguliers de St-Augustin, qui fut depuis confirmé par le pape Eugène III.

On ignore l'année précise où cette communauté embrassa la réforme d'Arrouaise ; mais il est certain qu'elle s'était affiliée à cette congrégation dès l'an 1138, puisqu'elle prit rang dans les

---

(1) J. Leglay, *Bull. de la Comm. histor. du dép. du Nord*, t. V, p. 146.
(2) Il existe encore un lieu dit *la Maladrerie*.
(3) *12e Registre aux Commissions*, f° 951, v^o.

chapitres généraux, immédiatement avant celle de Warneton ; ses réformateurs furent des religieux de Ruisseauville. Après qu'elle eût été ruinée, en 1128, par Robert de Normandie, Désiré, évêque de Thérouanne, transporta l'abbaye hors de l'enceinte de la ville dans l'emplacement de la ménagerie des comtes du pays.

Elle fut alors dotée par les avoués de Béthune, Robert, comte de Tenremonde, Bauduin, comte de Flandre, Guillaume Daniel, châtelain de Lens, etc., etc., etc.

Liste des abbés de Chocques :

I. GAUTHIER, nommé en 1120 par Jean, évêque de Thérouanne, qui dota la nouvelle abbaye de nombreux revenus.

II. GOTHSON. Il souscrivit en 1154, une charte par laquelle Milon, évêque de Thérouanne, confirme le don fait à l'abbaye d'Arrouaise par Bauduin Mordant, de quelques parties de terre au village de St-Omer-Capelle.

II. MANASSÈS, profès d'Arrouaise. Il signe un arrentement à vie passé par le général Lambert en 1168, de quelques biens situés à Gosnay, et souscrit en 1173, à une transaction entre Eustache abbé du Mont-St-Eloi et Martin, abbé de Marœuil.

L'abbaye avait été premièrement bâtie en l'honneur de la vierge Marie, au bourg de Chocques, près du château. En 1180, elle fut transportée dans un lieu plus retiré et l'église fut dédiée à St Jean-Baptiste par Désiré, évêque de Thérouanne, du temps de l'abbé Manassès. On trouve encore son nom en 1182 dans un titre de Robert de Béthune, avoué d'Arras. Il servit de témoin la même année aux lettres d'Odon, seigneur de Ham, pour l'abbaye d'Arrouaise et pour le prieuré de Margelles. Manassès souscrivit, en 1185, une ratification de Raoul, châtelain de Nécles, d'un certain accord passé entre les religieux de Margelles et Robert, dit le Chasseur. Il mourut le 16 mars.

Cet abbé est appelé *Manasserius* dans une charte de Pierre, évêque d'Arras pour l'abbaye d'Hânon en 1193.

IV. GUILLAUME Ier, son successeur, se trouve dans la donation faite à son monastère par Baudouin de Béthune, comte d'Albemarle en 1199 et 1201. De plus il en est fait mention dans une transaction terminant quelques différents avec Eustache, châtelain de Lens, sur certains *hôtes ou gîtes de son bourg de Choques*, dont il est parlé dans les archives du monastère, 1203. Ce seigneur fut enterré à l'abbaye de Chocques, au commencement du XIII° siècle; son mausolée fut détruit eu 1792.

V. JEAN est présent à la donation de l'autel de Rebreuve-sur-Canche par Milon II en 1162. Il n'est fait aucune mention de ce abbé dans la *Gallia Christiania*. Cependant De Locre en a parlé.

VI. MANASSÉ II.

VII. GUILLAUME II, chanoine régulier d'Hénin-Liétard, mort le 5 janvier.

VIII. GEOFFROY.

IX. RICHARD.

X. PIERRE I.

XI. JEAN II, d'Arras.

XII. MATHIEU de Boulogne.

XIII. JEAN III, Clavelet.

XIV. SIMON CANÉE. Il est fait mention de cet abbé aux mois de janvier et mars 1323 dans le Cartulaire de St-Sauveur de Ham.

Simon assista au chapitre de 1332. Il paraît aussi chargé de la procuration de Pierre, abbé de Warneton. Il mourut vers 1341.

XV. ANDRÉ DE BEAURAINS.

XVI. ROBERT-PHILIPPE.

XVII. THOMAS 1ᵉʳ, de Boulogne.

XVIII. JACQUES BACOT.

XIX. Evrard BAUDEL.

XX. THOMAS II, Groseher.

XXI. JEAN IV, Petit.

XXII. PIERRE D'ILLIES II. Il mourut vers l'an 1500.

XXIII. JUSTIN, qui signa la coutume rédigée le 23 septembre 1507.

XXIV. ANTOINE Iᵉʳ D'HÉRICOURT, frère de Baudouin, abbé de Ruisseauville, 1517.

XXV. ANTOINE TESSON, natif de Béthune. Il fut enterré dans le chœur de son église, où il avait une épitaphe commune avec son neveu, en faveur duquel il résigna cette abbaïe. Il mourut le 24 mai 1554.

XXVI. ANTOINE TESSON, III° du nom, décéda le jour de l'octave de la dédicace de son église, 19 juin 1591, et fût enterré près de son oncle, On mit sur son tombeau une épitaphe en vers latins élégiaques.

XXVII. JEAN DE LOZ, natif de la Bassée. Mathieu Moulart, évêque d'Arras, le bénit en cette ville, 15 juin 1591, le siége épiscopal de St-Omer étant vacant. Il mourut le 18 avril 1621.

XXVIII. GUILLAUME DELVALLE, coadjuteur de Jean de Loz, fut nommé abbé et béni dans son église, le 18 mai 1611, par Paul Boudot, évêque de St-Omer. Il mourut le 30 août 1638.

XXIX. JEAN DE LENS, gouverna l'abbaye de 1639 au 28 avril 1656, époque de sa mort.

XXX. GUISLAIN DE LA BEUVRIÈRE, nommé le 29 novembre 1656.

XXXI. PHILIPPE DUJARDIN, mort le 13 octobre 1666.

XXXII. GUILLAUME IV DE LA BEUVRIÈRE, décédé le 4 octobre 1669.

XXXIII. JEAN ROBART, VII° du nom, fut nommé abbé le 11 décembre 1669 et assista le 4 août 1675 à l'élection solennelle de l'abbé de Ham, M. Feutrel. Il mourut le 22 juillet 1688.

XXXIV. CHARLES HANNOTE. La veille de la Toussaint 1688, le roi donne l'abbaye régulière de Chocques à Dom Charles Hannotte, prieur de la maison. Il signa, en 1702, la requête au roi pour le rétablissement de la congrégation d'Arrouaise, et décéda le 21 juillet 1703.

XXXV. PATRICE DE GOUY, nommé le 24 décembre 1703 et béni le 15 juin suivant ; décédé le 7 décembre 1731.

XXXVI. FLORIDE DE LASSUS, décédé le 25 décembre 1759.

XXXVII. N. CHAVATTE, ancien député ordinaire des Etats d'Artois, décédé le 24 juin 1788. Il fit reconstruire le chœur de l'église St-Sauveur de Chocques en 1771.

XXXVIII et dernier abbé. PATRICE DAUCHY.

Un arrêté du Directoire du département, en date du 7 mai 1791, conserva l'abbaye de Chocques, qui renfermait alors 11 religieux en y joignant 9 moines du prieuré de St-André-les-Aire qui fut supprimé.

Les revenus de l'abbaye de *St-Jean-Baptiste es-près-lez-Chocques*, s'élevaient au chiffre de 11,000 fr. en 1790 (1). Les cures qui en dépendaient étaient celles de : St-Pierre de Gonnehem, St-Nicaise de Mont-Bernanchon, St-Vaast d'Estaires dans le diocèse de St-Omer, St-Pierre de Calonne-Ricouart, avec son annexe St-Vaast de Marles, au diocèse de Boulogne ; Steenwerck, sous l'invocation de St-Jean-Baptiste, au diocèse d'Ipres (2).

L'abbaye de Chocques fut vendue à M. Braderie, dont les héritiers la cédèrent à M. de Raismes. Elle est aujourd'hui la propriété de la famille Sénéchal

La révolution n'a laissé debout que le quartier abbatial. Les vastes bâtiments claustraux et l'église ont été balayés du sol. Un beau corps-de-logis, quelques autres édifices et un grand enclos fermé de murs, forment une maison de campagne fort agréable. Une fabrique de sucre indigène a été établie dans ce riche et magnifique manoir.

On y a déterré une grande pierre bleue sur laquelle est sculptée la figure d'une femme habillée dans le costume du XIIe ou XIIIe siècle ; on assure que c'est le mausolée de Mathilde ou Mahaut, comtesse d'Artois, bienfaitrice de cette abbaye.

BIBLIOGRAPHIE. — Malbrancq, *De Morinis*, tom. 2. — Mirœus. *Annal. Belg.* — Locrius, *Chron. Belg.* — Godefroy, *Inv. chron.*, tom. Ier. — *Coutumes, Rédaction* de 1507. — *Gall. Christ.* — D. Gosse, *Histoire de l'abbaye d'Arrouaise.* — L'abbé Parenty, *Histoire de Ste-Bertille.*

---

(1). Bignon. *Mém. de l'Artois, Mss.*
(2). *Hist. de l'abbaye d'Arrouaisse* par M. Gosse, p. 355.

ESSARS.

In Sartis, 1069. Charte.

L'étymologie d'Essars dérive de *Sartis*, broussailles. Ce nom indique un lieu défriché. En effet le territoire et les environs étaient couverts de bois au XI° siècle.

Une donation sur Essars fut faite en 1144 aux religieux du Perroi. Par contrat du 23 juin 1260 entre la communauté de Béthune et celle d'Essars, les habitants de cette commune furent admis dans la léproserie de Béthune. Marguerite, comtesse de Flandres, en 1263, et le roi de France, en 1317, ordonnèrent une information dans le but de connaître quelles étaient les rentes que le chapitre de Béthune possédait à Essars (1).

Jusqu'en 1155, Essars ne fut qu'un petit hameau dépendant de l'église de St-Vaast de Béthune. Lorsque cette église fut rebâtie dans l'intérieur de la ville, Essars devint village et fut constitué en paroisse.

Essars et Beaumarais composaient une même communauté. Essars est situé le long de la Lawe et Beaumarais vers le Bas-Beuvry, Gorre et Rossignol.

Ce n'était d'abord que des maisons, dispersées pour faciliter la culture des terres, ou l'entretien et la conservation des bois voisins. Ces maisons étaient de la paroisse de St-Vaast hors la ville de Béthune ; son district comprenait un terrain fertile et étendu. Les dîmes qui se percevaient dans l'étendue de la paroisse de St-Vaast sur les terres des trois faubourgs de Béthune et du village d'Essars, étaient louées seize cents livres par an, en 1703.

Essars produisait du blé et Beaumarais de l'avoine. Nous trouvons dans les titres des anciens seigneurs de Béthune, qu'ils donnaient tant de muids de blé à prendre à Essars et tant d'avoine à Beaumarais.

(1) *Titres de St-Barthélémy*.

Après avoir dépendu des seigneurs de Béthune, la terre d'Essars devint la propriété de la famille de Bernemicourt qui la posséda pendant de longues années. Un seigneur de cette maison la vendit à un sieur Comte de Lille, à charge du droit de plantis. Le nouvel acquéreur ayant fait planter les deux côtés des chemins, les propriétaires des biens qui y aboutissaient, s'y opposèrent et le procès fut porté au Parlement de Paris qui prononça en leur faveur. N. Raulin de Belval, gendre du sieur Comte, se pourvut en garantie contre le marquis de Saluces-Bernemicourt, vendeur, et il en toucha dix mille francs à titre d'indemnité. Malgré l'arrêt obtenu par les propriétaires, Raulin planta le milieu des chemins qui étaient assez larges pour y laisser passer deux voitures de front et personne ne s'y opposa (1).

La seigneurie d'Essars appartenant à M. Raulin de Belval, rapportait 2125 livres (2).

Nous avons dit que dans l'étendue de la paroisse de Saint-Vaast se trouvait compris Essars, situé à 2 kilomètres de Béthune; mais l'église de Saint-Vaast qui se trouvait anciennement au faubourg de Catorive, ayant été, en 1533, démolie et rebâtie dans l'intérieur de la ville, le hameau d'Essars, qui, du reste, s'était fort accru, fut doté d'une église à la fin de 1545.

En effet, les habitants, se trouvant par cette translation beaucoup plus éloignés de leur paroisse, s'y opposèrent autant qu'ils purent, mais inutilement. Ils obtinrent cependant la permission de faire construire dans leur village une église succursale. Un concordat fut passé le 29 décembre 1515 entr'eux et le curé de St.-Vaast.

Entr'autres clauses, les droits de l'archidiacre d'Arras furent établis sur cette chapelle ou église et ceux du curé maintenus ; quoique le chapelain y fît toutes les fonctions curiales, le curé pouvant y aller officier le jour du patron, etc.

La nouvelle église devant être desservie par un chapelain aux dépens des habitants d'Essars, le concordat portait qu'ils devaient

---

(1) Mss. du P. Ignace. *Addit. aux Mém.*, tom. 11, p. 526.
(2) *Roles de* 20mes, 1757.

lui donner vingt-quatre carolus d'or. L'empereur Charles-Quint et l'évêque Antoine Perrenot y consentirent par acte du 9 décembre 1546, à la charge, entre autres conditions, de payer par an à l'archidiacre dix patards pour la visite de la nouvelle église (1).

Incendiée en partie pendant le siége de Béthune de 1645, elle fut réparée, grâce aux libéralités de Jean Hannedouche qui fut bailli du village pendant 55 ans, et donna plusieurs pièces de terre dont le revenu devait subvenir à son entretien. Cette église reçut successivement d'autres donations qui furent perdues pendant la révolution. Elle n'était encore que chapelle vicariale sous la dépendance de l'église curiale de S^t.-Vaast de Béthune, lorsque l'évêque Guy de Sèves y érigea, en 1718, une confrérie de Charitables qui existe encore.

Elle fut érigée en succursale par suite du concordat, et son intérieur fut enrichi de plusieurs ornements provenant de l'abbaye de Chocques et que lui donna M. Deliége, ancien desservant.

Le patron est St Jacques.

Essars est situé sur la rivière de la Lawe à droite, à une demi-lieue au Nord au-dessous de Béthune. Le Bas-Pays commence à ce village au travers duquel passe le grand chemin da La Gorgue à Estaires. Il était de la gouvernance d'Arras, élection et conseil d'Artois, Parlement de Paris, subdélégation, recette et gouvernement de Béthune, intendance de Picardie à Amiens.

On y comptait 85 feux en 1710 et 400 habitants y compris ceux des nombreux hameaux qui en dépendaient. Savoir :

Le Long Cornet, situé vers Locon et renfermant 20 feux en 1720.

Le Moulin Manchecourt.

Sevelingue, *Sevelenghes*, *Sevelinghes*, situé sur l'ancien chemin de La Gorgue à Estaires. La seigneurie de ce lieu passa de la maison de Gennevière dans celle de Belleforière. Un membre de cette famille la vendit au commencement du XVIIIe siècle,

---

(1) Acte de 1546 enregistré en 1698, à la requête du curé de cette paroisse. *Arch. municipales*, B. B. 18.

à Germain, bourgeois de Béthune. Il existe un pont de ce nom sur la Lawe. Il était primitivement en bois et fut plusieurs fois rompu pendant les guerres du XVIIe siècle. Après la paix d'Utrecht en 1713, il fut reconstruit en solide maçonnerie.

La ferme du roi. — Dans un contrat du 31 août 1780, le roi céda au duc de Béthune Sully, les terres, fief, seigneurie et marquisat de Lens, 400 mesures de terre avec la *cense Taverne*, actuellement la *ferme du roi*, sise au faubourg du Rivage-les-Béthune ; cette partie du faubourg a été réunie depuis au territoire d'Essars. Il existe une légende sur cette propriété. Deux frères, nommés Tavernier, habitaient anciennement cette ferme ; une querelle s'éleva entr'eux, l'un fut tué et le meurtrier prit la fuite. La ferme et ses dépendances, d'abord mises sous le sequestre, furent ensuite incorporées au domaine de l'État.

La Croix de fer, nom tiré du fer de la croix d'un calvaire, situé au point central de quatre chemins qui se croisent.

Le P. Ignace signale encore comme hameaux d'Essars le *Lantoy*, seigneurs MM. Lespillet et Lericque par alliance ; et *Beaumarais* réuni aujourd'hui à la commune de Beuvry.

Le prieuré du Perroy. Nous avons souvent parlé dans le cours de cette notice des dépendances de la banlieue de Béthune : Nous compléterons le travail de M. le comte d'Héricourt en résumant ici les annales de l'ancien prieuré du Perroy.

Robert IV, dit le Gros, seigneur de Béthune et advoué de l'abbaye de Saint-Vaast (1), qui accompagna Godefroy de Bouillon à la Croisade de 1095, fit vœu au siége de Jérusalem d'ériger dans la cour du Perroy, près Béthune, une chapelle en l'honneur de la Ste-Vierge (2), s'il revenait sain et sauf dans sa terre natale. Fidèle à sa promesse, il alla trouver à son retour l'abbé du Mont-Saint-Eloi, alors Richard de Watrelos, et lui demanda un de ses religieux pour desservir la chapelle qu'il venait de fonder ; l'abbé

---

(1) Les titres de la chapelle du Perroy lui donnent le nom de comte.
(2) L'Assomption de la Ste-Vierge devint la fête paroissiale de cette chapelle.

le lui accorda (1). L'église de Notre-Dame du Perroy fut ainsi établie, en 1110, en dehors du château de Robert et par conséquent de l'enceinte de la ville de Béthune, à gauche de la porte d'Arras (2).

Dans le but de consolider l'œuvre commencée par son père, Guillaume 1er fit bâtir, en 1136, près de la chapelle, un monastère ou prieuré, dont il fit don à l'abbaye du Mont-Saint-Eloi. Les religieux obtinrent de Guillaume la terre de Favril et, plus tard, celle de Camblain d'Odon seigneur de ce lieu. Warin de Dourges abandonna pareillement en leur faveur la cense de Baye avec ses dépendances. En 1144, Guillaume dota l'église du Perroy de dîmes et de terrages, qui se prélevaient à Sarts aujourd'hui Essars (3). Clémence, sa femme, et Robert V dit le Roux, son fils aîné, consentirent à cette donation. L'acte fut passé en présence de Hugues, prévôt de Saint-Barthélemy, de Guibert et de Robert, chanoines de la même église (4).

La donation fut confirmée, la même année, par le pape Lucius, et plus tard par les Souverains Pontifes Alexandre, Honoré et Grégoire XI.

D'anciennes chroniques disent que la chapelle du Perroy était d'une *largesse admirable* (5). Quoiqu'il en soit, elle avait dès son origine, d'assez beaux revenus.

En 1190, Elbert de Béthune, seigneur de Carency, du consentement de ses enfants abandonna à l'abbaye le bois du Perroy : Simon Leclercq céda plus tard le droit de dîme qu'il tenait du seigneur de Beuvry.

---

(1) Cette fondation était rappelée dans un des tableaux qui ornaient la chapelle.

(2) L'abbé Parenty. *Histoire de Florence de Verquigneul*, pages 1re et 4e.

(3) Le même. *Vie de St-Eloi*, page 263. — Ferri de Locres, *Chronicon Belgicum*, p. 256.

(4) Ghisbert de Bergues et Simon d'Oisy, frère de Clémence, Robert, châtelain de Lillers Sicher de Béthune, seigneur de Carency, Robert de la Force, Jean de Beuvry, Guérin d'Annezin et autres chevaliers assistaient à cette donation.

(5) Félix Lequien, *Histoire de Béthune*.

En 1202, Simon Leclercq donna à l'église du Perroy tout le droit qu'il avait sur un four, à présent la halle des tanneurs, qu'il tenait en fief des sieurs de Béthune (1).

Jean de S¹-Sauveur, nous apprend dans ses lettres, que Robert, fils du comte de Flandre, amortit un manoir sis au rivage de Béthune, et qui avait été donné au couvent de Mont-Saint-Éloy par Jean Lefebvre et Mabille sa femme, en 1268. L'église du Perroy possédait, en outre, des rentes foncières à Locon, Annezin, Wattine, Nœux, Labourse, Choques et Favril, et tenait à bail des prairies et des terres labourables. La recette était confiée à un receveur particulier commis à cet effet par l'abbé. Il devait en rendre compte au profit de *l'abbaye, et non du prieuré,* comme on peut le voir dans plusieurs registres tenus jusqu'en 1578.

Sire Gilles de Hénu, dans le livre des comptes du Perroy, daté de 1287, dit que l'enclos du prieuré et les terres labourables qui en dépendaient dans les environs de Béthune, contenaient 13 mesures chargées seulement de dîmes. Les rentes foncières s'élevaient à 9 livres 15 sols 3 deniers, 7 mancauds de blé, 60 chapons et 4 poules.

En 1346, le prieuré du Perroy fut dévasté par l'armée des Flamands qui assiégèrent inutilement pendant trois semaines la ville de Béthune.

Les guerres et les dissensions qui désolèrent l'Artois à partir de cette époque, furent cause que l'église du Perroy ne fut plus desservie que par un seul religieux prêtre, qui prit le nom de *Maistre* ou de *Régent.* C'est en cette qualité que s'intitule sire Gislebert de Vignacourt, l'un des religieux qui contribuèrent à l'achat d'un grand candélabre, donné à l'abbaye du Mont-Saint-Éloi, en 1399. Le même Gislebert est mentionné dans l'acte de 1404, où tous les moines se reconnurent révocables à la volonté de l'abbé, *ad nutum Abbatis.*

En 1406, le prieuré fut pillé par les Anglais : ses bois furent

---

(1) Nous avons puisé la plupart de ces renseignements dans la *Chronique manuscrite du prieuré du Perroy*, attribuée à l'abbé Doresmieux.

coupés et ses terres ravagées. Toute l'advouerie de Béthune, qui appartenait à Guillaume de Namur, eut le même sort. A cette époque, sire Gislebert de Wignacourt prenait le titre de *modérateur* de l'église du Perroy.

La cense de Favril, dépendante du prieuré, devait chaque année une certaine quantité de warats et d'avoine; les prieurés d'Aubigny et de Rebreuves devaient aussi du blé au Perroy. Toutes ces redevances servaient à l'entretien et aux frais des abbés prevôts ou religieux se rendant à Béthune pour affaires publiques ou privées. Toutes ces charges, sauf celle des fourrages, furent abolies vers l'an 1500, lorque l'abbé Asson de Couqigny acheta le Refuge de Béthune pour y recevoir les religieux qui viendraient dans cette ville. En 1511, Jean Laurent se disait *chapelain* du Perroy.

En 1558, les Espagnols allant au secours de Calais, et à leur retour de la bataille de Gravelines, logèrent dans le faubourg de Béthune. Le prieuré dut en recevoir un certain nombre et fut contraint de les nourrir et de supporter les dégâts qu'ils y commirent. La même année, dix enseignes allemands y logèrent et s'y rendirent coupables des mêmes vexations.

En 1606, Antoine Bertaut, guidon de la compagnie d'ordonnance du duc de Bucquoi et seigneur du Perroy reçut des lettres d'anoblissement datées du 3 juillet (1).

En 1619, l'abbé du Mont-Saint-Eloy, Duquesnoy, chargea son receveur de faire remettre en bon état les murs et les bâtiments du Perroy, moyennant 1040 florins.

Neuf ans après (1628), l'abbé Doresmieux fit faire la table du grand autel et réparer l'église qu'il enrichit d'ornements, linge, livres, calices, plats, pots d'argent doré pour un prix de 675 livres; il fit aussi construire un bâtiment de 55 pieds de long, qui aboutissait à la rue. En 1630, ce prélat autorisa le prieur à défricher les bois du monastère, afin de faire droit aux réclamations des propriétaires voisins. La grande salle et les chambres tenant à l'église furent achevées vers 1640. Ces bâtiments coû-

---

(1) P. Ignace, recueil, tom V, p. 397, f° 11 du registre des Etats d'Artois.

tèrent 4,400 florins. Les revenus annuels du prieuré s'élevaient à cette époque à 968 livres.

La chapelle du Perroy fut démolie et rétablie trois fois ; la guerre et les siéges que Béthune eut à souffrir en furent la cause. Les titres du monastère font remarquer que les trois prieurs qui l'ont relevée, étaient d'Arras. On ignore l'époque de la première démolition ; la deuxième date du siége que les Français mirent devant Béthune en 1645. L'image de la sainte Vierge fut portée par toute la ville et déposée dans le Refuge que l'abbaye du Mont-Saint-Eloi avait acquis dans cette ville. La chapelle fut réédifiée en 1668, par la charité des fidèles. Ambroise Fabre ou plutôt Lefebvre, originaire d'Arras, était alors prieur ; ancien grainetier et prieur du Mont-Saint-Eloi, c'est à lui que l'on doit la restauration de la chapelle du Perroy. On y transféra, le 23 septembre 1668, l'image de Notre-Dame au milieu d'un nombreux cortège. Sire Ambroise Lefebvre mourut le 20 août 1675, âgé de 65 ans, profès de 45 et prêtre depuis 40. Il fut enterré dans la chapelle où l'on venait prier sainte Wisine pour en obtenir la guérison de la surdité, des maux de tête et de la folie.

Lors du siége de Béthune par les Hollandais commandés par le prince Eugène, (1700) les assiégeants ouvrirent le tranchée depuis le bas chemin, jusqu'à la chapelle du Perroy.

Pendant le nouveau siége de Béthune, qui eut lieu en 1710, l'ennemi perça le bâtiment en y faisant de tous côtés des ouvertures ou créneaux pour s'en servir comme d'une redoute. Le prieur François de Bailleu s'empressa de le faire rétablir sur les anciennes murailles qui étaient restées debout à une certaine élévation. Il fut puissamment aidé dans son œuvre de reconstruction par les libéralités des bourgeois de Béthune et par celle de Kilien de le Cœuillerie, abbé de Mont-Saint-Eloi. Ce dernier fournit tous les bois de la charpente et fit solennellement la bénédiction de la cloche. Toutefois l'évêque d'Arras, Guy de Sève, ne permit point qu'on replaçât dans la nouvelle chapelle, l'image de la sainte Vierge qui avait été transférée à Béthune, à l'époque du siége de cette ville.

En 1731, l'évêque, François Baglion de la Salle, vint visiter cette chapelle et lui accorda des indulgences.

Sire Jacques Cacheux prieur du Perroy prépara, en 1750, les matériaux nécessaires à la reconstruction du corps de logis qui avait été détruit lors du siége de Béthune. Depuis cette époque, les prieurs habitaient à Béthune le Refuge que l'abbaye du Mont-Saint-Eloi avait acheté, rue du Carnier, sur la paroisse Saint-Vaast. Le prieuré fut rétabli sur l'emplacement qu'il avait occupé auparavant, entre la chapelle et la chaussée qui mène du faubourg à Nœux. Construite en pierres blanches entremêlées de briques, cette maison était très-commodément distribuée et accompagnée d'un vaste et beau jardin ; la principale entrée était sur la rue.

Comme tous les autres monastères, le pieuré du Perroy, éprouva les effets de la tourmente révolutionnaire. Les religieux furent chassés de leur maison qu'on vendit aussitôt, l'église fu dévastée et tous ses meubles précieux furent détruits ou vendus Il ne reste de nos jours aucun vestige de ce monastère. Les bâtiments du prieuré abandonnés le 17 août 1791, furent conservés et plus tard restaurés, et convertis en une agréable habitation qui est devenue de nos jous un établissement dépendant du couvent des Ursulines d'Arras.

La chapelle de Notre-Dame du Perroy fut pendant longtemps le but d'un pélerinage fréquenté par les habitants de Béthune et de ses environs. Ils s'y rendaient en foule les jours consacrés aux fêtes de la Vierge. C'était surtout pour le soulagement des malades, la consolation des parents dont les enfants étaient morts sans avoir reçu le sacrement du baptême, et enfin pour les secers aux prisonniers, que les fidèles venaient y implorer la puissante intercession de la Mère de Dieu.

Ce pélerinage était rappelé par une médaille de plomb et de forme ovale, ayant quatre globules extérieurs disposés en croix. Elle portait pour légende: NOTRE-DAME DU PERROY en quatre lignes, et au-dessus un annelet. (1)

---

(1) Dancoisne. *Numismatique Béthunoise.*
Voir pour plus amples détails notre notice sur *Notre-Dame du Perroy.*

FOUQUEREUIL.

Fouquerolles.
Fouquereul.
Fouquereules.
Fouquerœulles, cart. 1507.
Fouquereulles, 1443.
Fouquerolles, 1423.
Fouquerolle.

Ce village, situé à 2 kilomètres de Béthune sur la rivière de la Biette, dépendait autrefois de la gouvernance d'Arras, élection et conseil d'Artois, Parlement de Paris, subdélégation, recette et gouvernement de Béthune, intendance de Picardie à Amiens.

On y comptait 23 feux et 111 habitants, vers le milieu du XVIII° siècle.

Annezin était autrefois une dépendance de Fouquereuil; l'un et l'autre endroit ne faisaient qu'une même paroisse, dont l'église était en ce village.

La terre de Fouquereuil était mouvante du château de Lens. Elle appartenait, à la fin du XIV° siècle, à Jean de Beaufremez, dit Desraine, chevalier, sire de Harponlieu, Fournes et Fontenelles. Il en donna le dénombrement le 31 janvier 1395, au comte de Flandre et d'Artois, Philippe le Hardi, duc de Bourgogne, qui avait épousé Marguerite de Flandre, héritière de ces comtes, et conséquemment de la châtellenie de Lens.

Par ce titre, l'on voit que de ce fief ou seigneurie relevait la seigneurie et justice viscomtière dans tous les marais et communautés depuis les prés de Gosnay qui étaient tenus du vicomte de Namur.

La seigneurie de Fouquereuil appartenait à Jeanne du Bosquel, veuve de feu Luc de Hem, lors de la rédaction des coutumes locales, le 19 septembre 1507 (1). Elle passa plus tard pour n'en

---

(1) Bouthors. *Cout. de la généralité d'Amiens*, t. II, p. 366.

plus sortir dans les familles d'Houchain et de Ghistelles : seigneur suzerain de Fouquereuil, le prince de Ghistelles y possédait un château avec un riche et beau domaine. Ce château fut détruit à la Révolution et il n'en reste d'autres traces que les viviers et deux pilastres avec une porte qui en fermait l'entrée.

Le fief d'Acquembronne était situé dans les dépendances de Fouquereuil, vers Gosnay. Voici les noms des principaux seigneurs qui l'ont possédé. Noble homme Pierre de Acquembronne et demoiselle Jehanne, sa femme, 1351 (1) ; — Lispart d'Acquembronne, picquenaire à pied de la garnison de Boulogne, sous le capitaine Griffon de la Capelle, 1er mai 1395 (2) ; — Demoiselle Jehenne d'Acquembronne, veuve de Huguelin de Weppre, dame d'un fief à Feuquerolles, femme de Mahieu Druart, 1418 (3).

Le fief d'Acquembronne appartenait vers 1420, à Jean d'Isque, écuyer, sieur de La Haye, allié à Jeanne du Bois, père de Louis, écuyer, sr d'Acquembronne, mari de Jeanne d'Yaucourt. Philippe d'Isque, neveu de Jean, était aussi seigneur d'Acquembronne.— Florent d'Auffay, seigneur d'Acquembronne et Fouquerolles, était receveur de Béthune en 1443. — En 1570, Jeanne d'Auffay apporta la seigneurie d'Acquembronne en mariage à Antoine de Genevières, chevalier, seigneur de Courcelette et de Vaudricourt, d'où elle passa dans une branche de la maison de Ghistelles.

Au commencement du XVIIIe siècle, le seigneur qui en était propriétaire mourut à marier en 1731, laissant par son testament ce fief aux enfans de son frère, qui avait épousé N.... d'Houchain, sœur du marquis de Longastre, député ordinaire des États d'Artois.

Louis-Ignace de Ghistelles, fils aîné de ces deux époux, fut donc l'héritier de son nom.

Le fief de *Moiron* à Fouquereuil consistait en censes et droits seigneuriaux appartenant au baron d'Hinges (4).

---

(1) Cart. de Gosnay.
(2) *Arch. du roy.*
(3) *Arch. du roy.*
(4) Rôles de 10e 1757.

FOUQUIERES-LEZ-BÉTHUNE.

Fescheria, 1098: *Cart. de Saint-Vaast.*
Fuscheria, 1110. *Charte de Robert, évêque d'Arras.*

L'origine de ce village est très-ancienne ; l'autel en fut donné à St-Vaast par l'évêque Lambert en 1098.

Après avoir appartenu au marquis de Saluces, la terre de Fouquières passa dans la famille d'Oresmieux (1). Sept membres de cette noble famille artésienne ont été religieux de St-Vaast d'Arras : Pierre, mort en 1354 ; — Robert, en 1561 ; — Louis, en 1602 ; — Jean, en 1604 ; — Philippe, en 1621 ; — Pierre, en 1649 ; et Alphonse, mort en 1757 (2). Deux autres ont porté la crosse au monastère de St-Éloy : 1° François, qui, nommé par l'infante Isabelle, écrivit une vie de St-Vinditien, ainsi qu'une chronique de cette abbaye. Il mourut le 26 octobre 1669 ; 2° l'avant-dernier abbé de St-Éloy, nommé par Louis XIV, était un frère de dom Ferdinand d'Oresmieux, moine de St-Bertin.

Un descendant de cette ancienne maison dont les titres de noblesse remontent au XIIIe siècle, habite encore de nos jours le château de Fouquières.

La maison de campagne des prévôts de Béthune avait été bâtie en 1728 sur le territoire de cette commune, entre la ville et le village près de la source appelée *Fontaine St-Martin.*

Fouquières renfermait 76 habitants et 18 feux en 1740.

Avant la guerre avec l'Espagne, vers 1625, le faubourg St-Pry avait une église paroissiale qui avait Fouquières pour secours. Une partie de ce faubourg fut enclavée dans les nouvelles fortifications de Béthune. L'église fut détruite pendant le siége de 1645 ;

---

(1) La famille d'Oresmieux porte : *d'or, à 3 roses de gueules et une tête de Maure en abîme, tortillée d'argent.*
(2) *Journal de* D. Gérard-Robert, p. 197 à 207. *Publication de l'Académie d'Arras.*

Fouquières obtint alors le titre de cure, et ce qui restait de l'ancien faubourg dépendit de la nouvelle paroisse.

Les habitants réunis dans l'ancienne église le 24 février 1760 reconnurent la nécessité d'en construire une nouvelle, il fut décidé que : « la porte de la nef serait placée à l'entrée du cimetière « au couchant, et le chœur vers l'Orient, que la nef aurait 50 pieds « de long sur 28 de large; sans y comprendre l'épaisseur des mu- « railles; que les murs de cette nef auront 21 pieds d'élévation « au-dessus de la gresserie; qu'un clocher serait en même temps « construit, lequel sera adossé au pignon de la nef de la dite « église, et aura 11 pieds de roi en carré et 33 pieds de hauteur « depuis sa base jusqu'à la flèche; laquelle flèche aura aussi « 33 pieds d'élévation avec une largeur proportionnée. Le tout « avec toiture en ardoises devant coûter 8,663 fr. » (1)

Ces dépenses furent couvertes par la vente de deux cloches provenant de l'ancienne église du faubourg S¹-Pry et des arbres croissant dans l'ancien cimetière : les libéralités de M. d'Oresmieux vinrent augmenter ces ressources. En sa qualité de décimateur de la paroisse, le prieur de S¹-Pry dut supporter les frais de la construction du chœur.

L'église de Fouquières a S¹ Vaast pour patron.

PRIEURÉ DE SAINT-PRY. — Nous avons dit qu'une partie du faubourg S¹-Pry avait été enclavée dans les fortifications de Béthune et que le reste fut réuni au territoire de Fouquières. Dans cette partie se trouvait un prieuré dépendant de l'abbaye de S¹-Bertin. Le glorieux évêque invoqué à Lyon sous le nom de *Saint Priest*, appelé *saint Priels*, en Saintonge, *saint Prest*, à Lens, *saint Prix*, en Picardie et à Paris (2), était vénéré à Béthune sous le nom de *saint Pry :* Ce fut, paraît-il, à l'occasion de la translation des reliques de l'illustre martyre de l'Auvergne en cette dernière ville qu'on y fonda, près du château un établissement monastique.

---

(1) *Archives communales et de la fabrique.*
(2). Butler: *Vies des pères, des martyrs et des autres principaux saints.* — Dancoisne. *Numismatique Béthunoise.*

Il fut d'abord occupé par une colonie de religieux du monastère de St-Pry, de St-Quentin. De Locre (1) est d'accord avec le P. Ignace pour affirmer qu'Herman, seigneur de Béthune, répara *la celle de St-Pry* et en augmenta les revenus et les priviléges dans les dernières années d'Arnould, son père, comte de Flandres (957). Il ajoute qu'il y avait dans ce petit monastère « un *autel* (cure), « appartenant au monastère de St-Pierre d'Abbeville, et que cette « dernière était en possession d'y envoyer un prévost avec quel- « ques religieux, qui y célèbrent les saints mystères et y admi- « nistrent les sacrements aux fidèles, et qu'on y vénère une « partie des reliques de St-Pry qui furent reçues de France. »

En effet le manque de soumission de son premier supérieur Guirebert (2) fit perdre à cette maison le titre d'abbaye dont elle jouissait depuis sa fondation. Par ordonnance datée des Calendes d'août 1110, Lambert, évêque d'Arras concéda à Guarin, prieur de St-Pierre d'Abbeville (ordre de Cluny) et à ses successeurs, *le lieu connu sous le titre de St-Pry au territoire de Béthune avec pouvoir de les régir selon la crainte de Dieu et selon la règle de St-Benoist corporellement et spirituellement*. Il ajoute au lieu précité la paroisse de Fouquières, *parochiam Fuscheriæ*, en se réservant toutefois ses droits, en qualité d'évêque, sur les revenus de cette église, l'obédience du prieur et de ses successeurs et l'obligation de présenter à l'évêque le prêtre désigné pour Fouquières, *qui sera tenu de promettre obéissance avant de se charger du soin des âmes* (3).

Cette ordonnance signée par l'archidiacre d'Arras et d'Ostrevent et plusieurs autres dignitaires du chapitre, fut rédigée sous l'impression où étaient l'évêque et son clergé que Guirebert, 1er abbé de St-Pry, refusait à l'autorité diocésaine l'obéissance qui lui était due. Pour l'en punir, Lambert le réduisit à la juridiction de prieur, le plaçant sous la dépendance du monastère de St-Pierre d'Abbeville (4).

(1) *Chronicon belgicum*, p. 159, anno 957.
(2) Baluze. *Miscellanea*, V{o} livre, p. 337.
(3) P. Ignace. *Mém.*, t. II, p. 102.
(4) Miræus *Dipl. Belg.*, t. II, p. 1313.

Cependant il est fait mention de St-Pry, comme abbaye dans une bulle du pape Paschal II à l'évêque Robert, en date du 4 décembre 1115, dans une autre bulle de Calixte II au même évêque, datée du 22 novembre 1118, et dans deux bulles d'Innocent II des années 1135 et 1138 à l'évêque Alvise. De plus on trouve dans une charte de l'évêque Godescalque (1161) Renaud, *Renaldus abbé de St-Pry*, en qualité de juge, chargé de régler avec les abbés de Maisnil, d'Arrouaise et d'Eaucourt, le différend survenu entre le chapitre d'Arras et l'abbaye de St-Vaast.

Quoiqu'il en soit, Hubert, prieur de St-Pry, est cité en 1145 avec Hugues, son compagnon, dans une charte de Clémence d'Oisy, veuve de Guillaume, seigneur de Béthune.

Ce fut sous le prieur Rogon en 1188, que St Éloy apparut à Germon et Gaultier, maréchaux, l'un à Beuvry, l'autre à St-Pry, pour les exhorter isolément à établir une confrérie dans le noble but d'assister les malades et d'enterrer les morts de la peste qui décimait alors la population de Béthune et des environs. Obéissant à la voix mystérieuse, nos deux forgerons formèrent le projet de consulter le prieur de St-Pry. Le saint prêtre les encouragea dans leur pieux dessein, et bientôt la confrérie des charitables de Saint-Éloy reçut sa première organisation (1).

Vers l'an 1190, Robert de Béthune donna à l'église de St-Pry une rente annuelle de 20 sols à prendre sur le tonlieu de Béthune pour célébrer un anniversaire et du surplus en faire une récréation, *procurationem*, aux moines (2).

Au XVIe siècle, l'abbaye de St-Bertin échangea avec le prieur de St-Pierre d'Abbeville, les prieurés de Tubersent et de Beuvringhem, contre celui de St-Pry, dont la position plus rapprochée de St-Omer, lui offrait de grands avantages. Cette transaction eut lieu moyennant une redevance annuelle de la part de l'abbé de St-Bertin, qui installa à St-Pry un prévôt et un religieux. L'église du prieuré fut consacrée le 31 mai 1521 par Nicolas Turelli, évêque de Sarepta *in partibus*, suffragant de Tournay. Le 22 mars 1546

---

(1) Locrius,. *Chron Belg.* p. 354.
(2) Gazet, *Hist. Eccl.* p. 204.

Claude Grenet de Béthune, gardien des enfants, chapelain de l'abbé de St-Bertin, Englebert d'Espagne, et prévôt d'Arques, fut nommé 1ᵉʳ prieur de Sᵗ-Pry-lez-Béthune (1). Il eut pour successeur Jean Desplancque, issu d'une famille noble de Béthune, qui mourut le 28 janvier 1599. Sous son administration, le faubourg et le prieuré de Sᵗ-Pry furent environnés de travaux de défense en 1596, pour être protégés contre les attaques continuelles des troupes françaises.

Jean Grenet de Béthune, fils de Jean, écuyer, aumônier de St-Bertin, gardien du vestiaire, fut nommé prieur de St-Pry, en 1600. A sa mort (25 décembre 1615), il fut remplacé par François de Persenville qui mourut peu de temps après, le 10 décembre 1617.

Sous l'administration de Floris de Lannoy, l'abbé de St-Bertin, Philippe Gillocq dut se rendre à Paris pour régler les affaires du prieuré (12 décembre 1623), et passa un contrat au sujet de cette maison (9 janvier 1624). — Jean Delecourt de Douai lui succéda en 1632 (2) à sa mort, 28 février 1673, Georges Vandegoersten de Poperinghes, prit la direction du prieuré et eut pour successeur Jacques Crespin, 1678, Marc de Lattre 1695, et Michel de Fourmestreaux de Lille, 1700.

D. Hébert, prieur de St-Pry, en 1724, avait pour compagnon D. Marissal qui fut appelé à la tête du monastère d'Auchy-les-Moines. Il résolut de transporter les bâtiments du prieuré dans un endroit plus éloigné des fortifications de Béthune. A cet effet, il choisit un terrain sur les hauteurs du faubourg, à gauche du chemin d'Houdain, vers Vaudricourt. L'abbé de St-Bertin, Benoît Petit-Pas, vint sur les lieux avec les ingénieurs de Béthune, et d'accord avec le gouverneur de la place, il donna son consentement à la construction du prieuré. Les fondations furent faites immédiatement, et la 1ʳᵉ pierre fut posée par le magistrat de Béthune, le 25 mai 1729. L'abbé Petit-Pas reçut une Bulle de Benoît XIII pour l'inauguration du prieuré de St-Pry (25 juin) ;

(1) 1ᵉʳ *Reg. aux Commissions*, fº 90.
(2) H. Delaplane, *Abbés de St-Bertin*, tome II, page 259.

ce titre accordait au prieur et à ses quatre confrères la faculté de célébrer les offices dans la nouvelle maison. En conséquence de cette bulle, l'official muni des pouvoirs de Benoît Petit-Pas, procéda à la réception officielle du nouveau prieur, Dom Erkembode Liber de St-Omer, sous la réserve expresse, toutefois, que les moines de St-Pry ne chercheraient jamais à s'affranchir de la dépendance de St-Bertin (23 novembre 1729) (1).

Le P. Ignace (2) a donné une description du prieuré de St-Pry, existant en 1729, nous l'avons trouvée assez intéressante pour la reproduire en entier.

« On le commença le 9 août 1728 et il fut achevé le 8 septem-
« bre 1729. Il a 100 pieds de longueur sur 25 ou environ de lar-
« geur, y compris la galerie qui fait partie du bâtiment. C'est
« un corps-de-logis entre cour et jardin avec deux ailes et la
« porte d'entrée au milieu. A droite sont deux places dont l'une
« sert de sacristie ; à gauche égalité de places, même arrange-
« ment dans le haut ; chaque chambre haute et basse a deux
« croisées et une cheminée ; la vue des appartements est sur le
« jardin. — L'aile droite contient la chapelle, elle a cinq croisées,
« un sanctuaire et des formes en la nef ; elle est voûtée. Il y a
« deux entrées, l'une pour les personnes séculières par la cour,
« l'autre par la galerie pour les religieux. Au-dessus de cette se-
« conde porte est une fenêtre dans la galerie d'en haut pour faci-
« liter aux convalescents d'entendre la messe. Il y a un clocher
« de bois avec flèche et une cloche, le tout couvert d'ardoises.
« Cette chapelle fut bénite en 1730 par Benoît de Petit-Pas, abbé
« de St-Bertin. Avant ce temps-là, on disait la messe dans le
« cabinet de l'aile gauche.

« L'aile gauche contient la salle ou place à manger et un cabi-
« net. Le haut consiste dans une chambre et un cabinet dont la
« vue sur Béthune est des plus proportionnées. Ce corps-de-logis,
« est en partie de pierre et de briques avec un entablement et
« double cordon de pierres blanches, le tout couvert d'ardoises.

(1). H. de Laplane, *Abbés de St-Bertin*, tome II, page 407.
(2) *Additions aux Mémoires du P. Ignace*, tome Ier, f° 507 et 508.

« L'an 1737 les religieux n'avaient point encore obtenu de con-
« server le St-Sacrement dans leur chapelle.

« Le jardin est entouré de murailles de briques soutenues aux
« angles de deux petites tourelles rondes avec trois lucarnes
« chacune au milieu ; au milieu du jardin est une porte pour
« aller au verger. La cour est un carré de bâtiments plats fermée
« par une grande et haute porte ; au-dessous du ceintre et de la
« maçonnerie sont les armes de l'abbaye de St-Bertin et celles de
« l'abbé Petit-Pas. Elles sont en grille de fer et placées au-dessus
« de la porte de bois qui fait l'entrée de la maison.

« A droite sur les écuries, les remises et le bûcher, à gauche,
« est la cuisine et les autres offices.

« Le puits, qui est dans l'angle entre le corps-de-logis et la cui-
« sine, a une source si abondante qu'on l'a heureusement décou-
« verte avant la construction du prieuré ; ce qui a fait déterminer
« à le placer sur ce terrain élevé, à cause de l'avantage de l'eau
« qu'on y trouvait. Le puits avait été percé d'abord pour servir
« à faire une briqueterie. La source fournit, par des canaux sou-
« terrains, de l'eau à un bassin qui est au milieu du jardin, et à un
« abreuvoir au-dehors du côté de la chapelle où le Saint-Sacre-
« ment ne reposait point encore en 1737. Cette année le prieuré
« était desservi par quatre religieux y compris le premier.

« La maison fut bâtie avec célérité, c'est-à-dire dans le cours
« d'un an. Tous les bâtiments ont été conduits et dressés par dom
« Libert, natif de Saint-Omer, qui en était prieur : il y coucha
« pour la première fois la nuit du 7 au 8 septembre 1729, fête de
« la Nativité de la Sainte-Vierge.

« L'abbé Petit-Pas ayant appris qu'on cherchait à jeter un dé-
« volu sur le bénéfice de St-Prix pour en faire un prieuré simple,
« prit des mesures avec Libert pour conserver en règle son prieuré
« uni à l'abbaye de St-Bertin. Il avança d'abord vingt mille livres
« pour commencer l'ouvrage, Dom Libert en eut la direction et
« la poussa avec zèle. Le même abbé lui transmit de plus une
« somme d'argent qu'il avait touchée en 1725, étant député en
« Cour pour les États d'Artois, en paiement de celle que le roi
« devait pour la démolition de l'ancien prieuré en 1645 dont la

« plus grande partie des grès, pierres, etc. avait été employée aux
« fortifications du château de Béthune.

« Le billet qui fut donné en ce temps-là par les commissaires
« du roi porte la somme de soixante mille livres pour le rétablis-
« sement de cette maison.

L'abbé de St-Bertin vint lui-même, muni d'une autorisation de l'évêque d'Arras, bénir l'Église avec toute la pompe et la solennité qui se déployait en pareille cérémonie. Dom Libert mourut en janvier 1742 et eut pour successeur Colomban Engrand, chantre, sous-prieur et trésorier de St-Bertin. Dom Gargan, né près de St-Pol, d'une famille noble, religieux de St-Bertin, mourut en ce prieuré le 19 Juin 1734, âgé de 52 ans. Il est le premier qui ait été inhumé dans la chapelle, vers la grande porte du côté de l'Epître. Il avait deux frères ; l'un religieux à St-Vaast, prévôt de la Beuvrière en 1744, et l'autre chevalier de l'ordre militaire de St-Louis, marié à II. Dame de Boulan, fief à Gaudiempré, dont il n'eut point d'enfant.

Dégoûté des grandeurs, Engrand retourna à l'abbaye en 1749 et céda son bénéfice à Mouronval de St-Pol. Ce dernier étant mort peu de jours après sa prise de possession, eut pour successeur Dom Maximilien Pasquinot, prévôt de Ham, décédé en 1759. Il fut remplacé par Auguste Flamand de Tournai :

Ferdinand d'Oresmieux de Fouquières, vient clore la liste des prieurs de St-Pry. Il mourut à Arras dans la paroisse du Vivier le 14 mai 1794, à l'âge de 71 ans.

« Le 10 juin 1784, vers onze heures de la nuit, le feu prit au prieuré
« de St-Pry-lez-Béthune, par la chambre du domestique du prieur,
« qui était une mansarde au-dessus de la chambre dudit prieur ;
« le feu se communiqua à toute la charpente du grenier, ains
« qu'à celle de l'église et brûla entièrement le petit clocher ; la
« voûte de l'église heureusement ne croula pas, mais le grand
« bâtiment fut consumé par les flammes, à la réserve de deux
« petites ailes attenantes audit bâtiment. — Le prieur dom Ferdi-
« nand Doresmieulx, ainsi que les trois confrères y perdiren
« presque tous leurs meubles et effets ; le prieur se retira chez

« son frère au château de Fouquières, les trois autres revinrent à
« l'abbaye. (1)

Le prieuré de S‍ᵗ-Pry fut vendu à l'époque de la Révolution
comme bien national. Ce qui reste de ses édifices sert de ferme et
de maison de Campagne.

Les armes du Prieuré étaient de *sinople, à une bande écartelée
d'or et de sable.*

HINGES.

Selon M. Harbaville, le nom de ce village est formé de la
désinence flamande *ing*, signifiant habitation. Il est situé sur une
hauteur, au nord de Béthune, à 3 kil. de cette ville.

Hinges dépendait autrefois de la gouvernance de Béthune et
du bailliage de Lens. Expilly y comptait 81 feux et 402 habitants
en 1698.

Cette terre faisait partie du domaine des comtes de Lens, dès le
XIIᵉ siècle. Elle releva ensuite du roi à cause de son château de
Lens.

En 1212, Thomas de la Dove, *de Dovia*, chevalier, vendit au
chapitre de S‍ᵗ-Barthélemy de Béthune, la moitié d'une dîme qu'il
possédait à Hinges. Il fut stipulé que *cet engagement serait pour
trois années, moyennant une certaine somme exprimée dans l'acte
par ces paroles,* PRO QUATUOR VIGINTI QUINQUE MARCHIS PAGA-
MENTI ; *après ce terme de trois ans, il serait libre à Thomas de la
Dove de retirer cette dîme à la S‍ᵗ-Remy.* Guillaume de Béthune,
seigneur de Richebourg, avoué d'Arras, et Willelme de Breuil, *de
Brolio*, chevalier, se portèrent caution de cette cession, qui *fut
faite en présence de Raoul de Neuville,* évêque d'Arras (2).

La maison d'Ollehain posséda la seigneurie d'Hinges jusqu'après
le milieu du XIVᵉ siècle, époque à laquelle Jeanne d'Ollehain la

(1) G‍ᵈ. *cart.* de Saint-Bertin p. 363, tome X.
(2) P. Ignace, *Mém*, t. VI, p. 775).

porta en mariage à Guillaume de Pippemont, seigneur de Lansselot, écuyer. Comme cette terre relevait du château de Lens, il en donna son dénombrement le 13 mai 1385, à Philippe le Hardi, comte d'Artois, et châtelain de Lens du chef de sa femme Marguerite, héritière du comte de Flandre et d'Artois. (1)

La seigneurie d'Hinges était dans la maison de Bergues au XV° siècle; Philippe de Le Besvre en était propriétaire. Il épousa Anne d'Havesquerques. (2)

Nicolas-Alexandre du Pire, gentilhomme originaire du Boulonais, chevalier, baron du Pire, seigneur de Turluntun, Montigny, Court-au-Bois, etc., 1er Grand-Bailly héréditaire de Béthune, s'en rendit acquéreur vers 1660.

La terre d'Hinges fut alors érigée en baronie, ou plutôt rétablie dans ce titre, par lettres-patentes obtenues du roi Louis XIV, en sa faveur, à condition qu'elle appartiendrait toujours aux enfants mâles de ce nom, sans être même chargé des quints des cadets ni de ceux des filles. (3)

Nicolas du Pire fut enterré dans le chœur de l'église d'Hinges.

Louis-Alexandre, son fils aîné, lui succéda dans ses terres et dans ses charges. Il fut brigadier des armées du roi, et rendit de grands services aux troupes de Sa Majesté pendant les siéges de Lille et de Béthune. C'était un officier infatigable, toujours à cheval, et très-vigilant pour le bien du service.

Au mois d'Août 1709, les Français firent des redoutes sur les hauteurs d'Hinges: du Pire fit couper les ruisseaux et les rivières de Robecq, de la Lawe et de la Brette, de manière à rendre les marais entre Béthune et Cambrin inaccessibles. (4) En outre il fit rompre plusieus ponts sur la rivière de Béthune, ce qui lui attira les malédictions des habitants des villages voisins. Il a laissé par écrit une relation qui contient plusieurs faits militaires très-curieux dont les histoires publiques n'ont point fait mention.

---

(1) Mss. père Ignace, *mém.* tom. VI p. 775.
(2)   id.   *dict.*, tom. III p. 397.
(3) Enregistrées 5 déc. 1697, 11° *reg. aux com n.*, p. 1260.
(4) P. Ignace, même tom. III, p. 475, 477.

Trois garçons et deux filles lui survécurent. L'aîné hérita de la terre d'Hinges et de la charge de Grand-Bailli. Le cadet mourut jeune, religieux à Saint-Vaast d'Arras. Le 3° fils, lieutenant au régiment de Picardie, fut blessé à la bataille de Parme le 29 juin 1734, et mourut de ses blessures le mois suivant. L'une des sœurs épousa Henri, seigneur de Vaudricourt, l'autre Damiens, écuyer, domicilié à Béthune.

Ce fut le baron d'Hinges qui fut chargé de délimiter, conformément au traité du 11 avril 1713, les pays cédés à la France. Le soin qu'il apporta dans cette opération, ainsi que sa belle conduite au siège de Béthune en 1710, attirèrent sur lui l'attention du roi qui le combla d'honneurs. La charge de grand-bailli, gouverneur de la ville, gouvernance et avouerie de Béthune était héréditaire dans la famille du baron d'Hinges. (1)

En 1228, le lundi après la fête de St-Jean-Baptiste, Jacques de Béthune, chanoine et official de Cambrai, donna à l'église d'Anchin, dix rasières de terre, provenant de son patrimoine, et situées *à la porte d'Hinges, sur la hauteur du mont où est placée l'église*. (2)

Cette donation eut lieu du consentement de Gilles son frère, après qu'ils eurent fait leur partage. L'acte qui est revêtu du sceau de l'évêque de Cambray, dit *qu'il y a un muid de froment du meilleur après le bled de semence, destiné pour l'anniversaire du père de Jacques, qui doit être célébré à Anchin le jour de St-Michel*. Ce titre était au trésor des chartes de cette abbaye. (3)

Hinges était jadis composé d'un grand nombre de fiefs.

Guillaume de Pippemont avait sous lui, en qualité de fieffé, le seigneur de Hames, à cause de la dame de Boudues, sa femme, héritière d'un fief appelé le *Petit-Hinge*, mouvant de cette seigneurie. (4)

---

(1) Beghin, *Hist. de la ville de Béthune* p. 105.
(2) Sur cet emplacement, dit le *Courtil*, était érigée une *Cense*, appelée *ferme de l'abbaye d'Anchin* ; le corps de logis a été converti en cabaret.
(3) P. Ignace, mem. tom. VIII, p. 268.
(4) id. VI, p. 775.

Nous citerons encore le fief nommé le Bois. Henri-Bertrand Merieu en était propriétaire vers le milieu du XIVᵉ siècle; Jean de la Fontenelle, dit le borgne, écuier, le possédait en 1384. Il en donna le dénombrement le 20 mars de cette année au châtelain de Lens, dont ce fief relevait. La demoiselle de Marle lui succéda dans cette propriété. Il avait alors comme mouvance un autre fief situé au Val de Romblay et appartenant à la famille de La Fontenelle.

Le 10 mars 1384, Jean Dumez donna son dénombrement au châtelain de Lens pour un fief qu'il possédait *et situé sur les terroirs de Wendin et d'Hinges, tenant alors à celui du Borgne de le Fontenelle* (1).

Nouvion était un fief situé entre Hinges, Vendin et Annezin ; il relevait de l'évêché de Saint-Omer. On y payait un droit évalué à quinze francs du cent du fond de terre. Ce droit était dû par les propriétaires du fond, lorsque leur fille se mariait. Du Pire, baron d'Hinges, 1ᵉʳ du nom, avait acheté ce fief d'un gentilhomme de Bruxelles.

C'est sur le territoire d'Hinges que se livra un combat dans le XIVᵉ siècle, entre les Flamands et les Français accourus au secours de Louis le Mâle, comte de Flandre, contre ses sujets rebelles.

Selon la tradition, cette bataille eut lieu au bas d'Hinges du côté de Merville, entre la Lys et ce village, sur un terrain appelé *le Pacau*. L'on nomme encore ce combat dans le pays, *la Bataille aux fromages*, parce que les Flamands qui y furent défaits laissèrent beaucoup de fromages dans leur camp qu'ils abandonnèrent après une vigoureuse résistance. Les archers et autres gens de guerre de la ville d'Arras au service de Charles VI, roi de France, étant venus au secours de ceux de Béthune joignirent dans cet endroit les troupes du comte: l'attaque fut brusque, les Flamands plièrent, mais leur retraite fut belle et heureuse. Ils se retirèrent par le pont de Merville, sans que les Français entreprissent de les poursuivre, vu les coupures qu'ils avaient faites au-delà de la

(1) P. Ignace, mém. tom. VI, p. 775.

Lys. L'endroit du combat a retenu depuis le nom de *Champ de Bataille*,

L'église d'Hinges était autrefois un secours de Vendin, sous le patronat de l'abbé d'Anchin. Elle fut érigée en paroisse en 1803 et placée sous l'invocation de Ste-Marguerite. Sa construction en grès paraît très-ancienne, le clocher, séparant le chœur du reste de l'église remonte à une époque différente ; il en est de même de la nef principale et des bas côtés ; ce qui lui donne une forme très-irrégulière. La tradition donne pour fondateur à l'église d'Hinges les religieux d'Anchin qui y avaient une résidence particulière et une grande exploitation. Dévastée à la Révolution, elle fut convertie en fabrique de salpêtre, le chœur et la toiture ont été l'objet d'une restauration complète en 1854.

Il existe une confrérie de Charitables de St-Eloi.

Hinges a de nombreuses dépendances ; la plus considérable est le hameau de Hingette. Il s'étend au-dessous du village dans la direction de Locon, on y comptait 40 feux au XVIIe siècle. La seigneurie appartenait en 1740 à la famille de Melun en la personne du Marquis de Cottenes dont la fille épousa le comte de Guines.

Le Pacault comptait autrefois 22 feux. Ce hameau est situé sur la route de Merville entre les fermes isolées dites le *Haut Seul* et la *Papinerie*. Nous citerons encore le Vert Tannoy, et les fermes isolées, l'Egeaudrie, la Cobarderie, la Pannerie et le Plouich. C'était autrefois un château entouré de quelques maisons et situé dans le marais entre le mont d'Hinges et la ville de Béthune, il y avait une seigneurie vicomtière, appartenant à la famille de Gomicourt.

LA BEUVRIÈRE.

Beuvraria. — 1100. — Aubert le Mire, *Dipl. Belg.*
La Beuvrière. — 1106. — Le Carpentier, *Hist. de Cambrai.*
Breuvraria. — 1175. — *Arch. départementales.*
Bevraria. — 1148. — *Ibidem.*
Beuvrière. — 1732. — *Ibidem*, transaction.

Ce village, situé sur la Clarence, a été l'objet d'une notice très-complète rédigée par M. Ch. de Linas et insérée dans l'album de la statistique départementale du Pas-de-Calais. Aucun fait historique intéressant concernant cette localité et le prieuré qui en dépendait, n'a échappé à la plume de notre savant collègue ; aussi nous ne saurions mieux faire que de résumer ici son travail.

La famille de La Beuvrière (1), branche cadette de la maison de Béthune, apparait au XI° siècle. Colin, Gauthier Li Bornes et Heliphus de La Beuvrière figurent parmi les seigneurs d'Artois qui jetèrent les fondements d'une église dédiée à Ste Christine sur les paroisses réunies de La Pugnoy et de la Beuvrière (2).

Etienne de la Beuvrière, présent à la dédicace de l'église d'Arrouaise (23 septembre 1406), figure comme témoin dans une charte confirmative accordée le même jour à cette abbaye par Odon de Hamas (3). Le seigneur de La Beuvrière était pair et comte de Béthune, sous le règne de Philippe-Auguste. Ridiaus de La Beuvrière, écuyer, faisait partie de l'armée de Marguerite de Flandres qui incendia Oisy en 1254. Gamart de la Beuvrière et Orenghois, son fils, furent au nombre des chevaliers tués à la bataille d'Azincourt, 1415.

Parmi les descendants de la race primitive des seigneurs de La Beuvrière, nous citerons encore Roland, dont la petite fille,

---

(1) La maison de la Beuvrière brisait ses armes (*d'argent à la fasce de gueules*) *de pals de sable, chargés d'un pareil nombre de besants d'or.*
(2) Mirœus. *Dipl. Belg.*, t. IV, p. 196.
(3) Le Carpentier, *Hist. de Cambrai*, t. II, *pièce justif.*, p. 81.

Marguerite épousa, le 18 janvier 1439, Philippe de Saint-Aubin, écuyer, seigneur de Wavrans; leur fille Claire, fut mariée le 29 novembre 1510 à Antoine de Beaulaincourt, chevalier, seigneur de Bellenville, roi d'armes de la Toison d'or et premier lieutenant du gouverneur de Lille. (1)

La terre de La Beuvrière tomba en quenouille à la fin du XVI° siècle et l'héritière de cette seigneurie fut mariée à Guillaume de La Follie. Eléonore leur fille, femme de Jacques de Lardenthun, dit Orengeois, écuyer, seigneur de Marles, donna le jour à Honoré de La Beuvrière, 1411. Elle épousa en secondes noces Jacques du Bois qui vivait en 1420 ; leur fils, connu en 1466, devint la souche d'autres seigneurs de La Beuvrière (2). Charles Du Bois, chevalier, seigneur d'Esquerdes prend le titre de seigneur de la Beuvrière dans une sentence de 1545 : Eustache Du Bois, dit de Fiennes, a la même qualification. Antoine, seigneur de Marles, Lestrée, La Beuvrière, capitaine de Montreuil, vivait en 1541. Il laissa pour héritier son neveu, Antoine Blondel, baron de Bellebrune, seigneur de Waben, sénéchal du Ponthieu et valet ordinaire du roi.

La terre de La Beuvrière passa dans la famille de Mons, par suite du mariage de Philippe de Mons avec Adrienne de Griboval, mère de Jean de Griboval, moine de St-Bertin, qui s'était attribué le prieuré et la seigneurie de La Beuvrière pendant la guerre de 1551. Leur fils, Jean, marié à Jeanne de La Forge, ne laissa qu'une fille, Hélène, qui épousa le 13 août 1594, Georges de Beaulaincourt, chevalier, fils d'Hercule et de Jéromette d'Esclaibes. selon une tradition généralement répandue, cette dernière mourut à La Beuvrière en odeur de sainteté.

Georges de Beaulaincourt reçut à Cambrai, le 3 juillet 1598, le maréchal de Biron et les présidents de Bellièvre et de Sillery, chargés par le roi de France de recevoir le serment de l'archiduc

---

(1) Ch. de Linas *Notice sur A. de Beaulaincourt.* — *Translation des restes de Charles le Téméraire.* — *Renvoy de l'Ordre de France.*

(2) Titres déposés aux archives départementales et à la bibliothèque d'Arras.

Albert, relatif à la paix de Vervins. Il accompagna le comte de Solres et le grand prévôt de Tournai, qui allèrent complimenter les archiducs à leur entrée dans la province (5 février 1600). Devenu veuf en 1624, il se remaria le 12 février 1631, avec Eléonore de Villers au Tertre; il mourut en 1638 et fut enterré dans l'église de La Beuvrière.

Son fils du premier mariage, Georges II, hérita du chef de sa mère de la terre de La Beuvrière. Il épousa, le 4 mai 1430, Madeleine de Béthune des Planques, dont il eut Georges-François, allié en premières noces à Marie-Françoise de Hamel de Bellenghise et en secondes noces à Éléonore de Coupigny. Jean-Georges, fils aîné de Georges-François de La Beuvrière, obtint en 1690 du roi Louis XIV, pour lui et ses héritiers, le titre de comte, assis sur les terres de Marles et de La Beuvrière. Il eut de sa femme Marie-Thérèse de Marieux deux fils, dont l'aîné, Philippe-Alexandre de Beaulaincourt, seigneur de La Beuvrière, comte de Marles, fut membre du corps de la noblesse aux Etats d'Artois. Il épousa, le 22 décembre 1711, Marie-Thérèse Levaillant, dame du Chatelet: leur fils, Alexandre-Auguste-Joseph, héritier des titres de son père, fut maire de la ville de Béthune, membre des Etats de la province, député aux comptes (1750-1753), député ordinaire (1779-1781), Enfin député en cour (1782). Il eut plusieurs enfants de son mariage avec Marie-Thérése-Védastine Le Henry, dame de Vaudricourt, 8 mai 1739. Son cinquième fils, César-Auguste-Joseph, dit M. de La Beuvrière, officier au régiment royal-dragons, hérita du château de La Beuvrière. Marié le 31 mars 1778 à sa cousine Marie-Emilie-Charlotte de Beaulaincourt-Bellenville, il eut quatre filles, dont la plus jeune apporta en dot la terre de La Beuvrière à M. Félix Gaillard, baron de Blairville.

La Beuvrière eut, conjointement avec Allouagne, sa coutume particulière rédigée en 1507 (1). Le village ressortissait du grand bailliage d'Amiens, de la prévôté de Beauquesnes et de la chatellenie de Lillers. Le seigneur laïque s'intitulait *Seigneur de La Beuvrière en partie;* il percevait un cinquième des dîmes réunies de la terre

---

(1) Bouthors. *Coutumes locales du Bailliage d'Amiens*, t. II, page 389.

à cause de ses fiefs de *Lestrée* et de *Wandon*. Un autre fief, *Le Metz*, dépendait de La Beuvrière. Les rôles de centièmes de 1569 estiment 18 livres par an la location des dîmes attribuées à Jean de Mons, et ses droits seigneuriaux, 3 livres (1). Le domaine de La Beuvrière consistait alors en un enclos de 61 mesures, tant manoirs, jardins, viviers, bois, que terres à labour, un moulin sur la Clarence, 62 mesures de près et terres labourables louées 100 florins et 9 autres mesures. Jean de Mons tenait en outre en cens de ses oncles paternels 17 mesures et de l'Abbaye de Mont-St-Eloy 4 mesures (2).

L'ancienne église paroissiale de La Beuvrière, dédiée à St Pierre, était située près de La Clarence, en contre-bas de l'enclos du prieuré : elle est aujourd'hui détruite, et c'est sur son emplacement que fut trouvée, il y a quelques années la dalle tumulaire de Georges de Beaulaincourt.

La cure était à la nomination de l'abbé de St-Vaast : elle dépendait du doyenné d'Auchy-au-Bois et du diocèse de Boulogne (3). Ce titulaire desservait en même temps l'église de La Pugnoy, lieu de sa résidence ordinaire.

L'église actuelle provient de l'ancien prieuré. M. Ch. de Linas en a fait la description, nous ne pouvons qu'y renvoyer le lecteur; nous nous contenterons de rappeler que l'édification de la tour remonte au milieu du XIIe siècle, que la petite porte fut construite sous la direction de Philippe de Caverel, 1590, et que le chœur date de 1711 à 1731.

Le Mont-Thabor, la Basse-Rue, les Poteries, les deux fermes de Fontenelles, la Verte-Rue, le Féru, sont autant de hameaux ou écarts dépendant de la commune de La Beuvrière.

PRÉVÔTÉ DE LA BEUVRIÈRE. — Il existait dans cette commune une prévôté dépendant de l'abbaye de St-Vaast d'Arras.

Divers auteurs nous apprennent que sainte Christine souffrit le

---

(1) *Cahier des centième*, de 1569, reg. IX, f° 247, v°
(2) *Ibid.*, pages 240 à 267.
(3) P. Ignace. *Mém du diocèse d'Arras*, t. II. p. 483.

martyre à Trio, durant la persécution de l'empereur Dioclétien, et que la ville de Palerme garde précieusement les reliques de la jeune Vierge, dont la mémoire est très-vénérée en Grèce et en Italie. On suppose toutefois qu'une partie de ces reliques fut apportée fort anciennement à La Beuvrière pour échapper aux profanations des hordes barbares (1).

A la fin du XI° siècle, plusieurs seigneurs des environs de Béthune, entr'autres les sires de La Beuvrière avaient fait élever une église en l'honneur de cette sainte, et avaient confié la garde de ses reliques à trois religieux de l'abbaye de Charroux en Poitou. Pour assurer l'existence de ces moines, ils ajoutèrent à leur pieuse libéralité une certaine quantité de terres avec l'exercice de tous les droits féodaux. Des lettres du roi de France Philippe 1er, datées de 1085, confirmèrent le don fait par Robert de Péronne aux religieux de Charroux de toute la terre, justice et seigneurie qu'il possédait à Allouagne et le comte de Flandre, Robert de Jérusalem, fut choisi pour avoué et défenseur du prieuré de La Beuvrière. Après s'être entendu avec Fulcard, abbé de Charroux, il accepta l'honneur qu'on lui décernait, et garantit dans une charte datée de 1100 la libre possession du domaine du prieuré (2).

Le Nécrologe de Saint-Vaast, précieux manuscrit de la bibliothèque de l'évêché d'Arras, et une foule de pièces importantes conservées aux archives du département ont permis de reconstituer, aussi exactement que possible, les annales du prieuré de Labeuvrière et la liste des différents religieux qui furent appelés à diriger cette maison.

Le premier nom qui a été retrouvé est celui de GEORGES. De son temps, 1175, Beaudouin d'Allouagne et ses enfants reconnaissent en présence de Philippe, comte de Flandre, les droits du prieuré sur leurs terres (3). Son successeur HÉLIE, 1204, in-

---

(1) Dancoisne. *Numismatique Béthunoise*. D'après un auteur anonyme, la translation à La Beuvrière des reliques de sainte Christine aurait eu lieu dans le V° siècle.
Ces reliques consistent en l'os d'un bras et en plusieurs petits ossements.
(2) Mirœus. *Dipl Belg.*, tome IV, p. 196.
(3) *Archives dép. du Pas-de-Calais.*

tervint dans l'élection d'Itier, abbé d'Andres, par les religieux de Ham, 1207(1). Sous son administration, nous voyons le châtelain de Lens, Eustache, régler dans ses lettres les droits de haute, moyenne et basse justice exercés par le prieuré.— 1210-1217, Audain,1253, Hugues. Ce prieur eut plusieurs démêlés avec les religieux de Chocques au sujet des dîmes de Labeuvrière et de Lapugnoy. Ces dernières furent déclarées appartenir au prieuré. Hugues eut pour successeurs André Marcellis, Pierre de Caumont et Philippe-Lucas de Paravuso. Sous leur administration, nous voyons, en 1329, Jean Norbert, collecteur apostolique, déclarer le prieuré de Labeuvrière exempt de subside au Saint-Siége.— 1368, Gérard de Brosse.— 1379, Jean Du Puy. Vers l'année 1400, le Nécrologe mentionne un certain cardinal dont il ne donne pas le nom. 1421, Thierry-Houvry, mort prieur en 1451, après avoir été remplacé momentanément, pendant son administration, par Guillaume Tournebœuf. — 1452, Robert Roussart. Ce religieux eut à défendre son bénéfice contre les prévôts de St-Barthélemy de Béthune, qui avaient surpris au Pape, en 1451, une bulle de mise en possession.— Trois étrangers purent alors diriger la maison de Labeuvrière consécutivement, savoir : Nicaise Dupuis, 1455 ; — Guillaume de Cluny, 1464. — Antoine Hameron, 1479.

Le moine de Charroux, Jean Turpin, nommé prieur en 1480 dut soutenir un procès de sept ans pour rentrer en possession de Labeuvrière. Il eut pour successeurs Etienne Glosset, — Jean Gommet, 1485, et Jean de La Faie. Ce dernier religieux ne fut point inquiété comme ses prédécesseurs; en effet, nous le voyons qualifié *possesseur paisible* dans les différents actes de l'époque. Dom de la Faie, résidant rarement à Labeuvrière, s'adjoignit en qualité de vicaire, Dom Nicolas Despretz, co-adjuteur du monastère de Ruisseauville, puis, en 1516, Jean de Griboval, moine de l'abbaye de Ham. Au décès de Dom de la Faïe, advenu en 1522, la place vacante fut disputée par le moine de Charroux Antoine Savary, à Jean de Griboval, qui, grâce à la guerre, se fit donner

(1) *Chron. Andrensis Monast.*

secrètement des lettres du pape et du roi. Quoique l'abbé de Charroux eût déjà donné, en 1540, Labeuvrière à ANTOINE DE CHOUPPES, religieux de St-Calais au diocèse de Nancy, il finit par agréer JEAN DE GRIBOVAL. Ce dernier ne tarda pas à résigner son bénéfice entre les mains de son neveu DOMINIQUE DE GRIBOVAL, 1540, qui lui-même le transmit à son cousin JEAN II DE GRIBOVAL, moine à St-Bertin, en 1548. Ce dernier expulsa ANTOINE DE CHOUPPES, qui avait été mis en possession par sentence du conseil d'Artois, de 1549, et s'attribua le prieuré par droit de confiscation. Le bénédictin expulsé recouvra son poste en 1560 ; mais il n'en put jouir longtemps, car JEAN II DE GRIBOVAL, suivant l'exemple de sa famille donna Labeuvrière à un autre parent, DOM JEAN DESPLANQUES, religieux de St-Bertin.

Ces rivalités, qui s'agitaient depuis près de 40 ans autour du prieuré de S^e-Christine, cessèrent un instant par la nomination de DOM BAUDRY ROGIER, moine de Chocques, 1561. Malheureusement, ROGIER fut assassiné dans son lit pendant les troubles des Pays-Bas en 1568, et la discorde éclata de nouveau. L'abbé de Charroux, Dom Pantaléon de la Rochejaubert, avait remis des provisions en blanc à NICOLAS GAUTIER, principal du collége de St-Vaast à Paris ; ce dernier s'empressa de les accepter pour les remettre à son neveu N. GAULTIER, religieux d'Anchin. Trop jeune encore pour se faire installer, le neveu dut abandonner l'administration temporaire du bénéfice à DOM PHILIPPE DE VERNEMBOURG, prêtre et moine de St-Vaast. Ce dernier résolut de s'approprier le dépôt remis à sa garde, et pour mieux parvenir à ses fins, il accusa le jeune Gaultier de simonie. Ce dernier appela aussitôt à Labeuvrière, JEAN DE PENMERAULX, moine de Notre-Dame de Laon, qui n'y résida que six semaines, puis, 1571; LOUIS DASSONLEVILLE, bénédictin du même monastère. PHILIPPE DE VERNEMBOURG ne se regarda pas comme battu et se mit à plaider. Débouté de ses prétentions par arrêt du conseil d'Artois, en 1573, il céda momentanément la place à JEAN DE PENMERAULX, qui fut éloigné lui-même, en 1577, par une sentence du grand conseil de Malines. Cet arrêt, dû à la haute influence de la famille de Vernembourg, fit réfléchir les moines de Charroux. Désespérant, comme sujets

de la France, d'obtenir justice près des tribunaux du roi d'Espagne, ils transigèrent en 1587 et abandonnèrent définitivement à l'abbaye de St-Vaast une possession que son éloignement rendait onéreuse. « L'abbaye de Charroux proposa au monastère de
« St-Vaast, qui appartenait au même ordre, de lui abandonner le
« prieuré de Labeuvrière à la charge d'une redevance (1). ».
Cette cession fut ratifiée par le roi de France Henri et le pape Sixte V.

Elevée au rang de prévôté, Labeuvrière reçut de Jean Sarrazin, abbé de St-Vaast, DOM PHILIPPE DE CAVEREL pour premier administrateur, de 1587 à 1590. Pendant ces trois années de résidence, cet éminent religieux reconstruisit de fond en comble l'habitation de Labeuvrière et fit réparer la nef de l'église. Son successeur, PIERRE DELANNOY, 1590, était un orateur d'une très-grande distinction; il fut remplacé en 1591 par ALPHONSE DORESMIEULX, D'ARRAS. Ce dernier, devenu Grand-Prieur de St-Vaast, céda l'administration de la prévôté à CLAUDE LOUVET ou LOUVER, autre artésien.

Pendant qu'il résidait à Labeuvrière, la peste y exerça de grands ravages en 1596 ; un religieux Pierre Lamblin, originaire de Douai, en soignant les malades, succomba victime de son dévouement. Cette même année le fléau de la guerre vint se joindre à l'épidémie, et l'irruption de troupes françaises força les habitants de Labeuvrière à chercher un asile derrière les murs de Béthune.

CLAUDE LOUVET ayant été rappelé à Saint-Vaast où il devint inclusivement grand-prieur, puis à Crespin dont il devint abbé 1614, fut remplacé à la Beuvrière par ALLARD GAZET parent de l'historien Guillaume Gazet. Il eut pour successeurs : PIERRE DENIS, de Lille, 1603.— NICOLAS LEMAIRE, d'Arras, 1611.— PHILIBERT CABRERA DE SPINOSA, noble espagnol, né à Bruxelles, 1634.—JEAN-ANTOINE DE WIGNACOURT, 1642. — FRANÇOIS GUÉRARD, par intérim, 1647. — FRANÇOIS LEFLON, de Lille, 1648. — NICOLAS DE LA CHARITÉ, d'Arras, 1653. — MICHEL CORNAILLE, d'Arras, fils du seigneur d'Oppy, 1656. — ANTOINE DE WIGNACOURT, pour la 2e fois, 1659.—ADRIEN D'ESTOURMEL, du diocèse de Beauvais, 1673.—

(1) H. d'Héricourt, *Notice sur Philippe de Caverel*, p. 12.

Antoine de Contes de Bucamps. 1678. — Michel Cornailles, redevenu prieur, 1679. — Philippe-Albert Despretz, fils du seigneur de Roclincourt, 1683. — Maximilien Le Josne, d'Arras, 1690. Ce prélat aussi zélé pour le spirituel que pour le temporel, remit en état les finances de la maison; receveur particulier à St-Vaast, il mit en ordre la plupart des censives, et établit de nouveaux registres. Il conserva les revenus de La Beuvrière dilapidés par la guerre et l'incurie de ses prédécesseurs.

Robert de Haynin, neveu de l'évêque de Troyes et de l'abbé de Marchiennes, était régent de théologie au collége de St-Vaast à Douai, lorsqu'il fut appelé à l'administration de la prévôté de La Beuvrière, 1700. Il fut remplacé, en 1711, par Basile de Haynin de Valenciennes. On lui doit la construction du chœur de l'église et l'achèvement des dernières réparations de la nef. Ayant atteint un âge très-avancé, il dut abandonner ses fonctions en 1731, mais il conserva le titre honorifique de *præpositus Senior*. Son successeur, Martial de Beauffremetz, fit exécuter de nombreux et beaux travaux à la prévôté de La Beuvrière. Sous son administration prospère et bien remplie, il se fit une transaction entre l'abbaye de St-Vaast et les habitants de La Beuvrière au sujet de l'usage de la nef de l'église de la prévôté et l'autorisation pour le curé d'y célébrer l'office paroissial, 26 oct. 1732 (1).

Nicolas de la Grange, de Lille, nommé prieur en 1738, mourut quatre jours après sa promotion. Il eut pour successeur Guillaume de Gargan, remplacé lui-même par Hugues Delecourt, 1755, et Dom-Maximilien Ansart, 1769, qui conserva l'administration de La Beuvrière jusqu'à la Révolution. Nous citerons comme dernier acte important concernant cette prévôté une transaction conclue par D. Ansart, de concert avec César de Beaulaincourt, seigneur du lieu, le curé de la paroisse, l'abbaye de Chocques et les dames Chartreuses de Gosnay, sur le mode de perception des dîmes de la Pugnoy et de La Beuvrière.

Quatre religieux, y compris le prévost résidaient à la Beuvrière

---

(1) *Arch. départ.*

Ce dernier s'intitulait *Prévôt de la prévôté et seigneurie de La Beuvrière, membre dépendant de l'abbaye royale de Saint-Vaast dArras* (1). La maison rapportait 4,000 livres de revenu. Les propriétés dépendant du bénéfice consistaient en l'enclos du prieuré comprenant 13 mesures et divers immeubles situés à La Beuvrière, Allouagne, Annezin, Bruay, Blessy-les-Aire, La Buissière, Calonne, Camblain, Chatelain, Chocques, Divion, Hailliscourt, Hesdigneul, Maretz-les-Pernes, Nœux, Oppy, Ourton, Lapugnoy, Robecque, Ruitz, Sailly-la-Bourse, Sevelingues, Tangry, Vendin-lez-Béthune, Verquin. Il faut y ajouter des droits seigneuriaux, reliefs et coteries à Burbure, Houdain, Lozinghem et Verquigneul, et un grand nombre de portions de dîmes. Le cours de la rivière, d'Allouagne appartenait au prévôt de La Beuvrière et personne ne pouvait y pêcher sans son autorisation ou celle du bailly, à peine de 10 sols parisis d'amende (2).

La prévôté de La Beuvrière, consistant en maison, basse-cour, et autres édifices, cours, jardin, vergers et terres à labour, contenant onze mesures ou environ, fut adjugée, le 24 janvier 1792, pour la somme de 23,100 fr., au sieur Maximilien-Bassecourt de La Beuvrière.

Voici les principales conditions de la vente :

« La sacristie est exceptée de la vente et l'escalier conduisant
« aux chambres qui se trouvent au-dessus de ladite sacristie,
« servira comme par le passé pour monter au clocher ; néanmoins
« l'adjudicataire aura la faculté de s'approprier ladite sacristie, en
« en faisant préalablement construire à ses dépens une autre en
« maçonnerie et bien conditionnée, du côté de ladite église opposé
« à celui ou existe la sacristie actuelle, et en faisant aussi percer
« et placer une porte de communication entre ladite église et la
« sacristie neuve.

---

(1) Arrêt du grand conseil qui adjuge les droits honorifiques à la prévôté de La Beuvrière tant dans son église que dans la paroissiale avec droit de planter le long du cimetière de la paroisse et au sieur de Marles le droit de se qualifier seigneur de La Beuvrière en partie. — 1701.

(2) Cahiers de centièmes 1569, f° 247, 253, 267. cœuilloirs divers 1717. Coutumes de la Beuvrière.

« Il aura aussi la faculté de dégager ledit escalier de la servitude
« dont s'agit, en faisant construire un autre escalier ou échelle
« platte dans la chappelle attenante le cœur pour monter audit
« clocher, auquel effet il sera tenu de faire percer la voûte de cette
« chapelle, d'y faire pratiquer un passage convenable, et de faire
« enfin tout ce qui sera nécessaire pour accéder sûrement et com-
« modément à ce clocher.

« On excepte aussi de la vente trois quartiers de terre, ainsi
« qu'ils se trouvent bornés, pris dans les manoirs de ladite
« prévôté le long du sentier conduisant de La Beuvrière à la Pu-
« gnoy. »

Dans la charte de fondation du prieuré de Ste-Christine à La Beuvrière, octroyée en 1100, par le comte de Flandre, Robert de Jérusalem, il est dit que le corps de notre sainte passe pour avoir été trouvé dans cet antique village. Les reliques de Ste-Christine y sont, depuis bien des siècles, l'objet d'une vénération profonde et d'un pélérinage très renommé ; elles étaient autrefois et sont encore aujourd'hui conservées dans une chapelle particulière de l'église.

Il existe encore une petite chapelle isolée construite sur une voûte ouverte d'un côté, et sous laquelle est un bassin toujours alimenté par une fontaine. C'est là que se rendent chaque année, le Dimanche le plus rapproché du 25 juillet, une foule de fidèles, de pélerins, de curieux, accourus de toutes les localités voisines. Les reliques y sont processionnellement déposées et ainsi appelées à la dévotion publique.

Les mères viennent à cette chapelle implorer Ste-Christine pour obtenir la guérison de leurs enfants malades. Elles font tremper dans l'eau de la fontaine les langes de leurs nouveaux-nés, pour les porter ensuite à l'église où le curé les bénit dans la chapelle même de la Sainte Martyre.

Autrefois, elles se procuraient au prieuré et s'empressaient de mettre au cou de l'enfant malade une médaille qui a été décrite par M. Dancoisne dans sa *Numismatique Béthunoise,* excellent travail auquel nous empruntons ces détails intéressants.

Cette médaille, ovale, frappée d'un seul côté sur une mince feuille de cuivre, est entourée d'un grenetis et représente, entre ces deux mots : Sainte X Christine, la vierge et martyre de ce nom, tenant une flèche de la main gauche et portant sur le dos deux autres flèches placées en sautoir, comme une croix de Saint André. L'ancien coin a été conservé, ce qui permet d'en frapper de nouvelles à l'époque du pélerinage.

LA COUTURE.

Cousture en Lallœu.

Ce village dépendait de la juridiction de l'abbaye de St-Vaast dès l'an 1100. On y fonda, vers l'année 1200, une maladrerie ou léproserie que, sans doute, supprima l'édit de 1698 (1).

Il est fait mention d'Eustache d'Arras et de Lambert de la Couture envoyés par St-Louis à Rome, en 1269.

La terre de La Couture appartenait à la famille de Trazégnies d'où est sorti Gilles, connétable de France au XIIIe siècle. Sa femme, Marie-Anne-Françoise de Verchocq lui apporta en dot les terres de Bomy, Boncourt, Fléchin, La Couture, etc., etc., etc. Leur fils aîné, Albert-Louis-Antoine-Guislain de Trazégnies, hérita de la seigneurie de La Couture, qu'il transmit lui-même à son fils, le vicomte d'Armuyden. Ce dernier étant mort sans enfants, en 1726, le domaine de La Couture retourna à son oncle, le comte de Fléchin.

Un château très-remarquable existait à La Couture, près de l'église ; il n'en reste aujourd'hui que les remises, appropriées

(1) (*Bulletin de la Commission historique du département du Nord*, t. V. p. 153.)

pour la maison d'école des filles. Après avoir résisté aux crises révolutionnaires, ce château fut démoli, il y a environ 60 ans, par son propriétaire. Ce qui en reste appartient à M. Louis Daquin, propriétaire à La Couture, maire de Vieille-Chapelle. Il était habité par Gillion-Charles-Adrien marquis de Trazégnies, de Bomy, de Fléchin, etc., maréchal des camps et armées du roy, et Jeanne-Fernande-Brigitte de Croy, marquise de Trazegnies, de Bomy etc. Ces noms ont été pris derrière les portraits de ces personnages, portraits qui sont la propriété de Mme Devaux, de La Couture, et qui ont été peints par D. Doncre, d'Arras, en 1780.

La Couture fut chef-lieu de canton en 1695.

Ce village se compose de hameaux et écarts séparés par des ruisseaux ou cours d'eau qui serpentent de tous côtés.

Le plus important et le plus éloigné est celui des Lobbes, situé du côté de Lestrem. Nous citerons encore *le Touret, les Chouettes, Leauette,* la ferme *de Hagrousart.* Les noms de rues et de lieux-dits rappellent pour la plupart des souvenirs historiques, tels que les rues de *la Maladrerie, des Hurillons, des Chavattes* et *la Pilatrie, la Sauvagerie,* le *Reau* ou *Rost* , ancienne ferme appartenant à l'abbaye de Saint-Vaast, etc., etc., etc. etc.

Beaurepaire était un ancien fief dépendant de La Couture.

L'église de La Couture appartient au XVIe siècle. M. le comte d'Héricourt a étudié ce monument remarquable par l'élégance de sa construction, le fini des sculptures de sa corniche et la richesse de ses vitraux.

En effet, cet édifice construit à l'extérieur en grès équarris, a une corniche en pierre bien remarquable. Sur la partie circulaire d'une moulure en forme de cavet, on voit une série non interrompue de sculptures représentant les principaux traits de l'ancien et du nouveau testament, entremêlés d'animaux fantastiques et de monstres marins. Une porte se trouve près de l'ancien portail. Ce porche, dont l'arc d'ouverture affecte la forme ogivale, est bordé d'une nervure ornée de distance en distance par des figures bizarres et terminée par un dais pyramidal couvert de touffes de feuilles. On voit à l'intérieur, contre les murs du chœur, quatre petits clochetons sculptés à jour. Les fenêtres étaient autrefois garnies de vitraux peints. Ceux qui ont échappé au vandalisme représentent des bustes et des figures en pied de saints et de rois, le Jugement général, etc. La date de 1530 se trouve au bas de l'un de ces vitraux.

L'église de La Couture est placée sous l'invocation de St-Pierre. Les villageois des environs s'y rendent en grand nombre le jour et pendant l'octave de la fête de cet apôtre. Ce pélerinage a pour but de préserver les champs de la grêle.

LAPUGNOY.

El Pennoy, Cart. de Gosnay.
Aix-en-Pugnoy, id.
Ecque-Pugnoy id.

Situé sur la Clarence, ce village a son territoire couronné de bois qui, à la fin du XVIII° siècle, appartenaient au comte de Bossu, aux Brigittines de Béthune et aux deux chartreuses de Gosnay.

La seigneurie de Lapugnoy se partageait entre l'abbaye de Chocques et le marquis de Longastre. Ce dernier avait acheté cette partie de la terre de Lapugnoy au comte de Bossu, en 1703.

Certains chroniqueurs rapportent que la vigne était cultivée au Moyen-Age sur les côteaux qui dominent le territoire. M. Harbaville cite à l'appui de cette assertion l'existence du canton appelé encore de nos jours *les Vignobles*.

La paroisse de Lapugnoy n'avait autrefois qu'une chétive et petite église placée aux confins de la commune. Les largesses de Mlle de Foucault et de M. du Hays, jointes à une souscription volontaire et au secours accordé par l'État, ont permis aux habitants d'élever en 1869 un sanctuaire plus en rapport avec l'importance toujours croissante du village et d'y joindre un presbytère et des écoles.

La nouvelle église établie d'après un plan de l'architecte Grigny, est romane, construite en briques, avec les décors et les colonnes en pierre de Creil. Elle a trois nefs et une tour dans de belles proportions.

La dîme se percevait à raison de 8 0/0 et se partageait en dix parts entre le prévost de La Beuvrière qui en avait cinq, les dames Chartreuses de Gosnay deux, l'abbaye de Chocques une, le curé une et le sieur Bouton une, à cause d'un fief qui lui appartenait.

La cure était à la collation du prévôt de La Beuvrière.

Le hameau de Vis à Marles, le Mont-Éventé où se trouve le château et le domaine de la famille du Hays, les Coquelettes, les haies de Lozinghem, le corps du bois, la Vasserie et les fermes de Wolte et Viez sont toutes dépendances de la commune de Lapugnoy.

Le château de *la Vasserie* appartenait avant la Révolution à la famille du Vieux-Fort. En cet endroit se trouvait une métairie renommée pour l'excellence des pâturages qui en dépendaient ; de tous côtés l'on y amenait des bestiaux, surtout les vaches, d'où la dénomination de *Vacherie* qui a dégénéré en *Vasserie*.

LOCON.

Selon M. Harbaville, ce village tire sa dénomination du celtique *Loch*, trou, lieu enfoncé. En effet il est situé sur la rivière de la Lawe et son territoire très-étendu est un des premiers de ceux qui composent le *Bas pays*.

Robert de Béthune comprit en 1037 l'autel du Locon dans la dotation de la collégiale de St-Barthélemy.

La maison de Nassau-Orange, posséda cette terre jusqu'à la fin du XVI° siècle ; à cette époque elle fut confisquée par les archiducs sur le prince d'Orange, alors en guerre avec eux. Les nouveaux souverains de l'Artois ne tardèrent pas à aliéner la seigneurie et le domaine de Locon au profit d'Antoine Des Lyons, écuyer, seigneur de Bavincourt, de la Deuille, etc., etc.......

Antoine Des Lyons, seigneur de Locon, eut pour héritier Pierre des Lyons dont le petit-fils François-Ignace-Léonard, fut capitaine au régiment de Solre, et maire des ville et cité d'Arras. C'est en sa faveur que la terre de Locon fut érigée en baronnie sous la dénomination de *Des Lyons*, par lettres patentées datées de Marly du mois de juin 1714. Le dispositif de ces lettres porte qu'elles sont accordées au dit sieur et à ses descendants, en considération de ses services et de sa *noble extraction*. Elles rapportent sa filiation depuis MILES DES LYONS, écuyer, vivant à Arras en 1424. Elles furent enregistrées les 17 juillet et 14 août suivants, aux greffes des Conseil et Election d'Artois. Ange-Josèphe-Remy, baron des Lyons, chevalier, seigneur de Locon, Bavincourt, Fontenelles, fut membre du corps de la noblesse des Etats d'Artois en 1764 et servit dans la maison du roi.

Pendant le siège d'Aire, en décembre 1741, le général espagnol, François de Mello, établit son campement dans les environs de Locon pour soutenir Béthune et logea au presbytère de ce lieu; le curé Wanquetin s'attira la puissante protection de ce nouveau gouverneur général des Pays-Bas, et en obtint la dignité de prévôt de St-Barthélemy de Béthune (1).

Plusieurs fiefs importants dépendaient de Locon; nous citerons :

1° Le fief de *Rebecque*. C'était une seigneurie vicomtière relevant du roi à cause de son château de Béthune, et appartenant au sieur Hannedouche, écuyer.

2° Le fief de *Mesplaux* mouvant du précédent.

3° Le fief *Manchecourt* qui fut acheté par Prudhomme d'Ailly, seigneur de Verquigneul, au seigneur de Villers-Châtel, vers 1705.

4° et 5° Les fiefs de la *Volde* et de la *Goute*. Le premier, possédé

(1) P. Ignace *Mém*. T. VI. p. 110.

par les seigneurs de Wassenaer fut vendu en 1700 à la dame de Marquais épouse du marquis d'Assignies, dont le fils Cadet le vendit à fonds perdus au sieur Dorlé, procureur au Conseil d'Artois et plus tard lieutenant général de Béthune.

6° Le fief des *Choquiaux*.

7° Le fief des *Hueurs*.

8° Le fief de *Ferne* avec Justice et Seigneurie vicomtiére, appartenant au prieur du Perroy.

9° La seigneurie du *Hamel*, possédée par la famille Segond. Louis Segond, seigneur de Hamel et Hauteloy, fut annobli en 1622 (1). En 1287, elle valait annuellement 31 razières d'avoine et 31 poules (2).

Le village de Locon dépendait de la gouvernance de Béthune. On y comptait 255 feux et 1,000 communiants en 1733. Il se compose de plusieurs hameaux, qui sont: le Gosset, les Glatignies, les Choquiaux, l'Echopette, les Tombilaux, le Vert-Lannoy, le Cornet-Malo, et la ferme de Mesplaux.

L'église fut construite en 1547, sous la domination espagnole. Elle est bâtie en grès, couverte en ardoises et entourée de fossés alimentés par les eaux de la Lawe. Elle est de forme rectangulaire, divisée en trois belles nefs toutes terminées en hémicycle vers le chœur. Ce chœur, d'après les fondations retrouvées depuis peu, devait prendre de plus grandes dimensions; il n'a plus qu'une dimension assez restreinte. La voûte, semi-circulaire, n'a été que commencée. Les murs sont en grès taillés; le chœur seul a été construit en briques, probablement par défaut de ressources pour terminer le monument. La corniche intérieure présente des bouts de solives terminées par des figures d'hommes, d'anges ; quelques-unes sont assez monstrueuses. Les murs sont soutenus par des contreforts qui y sont adhérents ; ils sont tous d'un style très-simple, analogue à celui de l'édifice entier. Le clocher principal est de forme octogone, en bois, et recouvert en ardoises

---

(1) *Registres des chartes de la Cour des Comptes* à Lille. 1621-1623.
(2) *Chronique du prieuré du Perroy*.

comme les deux autres placés aux nefs latérales, mais ces derniers sont beaucoup plus petits. Au clocher principal est un escalier. Les portes sont cintrées et ne présentent rien de remarquable. On voit encore l'emplacement d'un ancien portail à une nef latérale qui a dû être très-grandiose; mais la révolution a renversé ce chef-d'œuvre.

Il y a à l'intérieur deux rangées de quatre colonnes. Les piliers sont cylindriques et d'un style hardi. Les chapitaux sont de l'ordre Ionique et les bases analogues. Les fenêtres sont oblongues et se terminent en ogives; les vitraux font l'admiration de tous les connaisseurs. On y remarque les scènes suivantes: 1° les Martyres de St-André, de Ste-Barbe et de Ste-Catherine ; 2° le Jugement dernier; 3° l'Assomption de la Vierge; 4° la Résurrection; 5° le Couronnement de Marie; 6° La rencontre de St-Hubert avec le cerf dans une forêt, etc., etc. Plusieurs personnages offrent une touche si riche et si finie, qu'on les prendrait pour des miniatures. On doit la conservation de ces beaux vitraux à l'un des curés de Locon. Ce respectable ecclésiastique sut déjouer le projet qu'avaient conçu plusieurs anglais d'en dépouiller son église en les achetant. La chaire passe pour un chef-d'œuvre de sculpture; elle est de forme hexagone et offre sur ses panneaux plusieurs bas-reliefs sculptés, parmi lesquels on distingue l'Assomption et la descente du Saint-Esprit. Le tableau d'autel est une copie de la descente de croix de Rubens. Le tableau de l'Assomption de la Ste-Vierge, autre tableau fort détérioré qu'on voit à l'autel sous l'invocation de la Mère du Sauveur, est regardé comme une peinture excellente. Le reliquaire où se trouve un fragment de la vraie croix, rapporté de Jérusalem par les R. R. P. Marie et Ange de Béthune, est d'un travail exquis. Ce reliquaire se compose d'une croix en cristal, haute d'environ un mètre, ornée de dorures et s'élevant sur un piédestal où l'on voit quatre anges (1).

La Cure était à la nomination de l'évêque d'Arras ; elle avait un revenu de 1200 livres et, pour décimateurs, les chanoines de la collégiale de Béthune.

(1) Renseignements communiqués par M. l'abbé Flageollet, desservant a Locon. — Roger, *Bibliothèque historique*.

Le Patron est St-Maur.

On ignore quand et comment l'église de Locon s'enrichit des reliques de ce Saint, qui consistent en un fragment d'os et en une petite boucle. On sait seulement que la dévotion qu'elles inspirent, remonte à une époque fort reculée.

Maintenant encore, le 15 Janvier, fête anniversaire de l'illustre Abbé de Glanfeuil, la paroisse toute entière cesse ses travaux pour s'occuper des exercices religieux de cette Sainte Journée.

Une Médaille a été frappée en l'honneur de ce pélerinage (1).

OBLINGHEM.

Offinghem, *1037, Titres de Saint-Barthélémy.*
Amblainguehem, Maillard, *Coutumes d'Artois.*
Aublinghem.
Aublinquin, *1350* P. Ignace.
Oblinghem-les-Choques, P. Ignace.

La terre d'Oblinghem fit partie de la donation de Robert de Béthune à la collégiale de St-Barthélémy. La Seigneurie primordiale à laquelle se rattachaient les droits honorifiques, fut donnée avant le XVIIe siècle aux chartreux de Gosnay par la famille qui en était alors propriétaire.

Fontenelle et Romblay étaient des fiefs dépendant d'Oblinghem Araunio de Campis, génois d'origine et trésorier de France au bureau des finances à Lille, en fit l'acquisition en 1733 (2). Il fit démolir l'ancien château de Romblay, appartenant au baron de Méroves et qui avait conservé quelques restes de fortifications et de fossés à demi comblés ; il construisit à la place une belle maison seigneuriale dans le goût moderne.

L'ancienne chapelle castrale, qui était bénéficiale, fut remplacée par un nouveau sanctuaire placé sous l'invocation de

---

(1) Dancoise, *Numismatique Béthunoise.*
(2) P. Ignace. Add. aux *Mém.* T. 3, p. 443.

Notre-Dame-de-Grâce. Il fut béni en 1749 par François-Ignace Hugo, curé de Lestrem et doyen rural de Béthune.

L'église d'Oblinghem a pour patronne la sainte Vierge sous le nom de Notre-Dame-du-Joyel. En effet, elle obtint dès l'origine du cierge d'Arras, une petite partie de cire dont on fit une chandelle enfermée dans une belle châsse d'argent. Elle fut placée dans une des chapelles de l'église, et là, dit la tradition, ne cessèrent les merveilles et les guérisons que lorsqu'elle même eut été enlevée à la Révolution. Aussi de bien loin accouraient les malades et les pèlerins ; aussi sa fête, qui se célébrait le second dimanche après la Nativité, voyait-elle affluer de tous les chemins qui aboutissaient à Oblinghem les flots d'un peuple dévôt et endimanché.

Comme témoignage des faveurs obtenues par son entremise, on voyait appendus autour de la statue de Notre-Dame-du-Joyel, qui se trouvait au-dessus de l'arcade qui séparait le chœur de la nef, des ex-votos en bois, en cire et en argent, et parmi eux se remarquaient deux béquilles qui y avaient été déposées, en 1680, par une femme de Lillers, depuis longtemps privée de ses jambes, et guérie par cette cire merveilleuse (1).

La cure possédait un fief situé à Montbernanchon et avait pour collateur l'abbé d'Anchin ; c'est aujourd'hui une annexe de Vendin. La paroisse comptait 27 feux et 75 communiants au XVII° siècle. L'abbé d'Anchin en était aussi décimateur.

VENDIN-LES-BÉTHUNE.

Vindimium.
Wendin en l'Advouerie.
Vandin. — P. Ignace.
Wendin. — Id.

Le village de Vendin, dont le nom dérive, selon M. Harbaville, du celtique Wand, mur, habitation, muraille, est d'une origine an-

(1) Terninck. *Histoire légendaire de la Sainte-Chandelle d'Arras*, page 46.

cienne et antérieure au X⁰ siècle. Il en est fait mention dans un accord de 1160 entre Robert le Roux, avoué de Béthune et Baudouin, châtelain de Lens (1).

La seigneurie de Vendin-les-Béthune se composait de quatre fiefs principaux qui furent longtemps possédés par la famille de Guerboval. Ils devinrent la propriété du baron d'Esclebecq, habitant St-Omer, et décédé à Paris en 1744.

L'un de ces fiefs était mouvant du château de Lens et appartenait à la fin du XIV⁰ siècle, à Herlin Platiaux de Vendin. Le dénombrement qu'il en fournit à Philippe-le-Hardi, comte d'Artois, est du 8 mars 1384 (2).

Monsieur de Genevières de la Vasserie, membre des Etats-d'Artois, possédait cette terre en 1789.

La Motte dorée, la ferme de Romblay, la Paix, sont des dépendances du village de Vendin. C'est dans ce dernier écart que fut pratiquée une fosse houillère, abandonnée depuis une douzaine d'années par suite de la rencontre de sable mouvant.

La Fontinette est une source d'eau très-légère et recherchée par les malades.

L'ancienne église de Vendin était très-petite et d'une date très-ancienne : elle fut vendue et démolie à la Révolution, il n'en resta que les murs. Rétablie à la restauration du culte par le zèle et la charité des habitants, elle ne tarda pas à tomber en ruines de nouveau, et jusqu'en 1859 la paroisse fut privée d'église et de presbytère. A cette époque, grâce au dévouement de son pasteur actif et intelligent, M. l'abbé Cohet, les habitants virent s'élever un temple modeste mais élégamment construit en style roman sur les plans de l'architecte Grigny. Ses trois nefs, de belle dimension, contiennent fort à l'aise tous les habitants ; sa tour, flanquée de tourelles, est forte, percée de baies étroites, élégante et élancée.

Le patron est St-Vaast.

---

(1) Achmet d'Héricourt. *Carency et ses seigneurs.*
(2) P. Ignace. *Dict.*, tome IV, page 1037.

La cure avait autrefois pour collateur l'abbé d'Anchin et pour décimateurs le même prélat, le chapitre de Béthune et le seigneur de Romblay.

Près de Vendin, sur la route de Béthune à Aire, se voit une maison blanche, illustrée par M. Alex. Dumas, dans son roman des Mousquetaires, sous le nom de Maison-Rouge, et désignée par lui, avec la même exactitude, comme étant de temps immémorial la demeure du bourreau de Béthune.

VERQUIGNEUL.

Werkinnul, 1147. — *Dom Le Pez.*
Werkingnoël, 1182. — *Charte du Mont-Saint-Eloy.*
Werquignœul, 1345.
Wersquineulle, 1386.— *P. Ignace.*
Verquinieulle, XV° siècle.
Werquigneul, 1640.

Ce village est situé près de Béthune, entre les routes d'Arras et de Lille par Labassée. Robert, fils de Baudouin de Werkinnul, est mentionné dans un titre de 1147, rapporté par Dom Le Pez. Regnier de Werkingnoël figure, en 1182, dans une charte de l'abbaye du Mont-Saint-Éloy, et en 1186, dans un diplôme comme bienfaiteur du monastère de St-André.

Jean de Blanquraps de Béthune donna aux Chartreux de Gosnay 20 mesures de terre, situées sur Verquigneul, 1324 (1).

Nous trouvons les noms d'Antoine Alard et Mathieu de Verquignœul, dans des chartes de 1386 (2).

Dans le cours du XV° siècle, cette famille abandonna l'Artois pour se fixer à Tournai. Trois abbesses de ce nom gouvernèrent l'abbaye de Denain. Catherine, dame de Werquignœul, épousa

---

(1) *Cart. de Gosnay..*
(2) P. Ignace. *Mémoires*, tome VI, p. 718.

Jacques de Luxembourg, fils naturel du fameux connétable Louis, comte de Saint-Pol (1). François de Werquignœul, écuyer, sieur de Sarts, occupait le château d'Épinoy-les-Oisy, vers le milieu du XVIe siècle. Il fut père de Florence de Verquigneul qui fonda le couvent des dames de la Paix à Douai (2).

Louis Blondel, écuyer, seigneur de Verquigneul, obtint des archiducs des lettres de noblesse au commencement du XVIIe siècle (3); elles furent enregistrées à la Chambre des comptes à Lille (4).

La terre de Verquigneul était mouvante de la châtellenie de Lens. Elle passa de la maison de Werquignœul dans celle de Le Vasseur. Guillaume Le Vasseur, receveur de l'ancien aide d'Artois, possédait en même temps la terre de Nœux et celle de Verquigneul. Son héritier et successeur dans sa charge fut Barthélémy Le Vasseur. On a de lui un catalogue manuscrit de la cotisation de tous les villages de la province pour la taxe qu'ils avaient alors à payer.

Le domaine de Verquigneul fut acheté par un membre de la famille de Prud'homme d'Ailly. Il resta dans cette maison jusqu'à l'époque de la Révolution. Le marquis de Prud'homme d'Ailly avait un château à Verquigneul. Ce seigneur, très-libéral envers l'église et la commune, avait sur la place publique un énorme siége en grès sur lequel il venait s'asseoir le dimanche après l'office, pour assister aux jeux des habitants. Il dut émigrer en 1793.

Le village de Werquignœul était autrefois remarquable par une fontaine jaillissante, où se trouvaient cinq tuyaux qui donnaient une gerbe d'eau de la grosseur du corps d'un homme. Le bruit qu'elle faisait en jaillissant, s'entendait à plus d'une demi-lieue au-delà, dans le silence de la nuit. Elle fut détruite en 1710 (5).

---

(1) Cette maison portait : *d'hermine au croissant de sable.*
(2) *Registre des Chartes* (mars 1619, avril 1620.)
(3) Lequien. *Notice sur Béthune*, p. 39.
(4) Turpin. *Histoire des comtes de Saint-Pol.*
(5) L'abbé Parenty. *Histoire de Florence de Verquigneul.*

Le *Mariage de Verquigneul* est un jeu de cartes qui se jouait assez communément dans le pays. Le valet et la dame font un mariage dans ce jeu. La tradition est qu'une veuve, dame de ce village, ayant épousé son valet, a donné lieu à ce proverbe de : *le nouveau Mariage de Werquigneul.*

Le clocher de Verquigneul porte la date de 1642. L'église avait été construite probablement à la même époque ; mais elle menaçait ruines au commencement du XIX° siècle, et il fallut la démolir en 1830. Elle fut reconstruite sur les anciennes fondations. Le chœur seul fut conservé.

La cure fut annexée à celle de Verquin, jusqu'au 17 octobre 1826, époque à laquelle Verquigneul fut érigé en succursale.

La paroisse, dont le patron est St-Vaast, avait pour décimateurs le chapitre de Lens et l'abbé de St-Bertin.

La chapelle élevée en l'honneur de la Sainte Vierge, sous le nom de *Notre-Dame de Bel-Amour* était l'objet d'un pèlerinage. Reconstruite en 1731, elle a disparu de nos jours.

Le Mont sans pareil est une dépendance de Verquigneul.

VERQUIN.

Verkinium, 1070. — Mirœus. *Dipl. Belg.*
Verkin, 1210. — Le Carpentier. *Hist. de Cambrai.*
Werquin. — P. Ignace.
Verchin.

Ce village, situé sur une hauteur à une demi-lieue de Béthune, à gauche de la route d'Arras, remonte à une haute antiquité. Eustache, comte de Boulogne et Ide, sa femme, assignèrent en 1070 à la collégiale de Lens, un boisseau de rente sur Verkin (1). L'abbé de St-Bertin, Lambert, en obtint l'autel de la libéralité de Robert, évêque d'Arras, (1123) (2).

(1) Mirœus. *Dipl. Belg.*
(2) H. de Laplane. *Les abbés de Saint-Bertin.*

Bordin de Werkin figure comme témoin dans une charte de donation de prairies, faite en 1210 à la collégiale de S¹-Barthélemy de Béthune, par Guillaume, avoué de cette ville (1).

La terre de Vendin appartenait au XV° siècle, à la famille de Marquais. Jean de Marquais et Anne Le Vasseur, sa femme, contribuèrent à la décoration de l'église. Le chœur renfermait un caveau seigneurial dans lequel un membre de cette famille fut enterré en 1591 (2).

Octave-Eugène, marquis d'Assignies, devint seigneur de Verquin, par suite de son mariage avec Marie-Florence de Marquais, 1685. Il eut pour fils et héritier François-Eugène, qui épousa Marie-Philippe-Albérique du Châtel, le 24 juillet 1714 (3).

Cette seigneurie consistait en un château et dépendances, 40 mesures de vergers, bois et terres à labour affermées à la veuve Fontaine 1,800 livres.

La famille de Coupigny possédait à Verquin, les fiefs de Sorel et Beaurepaire qui formaient une seigneurie vicomtière. François de Coupigny, écuyer, sieur d'Istringhem en Bellaire, Bracquincourt, etc., etc., mourut dans son château de Verquin, le 14 février 1700, et fut enterré dans le cimetière de cette commune (4).

Les armes des de Coupigny y étaient aussi gravées.

Un autre fief relevant de la châtellenie de Lens appartenait à

(1) Le Carpentier. *Hist. de Cambrai.* — *Généalogie de la famille de Lannoy.*
(2) P. Ignace. *Mém.*, tome VIII, page 79.
(3) La Chesnaye-Desbois. *Dict. de la Noblesse.*
(4) P. Ignace. *Mém.*, t. V, page 550.

INSCRIPTION DE LA PIERRE SÉPULCRALE DANS LE
CIMETIÈRE DE VERQUIN.

CY GIST LE CORPS DE MESSIRE FRANÇOIS DE COUPIGNY, ÉCUYER, SEIGNEUR D'ISTRINGHUEM, BELLAIRE, SOREL, BRACQUINCOURT, LOISELET, ETC., AGÉ DE 82 ANS, DÉCÉDÉ LE 24 DE FEBVRIER 1700, LEQUEL A VOULU ÊTRE ENTERRÉ DANS CETTE CIMETIÈRE.

Virtus nobilitas annis prasentia major
Largus opum hinc templo pauperibus
qui Tegor.
Requiescat in pace. Amen.

Guillaume, sire de la Folie, écuyer, qui le tenait de sa femme, Isabelle de la Beuvrière (1).

Nous citerons encore :

Le fief *Dervinel,* appartenant à M. de Genevières de la Vasserie et consistant en 88 mesures de terre à labour affermées à différents particuliers 1,232 livres en censives, droits seigneuriaux 38 livres 6 sols.

La seigneurie de Lestrée, propriété de madame la comtesse de Wallignies et consistant en censives 2 liv. 19 sols, plus droits seigneuriaux estimés 2 livres 2 sols.

Le fief Dupré appartenant à M. du Carieul de Ficf et consistant en censives et droits seigneuriaux, évalués 41 livres 2 sols.

Et enfin deux autres fiefs appartenant l'un à l'abbaye de St-Bertin et le second à M. Ducrocq (2).

L'ancien château-fort de Verquin était situé à l'extrêmité de la rue conduisant à Vaudricourt; une tourelle existait encore en 1804.

« C'est, dit le P. Ignace, une forteresse toute de grès, quarrée
« depuis le haut jusques au rez-de-chaussée. Elle n'a ni jambes de
« force, ni piliers, ni aucuns ornements extérieurs d'architecture,
« ni de fossés. Elle a 14 pieds de largeur en dedans. Les mu-
« railles sont épaisses par le bas de six pieds et demi, il y a 73
« marches jusques à la galerie. A 15 ou 20 pieds de hauteur s'é-
« lèvent quatre tourelles sur chaque angle de cette tour ; cha-
« cune des tourelles a six pieds de largeur en dedans et deux éta-
« ges comme la tour quarrée. Elle est terminée par une galerie
« échancrée qui règne à l'entour du comble qui forme le grenier.
« Ce comble est surmonté par les tourelles près de dix pieds. Elles
« sont de figure ronde et finissent par une plate-forme voûtée, et
« les extrêmités des murs sont dentelées tout autour. Les deux
« grandes salles ou places de cette tour ont cheminées et trois
« croisées chacune. Les chambres des tourelles ont des vues pro-
« portionnées à leur situation » (3).

(1) P. Ignace. *Mém.*, tome VI, page 748. — Dénombrement du 6 mars 1384
(2) Extrait des rôles des vingtièmes de 1757 de la commune de Verquin, n° 332 du *Répertoire.* *(Collection Godin.)*
(3) P. Ignace. *Dict.* tome IV, page 1046.

Il existe sur le chemin de Verquin à Nœux, à côté d'une chapelle, un bloc de pierre d'une seule pièce, de forme quadrangulaire, d'une hauteur d'environ 4 mètres, et paraissant avoir été surmonté d'une croix ou d'une statue. Aucuns souvenirs ni traditions ne se rattachent du reste à cette pierre. L'endroit où elle est située, est désigné sous le nom de *Saint-Claude*.

Il est vraisemblable, d'après l'ordre d'architecture du corps de l'église, qu'elle fut bâtie durant le XVI° siècle. On trouve dans la sacristie le millésime de 1573. Le clocher paraît être d'une construction plus ancienne, ogive-romane du XII° siècle ou première période du XIII°.

L'intérieur de l'église était orné d'un lambris de chêne d'une belle ordonnance; il fut vendu avec d'autres objets mobiliers pendant la Révolution. On ne put conserver que la chaire qui s'harmonisait avec le lambris et qui est assez remarquable par la délicatesse des panneaux de menuiserie sculptés qui la décorent.

Le chœur a deux chapelles latérales qui lui donnent la forme d'un trèfle gothique. L'une d'elles, celle de la Vierge a été décorée en 1836 par M. Alexandre Grenet de Florimond après que le gouvernement lui eût permis d'y déposer le cœur de sa femme; il a de plus supporté la dépense d'un parvis de marbre pour le chœur et la chapelle de droite dite de St-Nicolas. M. de Florimond aida la fabrique à supporter les frais d'un lambris qui orne le pourtour du chœur et de la dite chapelle.

L'église de Verquin est placée sous le vocable de St-Amé; la cure était à la présentation de l'abbé de St-Bertin qui était décimateur de la paroisse, conjointement avec le chapitre de Lens.

Il existe dans l'église depuis un temps immémorial, une confrérie dite de Notre-Dame des Sept-Douleurs. Elle est composée de sept membres dont deux sortent chaque année et sont remplacés le dimanche de la Passion. Ces confrères portent les morts aux convois funèbres.

VIEILLE-CHAPELLE.

Viezc-Capelle. XIe siècle.

La tradition attribue la fondation de ce village à des ermites qui vinrent s'y fixer au XIe siècle. Ils y établirent un oratoire autour duquel plusieurs habitations ne tardèrent pas à se grouper et formèrent un hameau dépendant de la paroisse de Lacouture. Les rues dites des Clercs et de Vielle-Chapelle semblent confirmer cette opinion par leur dénomination. Vieille-Chapelle faisait anciennement partie du domaine de la Couronne et relevait du château de Lens. Philippe II, roi d'Espagne, l'engagea au seigneur de Ghistelles.

La famille de Ghistelles, alliée à diverses maisons souveraines et à la plupart des maisons considérables de France et de Flandre, fut honorée d'un grand nombre d'emplois distingués et de charges principales dans les cours et dans les guerres des princes de la maison de Bourgogne et d'Autriche. Jean de Ghistelles était conseiller et chambellan du roi Philippe de Castille, qui aliéna en sa faveur la terre de Vieille-Chapelle, 1505; son fils, Louis de Ghistelle, fut écuyer de l'empereur Charles-Quint et grand bailly de Courtray en 1537.

La seigneurie de Vieille-Chapelle appartenait en 1750 à Philippe-Alexandre-Emmanuel de Saint-Floris. Il est désigné ainsi qu'il suit, dans les registres de catholicité de la commune :

19 juin 1740. Naissance de *Philippe-Alexandre-Emmanuel-François-Joseph, fils de haut et puissant seigneur messire Philippe-Alexandre-Antoine de Ghistelle, chevalier, marquis de Saint-Floris, Vieille-Chapelle et de Croix, baron d'Eclimeux, etc., etc., seigneur de cette paroisse, et de très-noble et très-illustre princesse Marie-Joseph de Hornes, née princesse de Hornes et du Saint-Empire......: Parrain et marraine furent : Messire Maximilien-Emmanuel, prince et comte de Hornes et du Saint-*

Empire, grand d'Espagne héréditaire et de la première classe, grand veneur héréditaire de l'Empire, comte de Dassigny, Baillœu et d'Houtkerque, baron de Boxtel, etc., et Marie-Adrienne-Françoise de Ghistelle, veuve de messire Ignace-Florent-Louis de Nassau, comte de Corroy, etc. Le dit Philippe-Alexandre-Antoine de Ghistelle, est décédé le 16 novembre 1756 et a été inhumé le 17, dans l'église de Vieille-Chapelle.

Il ne reste plus aujourd'hui aucune trace de sa sépulture ni de celle d'aucun membre de sa famille.

Les armes de la maison de Ghistelles (1) se trouvent sculptées sur une clef de voûte en grès provenant du château et portant la date de 1621. Elle se trouve maintenant à la porte charretière de la ferme de M° Devaux-Joye, à Lacouture.

La seigneurie de Vieille-Chapelle consistait en droits de haute, moyenne et basse justice, rentes foncières, biens, terres labourables, droits de plantis. Ces derniers furent l'objet d'une grave et longue contestation entre le marquis de Saint-Floris et la commune de Vieille-Chapelle. Un arrêt du Parlement de Paris, en date du 8 juillet 1744, donna gain de cause au seigneur de Ghistelles (2).

La maison seigneuriale était située près de l'église.

La commune dépendait du bailliage de Lens et de la gouvernance d'Arras. On y comptait 190 feux et 560 communiants vers le milieu du XVIII° siècle.

L'église a pour patron la Sainte-Vierge; la cure dépendait autrefois du doyenné de Lestrem et était à la collation de l'évêque d'Arras. Les décimateurs étaient ce même prélat, le chapitre de Lillers et le seigneur du lieu.

Le bâtiment de l'église, construit à diverses époques manque d'harmonie. Ce ne fut d'abord selon toute apparence qu'une chapelle, qui donna son nom au village ; elle fait corps depuis longtemps avec le reste de l'église, on la discerne par sa maçonnerie très-ancienne et en pierres brutes. Le prince de Ghistelles fit

---

(1) Les de Ghistelles portent : *de gueules, à un chevron d'Hermines*.
(2) P. Ignace. *Dict.*, tome IV, p. 861.

ajouter aux deux nefs successivement bâties une chapelle au-dessous de laquelle est un caveau destiné aux sépultures des membres de sa famille; plusieurs y furent déposés, on les retira pendant la Révolution pour profaner leurs ossements. Le clocher qui est surmonté d'une svelte et hardie flèche, indique au voyageur une église plus belle que n'est celle de Vieille-Chapelle.

On conserve dans l'église une relique de St-Vincent, martyr, patron secondaire de la paroisse. On y remarque aussi une pierre tombale qui porte l'inscription suivante :

Chi gist Mesire Pières li Nicaises curès jadis de la Vièze-Capelle-sur-Loisne ki trespassa l'an M.CCCXL; *priès pour son âme.*

Adolphe DE CARDEVACQUE.

CANTON
DE
CAMBRIN

ANNEQUIN.

 Bien que ce village soit considéré par nos historiens d'Artois comme étant d'une haute antiquité, nous n'avons pas trouvé d'anciennes formes de son nom qui pussent justifier cette assertion. M. Harbaville et M. Caffin après lui, tirent son nom du celtique *an*, rivière et *acum*, demeure. Il est certain que ces deux radicaux ont la signification qui leur est donnée, mais il nous est impossible de les retrouver dans la forme qu'à revêtue depuis plusieurs siècles le nom de ce village. *Acum* donne des désinencesen *y* et *ay* dans toute la région au nord de la Loire, mais il ne s'est nulle part changé en *quin*, pas plus qu'il n'a produit *zin*, comme le dit aussi M. Harbaville pour le village d'Annezin. Ce nom a, suivant nous, une physionomie trop flamande pour ne pas lui attribuer une telle origine. Les formes d'*Annechin, Annekin* que l'on rencontre à partir du XIe siècle nous semblent justifier cette préférence.

 En 1070, on trouve le sceau de Létard d'Annechin, apposé au bas d'une charte au profit de la collégiale de Lens. Le village d'Annequin donna son nom à un cadet de la famille de Lens qui s'est fait connaître dès l'an 1128. Aldon de Lens, dit d'Annequin, vivait encore en 1137. En 1184 on voit un *Balduinus Annekins*. Des titres de l'abbaye du Mont-Saint-Martin font aussi mention de plusieurs membres de cette maison. En 1228 Baudouin d'Annequin donna à cette abbaye six mencaudées de terre. Plus tard nous y trouvons les noms d'un autre Baudouin d'Annequin, et d'Ysabeau, dame d'Annequin, sa mère qui confirment, en 1291, les donations faites à la même abbaye par les seigneurs d'Annequin leurs ancêtres. De ce Baudouin 1er sont sortis Baudouin d'Annekin qui figure en 1254 au siége d'Oisy. (*Puits art. 1838* p. 125), et un autre Baudouin d'Annequin, petit fils sans doute du précédent, qui s'était acquis un grand renom dans la province, au point que Philippe 1er l'appela en 1318, à Corbie, pour mettre fin au différend surgi entre la comtesse d'Artois Mahaut et sa noblesse.

Il est vraisemblable que c'est le même que Froissard nous représente comme l'un des plus énergiques défenseurs de Béthune assiégée en 1346 par les Flamands. Comme nouvelle marque de l'estime en laquelle il était auprès de lui, le roi de France le nomma gouverneur de Lille, Douai et Orchies en 1357, et grand-maître des Arbalétriers. Il fut tué à Cocherel en 1364, et inhumé dans la collégiale de Saint-Pierre de Lille. Jeanne de Lens sa fille et seule héritière, épousa en 1362 Jean de Fiennes, dit du Bois, et le fief d'Annequin passa de la sorte dans cette famille. Avec Jeanne s'éteignit le nom de la maison d'Annequin. Suivant le P. Ignace, (Mém. VII. 410,) une branche aurait continué de subsister jusqu'à nos jours sous le nom d'Hennequin qui, d'après lui, serait le même quand à la prononciation. « Du moins il est certain, ajoute-t-il, que les seigneurs de la famille d'Hennequin se glorifient de tirer leur origine de l'Artois. »

La famille de Fiennes du Bois, ou du Bois de Fiennes, posséda ce fief jusqu'à la fin du XVe siècle. L'un de ses derniers seigneurs fut tué à la bataille d'Azincourt. Le domaine passa ensuite dans la famille Du Châtel par le mariage de la dernière héritière, Jeanne de Fiennes, avec Jacques Du Châtel, grand bailli de Lille, décédé en 1573. Marie-Albérique Du Châtel, son arrière petite fille, l'apporta à son tour en dot à François-Eugène d'Assignies, en 1714. Enfin un dernier mariage le transmit en 1756 à la famille de Lannoy d'Annape dont un membre vendit en 1820 la terre et le château d'Annequin à M. Colombier de Lille.

La seigneurie d'Annequin était dans la mouvance de la châtenenie de Lens. Au XIV° siècle, un certain nombre d'arrièrefiefs à Bouvigny, Boyeffles et Bully en dépendaient. Les mariages successifs dont nous venons de parler avaient réuni les terres d'Annequin, Vermelles, Noyelles et Blangerval. Cette terre fut érigée en baronnie en 1629 ou 1630 ; les lettres-patentes de cette création furent enregistrées en la Chambre des Comptes de Lille, au registre des chartres commençant en novembre 1629 et finissant en décembre 1630.

Le château et le donjon d'Annequin, siége de cette seigneurie, ont été démolis sous la restauration par le nouvel acquéreur, M. Colombier; aucun vestige ne nous en est resté. C'est une grande perte au point de vue archéologique, car cet édifice était, parait-il, le plus remarquable du pays. Le P. Ignace semble l'avoir visité, et nous en a conservé la description ; il nous apprend (*Dict.*) que c'était la forteresse de la contrée la plus parfaite. Il était édifié sur le haut Annequin. C'était un corps de logis carré régulier selon le goût de l'époque où il fut bâti, le XIV° siècle. Il était flanqué de quatre tours environnées de larges fossés pleins d'eau. La cour était aussi carrée mais etroite ; on y entrait par une porte cintrée en ogive, défendue par deux tourelles de chaque côté du pont-levis, reliées au reste de la forteresse par un mur parallèle. Le château était bâti partie en grès, partie en pierre grises dures. Trois des tours étaient rondes et voutées, épaisses par le bas de sept pieds et demi. La quatrième, qui était la plus haute, s'élevait à droite en entrant dans le château, ronde et couronnée de machicoulis et carrée à l'intérieur avec un mur de ceinture crénelé. Derrière cette tour s'en élevait une autre contiguë, de forme hexagone et plus haute encore qui devait être le donjon. Elle avait 130 pieds de hauteur. Toutes ces tours étaient recouvertes d'un toit en flèche surmonté d'une boule. L'intérieur du château contenait quatre étages, les caves comprises, car tous les offices étaient en sous-sol. Il y avait aussi une chapelle ménagée dans la muraille et dont le chevet arrondi faisait saillie sur le fossé. Les archives étaient au premier étage de la grosse tour.

L'église, sous le vocable de saint Martin, parait dater du commencement du XVIIe siècle. C'est donc à tort que l'on en a attribué la fondation à la famille de Lannoy, qui n'a possédé la terre d'Annequin que pendant la 2e moitié du XVIIIe siècle. Le clocher lui-même ne pourrait être leur œuvre, puisqu'il date de 1753, alors que la famille d'Assignies était encore propriétaire du domaine. Elle a trois nefs assez larges ; son architecture, n'a d'ailleurs, ainsi que le mobilier qui la garnit, rien qui mérite d'être décrit.

En 1147 l'évêque d'Arras Alvise a fait don à Suger, abbé de Saint-Denis, et à ses successeurs, de l'autel d'Annequin. Le bénéfice valait au dernier siècle 900 liv. perçues en partie sur quinze mesures de terre qui ont été vendues à la Révolution. On n'a pas pu découvrir jusqu'à présent l'auteur de cette donation, bien qu'il soit assez vraisemblable de l'attribuer aux premiers seigneurs d'Annequin.

Il y a à Annequin une confrérie dite de St-Jean-Baptiste dont on ignore l'origine.

Sur le chemin de Béthune à Pont-à-Vendin est une chapelle bâtie en 1685, par Jérôme du Châtel.

Le château et l'église formaient à peu près tout le Haut-Annequin. Au Bas-Annequin, où sont groupées presque toutes les maisons du village, il y avait un fief du nom d'*Allennes*, c'était une Seigneurie Vicomtière mouvant du château, possédée au siècle dernier par le Sieur Leduc, aîné, procureur au conseil d'Artois, puis par Lericque, écuyer.

En 1861 le curé d'Annequin a rédigé, en réponse au questionnaire de l'évêque d'Arras, une notice assez intéressante sur les faits de l'histoire d'Annequin depuis la Révolution (*Arch. de l'Ev.*).

AUCHY-LÈS-LA-BASSÉE.

Alchiacum, Auchiacum, Aulchy, Aucy, Nom indiquant une situation élevée, si l'on accepte l'étymologie fort douteuse de M. Harbaville qui le tire du latin *Altus* joint à la terminaison *acum* M. Guilmot (mss. cab. Dancoisne), propose *ochia, olchia*, d'où vient notre mot *houche*.

M. Harbaville a répété d'après Duthillœul, qui lui-même a copié le manuscrit de Guilmot, que ce village est une fondation du VIII° siècle, mais aucun de ces auteurs n'a songé a en donner la justification et ne s'est aperçu que cette allégation est en contradiction avec l'étymologie qu'ils proposent;nous pensons toutefois que la forme du nom indique une origine gallo-romaine.

Auchy n'a pas d'histoire, et cependant peu de villages ont eu autant à souffrir des guerres qui pendant plusieurs siècles affligèrent le pays. En 1709, Auchy fut complètement détruit : 163 maisons et le château disparurent ; il ne resta que l'église. Les maladies et la famine, conséquence de ces calamités et du terrible hiver de 1709, achevèrent sur les habitants les désastres que la guerre avait commencés sur leurs propriétés.

La seigneurie d'Auchy a été possédée longtemps par la maison de Guines de Bonnières et par celle de Souâtre. L'un de ses membres la vendit à Prudhomme d'Ailly, seigneur de Verquigneul. Antérieurement on trouve dans un dénombrement de 1385 Hanard de Noyelles qui en était seigneur à cause de Jeanne de Lohes ou de Loos, sa femme. Elle passa ensuite à Gilles de Montigny. Il est du reste difficile de décider si ces trois maisons de Noyelles, de Loos et de Montigny ont possédé la terre d'Auchy conjointement ou successivement. Elle fut ensuite achetée par Jean Machot. (P. Ign. *Mém*, VI et VII.)

Le fief d'Auchy mouvait de la Châtellenie de Lens, et le village ressortissait au même bailliage.

Il ne reste aucun vestige du château détruit en 1709, ni aucune description qui permette d'apprécier quelle en pouvait être l'importance. Un autre petit château aurait, paraît-il, été démoli à la Révolution. C'est sans doute celui qu'habitait le marquis de Warvrin-Villers-au-Tertre, et dont on voit encore un corps de logis, actuellement à usage de ferme, portant quelques traces de fortifications.

L'église, d'après une singulière tradition, aurait été fondée par les Sarrasins : il faut peut-être voir dans cette légende une marque de l'antiquité de la chapelle qu'elle a remplacée, comme il en est de la plupart des constructions attribuées aux fées, à César, à Brunehault ou aux Sarrasins ; cette chapelle existait du reste dès le XII⁰ siècle. Quoiqu'il en soit le monument actuel fut reconstruit à une époque bien postérieure. Le chœur en est la partie la plus ancienne et a, selon toute apparence, été élevé aux frais des religieux de Marchiennes, donataires de l'autel et de l'église par acte de 1122 ; ils avaient tout au moins l'entretien du chœur et de l'autel comme charge d'une dîme dont on ne connaît pas l'importance. Les trois nefs furent achevées en 1560 et le clocher trois ans plus tard comme le constatent deux inscriptions qui se trouvent dans le chœur. On y voit aussi plusieurs pierres tumulaires des anciens seigneurs.

On vénérait dans cette église les reliques de sainte Apolline ; elles étaient le but d'un pélerinage suivi par une telle affluence de personnes qu'un homme était spécialement chargé d'allumer et d'entretenir les cierges que l'on offrait à la Sainte. Ce pélerinage est tombé en désuétude pendant la Révolution. Il existe aussi une chasse en cuivre sur laquelle on lit l'inscription suivante : *Caput sanctæ Bonæ, virginis et martyris de collegio sanctæ Ursulæ undecim millium virginum.*

Il y existe une confrérie du Saint-Sacrement fort ancienne réunie aujourd'hui à une confrérie de Charitables, autorisée par Guy de Sèves, Evêque d'Arras.

L'église a pour patron St-Martin ; l'abbé de Marchiennes en était collateur et décimateur, de même que de la chapelle de la Vierge. Le bénéfice se composait de 18 mesures de terre, plus 15 mesures pour un vicaire, religieux de Marchiennes, qui ne résidait jamais.

La paroisse était du doyenné de La Bassée ; elle était et est encore propriétaire de 200 mesures de marais qui, suivant une tradition, lui auraient été abandonnés par une comtesse de Flandre dont le nom est oublié.

La cense *des Briques* appartenait à l'abbesse d'Avesnes.

Kilien Delcœullerye, abbé du Mont-Saint-Eloi est né à Auchy-lès-La-Bassée.

BEUVRY.

La forme de ce nom semble attester une origine essentiellement celtique, quelque soit d'ailleurs l'étymologie que l'on adopte pour le radical qui entre dans sa composition. Nous ferons remarquer que ce radical se retrouve dans le nom de la forteresse de *Bibrax*, aux environs de Laon, occupée par César dans sa campagne contre les Belges. La ressemblance est frappante aussi entre notre Beuvry et le Mont-Beuvray en Bourgogne. D'autres ont proposé pour étymologie *Bovariacum,* sans doute à cause des pâturages où l'on aurait élevé de grands troupeaux de bœufs. Il nous semble assez peu probable que les marais qui, à l'époque Celtique et Gallo-Romaine entouraient le mont de Beuvry à une grande distance, et qui n'ont été en partie desséchés que depuis quelques années, aient jamais particulièrement convenu, pas plus à une époque reculée que de nos jours, à l'élevage des bêtes à cornes ; si une partie a pu être affectée à cet usage, ce serait celle dite le *Pré Olent*. Citons encore l'étymologie proposée par M. Guilmot (ms. cit.), abreuvoir du ruisseau, de *bibere*. Parmi les anciennes formes de ce nom, nous trouvons *Bevriacum, Buvriacum, Beveriacum, Bebrigium, Bevri, Beuvri, Bevery, Bouvry.*

Tout porte à croire que Beuvry eut de bonne heure une assez grande importance dans le pays. Bien que cette supposition ne repose pas sur des découvertes archéologiques fort nombreuses, comme nous le verrons plus loin, la position dominante de ce bourg sur le pays qui l'entoure, à l'extrêmité des marais, l'établissement d'un doyenné rural, donnent assez de force à cette hypothèse. La grande étendue qu'à toujours eue son territoire, les nombreux hameaux qui en dépendent, les noms mêmes de quelques-uns de ces hameaux, toutes ces circonstances ne sont pas non plus indifférentes.

Le nom de Beuvry apparaît pour la première fois avec un diplôme de Charles le Chauve, contenant donation de l'église de ce lieu à l'abbaye de Marchiennes, en 878, (Aub. le Mire. op. Dipl.)

Les documents nous manquent pour expliquer dans quelles circonstances l'abbaye de Marchiennes cessa de posséder ce bénéfice ; mais une bulle du pape Eugène 11, de 1152. accorda l'autel de Beuvry à l'évêque d'Arras qui possédait déjà à Beuvry une seigneurie voisine de l'ancienne maladrerie.

En l'an 1200, un seigneur du nom de Genevière, propriétaire de la seigneurie de Beuvry, l'aurait vendue au fils de Philippe-Auguste et d'Isabelle de Hainaut, comtesse d'Artois, depuis Louis VIII, le Lion. Suivant le P. Ignace on en conservait le titre dans le chartrier du baillage de Lens (*add. aux mém.*, V, 501). Elle aurait passé ensuite aux mains de Robert 1er comte d'Artois, second fils de Louis VIII, dans la donation qu'il lui fit de ce comté. Cette cession aurait même été faite à Philippe-Auguste lui-même, car on voit par un titre de décembre 1215, conservé au trésor des chartes, qu'un chevalier, Nicolas de Beuvry, aurait été impliqué dans une sorte de rébellion contre son suzerain, car il promit de payer 100 liv. par., si le chevalier Baudouin de Pract attaquait le roi Philippe. (Bay, *du Très.*, I, p. 422.— Duch., *Hist. de Fr.*, V, 270. — Bouq., XVII, p. 106.) D'un autre côté on trouve dans Godefroy (*Inv. chr.*, t. I.) un titre par lequel Jean de Nédonchel, et Marie, dame de Beuvry auraient vendu cette terre, ou peut-être un fief en dépendant à Robert II, comte d'Artois en 1266 et 1268, avec le manoir, la forteresse, *et cum mancipiis et ingenuis viris*.

Le fief de Beuvry était alors en titre de châtellenie avec château fort. Les comtes d'Artois y faisaient percevoir leur revenus par un prévôt qui les tenait au cens de cent livres l'an avec cent sous de recroît (*Comptes de Beuvry de 1302*, ms. orig.).

Beuvry et sa châtellenie restèrent dans la maison de France, branche d'Artois, plus de deux siècles. Bonne d'Artois l'apporta en mariage à Philippe le Bon, duc de Bourgogne. Celui-ci la donna en 1445 à son fils naturel, le grand bâtard de Bourgogne, dont les descendants l'ont possédée jusqu'au XVIe siècle, où la dernière héritière Anne de Bourgogne la fit passer d'abord dans la maison de Horne, par son mariage avec Jacques, comte de Horne, chevalier de la Toison-d'Or, puis dans celle d'Hénin-Liétard-

Bossut, par son second mariage avec Jean de Hénin-Liétard, 4° du nom, comte de Bossut ou Boussut, chevalier de la Toison-d'Or, grand écuyer de Charles-Quint, colonel de sa cavalerie légère, grand bailli des eaux et forêts de Hainaut, seigneur de Gameraches, de Vinchon, Lambussart, Haussy, Beuvry, Chocques, Lafosse, décédé en 1563. (*De St-Allais.*)

Le dénombrement de cette seigneurie a été rendu vers cette époque à Philippe II par Pierre de Bossut, seigneur de Beuvry et de Chocques, fils de Jean Ier. La seigneurie resta dans cette maison jusqu'au milieu du XVIII° siècle.

Le dernier comte de Bossut, de la maison d'Alsace-Hénin-Liétard, étant mort sans postérité en 1721, cette seigneurie fut attribuée à sa veuve tant à cause de son douaire qu'à cause de ses autres revenus sur la succession de son mari. A son décès, ses neveux, fils puinés de son frère, le marquis de St-Floris, réglèrent les droits avec les héritiers des comtes de Bossut et devinrent propriétaires de la totalité du domaine, tant à raison des droits de leur tante qu'au moyen de l'acquisition qu'ils firent du surplus à titre d'achat.

La famille de Ghistelles s'établit à Beuvry, et elle en était encore en possession à la Révolution. Le dernier seigneur fut Philippe-Alexandre-Emmanuel de Ghistelles, marquis de Saint-Floris et de Croy, baron d'Eclimeux, créé prince de Ghistelles en 1760 par l'empereur d'Allemagne ; il était membre des Etats d'Artois pour la noblesse.

La coutume de Beuvry fut rédigée en 1507, alors qu'Adolphe de Bourgogne en était seigneur. Elle nous apprend que les seigneurs y avaient toute justice, haute, moyenne et basse, capitaines et châteaux, baillis, procureurs fiscaux, hommes de fief, échevins, sergents et autres officiers. Nous y lisons sous l'art. 15 ce détail curieux : « Y a en ladite terre et seignourie de Beuvry, plusieurs anchiens manoirs nommés *mez*, selon les anchiens pappiers thériers d'icelle signourie, qui doivent rentes fonssières audit seigneur de Beuvry ; lesquels anchiens mez par le trespas des possesseurs d'iceulx, soit homme ou femme, succèdent, assavoir : le meilleur desditz mez à leur filz aisné, et en deffaulte de filz, succèdent à la fille aisnée ; et a ledit filz ou fille son chois desdits mez, sans que les enffans puisnez y puissent demander aucun droit, saulf es catheux estans dessus où ils ont leur part et porcion et aiant lesdits mez devant part comme dist est, lesdits aisnés, filz ou fille, ou le mary de ladite fille, sy mary y a, sont tenus de servir à leur tour comme eschevins audit Beuvry, se à ce ilz sont es leus. » (Bouthors, *Cout., Loc. du b. d'Am.* n. 363.)

Beuvry ressortissait à la prévôté foraine de Beauquesne et au grand bailliâge d'Amiens, sauf le château de Belleforière qui aurait été du bailliage de Lens. Elle avait ses assises locales, dites *franches vérités* pour l'administration de la justice criminelle, qui se tenaient trois fois l'an sous la présidence du bailli. Voici en quels termes la coutume règle cette importante matière : « Iceulx bailli, lieutenant, hommes et eschevins peuvent et leurs loist (*licet*) en chacun an, es mettes de ladite seigneurie de Beuvry, faire publier, à certain jour préfix, les franques vérités ausquelles les subgets et manans dudit Beuvry sont tenus de comparoir et venir jurer et depposer vérité pardevant ladite justice, de ce dont ilz seront interroguiés sur le fait desdites franques vérités. »

Il ne reste rien de l'ancien château féodal de Beuvry qui fut détruit vers 1742 ou 1743, quand la famille de Ghistelles succéda aux comtes de Bossut, pour être remplacé par un château moderne lui-même aujourd'hui disparu. L'ancien château était une vieille forteresse en grès, défendue par plusieurs tours, environné de fossés alimentés par la rivière de Louanne qui passait à gauche. Il subsistait encore quatre tours eu 1733 ; elles avaient 9 pieds et demi d'épaisseur au 1er étage.

La cure de Beuvry était à la collation de l'évêque d'Arras. Ses revenus étaient assez considérables avant la Révolution et les archives de l'église possèdent encore sur ce sujet des titres intéressants qui fournissent des détails précieux sur l'histoire civile et privée de cette paroisse. Les décimateurs étaient l'évêque, le chapitre d'Arras, le prévôt de Gorre, le chapitre de Béthune, le prieur du Perroy, l'abbesse de Beaupré, au diocèse de St-Omer, les Chartreuses de Gosnay, une prébende particulière de la collégiale de Béthune.

L'église actuelle, dédiée à Saint-Martin a été reconstruite dans la première moitié du XVI° siècle. L'un des piliers de l'entrée du chœur porte le millésime de 1532, date qui s'applique à la nef puisque le chœur et les chapelles n'auraient été construits ou reconstruits que postérieurement, car on trouve en 1574 une protestation signifiée à cette date par l'évêque d'Arras et son chapitre aux habitants de Beuvry, leur déclarant qu'ils n'entendaient plus être tenus à l'entretien du nouveau chœur qu'ils faisaient construire. En 1535, les habitants du village consacrèrent des sommes relativement considérables à l'achèvement de cet édifice. Il est construit en grès, à trois nefs d'égale hauteur, comme l'église de Béthune, sa contemporaine, et d'après un plan identique. Le chœur et les chapelles sont seuls voutés en maçonnerie. La tour est placée dans l'axe de la grande nef sur laquelle elle donne ouverture par un portail flanqué aux angles de doubles piliers; elle contient six cloches. L'église est vaste, sa longueur intérieure est de 42 m. (126 pieds), et sa largeur de 11 mètres. Les voûtes des nefs sont en bois, et en 1802 le feu prit à l'une d'elles par l'imprudence d'un ouvrier qui en ressoudait les plombs, et se communiqua rapidement aux deux autres. Les dégâts furent considérables et l'on ne parvint pas à y soustraire un orgue magnifique et un lambris qui régnait tout autour de l'église. Il existe sous le chœur une crypte qui, d'après M. d'Héricourt, serait de la même époque que l'église. (*Bullet. de la com. des ant. dép. I, 103.*) N'est-il pas plus vraisemblable qu'elle est contemporaine de l'ancienne église ?

Les familles nobles établies sur la paroisse de Beuvry, luttèrent de générosité pour décorer l'église. L'un d'eux, le seigneur d'Estrasclles, lui fit don en 1707 d'un ostensoir, tel qu'au dire des écrivains du temps, aucun dans le diocèse ne l'égalait en hauteur ; il avait 3 pieds 4 pouces et était tout en vermeil. Mais nous devons surtout signaler les belles verrières placées en 1577 aux neuf fenêtres des trois chœurs, et représentant, celle du grand chœur les armoiries de la maison d'Alsace-Hénin-Liétard, qui portait de *gueules à la bande d'or* ; celle de la chapelle St-Eloi les armoiries de la maison de Coupigny, seigneur de Belleforière, qui portait *d'azur à l'écu d'or en abime* ; celle de la chapelle de Notre-Dame-du-Mont-Carmel, les armoiries de la maison de Croix, seigneur d'Estraselles, qui portait *d'argent à la croix d'azur*. Quelques tableaux placés dans le chœur rappelaient l'époque des décès des trois derniers comtes de Bossut, plusieurs y sont inhumés. On voyait aussi dans la chapelle Saint-Eloi le tombeau de Jean de Coupigny, chevalier, seigneur dudit lieu, Hersin, Avion, Fouquières, Sallau, Belleforière en Beuvry et de dame Jacqueline de Boucq, son épouse. Ils sont représentés assez grossièrement du reste, sur un bas relief en marbre placé autrefois au-dessus du caveau où étaient inhumés plusieurs de ses ancêtres. Les huit alliances des deux époux, établissant leurs seize quartiers de noblesse, servent d'encadrement. Ce marbre est aujourd'hui placé sous le portail.

M. l'abbé Cloët, doyen de Beuvry a rédigé, en réponse au questionnaire, sur les événements postérieurs à la Révolution une notice que l'on lira avec intérêt. (*Arch. de l'Evêché*.)

HAMEAUX ET DÉPENDANCES DE BEUVRY.

Belleforière. — C'était un fief ou seigneurie vicomtière qui a été dans la maison de Coupigny pendant plus de trois siècles ; la plupart des seigneurs de ce nom y ont demeuré. Le chef-lieu était anciennement un château fortifié contigu à celui des seigneurs de Beuvry. La Louanne se répandait dans les fossés en sortant de ceux de ce château. Cette seigneurie était au dernier siècle dans la maison de Berghes. Ce n'est plus aujourd'hui qu'une ferme appartenant à la famille de Baynast. (P. Ign., *Mém.*, t. V.)

Belleville. — Ce hameau est dans le marais de Beuvry, entre ce village et le Bas-Annequin. Ce château fut brûlé par accident en 1731, et reconstruit deux ans après par le propriétaire, le chevalier de Marles, Léon Ange de Beaulaincourt, seigneur de Belleville, Bertangle et Marquaire, d'une très-ancienne famille du pays, dont une branche porte encore le titre de comte de Marles. En 1106 figure Hugues de Beaulaincourt parmi ceux qui assistaient à la dédicace de l'église de l'abbaye d'Arrouaise. (*Ibid.*)

Estraselles ou *Estrayelles*. — Ce nom indique une origine romaine, *statela*, le petit chemin ; ce fief a été longtemps dans la maison de Croix, dont plusieurs membres y sont morts. Le dernier de cette famille est décédé en 1707. La seigneurie passa au sieur Dupont, seigneur de Villers-les-Cagnicourt.

Glatigny. — C'est l'écart le plus éloigné de la commune de Beuvry ; les maisons en touchent au Locon.

Gorre. — *Gorea, ecclesia Gorrensis ;* Gorre est un hameau fort important de la commune de Beuvry, ayant aujourd'hui une église particulière. Il est surtout remarquable comme ayant été le siége d'une prévôté de Saint-Vaast d'Arras, laquelle aurait peut-être, suivant une tradition recueillie par le P. Ignace, remplace une maison de Templiers.

Cette puissante abbaye était en possession, dès une époque très-reculée, de la chapelle de Gorre et des biens qui en dépendaient. *Ecclesia Gorrensis sancti Petri cum appenditiis suis*. En 1107, un privilége du pape Paschal II lui confirma ces biens qu'elle avait acquis autrefois, y est-il dit, d'hommes fidèles et que ses prédécesseurs lui avaient déjà confirmés. En 1136, autre confirmation. (*Cart de Guimann*, p. 375, 378, 394.)

Le premier religieux placé à la tête de cette prévôté fut Sedeman, qui obtint en 1120 pour son prieuré les reliques de saint Gatien. Quelques religieux étaient sous ses ordres. On compte après lui 55 prévots jusqu'à Boniface Lallard (1722), qui fut en fait le dernier titulaire résidant. Les revenus de la prévôté s'élevait à 7,000 livres assis sur un grand nombre de villages des environs.

M. de Cardevacque a consacré au prieuré de Gorre une notice insérée au tome 3 du *Bulletin de la Commission des Antiquités départementales*. Il constate qu'il ne reste plus que fort peu de chose de l'ancienne construction de l'église et de la maison conventuelle, mais il a pu en rétablir l'ordonnance d'après un plan de 1715, qu'il a retrouvé et publié. La prévôté était autrefois entièrement environnée de bois, comme l'est du reste encore aujourd'hui l'habitation de la famille Gosse qui a fait l'acquisition de cette propriété en 1791. La porte d'entrée est le plus ancien vestige qui reste de ces constructions. L'église était située derrière les bâtiments conventuels ; le tout était construit en grès. Dom Sarrazin, abbé de Saint-Vaast, avait fait construire la nef en 1589. La pierre tumulaire, assez remarquable, existe encore dans l'intérieur du château. L'église étant tombée en ruines en 1732, elle fut reconstruite et achevée en 1740. Le corps de logis principal, encore existant, porte la même date. Il y avait sous l'ancienne église une crypte servant de sépulture aux prêtres qui la desservaient.

Il se percevait à Gorre un droit de péage au profit du seigneur de Beuvry, auquel appartenait un moulin sur la Louanne. (Compte de 1302, ms.) Ce péage fut supprimé en 1752.

HAMEAUX. — *La Croix de Fer* et *Le Hamel*. — Les deux hameaux n'offrent rien d'intéressant ; ce dernier appartenait à la famille Segond.

Louanne. — C'était une seigneurie vicomtière relevant du roi à cause du château de Béthune. Les propriétaires de ce fief aux XVI et XVIIe siècles portaient le nom de Chelers. Vers 1650, Jeanne de Chelers le porta en mariage au seigneur de Beaufort du Châtel, qui n'eut qu'une fille ; elle épousa Desnormaux, gentilhomme normand, capitaine au régiment de Conti, et depuis, échevin de la ville d'Arras. Leur fils hérita de ce fief et s'y établit en 1743.

Le Marais l'Avoué, le Grand Marais, Galluel, cense, le Pre Olent et *le Quesnoy*. — Nous n'avons aucun document sur ces hameaux.

Les Mottes. — Seigneurie située entre Beuvry et Sailly. Le sire de Corbeaumont étant devenu propriétaire de ce fief, fit raser l'élévation sur laquelle s'élevait autrefois une ferme presque complétement détruite pendant les guerres de 1635 et de 1710.

Taigneville. — On a donné pour étymologie à ce nom *Tigne Villa*, la maison en bois, sans doute.

Wattine. — Le prieuré du Perroy y était décimateur sur 36 mesures de terre qui dépendaient de la ferme du Favril.

CONFRÉRIE DE LA CHARITÉ. — LÉGENDES. — ARCHÉOLOGIE.
etc. — Il existe à Beuvry une célèbre confrérie de charitables fondée en 1188, en même temps que celle de Béthune, par deux forgerons de Saint-Pry et de Beuvry. Cette touchante histoire est trop connue pour que nous la reproduisions encore ici après tant d'autres. Nous renvoyons au récit que M. Lequien a inséré dans sa notice sur Béthune, il a servi de thème à tous ceux qui en ont été faits depuis.

Nous en dirons autant à propos de la curieuse légende de la *Fontaine hideuse* racontée avec intérêt par le même historien.

On a fait à Beuvry quelques découvertes archéologiques qui confirment l'hypothèse que nous avons émise précédemment de la haute antiquité de ce village. M. Terninck a publié une petite hache en silex, une autre en pierre noire, et une corne de cerf taillée en dents de scie, extraite de la Fontaine hideuse, en même temps que d'autres instruments longs et dentelés. Les marais de Beuvry ont aussi fourni quelques poteries du Ier et du IIe siècle.

D'après l'abbé Coquelet, on a trouvé sur la route de La Bassée des vestiges d'édifices romains, et le hameau de Taigneville, situé dans les mêmes parages rappelle l'occupation romaine. Il en est de même de celui d'Estraselles, dont nous avons déjà signalé la signification. Celui des Mottes permet de supposer qu'il y avait en cet endroit des sépultures gauloises ou quelque témoignage de cette époque. Il ne paraît pas qu'à l'époque où ces mottes furent rasées on ait fait quelque attention à ces vestiges, si toutefois il en fut alors découvert. Le P. Ignace, qui recueillait si soigneusement tous les renseignements concernant le pays, est complètement muet sur ce point ; à moins qu'il ne convienne d'y appliquer le renseignement fourni par l'abbé Coquelet. Peut-être que des fouilles entreprises à cet endroit pourraient encore amener quelque découverte.

Terminons cette notice sur Beuvry en rapportant que les frères Montgolfier partis de Paris en ballon vinrent descendre, en 1784, sur le territoire de Beuvry, à l'endroit où a été élevé en souvenir un petit monument, appelé le ballon. Une vignette assez rare représente cet événement, on y voit le seigneur de Beuvry allant recevoir les aéronautes à leur descente.

BILLY-BERCLAU.

Billiacum, (1024, *cart. Saint-Vaast*). — *Billy*, (1098). — *Billi* (1102, *ibid.*). — *Berhloo* (1107, *ibid.*). — *Berclo* (1169). *Berclau, Berclaensis ecclesia* (1107, 1136, *ibid.*). — *Barcellores*, (Harbav.).

M. Dutilleul d'après Guilmot, propose pour étymologie au nom de Berclau *berre* ou *berca*, prairie et *clausum*, enclos. Nous ne croyons pas qu'il y ait lieu de s'arrêter à cette supposition. Ce nom nous semble être d'origine flamande.

Billy doit être fort ancien et remonter à l'époque gallo-romaine. Ce territoire faisait partie du *pagus leticus*, pays de la Lys.

Les deux villages qui forment aujourd'hui la commune de Billy-Berclau, ont appartenu dès le XI° siècle à l'abbaye de Saint-Vaast. Il semblerait résulter des titres de ce monastère composant le cartulaire de Guimann, qu'au commencement de ce siècle ils constituaient l'alœu d'un chevalier nommé Leduin, lequel ayant pris la robe monacale dans le cloître de Saint-Vaast fit entrer son patrimoine dans celui de cette abbaye. (Tailliar). *Rech. sur l'abb. de S.-V.*). *La Chronique de Balderic.* (L. 11. c. 15.) nous apprend que parmi les domaines de Saint-Vaast celui de Berclau était particulièrement convenable à élever des troupeaux, par la fertilité de ses pâturages, en même temps qu'il donnerait un moyen aussi agréable que profitable d'employer les loisirs que la vie monastique laissait aux religieux. Le défrichement et la culture des terres, l'extension de l'agriculture étaient encore dans les traditions des ordres bénédictins. Léduin devenu abbé songea à établir sur ses anciens domaines une colonie de Saint-Vaast, dans le but d'y placer l'excédant des moines trop nombreux à Arras, et de consolider la possession de cette terre. Ces établissements avaient l'avantage d'accroître la richesse du monastère et d'étendre son influence dans les pays circonvoisins. Il s'adressa en conséquence à Gérard 1er, évêque de Cambrai et d'Arras, et après avoir exposé son projet dans une assemblée synodale, obtint facilement l'autorisation qu'il sollicitait. Le prélat lui fit même la faveur d'aller consacrer lui-même le nouveau prieuré sous le nom de Saint-Sauveur (1024).

Ce prieuré de Berclau devint le siége d'une des prévôtés de Saint-Vaast, et s'enrichit à son tour des donations qui lui furent faites entr'autres par les seigneurs d'Epinoy vers. 1168 (*Miræus et Foppens*, tom. IV, p. 517.) Mais cette donation fut la source de procès auxquels une transaction vint heureusement mettre fin.

L'histoire de la prévôté de Berclau se confond avec celle de l'abbaye dont elle dépendait et qui la posséda paisiblement jusqu'à la Révolution en vertu des privilèges plusieurs fois confirmés par les papes et les évêques d'Arras en 1024, 1098, 1102, 1136, 1169. (*Cart. Saint-Vaast.*)

Elle fut administrée par 69 prévôts depuis Léduin qui figure sur le nécrologe de Saint-Vaast en tête de la liste, jusqu'en 1146. Cette année Léon de Maulde, coadjuteur de l'abbaye et prévôt de Berclau, mourut avant le cardinal de Rohan, abbé commandataire. Le comte de Maulde, seigneur de la Buissière frère du prévôt, se présenta devant le grand prieur de Saint-Vaast, réclamant une somme considérable en vertu d'un billet de son frère portant reconnaissance que cette somme n'était qu'un dépôt. Le grand-prieur repoussa sa prétention en se fondant sur le principe que tout ce qui échoit à un religieux est pour le monastère, et soutint de plus qu'il n'était d'ailleurs pas étonnant que la prévôté de Berclau, valant alors 15,000 l., le titulaire eut amassé une aussi forte somme pendant 22 ans d'administration. Le comte de Maulde ne poussa pas plus loin sa réclamation.

L'événement le plus considérable de l'histoire de notre prévôté est la fameuse querelle dont le chef de Saint-Jacques le Majeur fut le sujet. Elle a été plusieurs fois racontée par les historiens d'Artois, notamment par dom Devienne. Nous nous bornerons à la rappeler ici en résumé. Dans son désir de voir prospérer la maison qu'il avait fondée, il paraîtrait que Leduin avait transporté clandestinement à Berclau la tête du saint, que l'abbaye tenait de la munificence des rois de France. Le concours des pèlerins que cette précieuse relique y attira, fut pour la prévôté une source de prospérité qui dura cent quarante ans. L'abbé Martin ayant découvert le larcin parvint, tant par contrainte que par ruse, à s'en emparer et il la rapportait à Arras quand les habitant s'opposèrent à son enlèvement. Le comte de Flandre intervint à son tour, la reprit et la fit transporter à Aire. Enfin, après une contestation qui dura six ans, un accord fut conclu à la médiation de l'évêque de Thérouanne, de l'archevêque de Reims et du pape lui-même. Il fut décidé que le précieux chef serait scié en deux et partagé entre l'église d'Aire et l'abbaye de Saint-Vaast.

Le village de Berclau paraît avoir eu d'autres seigneurs que l'abbaye. D'après un titre rapporté par Godefroy, la seigneurie de Berclau aurait été vendue en 1228 à la reine Blanche par la fille de Regnier, connétable de Tripoli.

Billy Berclau eut beaucoup à souffrir pendant les guerres des XVIIe et XVIIIe siècles, d'autant plus que les bâtiments de la prévôté étant fortifiés et protégés en outre par une redoute détachée, le tout entouré d'eaux de la Deule, constituaient une position que les belligérants tenaient à occuper. En 1654, les Espagnols s'y étaient retranchés. Le comte de Broglio, officier distingué au service de France, et gouverneur de La Bassée, résolut de les en déloger et par un vigoureux coup de main s'en empara, faisant prisonnier le marquis de Bassecourt qui y commandait avec 450 hommes.

La paroisse de Billy ressortissait au baillage de Lens.

En 1752 il y eut une émeute au sujet du réglement sur l'extraction des tourbes auquel les habitants refusaient de se soumettre. Le subdélégué de l'intendant d'Artois dut faire venir un détachement de la garnison de Béthune pour les faire rentrer dans le devoir. Les marais furent aussi un sujet de contestations assez vives entre les habitants de Billy Berclau et ceux de Douvrin d'une part et les seigneurs voisins. Un arrêt du Parlement de Paris y mit fin en adjugeant un tiers des marais aux seigneurs.

La paroisse était du doyenné de la Bassée ; l'église est sous l'invocation de la visitation de la sainte Vierge. Elle fut démolie en 1749 et réédifiée les années suivantes dans de plus grandes proportions qu'avant. La construction du corps de l'église fut faite au compte des habitants de la paroisse, et le chœur à celui de la prévôté à qui il avait toujours appartenu, et qui a fourni le nécessaire à son entretien jusqu'à la Révolution. Les revenus étaient fort modiques et tout à fait insuffisants, les dépenses d'entretien extérieur étaient partagés entre la prévôté et les habitants.

CAMBRIN

Le nom de Cambrin a une physionomie celtique que nous retrouvons, dans Cambray, Cambrie, Cambridge et dont le radical est peut-être le même que celui du nom de Kimrys. M. Harbaville le fait venir de *Camera* pont(?) bien qu'il soit rien moins que probable qu'à une époque aussi ancienne on ait fait un pont à travers les marécages qui environnent ce village. Il est plus vraisemblable qu'il tire son nom et est un diminutif de la ville de Cambray. Ce qui nous porterait à le croire c'est que le bénéfice étant à la collation de l'archevêque de Cambray, il est permis de supposer que la chapelle primitive fut fondée par ce prélat.

M. Harbaville a trouvé le nom d'un seigneur de Cambrin du nom de Watier en 1200, dont le fils aurait en 1220 constitué une dîme en faveur du chapelain de la Buissière. Ce qui est plus certain c'est que ce village est depuis longtemps dans la famille des comtes, puis marquis de Wawrin-Villiers-au-Tertre qui prétendait descendre des anciens seigneurs de Lillers, du nom de Wawrin. Ces derniers ont produit: Thierry, sire de Wawrin, sénéchal de Flandre en 1066; — Roger de Wawrin, évêque de Cambray, qui fit le voyage de la Terre-Sainte en 1189 et mourut en 1191; — Robert de Wavrin, sire de Saint-Venant, maréchal de France en 1345; — Le P. Ignace la dit originaire du Cambrésis. En 1632, Jean-Baptiste de Villers-au-Tertre, seigneur de Cambrin obtint des lettres de chevalerie, et ses descendants eurent entrée aux États d'Artois sous le titre de comtes. La seigneurie de Cambrin et autres fiefs de cette famille furent érigés en marquisat, sous le nom de Wawrin-Villers-au-Tertre par lettres patentes de Louis XV, de juillet 1767, enregistrées à Arras, en faveur de Albert-Antoine-François de Wawrin de Villers-au-Tertre, comte du saint Empire. (*Reg. des Élect. et des comm.*)

Le château de Cambrin relevait de celui de Lens. Il était construit sur une motte et entouré de fossés pleins d'eau ; il fut brûlé trois fois dont une entre autres pendant l'un des sièges de La Bassée. Il n'en resta que la grand'porte sur laquelle le comte de Villers-au-Tertre, troisième du nom, fit en 1730 bâtir un pavillon. Son fils édifia le château à peu près tel qu'il existe actuellement.

Le village fut encore pillé au commencement d'avril 1744 par un parti de pandours de la reine de Hongrie, souveraine des Pays-Bas autrichiens ; l'effroi des habitants fut tel que le plus grand nombre, y compris le seigneur, s'enfuit à Béthune avec ce qu'ils avaient de plus précieux.

Le village ressortissait au bailliage de Lens.

L'Église paroissiale était autrefois composée de deux nefs voûtées ; elle eut beaucoup à souffrir pendant les guerres du XVI° et du XVIII° siècle dont nous donnons plus loin le récit succinct. Aujourd'hui elle n'a plus qu'une nef et une tour carrée. C'est un monument très-simple, où nous n'avons rien à signaler. On y voyait, paraît-il, autrefois une statue de saint Christophe d'une grandeur énorme donné par un enfant de Cambrin, Christophe de Cambrin, chanoine de la cathédrale d'Arras. La cloche et les fonds baptismaux sont également dus à un autre ecclésiastique natif de Cambrin, Deledié, chanoine de Saint-Pierre-de-Douai (1700).

Elle est sous l'invocation de la Visitation de la sainte Vierge et de saint Augustin. La cure valait 900 livres.

Le canton de Cambrin confine à l'Est au département du Nord par le canton de La Bassée dont le chef-lieu est le véritable centre d'affaires de la moitié des communes de notre circonscription ; quelques hameaux des communes limitrophes, comme Haisnes et Douvrin ne sont même que les faubourgs de cette petite ville, séparée seulement du département du Pas-de-Calais par la largeur du canal. A l'Ouest et au Nord-Ouest le canton de Cambrin touche à ceux d'Houdain et de Béthune, au nord à celui de Laventie, au Sud à ceux de Lens et de Carvin. Il mesure dans sa plus grande largeur, de l'Est à l'Ouest, 16 kil. 500 m., et un peu moins, soit 15 kil. 400 m., du Nord au Sud. La superficie totale résultant des énonciations du cadastre est de 11,654 hectares 92 ares, sur lesquels 9,605 hectares seraient en terres labourables. Mais ce dernier chiffre doit être sensiblement augmenté, et le sera encore par la suite, au moyen de la mise en culture des terrains repris sur les marais depuis Beuvry jusqu'à La Bassée, et sur le flot de Wingles. Les communes dont la superficie territoriale est le plus étendue sont : Beuvry avec près de 1,200 hectares de terre labourable, Vermelles plus de 1,000 hectares ; Violaines plus de 900 hectares. La commune du chef-lieu de canton, Cambrin n'a qu'un peu plus de 100 hectares de territoire ; c'est la plus restreinte en superficie, de même qu'elle est l'une des moins importantes quant au chiffre de la population. Elle n'a dû qu'à sa situation centrale d'être choisie pour chef-lieu de la justice de paix ; encore est-ce le seul avantage qui lui ait été accordé ; le doyenné a pour chef-lieu Beuvry : les notaires sont en résidence à Beuvry, Haisnes et Richebourg ; enfin la brigade de gendarmerie est casernée à Cuinchy.

Le sol du canton de Cambrin est presque complètement plat et très-bas sur une très-grande étendue ; la nature en est particulièrement marécageuse. Il ne se relève un peu que dans la partie Sud où commence la plaine de Lens, et à l'Est en tirant sur Lille. On y rencontre à Beuvry, à Vermelles, à Violaines, à Givenchy, à Haisnes, à Douvrin et à Billy-Berclau, quelques plis de terrain, dernières ondulations des contreforts des collines de l'Artois, dont les intervalles servent de thalwegs à de minces cours d'eau presque dormante. Ces ondulations forment autour du territoire de ce canton comme une ceinture, comme les bords d'un bassin, de bas-fonds d'où émergent presque tous les villages et particulièrement ceux de Beuvry, de Sailly, d'Annequin, de la Bourse, de Cambrin, de Cuinchy. En effet, au pied de ces légers relèvements du sol, tout le reste du pays était autrefois couvert de marécages qui ont été en majeure partie desséchés, ceux de Beuvry et de Wingles tout récemment. Cette dernière nappe d'eau assez considérable s'étendait sur le territoire de plusieurs communes, et servait d'écoulement aux marais qui traversent le canton de Lens. Un intérêt historique s'y rattache : elle avait été entretenue et endiguée pour servir aux besoins de la défense de Lille, dont les fossés, mis en communication avec elle par une rigole, pouvaient en quelques heures être remplis par ses eaux ; les abords de la place pouvaient même être inondés sur une assez vaste étendue.

Un autre fossé, beaucoup plus ancien, avait été creusé sur la limite de notre canton par Baudouin V, comte de Flandre, vers le milieu du XI⁰ siècle, pour mettre son comté à l'abri des incursions ennemies. Ce fossé reliait la Scarpe à l'Escaut, et allait de Berclau jusqu'à la mer, à Gravelines. « Pour joindre la Deûle à la Lys, il fit creuser le fossé des *Crètes Lecomte*, qui partant de Berclau passait par La Bassée, Cuinchy, traversait les marais de Festubert et de Violaines pour venir tomber au grand chemin d'Estaires qu'il cotoyait jusqu'à la Lys. » (Manniez, *Rech. sur La Bassée.*) La partie du fossé de La Bassée à Estaires est la seule qui n'existe plus. Sur tout le reste de son parcours il a été canalisé jusqu'à la mer. En 1271, Jean III, châtelain de Lille et seigneur de La Bassée, fit agrandir le fossé des Crètes Lecomte et canaliser de Berclau à Lille le cours de la Deûle. (*Arch. de Lille, tit. anc., cart. A. 2⁰. Roisin.*)

Quelques parties de marais qui n'ont pas pu jusqu'à présent être desséchées subsistent encore sur les territoires de Beuvry, Annequin, Cambrin et Cuinchy. Les terres elles-mêmes qui ont été reprises dans ces dernières années sur les marais n'ont pas partout répondu à ce qu'en attendait l'agriculture. Placées au bas des coteaux peu élevés dont nous avons parlé, et à peu près au niveau des eaux du canal, elles conservent une trop grande humidité et sont bien loin d'égaler la richesse des terres situées de l'autre côté du canal, dans les riches communes de Richebourg et de Festubert notamment. Elles sont, en effet, de nature tourbeuse et glaiseuse. En extrayant de la tourbe on a plusieurs fois trouvé, entre autres à Beuvry et aux environs, des troncs d'arbres entiers qui gisaient au fond des tourbières. Les faits de cette nature ne sont d'ailleurs pas rares, bien qu'ils ne soient presque jamais recueillis avec le soin et l'intérêt qu'ils méritent. Il y a plus d'un siècle (1756) que l'Académie d'Arras et l'Almanach d'Artois en signalaient déjà quelques exemples en ces termes : « On a découvert à Arras, à Bécourt, à Fouquières, tantôt à 22 pieds, tantôt à plus de 100 pieds de profondeur, des arbres entiers dans une terre tourbeuse dont ils étaient noircis et pénétrés depuis plusieurs siècles, sans avoir perdu de leur combustibilité en perdant de leur couleur. » Le bassin houiller vient expirer dans la plaine qui domine ces bas-fonds, à Vermelles, où se trouve une fosse importante de la Compagnie des mines de Béthune.

Sur le même territoire de Beuvry, dans les collines de sable aux flancs desquelles est construit ce village, on a découvert aussi en 1756 un grand morceau de bois pétrifié. Depuis les trouvailles de cette nature sont devenues très-communes en cet endroit, et se renouvellent encore aujourd'hui. C'est aussi dans le prolongement des collines de Beuvry, à Vaudricourt, village distant de 5 à 6 kil., que l'on a découvert dans ces derniers temps les plus beaux spécimens peut-être de haches celtiques qui existent : ils sont, croyons-nous, en la possession de M. de Beaulaincourt.

Le dessèchement des marais n'a pas profité seulement à la culture : il a exercé une bienfaisante influence sur les habitants, et la santé publique du canton en a été sensiblement améliorée. Le pays était autrefois la proie de fièvres paludéennes qui restaient à l'état endémique dans plusieurs communes. L'enquête faite en 1810, par les soins du Préfet, constatent qu'elles prenaient même quelquefois un caractère épidémique, comme à Festubert où elles revenaient périodiquement tous les sept ans. Elles ont diminué d'intensité et en partie disparu ainsi que les pneumonies, les rhumatismes, les pleurésies, les fluxions de poitrine dont la même enquête relate la persistance sur un grand nombre de points de ce canton. Les localités les plus saines sont Beuvry, Noyelles, Sailly et La Bourse. *(Quest. des Maires, 1811, Arch. dép.)*

Les cours d'eau qui traversent le canton de Cambrin ont peu d'importance. Ce sont : la *Louanne, Louenne,* ou *Loisne,* ou peut être mieux l'*Ouanne,* nom d'origine celtique, comme son homonyme de la Bourgogne (Arr¹ de Joigny), où l'on retrouve le radical *Ana* caractéristique d'une foule de noms de rivières de la Gaule ; sa forme primitive aurait été *Olana,* comme la forme celtique *Elna* a donné l'Iane, puis la Liane (à Boulogne-sur-Mer), par un redoublement de l'article assez commun dans notre langue (le lière pour l'hière, etc.). La Louanne prend naissance à Coupigny, commune d'Hersin, au pied des collines de l'Artois, de là passe à Hersin, Nœux, Verquigneul, la Bourse, Beuvry où elle traverse le canal à Gorre par un syphon, Essars, Locon, La Couture et Vieille-Chapelle où elle se jette dans la Lawe. — Le *Haut-Courant* ou *rivière de la Fontaine de Bray* qui sort également du pied des coteaux d'Artois à Aix-Noulette, traverse Bully, Mazingarbe et Noyelles, où il reçoit les eaux provenant de différentes sources existant sur ces deux territoires, se partage en plusieurs branches qui se rejoignent au-dessus d'Annequin, passe à Cambrin, traverse le canal par un syphon et va se jeter dans la Louanne à La Couture, après avoir reçu lui-même la *rivière du Plantin* venant de Festubert, et le courant des *Marichons* ou de *la Tortue,* sorti de Vermelles. Le courant de Wingles entre dans ce canton à Douvrin et en sort à Berclau.

Tous ces cours d'eau, dont la pente est insensible, sont insuffisants à l'écoulement naturel des eaux dont le sol est imprégné. La création du canal d'Aire à La Bassée, qui traverse le canton de l'Est à l'Ouest, a puissamment contribué à l'assainir et à restituer à la culture, dans toute la partie qui se trouve au Nord, une grande quantité de terrains restés jusque-là sans valeur ; mais pour en permettre l'exploitation il a fallu creuser de tous côtés des fossés et relever les terres. Les bords en sont plantés de haies et d'arbres de haut jet, ormes, peupliers, trembles, frênes et tilleuls. Des vergers couverts de pommiers entourent les habitations disséminées sur toute l'étendue du territoire de chaque commune. Dans toute cette moitié du canton de Cambrin, chaque village, chaque hameau, chaque ferme sont ainsi cachés au milieu de bouquets d'arbres qui, en en dissimulant la plate uniformité, donnent à ce pays, pendant l'été, un aspect des plus riants et tout différent de l'autre partie du canton située au Sud du canal. Ou plutôt, il n'y a pas, pour ainsi dire de villages, d'agglomérations d'habitations, mais des rues qui sillonnent tout le territoire de la commune, bordées çà et là d'enclos et d'habitations ; il est telle commune de 2,000 habitants, comme Richebourg-l'Avoué, dont le centre n'offre qu'un petit nombre de maisons agglomérées, et c'est par le nom de *rues* que l'on distingue tous les chemins aussi bien que les partiés habitées du territoire.

Ces rues ou chemins sont encore en grande partie bordés de *pierres de pas* sur lesquelles dans la saison des pluies les piétons cheminent en sautillant, et les chemins pierrés, ou *graviers*, n'y sont pas encore aussi nombreux que l'exigerait la commodité des relations. Il y avait longtemps que Louis XVIII s'était embourbé dans ces fondrières en se rendant à Gand, que les routes du bas pays étaient encore dans le même état : le temps n'est pas encore bien loin de nous où l'on s'opposait à la confection d'une route de Béthune à Estaires, soit parce que le génie militaire y voyait un moyen de défense pour notre frontière, soit parce que l'on craignait que les produits du pays, en trouvant un débouché plus facile, ne fissent la prospérité d'une de ces villes aux dépens de l'autre.

Le canton de Cambrin est ainsi placé dans cette zône intermédiaire qui sert de transition entre l'Artois et la Flandre, et son aspect est tout autre suivant que l'on se place d'un côté ou de l'autre du canal et des marais dont nous avons parlé. Dans la partie haute ce sont des plaines découvertes ; les villages sont plus compactes et les habitations n'ont rien qui les distingue de celles de l'Artois ; les églises offrent aussi un type conforme à celui de ce pays : une sorte de calcaire blanc taillé en moellons, en fournit les matériaux ordinaires ; les nefs sont simples et suffisamment éclairées. Rien en un mot de caractéristique dans l'aspect nu et monotone de ce pays. La partie basse au contraire, généralement boisée, a un cachet particulier qui frappe tout d'abord. Ce ne sont, comme nous venons de le dire qu'enclos de haies, habitations entourées de fossés comme d'anciens châteaux forts. Les maisons ont cette toiture solide recouverte de pannes plombées et vernissées avec ces vastes auvents en protégeant l'abord à plus d'un mètre en avant du seuil, qui sont caractéristiques dès que l'on met le pied sur la terre flamande dans l'arrondissement d'Hazebrouck. Les églises à triple nef, construites en grès et en briques ont un type particulier où l'on reconnaît l'influence espagnole dont l'église Saint-Vaast de Béthune a fourni le modèle, comme nous le verrons en décrivant les villages de Beuvry, de Festubert et de Richebourg. Partout en un mot nous rencontrons dans cette moitié du canton de Cambrin, comme dans tout celui de Laventie, les signes extérieurs qui en font une enclave de la Flandre flamingante pénétrant au milieu de l'Artois. C'est qu'en effet nous sommes ici dans une région que ses caractères physiques ont fait distinguer de bonne heure de celles avoisinantes, le *pagus Lœticus*, pays de la Lys, dont nous reparlerons dans un instant.

Il ne faudrait pas cependant se trop fier à ces apparences qu'offre notre canton : l'aspect du pays, la culture, les usages sont jusqu'à un certain point de la Flandre, les habitants n'en sont pas. Les noms des villages attestent au contraire que la population qui a primitivement occupé ce pays appartenait à la famille Celtique. On n'y rencontre aucune de ces formes trahissant tout d'abord l'origine germanique comme les noms terminés en *hem* et en *ec* si fréquents de l'autre côté de la Lys ; tandis que nous trouvons en majorité la désinence *y*, produit de la forme celtique *acum*, qui a du reste dans cet idiôme la même signification qu'a la syllabe *hem* dans les noms de lieux issus du Germain. L'une et l'autre impliquent l'idée d'habitation, d'établissement sur le sol et sont qualifiées par le mot qui les précède, emprunté le plus ordinairement à quelque circonstance de l'établissement sur le sol ou au nom de celui qui l'a fondé. Tels sont Auchy, Beuvry, Billy, Cuinchy, Givenchy, Sailly ; les noms de Cambrin et de Douvrin doivent être rapportés à la même origine. Nous trouvons là une preuve que la famille belge s'y est maintenue pendant très-longtemps à peu près pure de tout alliage avec l'élément tudesque ou flamand qui avait de bonne heure traversé le Rhin, envahi une partie de la Belgique, et s'était successivement implanté dans le pays jusqu'à la Lys, non sans jeter quelques uns de ses rameaux au delà de cette rivière dans les cantons de Norrent-Fontes, de Lillers et de Béthune.

L'élément romain dans notre canton se révèle dans les noms de la Bourse, de Noyelles, de Vermelles, peut-être de Violaines, tandis que ceux de Festubert et de Richebourg accusent l'influence de l'élément tudesque.

A l'aide de ces données on peut suivre à la trace l'établissement successif dans le canton des trois races dont le mélange a produit la population qui l'occupe actuellement, sans parler de la race espagnole dont il est facile de reconnaître encore de nombreux types dans cette population. La famille celtique, suivant une disposition naturelle qui nous est révélée par César, a dès le principe caché ses huttes de roseau et de boue au milieu des marécages d'où le conquérant romain a eu tant de peine à les déloger dans les laborieuses campagnes qu'il dut entreprendre pour obtenir le complet assujettissement des peuples belges. Bien que l'on n'ait encore découvert aucune trace de stations paludéennes dans nos contrées, il est permis de supposer que quelqu'un des villages dont nous avons parlé plus haut dut avoir ce caractère. Les aborigènes belges sont en effet restés les maîtres dans toute la bande de terre adossée aux premiers coteaux de l'Artois où nous trouvons ces villages. Les Romains se sont établis sur les crêtes de ces coteaux où ils ont fondé des établissements nouveaux, à Vermelles, à Beuvry même, auquel ils ont laissé son nom celtique, mais où ils se sont postés au-dessus des cabanes gauloises, parce que cette position dominante leur convenait pour y former, de préférence à Béthune, une station militaire. Ils y étaient mieux placés pour garder le pays et surveiller les marécages qui s'étendaient à ses pieds, et où ils pouvaient difficilement atteindre la population indigène à laquelle ils servaient d'abri. C'est ainsi que le pays de l'Allœu put conserver jusqu'à nos jours une sorte d'indépendance et des franchises très-étendues. Le noms de quelques localités du territoire de Beuvry, Taigneville, le Pré Olent, ont transmis jusqu'à nous le souvenir de l'occupation romaine en cet endroit. Enfin les Germains à leur tour s'arrêtèrent dans quelques *villæ* fondées par les Romains dans les parties les plus faciles à cultiver du bas pays, à Festubert, à Richebourg, à Berclau, où nous venons de voir que l'influence de leurs mœurs se faisait à première vue remarquer dans l'aspect des villages et des habitations.

Dans ses minutieuses et savantes recherches archéologiques sur l'Attrébatie, M. Terninck a signalé l'existence dans notre canton de plusieurs chemins gaulois et d'une voie romaine. Les chemins gaulois allaient, le premier dans la direction de Lens à Béthune, en passant par Vermelles, Sailly, Beuvry ; un autre venant aussi dans la direction de Lens passait à Haisnes et à Richebourg aux environs duquel il était coupé par un troisième chemin venant de Béthune et se dirigeant vers Bailleul. La voie romaine partant d'Arras vers Estaires (*Minoriacum*), par Lens, passait sur le territoire d'Haisnes, au village d'Auchy et à Richebourg.

L'arrondissement actuel de Béthune correspond en partie à l'un des quatre grands *pagi* de la *civitas* des Atrébates, *le pagus Sylvinus*, qui a formé la *Gohelle*. Quel en était le chef-lieu aux époques celtique et gallo-romaine ? Était-ce Béthune comme on l'a proposé, était-ce Beuvry que nous croyons mieux répondre aux conditions que remplissaient d'ordinaire les établissements gaulois ? Il serait difficile de hasarder sur cette question autre chose que des hypothèses. Il est permis de supposer que Beuvry ne dut perdre sa prépondérance qu'à l'époque où les seigneurs de Béthune acquirent l'importance qu'ils ont conservée depuis, quand l'abbaye de Saint-Vaast leur confia la défense de son temporel. Il est également assez vraisemblable que le *pagus Sylvinus* venait finir au bord des marais qui s'étendaient au-delà de Beuvry et que la partie méridionale de notre canton en faisait seule partie. Au-delà nous rencontrons un espace vague et sans doute inoccupé qui séparait l'Attrébatie de la Ménapie, comme on en rencontrait sur les confins de presque toutes les peuplades gauloises. Cette région devint plus tard le *pagus lœticus*, pays de la Lys, ou peut-être la terre létique, auquel s'est superposé aux siècles suivants le pays de l'Allœu et qui s'étendait à l'origine jusqu'à Berclau et Douvrin.

Notre canton ne correspond à aucune division ecclésiastique ancienne. Le doyenné de Beuvry ou doyenné rural de Béthune comprenait seulement six des paroisses qu'il renferme aujourd'hui, lesquelles en constituent en réalité sept par le dédoublement de celle de Richebourg. C'étaient les suivantes :

Annequin,	à la collation de	l'archévêque de Cambrai ;
Beuvry,	»	l'évêque d'Arras ;
Festubert,	»	du chapitre d'Arras ;
La Bourse,	»	de l'abbé d'Anchin ;
Richebourg,	»	du chapitre d'Arras ;
Sailly-la-Bourse,	»	de l'évêque d'Arras.

Une autre partie a été prélevée sur le doyenné de La Bassée ; c'étaient les paroisses de :

Auchy-les-La-Bassée,	à la collat. de	l'abbé de Marchiennes ;
Billy-Berclau,	»	l'abbé de Saint-Vaast ;
Douvrin-les-La-Bassée,	»	id.
Givenchy-les-La-Bassée,	»	l'abbé d'Étrun ;
Haisnes,	»	l'abbé de Marchiennes ;
Violaines,	»	l'abbé du Saint-Sépulcre ;

Enfin les quatre paroisses suivantes étaient du doyenné de Lens :

Cambrin,	à la collat. de	l'arch. de Cambrai ;
Noyelles,	»	du chapitre d'Arras ;
Quincy-les-La-B.,	»	de l'abbé de Marchiennes ;
Vermelles et Rutoire,	»	l'abbé d'Anchin.

Dans l'ordre administratif et judiciaire notre canton n'avait pas davantage d'existence propre, et était aussi morcelé que sous le rapport ecclésiastique. Les villages qui le composent aujourd'hui appartenaient à différents ressorts voisins, les châtellenies et bailliages de Béthune, Lens, La Bassée. Les bailliages d'Artois étaient autant de chefs-lieux de domaines du roi en cette province, où il faisait exercer la juridiction domaniale et féodale conformément aux coutumes et anciennes constitutions du pays par des officiers à titre héréditaire. Le bailliage et gouvernance de Béthune, celui de Lens étaient au nombre des grands bailliages d'Artois et comprenaient dans leur ressort la plupart des communes limitrophes de chacun des cantons actuels dont ces villes sont les chefs-lieux. Les communes avoisinant La Bassée ressortissaient en partie aux juridictions établies en cette ville. Richebourg a peut-être à une époque ancienne dépendu plus ou moins étroitement du pays de l'Allœu (*Alm. d'Art.*). Nous savons en effet que ce territoire, qui était du domaine de Saint-Pierre, fut engagé dans le XI° siècle par le pape Urbain à l'abbaye de Saint-Vaast et que pendant 200 ans, la direction du pays de l'Allœu fut laissée au seigneur de Béthune comme avoué de Saint-Vaast. (D. de Vienne.) L'abbaye était le plus puissant seigneur du pays. Indépendamment des domaine et juridiction qu'elle avait concédés à ses avoués, les seigneurs de Béthune, elle avait conservé des domaines directs, et avait établi des prévôts à Richebourg-Saint-Vaast, à Gorre et à Berclau.

La prévôté foraine de Beauquesne, du grand bailliage d'Amiens, comprenait dans son ressort plusieurs bailliages du canton de Cambrin « Philippe d'Alsace, comte de Flandre, avait fait bâtir à Beauquesne, vers la fin du XII° siècle, un château fort qui servait pour la tenue des assises ou plaids généraux, à l'époque où ce puissant vassal étendait sa domination sur l'Artois, l'Amiénois et le Vermandois. En 1185 intervint entre lui et Philippe Auguste un traité qui réunit ces domaines à la couronne. Le roi, maître du château de Beauquesne, y mit un officier qui, sous le ressort du bailli d'Amiens, avait mission de recevoir ses revenus et de rendre la justice en son nom. Beauquesne devint ainsi le siége de la plus considérable des huit juridictions foraines du bailliage. » (Bouthors, *Cout. loc. du baill. d'Amiens*. *t. II, p. 191.*) C'est de cette façon que les villages de Beuvry, Cuinchy, Douvrin, Richebourg et Sailly ressortissaient à cette prévôté foraine dont l'existence est une particularité remarquable au milieu de la bigarrure dont les juridictions féodales nous offrent le tableau.

Voici comment au XVII° siècle étaient réparties les paroisses de notre canton entre le gouvernement de Béthune et le Bailliage de Lens. (*Mém. sur la prov. d'Artois de Bignon*, 1698.)

Gouvernement de Béthune :

Beuvry,	1,200 personnes.
La Bourse,	52 —
Cuinchy,	752 —
Festubert,	274 —
Richebourg-l'Avoué,	589 —
Richebourg-Saint-Vaast,	612 —
Sailly-la-Bourse,	216 —

Bailliage de Lens :

Annequin,	245 personnes.
Auxi-les-La Bassée,	356 —
Belleforière (Beuvry),	264 —
Billy-Berclau,	583 —
Cuinchy-Baudouin,	47 —
Cuinchy-Préuost,	111 —
Cambrin,	146 —
Douvrin,	350 —
Givenchy-les-La Bassée,	315 —
Haisnes,	98 —
Noyelles-les-Vermelles,	70 —
Rutoire,	17 —
Vermelles et Marisson,	181 —
Violaines,	163 —

Ainsi formé de membres détachés des circonscriptions voisines le canton de Cambrin n'a pas d'histoire particulière. Les faits historiques très-rares dont il a été le théâtre trouvent mieux leur place sous le nom de chacune des villages qui en ont été plus particulièrement témoins. Sa situation sur les frontières de Flandre et d'Artois exposa souvent ce pays aux incursions des Flamands, des Espagnols et des Français, et il eut souvent à en souffrir d'une façon cruelle. Le voisinage de la forteresse de La

Bassée, qui pénètre presque jusqu'au cœur du canton dont les communes sont rangées comme en fer à cheval autour d'elle, les soumit à toutes les vicissitudes de l'existence si agitée de cette ville, dix-sept fois prise et reprise par les armées adverses. A l'autre extrémité du canton, Béthune, moins souvent violée, n'était guère moins fréquemment menacée, et tout le territoire entre ces deux places de guerre était incessamment parcouru par des bandes armées dont le pillage était plutôt le but que des opérations militaires telles que nous les concevons aujourd'hui.

En 1302 les Flamands avaient occupé La Bassée où ils s'étaient fortifiés, et de là ils faisaient des courses fréquentes dans l'Artois ; un jour ils surprirent dans les marais de Wingles les Français sortis de Lens et les taillèrent complètement en pièces. L'année suivante ils reparaissent, saccagent tout le pays en deçà de la Lys et détruisent 80 villages. Nouvelles dévastations en 1304. La paix ayant enfin été conclue avec Philippe le Bel, les malheureux paysans purent réparer leurs désastres et vivre dans une tranquillité relative jusqu'en 1347, époque où les Flamands traversèrent de nouveau la Lys, mirent tout à feu et à sang, et battirent Philippe de Valois à la bataille de Fleurbaix. Les conséquences de cette défaite furent terribles pour le pays, et la tradition rapporte que 1800 femmes devinrent veuves ce jour-là. Protégés par la place forte de La Bassée qu'occupaient solidement les Français, et par celle de Béthune, les villages voisins eurent moins à souffrir que ceux du plat pays. Mais Béthune fut elle-même plusieurs fois assiégée pendant ce siècle et les villages de Beuvry, Annequin et Sailly se trouvèrent exposés aux mêmes dévastations que ceux qui entourent La Bassée.

La fin du XV° siècle fut signalée par les mêmes calamités que l'avait été le commencement du XIV°. En 1478, en 1484 et années suivantes le pays fut successivement ravagé par les soudards de Maximilien d'Autriche et du maréchal d'Esquerdes, de triste mémoire.

L'Artois étant passé définitivement dans le domaine de la maison d'Autriche notre pays put se guérir de toutes ses blessures et vit succéder une longue période de prospérité aux épouvantables calamités qui l'avaient affligé pendant tout le XIV° siècle. La guerre de Trente ans lui ramena ses plus mauvais jours. L'Artois et la Flandre furent le théâtre des dernières opérations de cette guerre, et pendant plusieurs années notre canton fut parcouru et foulé par les expéditions parties de Lille ou d'Arras dont les Français s'étaient rendus maîtres. En 1642 don Francisco de Mello, gouverneur de la province pour le roi d'Espagne, après s'être emparé de Lens, vint mettre le siége devant La Bassée. Il établit son camp à 2,500 mètres environ de la place suivant une ligne semi circulaire qui s'étendait depuis Douvrin jusqu'au delà d'Auchy, appuyant sa droite aux marais de Wingles et de Bénifontaine et sa gauche au fossé des crêtes Lecomte, touchant au marais de Cuinchy, et pour se garantir de toute attaque sur ses derrières, il fit creuser un grand fossé bordé d'un parapet assez élevé sur toute sa ligne qui avait bien une longueur de 3,000 toises. Pendant tout le temps du siége il va sans dire qu'il vécut sur le pays à discrétion. La ville tomba au pouvoir des Espagnols; mais en 1647 le maréchal de Gassion parut à son tour pour en faire le siége et enveloppa son camp dans une immense ligne de circonvallation passant par Douvrin, Haisnes, Auchy et Violaines. Ses lieutenants occupaient Haisnes et Violaines. Pendant ce temps un corps d'armée espagnol tenait le plat pays, prêt à se porter au secours de la place qui n'en fut pas moins obligée de se rendre. Ce siége avait achevé la ruine des villages environnants à plus d'une lieue à la ronde ; pas une maison n'était restée debout ; on ne voyait plus que quelques châteaux, ceux d'Auchy et de Douvrin : c'étaient, avec l'église d'Haisnes, les seuls édifices qui n'eussent pas été renversés. (Manniez, *Rech. sur La Bas.*, *pass.*) Mais on peut penser que le reste du canton ne fut guère plus épargné. Des armées ennemies n'occupaient pas alors un territoire sans y exercer des déprédations dont les exactions même de la guerre de 1870 ne sauraient nous donner une idée. « C'était le règne de la dévastation organisée, à tel point que le gouverneur assignait au pillage tel ou tel village, la troupe sortait avec des chariots et allait butiner au village indiqué ; les paysans ainsi dépouillés journellement de ce qu'ils possédaient en étaient réduits à enterrer leur pain s'ils voulaient en conserver un peu pour eux et leur famille. » (*Ms.* de J. Delaporte. Manniez, *loc. cit.*)

En 1648, Condé traversa le canton de Cambrin en revenant d'Ypres pour se porter au-devant des Espagnols qu'il battit complètement dans la plaine de Lens.

Eu 1654, les Espagnols occupaient encore la ligne de la Deule. Le comte de Broglie leur reprit La Bassée par un brillant fait d'armes, et s'empara du fort et de la prévôté de Berclau.

Le pays fut à peu près tranquille jusqu'au commencement du siècle suivant. Louis XIV avait réuni la Flandre à l'Artois, et en reportant ainsi la frontière à plusieurs lieues au Nord avait mis les environs de Béthune et d'Arras à l'abri des ravages qu'ils avaient dus dans les siècles précédents à leur position extrême entre les possessions des deux maisons rivales. Mais l'année 1708 fut le début d'une nouvelle période de calamités. Louis XIV était depuis bien des années aux prises avec l'adversité ; la Flandre et l'Artois avaient été envahis et le théâtre des hostilités reporté de nouveau dans nos campagnes. Lille était assiégée, et la Bassée, la clef du pays dont nous essayons d'esquisser rapidement l'histoire, était pour la dixième fois peut-être retombée aux mains de l'étranger. Cette fois, ce fut une garnison hollandaise qui en prit possession. Pour affamer leurs ennemis les Français n'hésitèrent pas à enlever tous les grains et les fourrages qu'ils purent trouver dans la contrée s'étendant entre Béthune, Lens et la Bassée. Vingt-huit villages furent ainsi mis à réquisition, et le produit en fut transporté à Arras sur 2,600 chariots. Les alliés en firent autant de leur côté, et, sous prétexte de protéger le pays, ils pillèrent les grains qu'ils avaient pour mission de conserver.

Cependant ces derniers avaient dû se retirer pour courir à la défense de Bruxelles menacée par les Français. Le maréchal de Villars vint l'année suivante prendre position entre Lens et la Bassée, dans un camp retranché qui s'étendait depuis Annai jusqu'à Cambrin, ayant sa droite appuyée à la Deûle et sa gauche à la petite rivière du Haut-Courant qui traverse les marais d'Annequin et de Cambrin. Les alliés étaient commandés par le prince Eugène et par Malborough. Villars pour recevoir leur attaque se porta avec une partie de ses forces en avant de Cambrin, et afin de découvrir la plaine, il fit abattre devant lui tous les arbres, haies et buissons se trouvant entre ses lignes et la Bassée, et raser le village d'Auchy en entier. Il n'en resta que l'église et trois maisons qui servaient d'abri aux avant-postes. De son côté l'ennemi fourrageait le territoire de Douvrin et faisait même pâturer ses chevaux dans les récoltes sur pied. Ce fut pour la paroisse une perte de 28000 livres. Cependant les alliés en présence des dispositions de Villars ne crurent pas prudent de l'attaquer, et quelques villages échappèrent au moins cette fois aux funestes conséquences d'une bataille.

Cette année 1709, si célèbre par son hiver, est une de celles qui méritèrent dans le pays d'être notées d'un caillou noir. Les suivantes y laissèrent d'aussi tristes souvenirs, ravagé qu'il fut tour à tour par les armées belligérantes. Ce fut entre autres le sort des villages de Rutoire et d'Auchy. Ce dernier tant de fois éprouvé ne put commencer à se relever de ses ruines qu'après la paix d'Utrecht (1713).

Tel est le triste tableau des événements les plus importants dont fut le théâtre pendant quatre siècles la contrée qui forme aujourd'hui le canton de Cambrin. Ils sont de ceux qui s'effacent difficilement de la mémoire des populations. Mais cent cinquante ans de tranquillité, comprenant des périodes de prospérité, ont fait disparaître les traces matérielles de tous ces désastres, et ce canton est aujourd'hui un des plus riches de l'arrondissement de Béthune. Nous n'avons à signaler pendant cette période aucun fait historique et c'est uniquement pour témoigner de nos recherches que nous mentionnerons l'espèce de révolte qui se manifesta dans plusieurs villages en 1740. Au mois de juillet de cette année un certain nombre de paysans de Cambrin et d'Annequin auxquels se joignirent les mauvais sujets des villages voisins s'attroupèrent sans autre but déterminé que de causer du désordre à l'instigation des frères d'Assignies d'Annequin obéissant eux-mêmes à un mobile de vengeance contre des membres de leur famille. L'un d'eux fut condamné par le Conseil d'Artois au bannissement perpétuel avec quelques-uns de ses complices, et six autres de ces derniers furent envoyés aux galères.

La période révolutionnaire ne fut pas signalée ici comme dans d'autres contrées par les excès où la population des campagnes prit une part quelquefois odieuse. Sans doute le canton n'échappa pas à l'agitation générale et reçut comme les autres cette grande commotion; Mais ni en 1789, après la prise de la Bastille, ni dans les années suivantes, marquées en tant d'endroits par des troubles dont la disette et la circulation des grains étaient généralement la cause et plus souvent encore le prétexte, nous n'avons trouvé de témoignages qui fissent mention de mouvements populaires méritant d'être particulièrement rappelés.

CUINCHY-LÈS-LA-BASSÉE

Quinchi (1217) Cuincy (1219) Quinci (1219).

Cuinchy est une altération assez moderne, au moins dans l'orthographe officielle de ce mot, la prononciation patoise du nom de Quincy, forme sous laquelle on le trouve antérieuremet au XIXe siècle. Ce nom, assez répandu en France, signifie l'habitation de *Quintus*, *Quintiacum*, et indique une origine gallo-romaine. On a proposé de le faire dériver de *Cuens* (se prononçant *ceuns*, comme *bues* se prononçait *beux bœux*) cas direct du mot dont nous n'avons conservé que le cas oblique, *comte*, Cette étymologie ne mérite pas d'être discutée.

Hellien, sire de Quincy, figure comme témoin dans une charte de Liébert, évêque de Cambray de l'an 1071. L'abbaye de Saint-Vaast y possédait des rentes en 1107. (Harbav.) On trouve un Baudouin sire de *Quinchi* ou *Cuincy* en 1217 et 1219. (Teulet Lay. 1,442. — Tailliar *Réc. d'act. en l. rom.*, p. 60.)

Quincy ou Cuinchy, pour suivre l'orthographe qui parait devoir prévaloir, avait une coutume rédigée le 27 sept. 1507, offrant quelques particularités intéressantes. C'était une seigneurie vicomtière comportant toute justice laquelle était administrée au nom des seigneurs par un bailli et son lieutenant. Le bailli était alors un seigneur du Plouhy.

La seigneurie relevait directement du château de Béthune. Elle a été longtemps dans la maison de Melun-Epinoy, et appartenait au commencement du XVIe siècle à dame Ysabeau de Luxembourg, dame d'Espinoy, de Richebourg, de Sainghin et de Cunchy. Elle fut vendue au commencement du XVIIIe siècle à d'Hallwin, seigneur de Verquigneul, de la famille de Prud'homme d'Ailly, dont les ancêtres avaient leur sépulture dans l'église d'Auchy. La famille Magon de la Giclaye paraît avoir été ensuite propriétaire de cette seigneurie; elle serait passée de ses mains, par des alliances, dans celles des comtes de Cambrin qui la possédèrent jusqu'à la Révolution. On trouve cependant à la fin du siècle dernier, parmi les membres de la noblesse des États d'Artois, le marquis d'Aoust, baron de Cuinchy, en même temps que le baron d'Angouwart, indiqué comme habitant le château de Cuinchy-lès-La-Bassée.

La terre de Cuinchy, quant à la justice, ressortissait au bailliage de Lens sous les noms de Cuinchy-Prévost. Elle fut érigée en baronnie vers 1580, en faveur d'Antoine de Blondel, qui fut envoyé par Philippe II au secours de l'île de Malte, bisaïeul du baron de Cuinchy, mort lieutenant-général des armées du Roi le 25 octobre 1684, n'ayant laissé qu'une fille, Marie-Thérèse de Blondel, dame de Cuinchy, morte sans enfants. Cette maison était fort ancienne; la branche aînée s'est éteinte à la fin du XVIe siècle. La seconde branche qui commença par Jean, dit Tristan de Blondel, l'an 1440, se dévoua au service des ducs de Bourgogne, et fut la souche des barons de Cuinchy, des seigneurs de Manchicourt, de Gilingen, dont les maisons sont depuis longtemps éteintes, et des sieurs de Beauregard qui étaient établis à Douai, séparés en deux branches, l'une de Beauregard et l'autre de Barlette.

Les deux Cuinchy étaient dans cette maison depuis la fin du XVe siècle. A la fin du XVIIe siècle elles passèrent à Françoise-

Angélique de Blondel, épouse de François-Philippe de la Motte ; mais cette succession lui fut contestée. (*Bignon. Mém. sur l'Artois.*)

Le château était une ancienne forteresse qui a quelquefois soutenu siége, et où les habitants se réfugiaient lorsque le pays était infesté par les bandes de pillards flamands, espagnols ou français, ce qui arrivait souvent. C'était un corps de logis bâti en grès, de forme irrégulière. Il était édifié sur un tertre ou motte de terre, sans doute sur l'emplacement des bâtiments de l'ancienne villa de *Quintus*, et était défendu par six tours et environné de larges fossés alimentés par le ruisseau de la fontaine de Bray. Au dessous était une galerie souterraine faisant tout le tour du château, de sept pieds de largeur et autant de hauteur, voûtée en briques et éclairée par des jours percés dans une muraille de sept pieds d'épaisseur. Ce souterrain pourrait donner à penser qu'il fut construit sur l'emplacement d'un ancien refuge ou de sépultures celtiques, mais aucune découverte archéologique ne permet d'étayer cette simple hypothèse sur d'autres données. Du reste il existe encore, et c'est tout ce qui reste de l'ancien château, qu'a remplacé une habitation moderne. (P. Ign. *Supplément aux Mém.*) Il y avait une chapelle dans la cour, mais détachée des bâtiments.

La paroisse de Cuinchy paraît avoir eu autrefois une étendue considérable et avoir compris, suivant une tradition locale, appuyée sur quelques données historiques et archéologiques, en tout ou en partie les communes d'Auchy, de Cambrin, de Givenchy, et de Festubert. Nous avons dit que son nom indique qu'un riche romain, du nom de *Quintus*, y avait une *villa* ; c'était sans doute une de ces vastes propriétés appelées *latifundia* qui s'étendaient sur des cantons entiers. Elle devint le siége d'une paroisse rurale qui se démembra par la suite, comme il arriva du reste à la plupart des paroisses primitives. Ajoutons qu'une partie de la paroisse de Festubert a conservé jusqu'à ces derniers temps le nom de Festubert-Cuinchy pour la distinguer de l'autre partie appelée Festubert-Richebourg, et qu'au commencement de ce siècle, l'acquéreur du domaine de Cuinchy fit reconnaître judiciairement à l'encontre de la commune de Festubert son droit à la propriété des arbres bordant l'ancien chemin vicomtier s'étendant sur cette commune.

Vers 1838 l'ancienne église menaçant ruine fut démolie et remplacée par celle qui existe aujourd'hui à l'exception de la tour à laquelle il serait difficile d'assigner une date précise, mais qui semble antérieure, au XIV° siècle ; on lisait sur la muraille de l'ancienne église cette mention gravée en caractères gothiques : *cet ouvrage fut réparé l'an de Grâce 1486 du temps de sire Marc Bance, curé*. On y vénérait des reliques de saint DieuDonné et de saint Pacifique.

L'église a pour patron saint Pierre ; elle dépendait de l'abbaye de Marchiennes qui à ce titre était tenue à l'entretien du chœur, tandis que le seigneur avait à sa charge celui de la tour. Le desservant était à la portion congrue.

La commune se divise en haut et bas Cuinchy, plus le hameau du Corridé ou Coq-Ridé, qui avait autrefois un seigneur particulier, M. de Lattre.

L'abbé Ansart a rédigé, en 1861, une notice intéressante sur les événements postérieurs à la Révolution (*Arch. de l'Evêché.*)

DOUVRIN.

Dovrinium, Dovringn, Dovreng, Doverin, Dovrin, Douvrin.

D'après Lecarpentier, un Huard de Douvrin aurait figuré au tournois d'Anchin en 1096. L'abbaye de Saint-Vaast posséda des terres à Douvrin dès l'onzième siècle, et la chapelle de ce lieu figure au nombre de celles dont l'évêque Lambert et après lui le pape Paschal II confirmèrent les privilèges au profit de cette abbaye, en 1098 et 1102. Ils furent de nouveau confirmés en 1169 (*Cart* de Guimann). L'abbaye d'Hénin-Liétard avait aussi des alleux dans ce territoire, lui provenant d'une donation d'Alolphe Brochet, et la possession lui en fut confirmée en 1129 par Reynold, évêque de Reims (Harbav.)

Une famille de Douvrin possédait en Cambrésis la terre du Grand Pont et autres comme l'apprend un titre de 1203, de l'abbaye de S*t*-Aubert, où figure Hugues de Douvrin, comme donateur. Elle portait *d'or au chef de gueules, au lion d'argent.* (P. Ign. *Add. aux Mém.*, t. III, f. 93.)

Jehan de Fretin, *dominus de Dovringn*, est connu par une donation du 15 décembre 1218 à l'abbaye de la Brayelle-lès-Annai (*Bibl. d'Arras, ms. 606.*). « Il eut vraisemblablement pour descendant Jean de Douvrin, auquel Michel d'Auchy, seigneur du Mesnil, imposa en 1288, par son testament un voyage en terre sainte. Il y a de l'apparence que de cette lignée était issu Tubérius de Douvrin, qualifié noble entre ceux de la châtellenie de Lille qui se plaignirent en 1344 au parlement de Paris, de la coutume du droit des Arsins (De Marquette, *Hist. d'Harnes*, tom. I.)

Une charte de l'abbaye de Saint-Aubert, de 1308, fait encore mention de Brodons de Douvrin, chevalier, comme vassal de Wallerand de Luxembourg.

Jean de Saint-Venant, dit Behord, chevalier, en était propriétaire et seigneur vers la fin du XIVe siècle, à cause de sa femme Isabelle, dame du Maisnil, descendante apparemment de Michel d'Auchy, nommé plus haut.

Jacques de Douvrin épousa, vers la fin du XVIe siècle, Isabeau de Berghes, tante paternelle de Guillaume, archevêque de Cambrai. Robert de Douvrin, leur fils, épousa Marguerite de Ghistelles, baronne de Longueville en Hainaut, dame d'Uzelle et de Straele. Toutes ces terres furent apportées en mariage, par Eléonore de Douvrin à Gilles de Lens, baron d'Aubigny, dont la fille, Marie de Lens, dame d'Aubigny, de Habarcq, de Longueville, etc., était alliée au fils du comte d'Egmont. — La seigneurie passa ensuite dans la famille de Bernemicourt-Saluces ; le dernier de ce nom Joseph-François Marie, Marquis de Saluces-Bernemicourt fut inhumé en 1747, dans l'église, auprès de ses ancêtres. A défaut de postérité la seigneurie entra dans la maison de Guines, dite de Bonnières de Souastre (P. Ign., *Add. aux Mém.*, t. III, 93 et v. 436.)

D'un autre côté, il résulterait d'un registre de l'élection d'Arras, qu'à la date du 27 octobre 1689, une sentence de noblesse fut rendue en faveur de Philippe de Guerbode, *seigneur de Douvrin* ; ce qui contredirait les indications données par le P. Ignace.

Le château de Douvrin a été acquis en dernier lieu par M. de Lafons, baron de Mélicoq, bien connu par les recherches savantes qu'il a faites sur l'histoire de l'Artois ; il est très-regrettable qu'il soit décédé sans avoir eu le temps de mettre en œuvre les nombreux documents qu'il avait amassés, et plus regrettable encore qu'il n'ait pas cru devoir en faire profiter un dépôt public de sa province (1).

La seigneurie s'étendait sur un tiers du marais de Wingles ; le surplus appartenait au seigneur d'Hulluch et à la prévôté de Berclau. Cependant, d'après la coutume de Douvrin, le marais aurait appartenu en commun aux habitants de Douvrin, Hulluch et Berclau (art. 5.). Différents fiefs amortis à l'abbaye de St-Vaast, au curé de Villers en Oreillemont, à celui de Douvrin, à l'abbaye de Marchiennes, étaient compris dans la seigneurie de Douvrin.

Il semble résulter de toutes les indications qui précèdent, qu'il y avait plusieurs fiefs assis à Douvrin, et que le principal conférait plus particulièrement aux possesseurs le nom de seigneurs de Douvrin. Mais quelques possesseurs des autres fiefs portaient aussi le nom de seigneurs de Douvrin.

Le château de Douvrin relevait directement de celui de Billy, près Lens, et était dans la mouvance de la châtellenie de cette ville. Quelques parties de la paroisse, entre autres une ferme appelée *Montereau* (*Monasteriolum*), dépendant de la prévôté de Berclau et comprenant 218 mesures de terre, ressortissait directement à la salle abbatiale de Saint-Vaast. — Il ne reste rien de l'ancien château, ni de la ferme de Montereau, qui a été rasée. Les village, terre et seigneurie de Douvrin ressortissaient au bailliage d'Amiens et à la prévôté foraine de Beauquesne. Ses coutumes furent rédigées au commencement du XV° siècle. Il y avait justice vicomtière et assises, dites *franches vérités*.

(1) M. de Mélicoq a légué tous ses papiers à la Société des Antiq. de Picardie, où il est malaisé aux Artésiens de les aller consulter.

La paroisse de Douvrin est une de celles qui eurent le plus à souffrir des guerres qui, durant plusieurs siècles, désolèrent les frontières de la Flandre et de l'Artois. Douvrin se trouvait malheureusement compris dans les lignes des armées qui venaient mettre le siège devant La Bassée, et un endroit on a conservé le nom de *Leines*. En 1642 et 1647, son territoire fut ravagé tour à tour par les Espagnols et par les Français ; tout fut ruiné à plus d'une lieue à la ronde ; pas une maison ne resta debout. En 1659 et années suivantes, nouvelles pilleries et dévastations. De 1707 à 1709 le pays fut encore envahi : les alliés fourragèrent toute la campagne. Les habitants se refugièrent dans l'église et se fortifièrent dans le cimetière, où tous leurs bestiaux et leurs meubles furent transportés. Ces alarmes perpétuelles se continuèrent les années suivantes, et pendant tout ce temps les terres demeurèrent à peu près incultes ; bien plus, les habitants étaient obligés d'aller travailler aux retranchements des assiégeants, ou aux fortifications de la Bassée, ou de faire d'autres corvées de toute nature pour les belligérants.

L'église primitive, qui était fort ancienne et remontait au moins à l'onzième siècle, s'élevait probablement sur l'emplacement de l'église actuelle. Celle-ci paraît avoir été construite en plusieurs fois dans le cours du XIIIe siècle. Elle portait sur le milieu de la grande nef un clocher en bois qui fut démoli en 1735 et remplacé par la tour actuelle. La partie supérieure du chœur paraît avoir été établie en 1700 sur les murs de l'ancien chœur. On y remarque deux pierres tombales de la famille de Bernemicourt.

L'église est sous le vocable de St-Denis ; le bénéfice était à la collation de l'abbé de Saint-Vaast, qui en était décimateur concurremment avec le seigneur du lieu. Les curés percevaient aussi différentes dimes dont l'ensemble devait leur rapporter environ 1300 l. d'Artois ; ils jouissaient, en outre, du revenu de 15 à 16 mesures de terre que possédait la cure. L'église avait, de son côté, environ 24 mesures de terre et un grand nombre de petites rentes dites rentes héritières, qui, avec la quête au blé et le loyer des terres pouvaient lui faire une rente annuelle de 500 l. On peut consulter, pour tout ce qui concerne l'histoire de cette église, le rapport très-intéressant rédigé en 1861 par le curé de Douvrin. (*Arch. épisc.*).

Les archives de l'église contiennent plusieurs liasses de papiers utiles également à consulter.

FESTUBERT.

Festhubert, Le Fiette-Hubert, Le Frette-Hubert. Il est difficile de trouver le véritable sens de la première partie de ce nom ; peut-être faut-il y voir le mot *faginetum*, le bois de hêtres, qui a formé dans d'autres contrées *le Fayet* et *la Fayette*, ce qui vaudrait mieux que l'étymologie fantaisiste de M. Harbaville, *festu*, par altération de *fau*, bois.

La paroisse de Festubert paraît avoir été formée par un démembrement de celles de Richebourg et de Cuinchy, comme semblent l'attester les dénominations de Festubert-Richebourg et de Festubert-Cuinchy, connues naguère encore dans cette commune. Elle aurait été constituée en paroisse au commencement du XIIIe siècle ; à cette époque, par suite d'un accord fait avec le chapitre de Saint-Vaast, les habitants auraient pris à leur charge l'entretien et les réparations de l'église et du chœur. (V. sup. *Cuinchy*.)

Ce qui confirmerait encore cette hypothèse, c'est qu'il n'apparaît pas que Festubert ait jamais eu de seigneurs particuliers. La paroisse n'a donc pas d'histoire. L'église elle-même ne date que du XVIe siècle. Antérieurement, il n'existait qu'une simple chapelle, desservie par le chapelain d'un des seigneurs voisins, soit celui de Beuvry, soit plus vraisemblablement celui de Cuinchy. L'église a été édifiée en 1563, comme l'indique une inscription qui se lisait sur la corniche du chœur ; elle est en ce moment recouverte par le plâtre, dont ici, comme partout, on a la funeste habitude d'enduire les murs intérieurs des églises sans aucun souci du goût et des détails archéologiques ou même architectoniques que l'on fait ainsi disparaître. Cette église a trois nefs d'égale hauteur, réédifiées, dans la seconde moitié du XVIIIe siècle, aux frais du duc de Duras et du prince de Ghistelles de Beuvry. La flèche du clocher est assez gracieuse, et a 40 mètres d'élévation. L'église est sous l'invocation de la Visitation de la Sainte-Vierge.

La cure, qui était d'un produit de 1,700 l. en dîmes et revenus de 15 mesures de terre, a fait partie du doyenné de Lestrem; elle était à la nomination du chapitre cathédral d'Arras. Les princes d'Epinoy étaient décimateurs. Il existe à Festubert une confrérie de Saint-Éloi.

Les hameaux dépendant de cette commune sont la Rue Sèche, la Cour l'Avoué, le Moulin d'Eau, la Rue de Lille, la Grande Rue, le Pouillard, Louanne, les Cuveliers et le Favril, autrefois cense.

GIVENCHY-LÈS-LA-BASSÉE.

Gy, demeure, et *Ginchy*, anguleuse habitation, d'après M. Terninck. (*Et. sur l'Attr.*, I. 97) Nous préférons l'hypothèse d'Aubert-le-Mire, qui croit reconnaître dans notre Givenchy le *Juventiacum* qui figure dans un diplôme de 870, d'Hincmar, archevêque de Reims, au nombre des possessions de l'abbaye de Saint-Vaast.

On sait fort peu de chose sur les anciens seigneurs de Givenchy. Suivant le P. Ignace, la seigneurie aurait été longtemps dans la famille de la Fosse, qui portait d'or à trois cors de chasse de gueule. Antoine de la Fosse, chevalier, seigneur de Givenchy-lès-Labassée, décéda en 1555. Son fils fut tué par un seigneur de Violaines. Cette famille s'éteignit dans une fille, dame de Givenchy, mariée à François de la Tramerie, seigneur du Forest, Auby, etc., gouverneur d'Aire. La terre de Givenchy entra ainsi dans la famille de la Tramerie (vers 1600), où elle resta tout au plus cent ans. Au commencement du XVIIIe siècle, le S^r d'Hespel de Lille, secrétaire du roi au parlement de Flandre, en fit l'acquisition.

Il existe des lettres patentes du 13 août 1684, contenant donation au profit du Sr du Tillet, lieutenant d'une compagnie au régiment royal de la marine, de droits de lods et ventes et autres droits seigneuriaux pour la vente de la terre et seigneurie de Givenchy. (*Arch. d'Arras.*)

L'abbaye de Marchiennes avait une maison seigneuriale au hameau d'Ouvert.

Parmi les autres seigneurs figurant sur les états des vingtièmes de la paroisse de Givenchy, au dernier siècle, nous trouvons encore M. de Villers-au-Tertre, pour la seigneurie d'Érœux, M. de Fouquières, pour la ferme de l'Argonne, M. Brigode de Lille, pour le fief et seigneurie du Quesnoy, M. de Nepe, pour la seigneurie du Quesnoy.

Il ne reste rien de l'ancien château, Givenchy eut le même sort que toutes les paroisses voisines de La Bassée au milieu des guerres qui désolèrent cette contrée, du XIII au XVIII° siècles.

Givenchy ressortissait au bailliage de Lens. Le bénéfice était à la collation de l'abbesse d'Etrun qui partageait la dîme avec un des seigneurs de la paroisse. La cure produisait environ 1800 l.

L'église a pour patron Saint-Martin. Elle a trois nefs et un clocher construit à la fin du XVI° siècle. Cet édifice n'a rien de remarquable. On y voit la sépulture d'Antoine de la Fosse et de Jacqueline de Roisin ; leurs seize quartiers de noblesse sont gravés sur la bordure qui encadre la pierre tumulaire où ils sont représentés. Dans le chœur est la tombe de leur fils, avec ses armoiries et alliances autour de lui.

HAISNES.

Haignæ, Haynes. D'après sa forme latine *Haignæ*, ce nom serait d'origine germanique, *Hagen, haie*, d'où vient *Haya*, en latin.
« Un diplôme de Charles-le-Chauve, de l'an 877, confirme à l'abbaye de Marchiennes la possession du village de Haisnes et de ses dépendances. « *In pago Lætico villam Haignas cum appendice villâ Hantgiaco.* » (*Mir. Op. Dip.*) Cette abbaye eut longtemps à Haisnes un avoué particulier. Le titulaire en 1040, Osbert, devint un petit tyran qui se rendit odieux par ses exactions. Aussi les chroniques de Marchiennes ne manquent pas de dire que la mort accidentelle dont cette homme fut frappé est la

juste punition de ses méfaits, et de l'hostilité de ses relations avec l'abbé Albéric. Au commencement du VIII⁰ siècle, le monastère accorda une loi au village de Haisnes. Cette commune fut modifiée en 1272 par le rachat que l'abbé fit de la mairie, qui était tenue en fief par Jehan, dit Loise. » (Harbav.)

La terre et seigneurie de Haisnes appartenait comme nous venons de le dire, sauf le lieu appelé *le Blocul d'Haisnes*, aux religieux, couvent et abbé de Marchiennes. Il y avait bailliage et échevinage, avec justice haute, moyenne et basse, une maison seigneuriale, droit de dîme et terrage, et 403 mesures de terre affermées, au dernier siècle, 2227 l, 10 s. La juridiction était du ressort de la prévôté foraine de Beauquesne. Il s'y tenait des plaids généraux trois fois l'an, auxquels ceux de Mazingarbe, Lorgies et Haisnes étaient tenus de comparaître à peine de 3 sols tournois d'amende.

La paroisse d'Haisnes fut exposée pendant plusieurs siècles par suite des guerres, à des ravages continuels. Ce que nous en avons dit à propos des villages d'Auchy et de Douvrin et à la suite de la notice de Cambrin nous dispense d'entrer dans plus de détails. Elle était, du reste, loin d'avoir alors le développement qu'elle a dû, depuis, au voisinage des fosses houillères et à l'industrie. C'est ce qu'atteste l'exiguité de son ancienne église ; bâtie sans doute par les religieux de Marchiennes, ce n'était guère qu'une chapelle sous l'invocation de St Nicaise et de Ste Rictrude. On dit que cette dernière avait fait don à l'abbaye de biens assez considérables, qui ont constitué la ferme appelée l'*Aby*, depuis longtemps détruite. Une petite source entre Haisnes et Auchy porte le nom de fontaine de Ste Rictrude. L'abbé de Marchiennes était collecteur et décimateur, en même temps que le chapelain d'Artois. L'église actuelle est à peine achevée. Elle est d'un style assez douteux, où des pièces de toutes les époques de l'art ogival et même roman sont mélangées sans souci de la critique; mais en somme elle est régulière, d'aspect agréable, Elle a trois nefs et un clocher élégant et élancé.

Il y avait sur Haisnes une autre seigneurie du nom de Parville. (Reg. des 20es.)

LA BOURSE.

Ce village est fort ancien et, malgré son nom latin, il remonterait peut-être à l'époque celtique. Les nombreuses découvertes d'antiquités romaines qui y ont été faites permettent au moins d'affirmer qu'il y avait là un établissement romain. Il est très-vraisemblable qu'il s'est fixé à quelques pas du village celtique qui était à Sailly, ainsi que cela arrivait très-fréquemment. On a trouvé à La Bourse, dans le marais ou sur ses bords, des armes celtiques, quelques haches de bronze, un Mercure aussi de bronze, une Vénus Anadyomène, et d'autres objets de l'industrie romaine : meules, tuiles, etc. On en trouve des débris jusque dans les murs de l'église. En extrayant de la tourbe il y a une vingtaine d'antées, on a découvert d'antiques fondations en gros grès placées sur pilotis, qui attestent par leur solidité qu'il y eut là une construction importante. Dans plusieurs pièces de terre, entr'autres dans un champ près de l'église, qui n'a pas 20 cent. de terre végétale, il existe des endroits où le calcaire a été profondément remué et, où l'on a cru reconnaître l'emplacement de caves, de puits. Dans un autre champ, situé au midi et à un demi kilomètre de l'église, on retourne avec la charrue des débris de briques et de tuiles antiques. L'un de ces endroits porte le nom de Champ-Caillou ; la tradition du pays veut qu'il y ait eu là un établissement de Templiers. N'est-ce pas plutôt là une des nombreuses appellations par lesquelles les paysans désignent les monuments dont les souvenirs se sont effacés? (Terninck, Et. sur l'Attréb.—Bull. de la Comm. des Ant. départ. Rapport de l'abbé Desprey, curé de Sailly et La Bourse, (*Arch. épisc.*) (1)

---

(1) Toutes ces découvertes sont déjà anciennes, et il est aujourd'hui difficile de les contrôler.

M. Lequien, ancien sous-préfet de Béthune avait réuni avec soin tous les documents de ce genre relatifs aux communes de son arrondissement ; il était mieux placé que personne pour rendre ce service à la science, il s'en acquittait avec ardeur et avec goût dans l'intention de publier un travail d'ensemble sur cet intéressant sujet. D'autres occupations et la mort l'ont

Le nom du village de La Bourse est cité à une époque assez reculée dans les titres de l'abbaye d'Anchin. On trouve *Bursa* dans une charte de 1071 de l'évêque Liébert, et *Le Bours* dans une donation à l'abbaye d'Anchin, de 1202. Un *Joannes de Bursâ* en était seigneur à la fin du XII° siècle, et fit donation de la seigneurie à l'abbaye d'Anchin. Cet acte fut passé en présence de Robert de Béthune, V° du nom, dans la mouvance de qui était ce fief; cette circonstance permet d'attribuer à la donation en question une date antérieure à 1191, année où mourut celui-ci. Le fils de ce Jean de La Bourse, appelé Robert, seigneur de Rooth, proche La Bourse, refusa de confirmer cette donation parce qu'elle lui préjudiciait, sans doute en qualité de suzerain du domaine concédé à l'abbaye, en ce que par suite de l'amortissement qui devait en être la conséquence, son fief aurait été de la sorte *abrégé*. Guillaume de Béthune, seigneur de Béthune, dont le prédécesseur Robert avait par sa présence à l'acte garanti son exécution, dut intervenir, et un nouvel acte de 1202, dont l'original était au trésor des chartes de l'abbaye, lui confirma la propriété de la terre de La Bourse.

Il y avait sur le territoire de cette paroisse quelques fiefs du même nom possédés par des particuliers et qui constituaient des démembrements du fief originaire de Jean de La Bourse et de son fils. Dans les rôles des 20es du dernier siècle, nous voyons figurer l'abbé d'Anchin comme possédant la seigneurie du lieu consistant seulement en 12 mesures de terre et en une dîme. Le domaine utile appartenait, au contraire, à un sieur de Vitry, propriétaire du fief de La Bourse et de La Barre, consistant en terres et censives, le tout affermé 350 l. Une dame Le Ricque était aussi qualifiée de propriétaire du fief de La Bourse consistant en censives et droits seigneuriaux du revenu de 10 l.; et enfin le

---

empêché d'y donner suite. Nous avons sollicité de son fils la communication de ses nombreuses notes, dont sa famille annonce depuis bien longtemps la publication; c'est pour ce motif que notre vœu n'a pu être accueilli. Il nous sera cependant permis d'émettre le regret que ces documents soient aussi longtemps soustraits à la connaissance des archéologues.

prévôt de Gorre y possédait une seigneurie Vicomtière du revenu de 18 l.

Le prieuré du Perroy avait aussi, d'après la chronique de ce monastère, quelques mouvances provenant d'une donation faite en 1095 par Walter de Gouy à l'abbaye de Saint-Eloi, confirmée en 1104 et en 1109 par le Pape et par Lambertt évêque d'Arras.

L'église est une des plus vieilles du pays ; il serait difficile dans l'état où elle est de lui assigner une date. Une partie de sa construction offre un curieux spécimen des églises primitives. Les œuvres basses de la tour et des murs goutteraux qui regardent le Sud sont construits en grès bruts, entre les joints desquels on remarque de nombreux débris de grosses tuiles et de briques romaines. Elle porte les traces de nombreux remaniements. Des baies cintrées qui s'ouvraient de chaque côté de la tour ont été bouchées à une époque très-ancienne. Les fenêtres qui ont été agrandies à la fin du dernier siècle étaient très-étroites.

Cette église parait avoir eu autrefois une seconde nef du côté Nord, et l'on a rebouché les vides des anciennes arcades qui subsistaient encore. La tour a été restaurée et exhaussée et le pignon qui regarde le couchant reconstruit en 1748. La date d 1555 qui se lisait, paraît-il, sur le petit portail, car nous n'avons pu l'y découvrir, caché qu'elle est sans doute par la maçonnerie d'un petit narthex récemment ajouté en avant de cette porte, cette date, disons-nous, ne doit sans doute s'appliquer qu'aux travaux qui ont été faits lors de l'édification des œuvres hautes, et peut-être au moment de la suppression de la seconde nef. On y voyait, en 1748, les armes du cardinal d'Estrées, abbé commandataire d'Anchin.

L'église est sous l'invocation de St-Martin. La cure, à la collation de l'abbé d'Anchin, qui en était décimateur concuremment avec le curé, pouvait valoir mille livres de revenu.

NOYELLES-SOUS-VERMELLES.

Nigella-Juxta Vermelam. L'autel fut donné au chapitre d'Arras par Godescale, 4° évêque du siége, en 1148, avec le revenu de la cure.

« La seigneurie appartenait anciennement à Bustor, seigneur d'Allennes, puis à Jean de Saint-Venant, dit Behord, seigneur de Douvrin, à cause d'Isabelle du Maisnil, sa femme. » (V. Douvrin.) Un dénombrement de 1384 nous apprend que Jean de Lannoy était antérieurement à cette époque seigneur de Noyelles, *au terroir de Vermelles*, et que cette année là Thomas sire de Lannoy-les-Nédonchel, était propriétaire d'un fief audit lieu de Noyelles, duquel relevaient les tenures de Godefroy de Noyelles, écuyer, Martin de Sailly, Jean de Noyelles, dit de Lassus, Hue de Divion, sire du dit lieu, chevalier, et Jean Brandier. Le 18 juin 1385 se place un autre dénombrement donné par Gilles d'Awiller, écuyer, sire de Noyelles-Vermelles, à raison sans doute d'un autre fief que celui qui précède. (P. Ign. *mém.* t. VI. p. 777.) Plus tard la seigneurie paraît avoir passé à une famille Lamiot dont plusieurs membres ont leur tombeau dans l'église, entre autres Lamiot, brigadier des armées de Charles-Quint.

Le marquis d'Assignies en devint ensuite propriétaire.

Le chapitre d'Arras avait le droit de conférer la cure, qui était à portion congrue. Elle fut souvent vacante, soit pour insuffisance de cette portion soit parce que le presbytère détruit par la guerre n'avait pas été reconstruit. La dîme appartenait au chapitre d'Arras et aux seigneurs d'Annequin. L'église a pour patron saint Amand. Elle est fort ancienne ; on y lisait, sur la muraille extérieure, une épitaphe du XII° siècle.

La maison seigneuriale était environnée de fossés.

Le fief de Beaulieu avait un ancien château élevé sur une motte artificielle qui ne paraît pas avoir été jamais fouillée.

RICHEBOURG-L'AVOUÉ et RICHEBOURG-SAINT-VAAST

Ces deux communes ne formaient autrefois qu'une seule paroisse et n'ont encore qu'une seule église. Leur histoire se confond sur trop de points pour que nous en fassions l'objet de deux notices distinctes.

Les anciennes formes de ce nom sont: *Richebore, Richeroc, Rischesburch, Richeburg, Ricquebourg.*

L'origine de ce village ne paraît pas remonter plus haut que l'onzième siècle : elle est évidemment flamande.

Richebourg doit avoir fait partie du pays de l'Alleu qui était, comme nous l'avons dit, du domaine de Saint-Pierre et avait été engagé à l'abbaye de Saint-Vaast par le Pape Urbain, XI° siècle. Il était ordinairement désigné sous la qualification de l'Alleu de Richebourg, dans les documents émanés de l'abbaye de Saint-Vaast, et notamment dans les franchises qu'elle avait concédées à ses habitants, et on la retrouve dans la rédaction des coutumes en 1507. En 1136, l'abbaye en a inféodé la moitié, *medietatem ville que dicitur Richeburg*, au seigneur de Béthune, son avoué. Par la nature de ses fonctions l'avoué de Saint-Vaast était constitué le protecteur et le patron temporel du monastère. Il avait pour mission de le garantir contre toutes prétentions iniques, contre toute agression du dehors. A la tête de ses hommes d'armes il devait repousser les attaques dirigées contre lui (Tailliar, *Cart. de Guimann*). Mais partout les avoués abusèrent de leur mandat et semblèrent prendre à tâche de piller les biens qu'ils étaient chargés de défendre ; leur patronage se changea en une espèce de despotisme militaire, en un régime d'oppression auquel les abbés de Saint-Vaast ne purent échapper qu'en partageant leurs propriétés foncières avec leurs avoués. Les seigneurs de Béthune devaient, à raison de l'inféodation qui leur fut consentie, 60 sous parisis de relief. A partir de ce moment, le territoire de Richebourg forma deux parties distinctes dont l'une fut désignée sous le nom de *Richebourg en l'Avouerie,* ou *l'Avoué,* ou encore de *Cour l'Avoué*, et l'autre de *Richebourg Saint-Vaast*, et quelques fois *la Cour Saint-Vaast*.

La seigneurie de Richebourg l'Avoué a été souvent l'apanage des puinés de la maison de Béthune ; ils en prenaient même quelquefois le nom, surtout de 1194 à 1270, ainsi qu'on le voit dans plusieurs de leurs chartes. L'une d'elles de 1178, contient une garantie de Guillaume de Béthune, seigneur de Richebourg, en faveur de la cathédrale d'Arras, pour les dîmes, offrandes et autres revenus appartenant à l'église de Richebourg, auxquels prétendait Robert de Monchicourt, seigneur d'un fief voisin. L'année suivante la terre de Richebourg changea de maître, au moins quant à la mouvance, par le traité de Péronne, conclu en janvier 1199 entre Philippe-Auguste et Baudouin V, comte de Flandre ; il y est dit que ce dernier conserverait le fief de Richebourg et autres dont il s'était emparé, et de la sorte le seigneur de Béthune, qui avait rélevé directement du roi de France à raison de ce fief, devint vassal du comte de Flandre (P. Ignace, *Mém.* t. VII.

En 1411, Perceval de Richebourg, chevalier, périt à la bataille d'Azincourt.

La seigneurie de Richebourg a appartenu à la maison de Luxembourg jusqu'à la fin du XV° siècle. Elle entra alors dans la maison de Melun par le contrat de mariage d'Isabeau de Luxembourg, dame de Richebourg, avec Jean de Melun, III° du nom, seigneur d'Antoing et d'Epinoy, le 18 mars 1495. Depuis lors les de Melun ont conservé cette seigneurie, érigée en marquisat en faveur de Pierre de Melun, prince d'Epinoy et du saint Empire, gouverneur de Tournay en 1673; son descendant, Guillaume de Melun, marquis de Richebourg, grand d'Espagne, était vice-roi pour sa Majesté Catholique Philippe V dans la Galice.

En 1757, les registres des vingtièmes nous donnent Mme la maréchale duchesse de Duras et M. le prince de Soubise comme propriétaires indivis du marquisat de Richebourg ; il ne consistait plus qu'en quelques rentes foncières du revenu de 94 l., et la ferme de la Cour-l'Avoué, à Festubert, et 137 mesures de terre d'un revenu de 800 l.

Un sieur François était propriétaire de la ferme de Beauquesne, un sieur Tahon des fiefs de la Cauroy et Wauquet, et un sieur Palisot du fief de Monchicourt.

L'abbaye de Saint-Vaast a possédé la seigneurie de Richebourg jusqu'à la Révolution, avec une maison seigneuriale, et 167 mencaudées de terre affermées 1211 l. La prévôté de Gorre y avait quelques censives et seigneurie vicomtière.

Au mois de juillet 1708, le duc de Marlborough après s'être emparé d'Armentières, envoya piller les villages voisins et brûler Richebourg.

Richebourg l'Avoué était de la justice des seigneurs de Béthune, et Richebourg Saint-Vaast de celle de l'abbaye, qui y avait un prévôt. Tous deux ont ressorti à la prévôté foraine de Beauquesne. L'abbaye avait accordé à ses hôtes et vassaux des franchises qui ont été rappelées en 1507, lors de la rédaction des coutumes de cette paroisse. Nous y voyons qu'elle avait un échevinage et que les échevins concouraient à l'administration de la justice, notamment aux assises ou franches vérités. Cette coutume fournit des renseignements précieux et complets sur les institutions locales de cette paroisse, que le cadre restreint de cette notice ne nous permet pas de développer comme il conviendrait.

Il n'y avait qu'une seule église pour les deux Richebourg, elle est située sur le territoire de Saint-Vaast. le bénéfice était très-important : on l'évaluait, en 1783, à 3,000 l., et le vicaire avait 700 l. de traitement. Le patron est Saint Laurent ; le collateur le chapitre d'Arras ; les décimateurs ledit chapitre, l'abbé de Saint-Vaast, l'abbaye d'Annay ; une portion de dîme avait été depuis longtemps inféodée à la famille de Semerpont.

L'église a été édifiée ou plutôt réédifiée au commencement du XVIe siècle, ainsi que l'atteste une inscription placée à l'intérieur « *En mil cinq cent dix fus faite, parfaite et achevée.* » La tour et le grand portail sont du XIIe siècle ; les basses œuvres de la grande nef pourraient même bien être d'une époque antérieure. Quoiqu'elle ait beaucoup souffert, surtout des outrages des enfants du village qui s'amusent encore aujourd'hui à prendre pour cible les délicates sculptures de sa corniche et du portail sud, cette église est remarquable à plus d'un titre, et mériterait une description détaillée. Elle se compose de trois nefs d'égale hauteur voutées en bois, système adopté généralement dans le pays mais qui contribue à répandre à l'intérieur une obscurité qui en dissimule les qualités. Cette disposition est d'autant plus fâcheuse qu'elle empêche de distinguer des culs-de-lampe en bois représentant des têtes grotesques d'abbés et de moines qui, au nombre de près de quarante, décorent la retombée des arcs doubleaux et la portée des entraits des deux collatérales. Sur le côté sud s'ouvre un narthex décoré d'un portail remarquable, quoique surchargé de détails sculptés dans le goût hispano-flamand ; mais ce qui mérite peut-être plus encore de fixer l'attention des curieux ce sont les charmantes sculptures qui décorent la corniche autour du chevet des trois nefs, et qui représentent des scènes de la passion. Nous nous proposons de faire une description plus complète de cette église dans le *Bulletin de la Commission des Antiquités départementales*.

Une chapelle a été fondée et dotée en 1247, par Robert VII, seigneur de Béthune et de Richebourg.

HAMEAUX. — La paroisse de Richebourg n'était guère composée que de nombreux hameaux dispersés sur toute la surface du territoire : la Rue du Courant, les Huit Maisons, Tayon, le Bout de la Ville, la Venthière, le Martimeau, le Puich, la Cour St-Vaast, le Ru d'Einaut, la Rouge-Croix, la Croix-Barbette, Papegay, le Moulin-Croquet, le Pont-du-Ham, le Pont-Logy, les Hays, les Carbonniers, le Bois, l'Épinette, l'Eauwette, Monchicourt, Le Saulx, qui a été brûlé par les alliés en 1708 et enfin la Derrière, fief ayant appartenu à la famille Menche de Saint-Michel.

SAILLY-LA-BOURSE.

Salliacum prope Bursam. Malgré sa très-haute antiquité, car son nom se rattacherait au moins à l'époque gallo-romaine, le village de Sailly n'a pas d'histoire. La principale seigneurie appartenait au chapitre d'Arras. En 1210, Eustache de Bellesaiser (Bellezache, à Annezin), céda à l'église St-Barthélemy de Béthune, la dîme qu'il avait à Sailly.

Il y avait une autre seigneurie, qui a longtemps dépendu de la principale seigneurie de Beuvry.

Le fief de Després en Sailly était une seigneurie vicomtière dont le chef-lieu était entre ce village et Beuvry, avec plus de cent mesures de terre, haute justice et plusieurs mouvances dans le territoire. Elle relevait du marquisat de Montcavrel en Boulonnais, à cause du fief d'Engoudsent.

Les fiefs du Saussoye et de la Bourse, seigneuries vicomtières, relevaient du roi, à cause de son château de Béthune. Une autre seigneurie, appelée le fief Despréaux, relevait du château d'Annequin. Tous ces fiefs appartenaient à la famille Le Ricque d'Allennes, au territoire d'Annequin. Il furent achetés en 1460, par Isabelle de France, d'où ils ont passé successivement à Jean du Grospré, à Pierre de Fontaine et à Marguerite Charleu, dame des Pretz, alliée en 1623 à Lamoral Le Ricque, écuyer, S[r] d'Allennes. (P. Ign., *Mém.* t. VII, p. 706; — *Add. aux Mem.* t. IV, p. 298, v° 163.)

Enfin, il y avait d'autres fiefs et seigneuries sans importance appartenant à la prévôté de Gorre, à l'abbaye de Ham, au prieuré de St-Prix, à la comtesse de Wattignies. (*Reg. des* 20°, XVIIIe s.)

On trouve dans les coutumes du bailliage d'Amiens, une coutume de Sailly que M. Bouthors attribue à notre Sailly, mais qui doit plutôt concerner Sailly-en-Ostrevent. On l'indique comme appartenant à l'abbaye de Marchiennes.

L'église de Sailly a pour patron St Martin. L'évêque d'Arras avait la collation de la cure qui valait 1,000 livres. L'édifice a une seule nef, mais vaste ; elle est du XV⁰ siècle. Cependant, de grands travaux y ont été faits en 1762. La tour est belle, surmontée d'une flèche et accolée d'une tourelle qui contient l'escalier. Elle a été construite en grès et pierres blanches du pays, et porte la date de 1577.

VERMELLES.

Vermela. — Les dénombrements fournis au châtelain de Lens en 1384 et 1385 constatent qu'il y avait à Vermelles plusieurs fiefs relevant du château de Lens, lesquels étaient tenus par Jean de la Barre, par Mikieu de Moussely et par Pierre Connet (24 mars 1384). Un autre appartenait à Pierre de Hennin qui en donna le dénombrement le 30 mai 1385. Il passa ensuite à Jean de Quevaussart. En cette même année 1385, le 26 mai, fut fourni au châtelain de Lens un autre dénombrement, d'un fief, dit de *Montauban*, possédé par Marie du Bos, veuve de Hamel de Noyelles, et dont fut ensuite propriétaire Flaman de Neuvireuil. (P. Ign. *Mém*. VI, 752, 157.)

Les registres des 20⁰ de 1757 nous apprennent qu'il y avait aussi une seigneurie vicomtière nommé Cocquemplus, consistant en droits seigneuriaux tant en argent qu'en grains, volailles, d'un revenu de 12 l. 10 s.

Vermelles eut plusieurs fois la visite des maraudeurs et des pillards des armées espagnoles et françaises. Le Rutoire, hameau de cette paroisse, fut témoin, en 1710, d'un engagement entre les deux armées ennemies, et complètement détruit tant cette année là qu'en 1712 ; il ne s'est pas relevé depuis. C'est dans l'une des expéditions dont le village de Vermelles fut le but que se place un épisode assez piquant rapporté par dom Devienne. Un parti de sept à huit mille hommes, ayant passé le Pont-à-Vendin, se dispersa pour piller le pays. Le curé de Vermelles était un homme fort avisé qui avait, en 1690, fait entourer le cimetière d'assez hautes murailles, sans doute dans la pensée d'en faire un refuge contre les incursions des pillards. L'église, du reste, et le cimetière qui l'entoure, dominent le village et sont placés sur une éminence, de sorte que les murs édifiés par le curé formaient terrasse tout autour. Informé qu'une troupe de cavaliers s'approchait du village il réunit donc dans le cimetière ses paroissiens avec ce qu'ils avaient de plus précieux, et s'y barricada le mieux qu'il put. Les maraudeurs essayèrent de les forcer et y seraient parvenus, si le curé n'eut eu l'idée très-ingénieuse de détacher contre eux des auxiliaires d'un nouveau genre. Il saisit une des ruches à abeilles qu'il élevait dans son presbytère et la jeta par-dessus le mur. Ce projectile éclata aussitôt au milieu des assaillants : Les abeilles irritées de se précipiter en fureur sur chevaux et cavaliers, et de jeter le désordre parmi eux. Le curé voyant que son idée réussissait, dit à ses paroissiens : « Mes enfants, il parait que la sauce est bonne ; il faut en envoyer encore quelques plats. » Et le reste des ruches alla bientôt rejoindre la première. Les cavaliers, aveuglés par ces adversaires insaisissables, ne purent rester maîtres de leurs chevaux devenus furieux, et en quelques instants la déroute fut complète.

L'ancien château de Vermelles était auprès des marais sur une motte de terre.

L'église, située à l'opposé du château, a pour patron St Pierre. Le collateur était l'abbé d'Auchy, le décimateurs l'abbé d'Anchin, l'abbesse d'Annay et le prieur d'Houdain. Le curé était à portion congrue. La fabrique avait un revenu d'environ 600 l., assis sur sur 40 mesures de terre.

L'église, construite en pierre de taille du pays a un aspect monumental. Elle est décorée d'un assez beau portail de la fin du XIe siècle ; il est à plein ceintre et repose sur quatre colonnes, malheureusement fort détériorées, et couronné par une corniche. Elle fut bâtie, selon toute apparence aux frais de l'abbaye d'Anchin ; la tour est placée entre le chœur et les nefs, au-dessus de la croisée. Les nefs au nombre de trois furent restaurées en 1676.

VIOLAINES.

Yolana (Harbav.). *Villaines.*

Ce village est très-ancien et doit être d'origine romaine ; les nom de *Villanies* que l'on trouve au XIII° siècle (v. infr.) et qui vient de *Villana,* suffirait à justifier cette hypothèse, si le passage auprès de ce village de la voie romaine d'Estaires à La Bassée, et les hameau et fiefs de *Cauchie* et de *Cauchiette,* situés près de cette voie, ne lui donnaient tous les caractères de l'évidence.

D'après M. Harbaville, Violaines était, au XII° siècle, tenue de l'évêché d'Arras. La seigneurie en aurait été vendue à la reine Blanche, en 1228, par la fille de Régnier, connétable de Tripoli (Godefr., *Inv. chron.,* t. I). Du Tillet nous apprend à son tour que dans l'hommage que Robert de France, comte d'Artois, fit à son frère St Louis du comté d'Artois et ses dépendances, se trouvait le lieu de Villaines, au bailliage de Lens. La seigneurie relevait, en effet, du château de Lens, et plusieurs dénombrements furent fournis au châtelain de ce lieu à raison des nombreux fiefs qui mouvaient de la seigneurie de Violaines. Elle fut confisquée au profit du roi d'Espagne après le meurtre du seigneur de Givenchy, commis par le seigneur de Violaines. Philippe IV l'aliéna, en 1626, à Arnould de Thieulaine, chevalier, seigneur du Fermont, d'où elle a passé, en 1707, par vente, à de la Rivière, seigneur de Fléchinel, qui en possédait déjà une partie et dans la famille duquel elle est restée jusque vers la seconde moitié du XVIII° siècle, où l'héritière de la Rivière d'Allennes la fit passer par mariage dans la famille Le Ricque, seigneurs d'Allennes et de Ruitz.

Le château fut acheté au moment de la Révolution par le conventionnel Bollet. Il était situé sur le bord du marais, vers Auchy.

Nous venons de dire qu'il y avait à Violaines un grand nombre de fiefs et d'arrière fiefs : Voici les indications que le P. Ignace a recueillies à ce sujet.

D'après les dénombrements fournis au châtelain de Lens en

1384, Robert Genevières possédait un fief, tenant à celui de Jacquemart d'Espinoy, et d'un autre côté à Simon Wambourg et au chapelain de Violaines. Jacquemart Boissel en fut depuis propriétaire (Dénombr. du 15 mars). Pierre Noirel possédait un fief près la maladrerie de Violaines (dénombr. du 13 mars). Jean d'Espinoy avait un fief séant à Violaines (dénombr. du 12 mars). Vers l'an 1600, Jean Jouvenet était propriétaire du même fief, et après lui, Robert Jouvenet. Pierre Bonnier possédait aussi un fief (dénombr. du 28 mars). Jean de la Cauchie, écuyer, domicilié à Violaines, avait le fief du même nom (dénombr. du 3 mars), duquel mouvaient ceux de Gilles de Herbaumez, Thomas de Rainscheval Jean de Canteleu, Jean de Lorgies, Baude Genevières. Après 1600 on trouve ce fief et celui de Cauchiette possédés par le sieur de Brigaudu, et en 1757 par le sieur de Beaufremez. Jean Pappins, à cause de sa femme, Marguerite de Lianne, possédait un fief en la place de Violaines (dénombr. du 12 mars) ; il appartint par la suite à Baudin Cossier. Jean Lestenenon possédait aussi un fief dépendant du château de Violaines (Dénombr. du 2 septemb). Un dénombrement du 8 mai 1585 donne le nom de Jean de Cuinchy, dit Lebrun, possédant un fief à Violaines duquel mouvaient plusieurs arrière-fiefs. Par un autre dénombrement du 16 mai de la même année, on voit qu'un autre fief portait le nom d'Annezin en Violaines. Gilles de Dours, dit Broudoul, et avant lui Guillot de Dours, possédaient un fief à la fin du XIVe siècle, qui s'étendait du côté de la maladrerie de Cuinchy. Le fief de Dours ou Dourges était une seigneurie vicomtière, consistant en château, manoir et terre à labour. Ce château était en dernier lieu la maison seigneuriale de la paroisse, à la suite de l'acquisition que Rivière de Fléchinel, à qui appartenait cette seigneurie, fit de celle de Violaines en 1707, de Anne-Françoise de Thieulaine, dame de Sapigny. (Vid. sup.)

Le fief de la Toulotte ou Tourotte appartenait anciennement à des seigneurs qui en portaient le nom. Jean de la Toulotte, écuyer et depuis, Hellin de la Toulotte, l'ont possédé avec justice et seigneurie vicomtière. Il existe un dénombrement de 1608. Il fut successivement possédé par les Fléchinel et les Flahaut de Sailly. (XVIII° siècle.)

Canteleux était le plus considérable des fiefs dépendant du château de Violaines. On en a un dénombrement daté de 1381.

Roisin en Violaines appartenait à la famille de Servins, de la branche d'Héricourt.

La Boucharderie appartenait, à la fin du XVII° siècle, à un gentilhomme flamand, nommé Wiste, domicilié à Bruges; elle passa à son fils aîné, qui la vendit en 1716 à un gentilhomme d'Artois, nommé de Villers; son puîné en portait néanmoins encore le titre en 1747 dans le régiment des Gardes wallonnes, dont il était major sous le nom de Wiste de la Boucharderie.

Stapart, ferme et fief appartenant à une famille qui en portait le nom.

L'église a pour patron Saint-Vaast. La nef, le chœur et le clocher sont du XI° siècle, ainsi que l'attestent les arcs des fenêtres à plein cintre, soutenus par des colonnettes et une arcature aveugle qui règne à l'intérieur le long des murs de la nef. Cet édifice, assez curieux à cause de son antiquité, est délabré. Le bénéfice pouvait valoir 1800 l. La nomination appartenait à l'abbé du Saint-Sépulcre à Cambrai, qui en était décimateur concurremment avec l'abbesse d'Avesnes, le seigneur du lieu et celui du fief de Stapart.

E. DRAMARD.

CANTON DE CARVIN

CARVIN.

Ce chef-lieu de canton, dont la rue principale a plus de quatre kilomètres de longueur, s'appelait déjà *Carvin* en 1110 ; il porta le nom de *Carvins-en-Carembaud* en 1473, puis celui de *Carvin-Épinoy,* et enfin il reprit son nom primitif. Pour Épinoy, nom souvent ajouté au premier, nous trouvons *Spinecha* en 1109, *Spinetum* en 1184, *Espinoi* en 1231, *Éspinoy* en 1431 et *Epinoy* dès le commencement du XVIII° siècle.

Carvin, dont la population est de 7,024 habitants d'après le dernier recensement, n'en avait que 4,866 en 1804 et 4,953 en 1838. Sa superficie est de 2,765 hectares.

Carvin et Épinoy, qui formèrent d'abord deux localités distinctes, comprises dans l'antique pays de Carembault, étaient déjà réunis au XIII° siècle ; ils ne firent plus dès lors qu'une ville et une seule paroisse. Toutefois, jusqu'à la Révolution, Épinoy fut le chef-lieu seigneurial et Carvin le siége de la juridiction.

Les antiquités gallo-romaines des II° et III° siècles trouvées en cette ville prouvent que ses premières habitations remontent à une époque reculée. Ce sont des urnes cinéraires, des vases et poteries, des fragments de tuiles, une petite meule, des monnaies, enfin divers objets ayant servi tant à la toilette qu'à l'usage domestique.

Bien qu'il n'en soit question nulle part, il est cependant probable que l'apôtre saint Piat qui, vers la fin du IIIe siècle, parcourut nos campagnes en évangélisant la contrée, n'a pas négligé de visiter Carvin, lieu si proche de Seclin, où ce zélé missionnaire souffrit le martyre. Un demi-siècle après, saint Martin y fit élever un oratoire; c'est du moins ce que rapporte Martin Lhermite. (*Hist. des Saints de la prov. de Lille.*)

On peut encore supposer avec toute vraisemblance qu'au IVe siècle, ce lieu fut, comme son voisinage, dévasté par les Barbares, et qu'en 451, il eut sa part des atrocités commises par les hordes d'Attila. Ses malheureux habitants se creusèrent alors des souterrains pour s'y réfugier à l'approche de ces cruels envahisseurs; ils recoururent surtout à ce moyen quand les terribles Normands vinrent les menacer. Il existe, en effet, à Carvin, entre la place et l'hospice, plusieurs souterrains qui doivent avoir eu cette destination.

Déjà, vers le milieu du Xe siècle, se révèle pour Carvin l'existence d'une église dont l'autel appartient à la puissante abbaye de Saint-Pierre de Gand. (*M. Van Lokeren, Chartes et doc.*) Le lieu lui-même est, du reste, dès le XIIe siècle, un bourg assez peuplé, dépendant du diocèse de Tournai. Successivement le bourg se développe : il obtient des institutions communales, franchises et libertés; il a sa coutume et sa juridiction; il est pourvu d'hôpitaux, d'établissements charitables et d'écoles; enfin des foires franches et des marchés hebdomadaires viennent alimenter utilement l'agriculture, le commerce et l'industrie de la localité. Il est juste de dire que la seigneurie d'Épinoy contribua largement à cette prospérité. Elle était érigée en comté l'an 1514 et en principauté vingt-huit ans après.

Placé entre Lille et Arras, Carvin dut à sa position d'être souvent traversé par les troupes en campagne, ce dont il eut à souffrir chaque fois. Les événements militaires dont cette ville a été le théâtre offrent d'ailleurs peu d'intérêt, aussi les raconterons-nous brièvement.

En 1053, l'empereur d'Allemagne Henri III, dit le Noir, vint avec son armée dans notre contrée où il mit à feu et à sang un grand nombre de lieux. (*M. Edward Le Glay, Hist. des comtes de Fl.*) Carvin ne put échapper à ce désastre.

En 1302, les Flamands révoltés contre Philippe le Bel envahirent et ravagèrent à leur tour notre malheureux pays. Ils y revinrent l'année suivante et ne se retirèrent qu'après de nouvelles déprédations. Enfin, en 1304, ils campaient à Pont-à-Vendin dont ils désolaient et incendiaient le voisinage. (*J. Meyer, Commentarii, et autres historiens.*) Carvin eut tout à souffrir de ces troupes indisciplinées, accoutumées aux pillages et aux incendies, selon la fatale habitude des expéditions de ce temps.

Les États d'Artois avaient accordé, en 1455, des aides extraordinaires à Philippe le Bon, duc de Bourgogne, pour contribuer à la défense des frontières, à la garde et à la sûreté du pays menacé par l'ennemi. Carvin, taxé à 75 francs, s'étant refusé à les payer, il y fut contraint en vertu d'arrêt du parlement. (*Arch. dép. du Nord, Comptes des aides d'Art.*)

Pendant les deux siècles suivants, les fréquents passages de troupes en campagne continuèrent de causer de grands dommages à cette localité.

Après la prise d'Arras par les Français, en 1640, une partie de l'armée espagnole, commandée par don Philippe Silva, vint par Pont-à-Vendin camper tant à Carvin que dans les lieux circonvoisins. Elle y séjourna plus d'un mois, pillant tout et ravageant les récoltes croissantes, ruinant ainsi les habitants qui, désespérés et dans l'impossibilité de suffire aux tailles, contributions et autres charges qu'on exigeait d'eux, avaient abandonné leurs demeures. L'église de Carvin et ce qui l'entourait devinrent alors la proie des flammes. L'année suivante, mais trop tard, le gouverneur d'Arras arrivait pour chasser l'ennemi. A leur tour, les Français venaient, en 1646, camper sur le territoire de cette ville. (*Acte de notoriété, inséré par M. A. Demarquette dans son ouvrage déjà cité ; Renseignements divers.*) Carvin eut encore à se plaindre des allées et des venues des armées belligérantes. En 1656, l'église était de nouveau brûlée ; deux ans après, les Français mettaient le feu au fort élevé pour la défense de l'entrée de la ville. (*Mêmes sources.*)

Vint ensuite la guerre de la succession d'Espagne, qui exposa

Carvin à de nouveaux dangers, mais dont il eut peu à souffrir. En 1712, la droite de l'armée du prince Eugène s'appuyait sur cette ville où elle campait. (*M. Breton, ouvrage cité*.)

En 1744, les Anglais du corps d'Aremberg, qui occupait l'aile gauche de l'armée des Alliés, s'étaient portés vers Carvin. Avides de butin, ils rançonnèrent le pays et pillèrent plusieurs églises dont ils enlevèrent les ornements et les vases sacrés. (*Le P. Ignace, Add. aux Mém*.)

Rappelons encore deux faits intéressant la ville.

La publication de la bulle *Unigenitus* y causa, en 1714 et dans les deux années suivantes, des troubles graves et de grands désordres suivis de l'excommunication du curé janséniste, qui s'était opposé à la lecture publique de la lettre papale. (*Divers écrits sur l'affaire de M. le curé de Carvin-Épinoy*, in-12 de 238 pages ; *Le P. Ignace, Mém*.)

En 1793, le représentant du peuple Joseph Le Bon avait fait arrêter et conduire dans les prisons d'Arras le curé de Carvin et ses trois vicaires ; mais, comme ils avaient prêté le serment civique, ils eurent la vie sauve. (*Autographe de notre coll*.)

LES SEIGNEURS, COMTES ET PRINCES D'ÉPINOY. — La terre d'Épinoy, qui a donné son nom à une maison illustre, était située entre le bailliage de Lens et la châtellenie de Lille. Ce domaine formait, dès le XI° siècle, un grand fief mouvant de la personne même du comte de Saint-Pol et non du comté ; le titre de baronnie et le droit de lever bannière y furent attachés. Le possesseur féodal exerçait la haute, moyenne et basse justice. L'importance de la seigneurie ressort clairement d'un dénombrement fait en 1473 ; on y voit que le seigneur avait plus de soixante hommes de fief. Citons comme singulier usage, l'obligation imposée au nouveau possesseur de cette terre d'offrir, lors du relief, une lance dorée au comte de Saint-Pol, lequel devait lui donner à son tour une verge d'or, en signe de fraternité. (*Arch. nat., Coll. Moreau*.)

C'est non loin de l'entrée du chemin de Carvin à Oignies que se trouvait le château fortifié des puissants seigneurs d'Épinoy ;

depuis longtemps il n'en reste plus que la motte et la trace des fossés qui l'entouraient. (*Plan ms de 1643.*)

Quelques auteurs ont supposé que le père de saint Druon dont nous aurons bientôt l'occasion de parler, était, vers l'an 1118, seigneur d'Epinoy, et qu'il lui avait alors laissé son domaine ; ce point historique n'est nullement prouvé. Le premier seigneur rappelé dans les titres est Simon ; il vivait au XII° siècle et avait pour épouse Agnès de Mons, descendante des comtes de Hainaut. Dans les années 1231 et 1236, Hugues Ier d'Antoing, seigneur d'Épinoy, consent avec sa femme, Philippine, fille de Michel de Harnes, des ventes de terre au profit du monastère d'Annay. En 1237, Alard d'Antoing, seigneur d'Épinoy, fait une donation en faveur du même couvent. (*Cartulaire ms d'Annay.*) En 1280, Hugues II, sire d'Épinoy et d'Antoing, passe une transaction avec la ville de Tournai. (*J. de S. Genois, Droits primitifs.*) En 1327, Isabeau d'Antoing, Dame d'Épinoy, s'unit à Jean Ier de Melun, grand chambellan de France, et porte ainsi dans la maison de Melun sa seigneurie d'Épinoy, l'apanage de la branche des seigneurs d'Antoing, qui ne cesse d'y rester jusqu'en 1724.

Suivons rapidement la succession des seigneurs d'Épinoy, de la maison de Melun. — 1378. Hugues III de Melun, châtelain de Gand, fils de Jean Ier et d'Isabeau d'Antoing, mentionnés ci-dessus, et mari de Béatrix de Beaussart. Jean II, fils des précédents, qui vivait en 1422. — 1473. Jean III de Melun, fils de celui-ci, chevalier de la Toison d'or, époux de Jeanne d'Abbeville. — 1484. Jean IV de Melun, châtelain de Gand, fils de ces derniers, époux de Marie de Sarrebruck. — 1513. François de Melun, petit-fils des précédents, connétable héréditaire de Flandre, époux de Louise de Foix.

C'est en faveur de François de Melun que la terre d'Épinoy fut érigée en *Comté* par le roi Louis XII, suivant lettres patentes du 28 novembre 1514, enregistrées au parlement de Paris, le 9 décembre de la même année.

1547. Hugues IV de Melun, connétable héréditaire de Flandre, comme François de Melun, son père, dont il était le successeur, s'était uni à Yolande de Barbançon ; s'étant distingué au service de Charles-Quint, il obtint, en 1541, de cet empereur que son comté d'Épinoy fût érigé en *Principauté*. Voici, par ordre alphabétique, les lieux dont cette principauté se composait : Beaussart, partie de Bellonne, Bersée, Carvin, Épinoy, Garguetelle, Libercourt, Fief du Mez à Mérignies, Meurchin, Neuvireuil, Oignies, Tourmignies et Wavrechin, ferme isolée dépendant de Dourges. (*Maillart, Cout. gén. d'Artois.*)

1553. Pierre de Melun, issu de l'union de Hugues IV, avec Yolande de Barbançon, gouverneur de Hainaut, succède à son père dans la principauté d'Épinoy ; mais ayant suivi le parti du prince d'Orange, il la perd ; elle est donnée au suivant. — 1582. Robert de Melun, frère de Pierre qui précède, meurt sans postérité. — 1585. Guillaume de Melun, neveu et héritier de celui-ci, chevalier de la Toison d'or et connétable héréditaire de Flandre, épouse Ernestine de Ligne-Aremberg, dont il a le fils qui suit. — 1635. Alexandre-Guillaume de Melun, mari de Jeanne de Chabot-Rohan. — 1679. Louis Ier de Melun, fils des précédents, uni à Élisabeth de Lorraine. — 1704. Louis II, leur fils, duc de Melun et de Joyeuse et pair de France, époux d'Armande de la Tour-d'Auvergne, mort sans postérité.

Nous terminerons cette longue nomenclature par les princes d'Épinoy, de la maison de Rohan-Soubise. — 1724. Louis III de Rohan, prince de Soubise, époux de Julie-Adélaïde de Melun-Épinoy, sœur et seule héritière de Louis II, devient par son mariage prince d'Épinoy, titre qu'il laisse au suivant, issu de son union. — Charles de Rohan, prince de Soubise, d'Épinoy et de Maubuisson, duc de Rohan-Rohan, pair et maréchal de France, ministre d'Etat, vicomte de Gand, gouverneur des ville et citadelle de Lille, est le dernier de sa branche. Il laissa deux filles, l'une mariée au prince de Condé, l'autre épouse du duc de Rohan-Guémenée.

Les armoiries de la seigneurie d'Épinoy étaient : *d'azur à l'aigle d'or becqué et membré de gueules* ; elles furent remplacées plus tard par celles de la maison de Melun : *d'azur à sept tourteaux de gueules posés trois, trois et un, et au chef d'or.*

INSTITUTIONS COMMUNALES. — Vers la fin du XIII° siècle, Hugues II, seigneur d'Épinoy et d'Antoing, accorda à ses ville et juridiction de Carvin et d'Épinoy une loi et un échevinage. Cette concession comprenait divers droits, franchises et libertés, ainsi que la connaissance et le jugement de certains cas. Les échevins, sujets et habitants de ces lieux prirent aussitôt possession de tous ces priviléges. Le 15 décembre 1371, une nouvelle charte de commune leur fut octroyée par Hugues III de Melun, successeur médiat de Hugues II, son aïeul maternel ; elle complétait les droits et franchises de l'échevinage et étendait leur juridiction. Cette charte était peu de temps après approuvée et confirmée par le roi Charles V. (*Ordonnances des rois de France.*)

Les échevins étaient au nombre de sept ; ils étaient renouvelés chaque année, le jour des âmes. D'accord avec les hommes de fief du château, ils pouvaient, pour le bien de la communauté, faire des édits et statuts. (*Bouthors, Cout. loc. du Bailliage d'Amiens.*)

HÔTEL-DE-VILLE. — L'ancienne maison échevinale, voisine de l'église, paraît avoir été, comme cet édifice, dévorée par les flammes, vers le milieu du XVII° siècle ; ses archives ayant été anéanties, nous manquons de renseignements pour pouvoir dire ce qu'elle était. Le monument moderne qui la remplace est d'une extrême simplicité ; la mairie occupe tout le rez-de-chaussée et l'étage est réservé aux séances de la justice de paix. On a réuni dans une des salles les titres de l'hôpital d'Épinoy, de l'hôpital de Carvin et des Pauvres, ceux des chapelles de Sainte-Catherine, de Saint-Druon et de Notre-Dame de Libercourt, enfin quelques pièces concernant les marais communaux.

COUTUME LOCALE. — Les anciens droits, usages et coutumes de la ville, terre, seigneurie et châtellenie de Carvin-Épinoy furent certifiés, le 22 septembre 1507, par plus de deux cents personnes assemblées au château d'Épinoy. Peu après, ils furent vérifiés et approuvés, au nom du seigneur du lieu, par des prélats, curés, pairs, hommes de fief, échevins, officiers de justice et manants. La coutume rédigée alors en trente-trois articles, traite notamment de la justice, des amendes et peines, des droits et devoirs des habitants, des charges qui leur étaient imposées et des successions auxquelles ils étaient appelés. Elle fut observée comme loi jusqu'à la Révolution. M. Bouthors a donné le texte complet de ce précieux document, avec des notes fort instructives. (*Cout. loc. du Bailliage d'Amiens.*)

JUSTICE. — Le seigneur d'Épinoy jouissait de grandes prérogatives et prééminences ; il avait la haute, moyenne et basse justice. C'est ainsi qu'il avait le droit de punir et justicier les coupables par les verges, la corde, le glaive et le feu. Il pouvait aussi enjoindre des voyages, bannir à vie et à temps, remplacer les peines de voyages et de bannissement par une amende dont la moitié lui revenait et dont le surplus était acquis à la ville, suivant un ancien usage.

La justice se rendait en cour, au nom du seigneur, à la diligence du bailli, par des hommes tenant en pairie et en fief et par les sept échevins. (*Bouthors, Cout. loc.*) La ville eut ensuite trois juridictions : celle des francs pairs, celle des hommes de fief et celle de l'échevinage. Il y avait appel de l'échevinage à la juridiction des hommes de fief, puis à celle des francs pairs et enfin à celle du conseil d'Artois. (*Almanach d'Artois de* 1763.)

La cour féodale, appelée aussi le bailliage de Carvin-Épinoy, avait trois offices de notaire, mais l'un d'eux fut transféré, vers 1550, à la résidence de Lille. Ce transfert avait eu pour motif de faciliter l'exécution des transactions des habitants de cette dernière ville et de sa châtellenie avec ceux de l'Artois. (*Bultel, Notice de l'état de la prov. d'Art.*) Il est à remarquer que, de 1668 à 1733, l'un des offices de notaire à Carvin fut tenu par trois membres de la famille du trop célèbre Maximilien Robespierre. (*Arch. dép. du Pas-de-Calais.*)

FOIRES ET MARCHÉS. — Carvin est depuis plusieurs siècles renommé pour la grande importance et la bonne tenue de ses foires et marchés ; aussi avait-il autrefois le titre de *Ville de marché*, ce qui lui assurait certains privilèges. Par sa coutume, revue en 1507, on voit qu'en cette terre existait une franche-fête qui commençait la veille de la Pentecôte, à midi, et finissait quarante-huit heures après. Toute personne pouvait y vaquer à ses affaires en toute liberté, sans craindre d'être arrêtée pour méfaits antérieurs, même sans payer les droits ordinaires de péage et de tonlieu. A la demande du prince d'Épinoy, le roi Louis XIV créa et établit à Carvin, en 1700, trois foires franches qu'il fixa aux premiers samedis de mars, de juillet et de septembre. (*Arch. dép. du Pas-de-Calais, Comm. du Cons. d'Art.*) Cette foire se tient maintenant le premier samedi de chaque mois. Le marché hebdomadaire, où se vendent beaucoup de céréales, toutes sortes de denrées et de marchandises, a lieu tous les samedis ; il attire un nombreux concours d'habitants des localités voisines et ne cesse de prospérer.

ÉTABLISSEMENTS CHARITABLES. — La ville possédait autrefois l'Hôpital d'Épinoy, l'Hôpital de Carvin et la Maison des Pauvres.

L'Hôpital d'Épinoy avait été fondé, en 1299, par Jean Huart, approuvé, en la même année, par Hugues II, sire d'Épinoy et d'Antoing, puis, autorisé, en 1310, par Guy de Boulogne, évêque de Tournai. Successivement il s'enrichit beaucoup de dons, de legs et d'acquisitions ; aussi devint-il bientôt d'une grande importance, comme le constatent les archives municipales. Cet établissement ayant été supprimé vers 1709, ses biens et revenus furent réunis à ceux de l'hôpital de Carvin. Sur son emplacement s'éleva une grande chapelle sous le vocable de sainte Catherine.

L'Hôpital de Carvin, dont l'origine ne paraît pas remonter au-delà de la fin du XVIe siècle, était situé dans la rue de Lille. De nombreuses libéralités le rendirent bientôt important, mais il le fut surtout après la suppression de l'hôpital d'Épinoy, qui en avait sensiblement augmenté les ressources.

La Maison des Pauvres, qui existait déjà en 1284, comme il appert du testament de Hugues II sire d'Épinoy, était un bureau de secours pour les indigents et les nécessiteux. Elle a longtemps fonctionné sous une administration dont le lieutenant et les échevins faisaient partie. Elle a été remplacée par le Bureau de Bienfaisance.

L'Hospice, qui remplace l'hôpital, est une ancienne propriété des princes de Rohan-Soubise donnée à la ville par Mme de Clercq, d'Oignies, en 1852. Ce vaste établissement en reconstruction aura une façade monumentale.

ÉGLISE. — L'église de Carvin paraît avoir commencé par une chapelle élevée soit à la fin du III° siècle par saint Piat, soit vers le milieu du IV° siècle par saint Martin, qui a toujours été le patron de la paroisse. Les temps calamiteux qui suivirent furent peu favorables à la propagation de l'évangile; aussi faut-il arriver au milieu du X° siècle pour trouver la première mention de l'église de cette ville : l'autel appartenait alors à l'abbaye de Saint-Pierre de Gand. (*M. Mannier, Études étymolog.*) Il lui était confirmé dans les années 1110, 1140 et 1150 par les évêques de Tournai, Baudry, Simon et Gérard, et même en 1145, par le pape Eugène III. (*A. Le Mire, Op. dipl.*) Peu de temps après, le comte de Flandre conférait la dîme de la paroisse à l'abbé de ce célèbre monastère, qui tenait l'église en personnat. (*M. A. Demarquette, Hist. gén. du comté de Harnes.*)

L'opulente abbaye peut être considérée comme la fondatrice de cette église, quoique le seigneur du lieu et les habitants aient largement contribué à la construction de l'édifice. Le monument était d'architecture romane, comme l'ont démontré les restes de colonnes et autres débris trouvés dans le cimetière qui l'entourait. Il fut brûlé deux fois, en 1640 et en 1656, pendant les guerres qui désolèrent notre contrée et ne fut restauré que d'une manière fort incomplète.

Un recueil d'épitaphes, manuscrit appartenant à M. le marquis d'Havrincourt, donne des renseignements intéressants sur les vitraux et sur les pierres tumulaires que renfermait cette église.

La verrière du clocher portait, à gauche, les écus accolés de Melun et de Foix, à droite, ceux de Montmorency et de Melun. En-dessous on lisait cette inscription : *A l'honneur de Dieu et décoration de ceste église Dame Hypolite de Montmorency et princesse d'Espinoy et. Messire Guillaume de Melun prince d'Espinoy son fils connétable héréditaire de Flandre baron de Boubert seigneur de Saulty et ont fait réparer cette verrière.*

Dans le chœur était fixé au mur un marbre portant l'inscription suivante : *Cy devant gist noble damoiselle Marie de Verquigneul fille de feu noble homme Franchois escuier sieur de La Motte Capron et laquelle trespassa le 24 de mars l'an 1601. Priez Dieu pour son ame.* En tête se voyaient les écus accolés de Verquigneul et de Thiant, ainsi que ceux de Daure et Rumaucourt. Près de là était attaché au mur un tableau funèbre aux armes d'Hallewin et un autre en losange, couronné d'or, où étaient figurées les armes de Guillaume de Melun et celles de sa première femme.

Une grande plaque d'airain, placée contre le mur de l'un des bas côtés, représentait en pied Antoine d'Assignies et Catherine Gommer, son épouse, avec deux écus à leurs armes. On y lisait : *Cy gist Anthoine de Assigny et Damoiselle Catherine Gommerre sa femme. Lequel Anthoine trespassa en lan 1466 le XX doctobre. Priez Dieu pour son ame.*

L'église actuelle, construction de la première moitié du siècle dernier, offre bien les caractères architecturaux de cette époque. La tour carrée et fort élevée, partie principale du monument, a été bâtie en 1724 aux frais des habitants qui, 35 ans après, dépensaient encore 18,000 livres pour la terminer. (*Réfut. pour les Etats de la prov. d'Artois.*) Construite en pierres de taille, cette tour est aussi remarquable par ses grandes et belles proportions que par la richesse et l'élégance de son architecture où sont heureusement agencés les ordres toscan, dorique, ionique et corinthien. Elle est divisée en quatre étages avec larges entablements; ils sont flanqués de pilastres superposés dont les fûts variés avec goût sont ornementés dans le style flamand. Au milieu règne une légère balustrade ; le sommet est couronné d'une balustrade dont chaque angle porte deux vases à flammes. Un télégraphe aérien qui correspondait avec ceux de Seclin et de Harnes, a fonctionné sur la plate-forme jusqu'en 1846. La première partie est occupée par un portail décoré de quatre pilastres toscans supportant un large entablement qui sert de base à une corniche en forme de chapelle, renfermant une statue de saint Martin. La seconde partie présente un jour ovale avec large encadrement dans un grand ornement original. Dans la troisième est le cadran disposé en forme de large pendule, sous lequel sont les armes des Melun avec couronne ducale et lambrequins. Enfin la quatrième renferme trois abat-vent reproduits sur chaque face.

Le vaisseau de l'église, trop large pour sa longueur, est d'une grande simplicité ; ses facades latérales en briques et en pierres sont renforcées par des contre-forts et percées de fenêtres en cintre surbaissé. L'intérieur offre trois nefs ; celle du milieu, plus élevée que les bas côtés, est séparée de l'un et de l'autre par cinq arcades supportées par des colonnes ioniques en pierre de Soigny.

Au centre de sa voûte en plein cintre est sculpté un double écusson. Chaque nef latérale avec voûtes de cloître se termine par un autel ; celui du côté de l'épître, qui s'élève majestueusement, est dédié à saint Joseph. On remarque dans l'église une tribune, un buffet d'orgue, des boiseries, des grilles de fer, des fonts baptismaux en marbre blanc et notamment deux tableaux donnés par l'Etat, représentant, l'un un miracle de saint Martin, l'autre le crucifiement du Sauveur entre deux larrons. Plusieurs fenêtres ont reçu récemment des vitraux historiés qui ne manquent pas de mérite.

Le chœur assez allongé se termine en demi cercle ; il est, de chaque côté, éclairé par deux fenêtres superposées, ornées de vitraux modernes.

Il ne reste rien des anciens objets d'argent ayant servi au culte, tels que calices, burettes, pyxides, ostensoirs et reliquaires. La Municipalité de Carvin envoya, en 1793, toutes ces richesses au district d'Arras pour être monnayées. Il en fut de même dans toutes les autres communes du canton Quelles profanations et quelle perte pour l'art religieux !

CHAPELLE VICARIALE DE SAINT-DRUON. — Vers l'an 1118, naissait à Épinoy de parents riches et puissants, un enfant bientôt orphelin : c'était Druon que l'Église devait mettre au nombre des saints. Jeune encore, il abandonnait demeure, fortune et position pour vivre ignoré à Sebourg où il se faisait humblement berger. Il s'y livra sans cesse à la prière et aux macérations, fit plusieurs pèlerinages à Rome et ailleurs, revint à Sebourg et s'y retira dans une cellule où il mourut en 1185, après avoir donné l'exemple de toutes les vertus. Quand venant de Lens, on arrive à Carvin, on voit dans un champ le puits vénéré de la maison du saint, qu'ont visité des milliers de pèlerins depuis bientôt sept siècles. Près de là, est la grande chapelle vicariale élevée en l'honneur du noble berger. Elle fut rebâtie plusieurs fois depuis son origine qui remonte au commencement du XIII° siècle, fut agrandie en 1760 et entièrement reconstruite en 1849. Ce nouvel édifice dont la longueur est de plus de 20 mètres, se fait remarquer par son originalité. Son clocher de forme bizarre a l'apparence d'un ancien beffroi. Les bas côtés séparés du milieu du monument par de légers pilastres avec arcades, et recouverts d'une plate-forme, se terminent par deux autels dédiés l'un à Notre-Dame de Lourdes, l'autre à saint Druon. Les fenêtres sont cintrées ; celles du chœur et les premières des bas côtés sont ornées de vitraux peints en 1865 par Gaudelet, de Lille. On remarque à droite dans une grande niche un buste-reliquaire, en bois doré, du noble enfant d'Épinoy. Un buste en argent du même saint est porté par des bergers dans la procession du lundi de la Pentecôte, qui de temps immémorial attire, chaque année, un nombre considérable de fidèles et de curieux.

CHAPELLE DE SAINTE-CATHERINE. — Une grande chapelle dédiée à sainte Catherine fut érigée au XVII° siècle dans l'ancien hôpital d'Épinoy ; vendue pendant la Révolution, elle fut démolie à cette époque.

A l'extérieur de la ville se voient, entre autres chapelles, celle de Norotreau, mieux connue sous le nom de Notre-Dame de Délivrance, qui est fréquemment visitée, et celle de Sainte-Élisabeth, où se rendent souvent les jeunes femmes qui désirent devenir mères. Leur architecture n'offre rien de remarquable.

CALVAIRE. — Il convient de citer encore le beau calvaire de la rue d'Épinoy, placé dans une grande niche monumentale entourée d'arbustes et de fleurs.

MARAIS COMMUNAUX. — Ces marais consistaient en 800 mesures. L'an 1753, il en était affermé 258 par bail ordinaire et 300 étaient accordés en emphytéose de 54 ans. Il ne restait donc plus que 242 mesures à l'usage des habitants qui en avaient d'ailleurs grand besoin, tant pour leur chauffage au moyen de la tourbe, que pour le pâturage et la nourriture de leurs bestiaux. (*Réfutations pour les États de la prov. d'Artois.*) Ces terres furent, en 1791, partagées par ménage.

LIBERCOURT. — Cette dépendance importante de Carvin, éloignée de quatre kilomètres de son chef-lieu, possède une église, un presbytère y attenant et une école communale. Sa population est de 700 âmes.

Ce lieu était dit membre d'Épinoy, parce qu'il ne formait avec cette principauté qu'un seul domaine possédé par le même seigneur. Il avait au moyen âge ses propres lois et usages qui furent réunis, l'an 1507, par treize de ses manants en une coutume particulière composée de 17 articles. Suivant ce curieux recueil, c'est un bailli et des hommes cotiers qui rendent la justice; leurs plaids se tiennent en cour, près de l'église, le lundi, depuis neuf heures du matin jusqu'à deux heures de l'après-midi. Les jugements, titres et actes, tant publics que particuliers, sont déposés en un lieu fermé à trois clés. Les actions personnelles et réelles sont du ressort des hommes de fief Épinoy. Une fois par an, les bailli et échevins de Carvin peuvent, comme souverains, tenir à Libercourt les *franches vérités*, pour la répression de certains crimes et délits. Tout individu prévenu de crime passible de la corde ou du bannissement, est conduit au château d'Épinoy par le bailli de Libercourt, chargé d'en donner avis à la justice de Carvin. (*Bouthors, Cout. loc.*)

La partie la plus intéressante de l'histoire de Libercourt est assurément le pèlerinage célèbre dont ce lieu est l'objet depuis plus de sept siècles. Voici ce qu'une pieuse légende rapporte sur l'origine merveilleuse de cette fervente dévotion : Vers 1150, un jeune berger, nommé Ruchaux, jouant en faisant paître son troupeau, lança sa houlette contre un vieux chêne d'où jaillit du sang ; il avait frappé à l'œil droit une statue de la Vierge, cachée dans le tronc de cet arbre. Aussitôt la madone resplendit de lumière et répandit une odeur suave. On accourut de toutes parts et l'on fut témoin de ce prodige. Le clergé de Carvin, suivi d'une grande foule, vint en procession pour prendre la statue, afin de la placer sur l'un des autels de son église, mais une résistance invisible s'y opposa. La Vierge Marie avait ainsi manifesté l'intention d'avoir à Libercourt même un sanctuaire qui s'éleva bientôt près du lieu de l'apparition. Depuis lors, le pèlerinage de Notre-Dame de Libercourt n'a cessé d'appeler, chaque année, des milliers de fidèles venus de toutes parts.

La première chapelle, berceau de la localité, fut remplacée, au milieu du XVIe siècle, par une petite église érigée à quelques mètres du département du Nord. Le clocher, placé au milieu du toit de la nef, ne manque pas d'originalité ; sa flèche octogone garnie de quatre lucarnes repose sur un large soufflet carré abritant trois étages d'abat-vent. La façade est un pignon en pierre de taille avec portail en arc surbaissé, que surmonte une grande fenêtre ogivale. Au-dessus d'une porte latérale se voit l'année 1553 en chiffres gothiques. L'intérieur de ce modeste monument est d'une grande simplicité ; il est éclairé par treize fenêtres dont quelques-unes ont été récemment ornées de meneaux flamboyants et d'assez belles verrières. La charpente ogivale du chœur et d'une partie de la nef est assise sur des corbeaux où sont sculptées de singulières figures de pèlerins et de ménétriers. Sur l'autel est la statue vénérée de Notre-Dame de Libercourt, entourée de nombreux *ex-voto*.

A 200 mètres de l'église, près du cimetière, vous voyez une petite chapelle isolée ; suivant la tradition, c'est là que s'opéra le prodige de l'apparition.

Autrefois dans la *Taille-à-chênes* du bois d'Épinoy, qui dépendait de Libercourt, on voyait un humble ermitage qu'ont habité, en 1568, frère Jean Deleroyelle, et, en 1612, frère Jean Lefebvre.

Cette chétive demeure fut abandonnée ensuite et tomba bientôt en ruines ; sa cloche fut placée dans l'église de Carvin. (*Arch. de la ville de Carvin ; Renseignements.*)

C'est, pense-t-on, dans le même bois que *le Boulenrieu* prenait sa source. Cette rivière appelée *Bollaniriu* en 1036 et *Boularium* en 1238, fut très-importante et joua un grand rôle dans l'histoire de notre contrée ; cependant c'est à peine si l'on peut encore en retrouver le cours. Après avoir traversé le bois, elle coulait vers le Pont-à-Saulx, longeait le domaine d'Harponlieu, puis recevait l'Eurin, ruisseau qui venait d'Hénin-Liétard. Le courant continuait par les marais d'Évin-Malmaison, de Leforest, de Roost-Warendin et de Belleforière où il recevait l'Escrebrieux. Il se dirigeait vers Raches dont il défendait le château et se perdait enfin dans la Scarpe. (*Guilmot, Hist. des villes ; Documents manusc.*) Les travaux successifs entrepris pour le dessèchement des marais et surtout la canalisation de la Deûle firent disparaître le Boulenrieu depuis Libercourt jusqu'à Évin-Malmaison.

GARGUETELLE. — Le hameau de ce nom se compose de deux parties séparées par une longue et large rue ; l'une dépend de Carvin, l'autre d'Oignies. Nous n'avons présentement à nous occuper que de la première ; elle est distante de près de cinq kilomètres de son chef-lieu et ne renferme que 80 âmes.

Cette partie de hameau, qui relevait de la seigneurie d'Épinoy, dont elle formait un membre, avait aussi, en 1507, sa coutume particulière. On y voit que le seigneur a en ce lieu un bailli et plusieurs hommes cotiers qui, lorsqu'ils en sont requis, y tiennent plaids le premier lundi de chaque quinzaine, à une heure après midi. Pour les actions personnelles ou réelles, les juges prennent l'avis des hommes de fief d'Épinoy. Les reliefs et droits seigneuriaux, comme les bans de mars et d'août, sont ici les mêmes que ceux de la seigneurie principale. (*Bouthors, Cout. loc.*)

Citons pour mémoire les noms des autres dépendances et hameaux de Carvin : Sainte-Barbe, Magenta, Le Ronchois, Le Pont-Maudit élevé sur le canal de la Deûle, Brulart, La Pène et Buqueux.

NOTES BIOGRAPHIQUES. — Parmi les hommes distingués auxquels Carvin a donné le jour, il convient de mentionner : 1° Saint Druon dont la vie a été rappelée ci-dessus ; 2° Le dominicain Jean Lefebvre, né vers 1450, chapelain de l'empereur Maximilien d'Autriche, qui a laissé un ouvrage ascétique dont Paquot parle dans ses *Mémoires* ; 3° Un autre dominicain, Alexandre de le Cambre, né vers 1590 et mort en 1641, auteur de trois ouvrages de piété, cités aussi par Paquot; 4° Augustin-Florentin Heutte, né en 1791 et mort en 1830, poète remarquable par sa verve et son originalité, dont le recueil de poésies, revue par Béranger, est resté inédit; 5° M. Jules Rouyer, né en 1820, auteur de savantes publications numismatiques dont la science attend la continuation.

STATISTIQUE. — *Instruction publique.* — Indépendamment d'un pensionnat pour les garçons et de deux autres pour les filles, Carvin possède trois écoles communales pour les garçons, une quatrième pour les filles et quatre asiles.

Agriculture. — Le sol fertile est parfaitement cultivé ; l'on remarque les belles exploitations de MM. Deligne frères et Menu.

Industrie et commerce. Citons d'abord la société houillère de Carvin, ayant son siége dans cette ville, qui y exploite trois fosses produisant du charbon maigre de bonne qualité. Cette compagnie, dont la concession ne date que de 1860, possède un périmètre de 11 kilomètres carrés.

Carvin compte : cinq fabriques de sucre, deux distilleries, une savonnerie, une filature, un moulin à vapeur, une huilerie, deux tanneries, une fonderie de fer, quatre briqueteries, trois tuileries, une fabrique de tuyaux de drainage, une fabrique d'agglomérés et six brasseries.

COURCELLES-LEZ-LENS.

Cet ancien village, autrefois compris dans le canton de Pévèle, était appelé *Curcellis* au XII° siècle, *Corceles* en 1103, *Courchieles* en 1290, *Courchelles* en 1320, *Courchelles-lez-Hénin* en 1359, *Courcelles* en 1550, *Courcelles-en-Payelle* ou *Pévèle* en 1730, *Courcelles-lez-Hénin* en 1750. Depuis le commencement du XIX° siècle, il porte le nom inexact de *Courcelles-lez-Lens*. Sa population était de 600 âmes vers la fin du siècle dernier, de 647 en 1804 et de 733 en 1838 ; elle s'élève présentement à 876. Cette commune, d'une superficie de 529 hectares, est d'un aspect agréable ; elle est bâtie entre une plaine fertile et un grand marais que la Deûle confine. Autrefois traversée par le chemin de Douai à Hénin-Liétard, elle est maintenant près de la route nationale qui relie ces deux villes.

La situation de ce village suffisait déjà pour admettre qu'il fut habité sous les Romains, mais on a pour établir ce fait des découvertes de médailles, de poteries, de bijoux et d'armes de cette époque. Remarquons encore que le lieu dit les *Champs-à-Facon* semble y indiquer d'antiques sépultures incinérées.

La proximité de la chaussée romaine d'Arras à Tournai et le courant d'eau traversant les marais durent exposer Courcelles aux pillages des Barbares et des Normands. Il ne put échapper, en 1053, aux dévastations de l'empereur d'Allemagne, Henri III le Noir, qui, dans sa guerre avec Baudouin de Lille, comte de Flandre, porta le fer et la flamme jusqu'au Boulenrieu, dont il était très-proche. Cette rivière séparait de ce côté, la Flandre de l'Artois et limitait Courcelles, Noyelles-Godault, Évin-Malmaison et Leforest.

La bourgade était trop rapprochée de Douai pour n'en pas subir les vicissitudes ; les passages de troupes et leurs campements, les maraudages et les vexations désolèrent trop souvent ses malheureux habitants. Il en fut surtout ainsi, en 1302. Les Flamands révoltés contre Philippe le Bel, venaient de gagner la célèbre bataille de Courtrai, revanche éclatante de celle de Bouvines. Bientôt après, Jean de Namur, fils aîné de Gui, comte de Flandre, captif en France, prit Lille et Douai, puis établit son camp depuis Brebières jusqu'au Boulenrieu. De là, les Flamands, indisciplinés et avides de butin, dévastèrent tous nos villages qu'ils pillèrent et incendièrent. Sur ces entrefaites, le roi de

France venait, à la tête de 80,000 hommes, camper près de Vitry. Aussitôt Jean de Namur reprenait sa position près du Boulenrieu. Avec lui se trouvait Gui de Namur, son frère, Guillaume de Juliers, Jean de Kuick, le templier Guillaume de Bornem, le célèbre Pierre Konynck et le maître de la milice, Jean d'Escornaix. Les deux armées restèrent longtemps en présence, s'observant sans en venir aux mains. Enfin, les Français se retirèrent ; les Flamands les poursuivirent tuant tous leurs traînards, et, avant de rentrer dans leur pays, ils portèrent encore une fois la désolation dans nos villages qu'ils incendièrent de nouveau. (*M. Edw. Le Glay, Hist. des comtes de Fl.*) L'année suivante, notre contrée souffrit aussi des courses et maraudages des belligérants. En 1304, Philippe le Bel reparaissait en Artois avec son armée qu'il dirigeait vers Lille ; comme il craignait nos marécages, il la fit passer près de Douai. Peu après, se livrait la sanglante bataille de Mons-en-Pévèle gagnée par les Français, laquelle exposa encore nos campagnes à de grands dangers. (*Même ouvrage.*) Durant ce temps, Courcelles avait été dévastée, ses récoltes avaient été détruites et la misère était partout ; aussi les champs restèrent-ils sans culture, les tourbières ne furent-elles plus exploitées et les rentes dues par la communauté ne furent-elles plus payées. Trente ans après, les maux de la guerre n'étaient pas encore réparés. (*Arch. dép. du Nord, Comptes de Lens.*)

Des calamités du même genre se renouvelèrent souvent en ce pauvre village ; il en fut notamment ainsi en 1588. Les habitants appauvris par la guerre et par les dommages qu'ils avaient souferts et qu'ils subissaient encore, obtinrent du roi Philippe II, comte d'Artois, d'arrenter 20 mesures de leurs meilleurs marais communaux pour s'acquitter envers leur souverain. (*Arch. dép. du Nord, 38e Reg. des Chartes.*)

Sur la rive gauche du Neuf-Fossé qui, canalisé, prit plus tard le nom de la Deûle, les Espagnols avaient, pour arrêter l'ennemi, établi à Courcelles et à Noyelles-Godault des redoutes distantes entre elles de 400 pas. Le duc d'Elbeuf, gouverneur de Picardie, vint à Courcelles, en 1644, avec 300 cavaliers, 400 mousquetaires et 100 volontaires, dans l'intention de s'emparer de l'une de ces défenses et de poursuivre les Espagnols au-delà de la rivière. Son excursion fut heureuse : le petit fort fut escaladé et se rendit après une faible résistance. On verra à l'article de Leforest ce qui s'ensuivit.

Courcelles ne fut pas épargnée en 1667, pendant le siége de Douai par Louis XIV ; il ne le fut pas davantage dans la campagne des Alliés contre la France, quand, en 1710, ils forcèrent le Pont-à-Saulx et se portèrent sur Douai pour en faire le siége.

SEIGNEURIES. — *La seigneurie principale* était une terre à clocher dont le chef-lieu était sur la Place du Pré, tenant à la motte de Rollancourt; elle relevait du roi, à cause de son château de Lens, et avait vingt-six hommes féodaux et plus de quarante hommes cotiers. (*Bibl. nat., Coll. Colbert.*)

Du temps du comte de Flandre, Robert le Frison, un chevalier du pays d'Artois, Sicher ou Sigier, sire de Loos et de Courcelles, et un autre chevalier, Gautier, sire de Montigny-en-Ostrevent, renommés autant par leur haute naissance que par leur grande fortune, s'étaient déclaré la guerre. Ils la poursuivaient avec acharnement en désolant la contrée, quand ils eurent une vision commune, à la suite de laquelle ils se réconcilièrent. En 1079, ces champions, renonçant au monde, donnèrent, le premier, ses biens de Loos et de Courcelles, le second, la moitié du village de Pecquencourt, à l'église d'Anchin pour la fondation de la célèbre abbaye de ce nom, où ils se retirèrent et où Sicher mourut en 1094. (*Escalier, L'Abbaye d'Anchin; Aub. Lemire, Opera dipl.*)

Nous voyons ensuite, en 1103, Wagon de Courcelles assister à une donation au profit des moines de Saint-Sauveur d'Anchin. (*Escalier, même ouvrage.*)

Nous ignorons comment la seigneurie de Courcelles se reconstitua, l'histoire locale restant muette jusqu'en 1359. En cette année, le seigneur du lieu est le chevalier de Bauffremez. Il eut pour successeur son fils, noble homme, Jean de Bauffremez, dit de Fléquières, qui relève, en 1392, cette terre qu'il donne, quatre ans après, à son fils Robert, écuyer. En 1403, celui-ci en vend une partie à Jacques Le Loucher. En 1460, ce dernier donne sa seigneurie, composée de trois fiefs, à son fils Jean, écuyer, qui la laisse à son tour à Robert, son héritier direct. Le nouveau seigneur cède, en 1497, son domaine à Nicolas Bacheler, écuyer, lieutenant-général du bailli de Tournai.

Gertrude de Courcelles, épouse de Simon de Hornu, devint ensuite propriétaire de cette terre qu'elle donna, pendant son veuvage, en 1539, à son fils Jean de Hornu, écuyer, dont le fils Arnold, aussi écuyer, hérita en 1541. Ce dernier la vendit en 1557, à Jean de la Fosse, seigneur d'Ayette, qui la laissa, en 1583, à son fils nommé comme lui ; celui-ci la transmit à sa fille Françoise, mariée à Louis d'Hénin-Liétard, baron de Fosseux. Ces époux donnèrent en avancement d'hoirie les trois fiefs formant la seigneurie, à leur fils François d'Hénin-Liétard, qui en servit le relief, l'an 1615. Celui-ci s'unit à Marguerite de Glymes ; ils eurent pour fille et héritière Marguerite-Françoise, à laquelle ils donnèrent cette terre en 1648, lors de son mariage avec son cousin germain Gabriel-Philibert de Glymes, chevalier, baron de Florennes et pair de Liége, qui s'est qualifié depuis marquis de Courcelles et mourut en 1677.

Gabriel-Philibert de Glymes et Marguerite de Glymes eurent pour fils aîné et héritier de leurs seigneuries Claude-François Lamoral, membre de l'état noble de Namur, marquis de Florennes et de Courcelles, il épousa Jeanne-Marguerite de Cotereau. chanoinesse de Nivelles, dont il eut le suivant, leur successeur. César-Antoine-Théodore, marquis de Florennes et de Courcelles, seigneur de Spontin, premier pair de la principauté de Liége et chambellan de l'électeur de Bavière, mort en 1728. Il avait épousé Jacqueline-Marguerite de Bryas et avait apporté en mariage, entre autres biens « les château, terre et marquisat de Courcelles avec toute justice haute, moyenne et basse ». De cette conjonction naquit Marguerite-Ferdinande-Isabelle qui épousa son oncle paternel Jean-Victorien-Joseph, comte de Glymes, pair de Liége et chambellan des électeurs de Bavière et de Cologne. De cette union naquit une fille unique, Marie-Marguerite-Rose-Dorothée-Victoire, qui fut mariée à Charles-Albert, marquis de Beaufort, comte de Spontin, chambellan de la cour de Vienne, dans la maison duquel tous les titres des époux furent réunis. La terre de Courcelles fut transmise à leur fils aîné, Charles-Alexandre, à la mort duquel elle passa à Adrien-Nicolas Marescaille, chevalier, conseiller au parlement de Flandre, qui le laissa, en 1763, à son fils, Hippolyte-Adrien Marescaille, aussi chevalier et conseiller au même parlement en 1789. (*Bibl. nat., Coll. Colbert ; Arch. du Nord* : *Goethals, Dict. général.*)

La seigneurie de Rollencourt, qui se composait d'une motte plantée d'arbres, de 95 rasières, avec maison d'exploitation et de droits féodaux, était tenue en fief et pairie de la principauté d'Épinoy. C'est seulement à partir du commencement du XVI° siècle, qu'on peut établir la liste de ses seigneurs ; ils appartenaient alors à la famille de Monchicourt. Colle de Monchicourt, mariée à Jacques de Melun, seigneur de Monchy-Breton, eut pour héritière Marie de Melun, sa fille unique, qui épousa Jean de Hornes, seigneur de Coyghem. De leur union est issue Michelle de Hornes, qui fut conjointe à Adrien d'Esclaibes, chevalier, seigneur de Clairmont-en-Cambrésis. Vint ensuite Marie d'Esclaibes, leur fille, épouse de Robert d'Hiauville, seigneur de Villers-Guislain. La terre de Rollencourt fut aliénée, en 1632, par ce dernier, au profit de Charles-Antoine d'Esclaibes, seigneur de Coyghem ; au décès de celui-ci, cette terre passa à Robert-François, son second fils, mort en 1702. Charles-Antoine-Alexandre, fils et hériter de ce dernier, comte d'Hust et baron de Billy, vendit par parties sa seigneurie de Rollencourt. (*Arch. de la famille d'Esclaibes.*)

Un fief mouvant du château de Lens était possédé, en 1385, par un seigneur du nom de Brogniart ; il passa à Jean de la Tourelle, du chef de sa femme. (*Le P. Ignace, Dict.*)

Un autre fief appartenait à l'abbaye d'Anchin ; il se composait d'une grande ferme appelée la Cour de Courcelles, située au lieu dit Lory, et de terres assez considérables.

JUSTICE. — Déjà au XIV° siècle, la haute justice de Courcelles-lez-Lens était exercée au nom du comte d'Artois, prince souverain, par ses officiers du château de Lens. Il en fut ainsi jusqu'en

1628. En cette année, elle était aliénée moyennant 1,200 florins au profit du seigneur du lieu, François d'Hénin-Liétard. Les jugements furent dès lors rendus par son bailli et ses gens de loi, nonobstant le ressort immédiat du bailliage de Lens, en cas d'appel. En vertu de cet abandon, les hommes du seigneur étaient investis du droit de faire exécuter leurs sentences, ordonnances et appointements en matières civiles jusqu'à 100 florins de principal ou 6 florins 5 patards de rente rachetable au taux du capital. (*Arch. dép. du Nord, Ch. des comptes.*)

La justice vicomtière avait été contestée, vers le milieu du XIVe siècle, par le chevalier de Bauffremez, seigneur du lieu, au comte d'Artois. De là, de très-longues informations et un interminable procès devant la cour du château de Lens. Nous ignorons le résultat de cette action qui n'était pas encore terminée en 1393. (*Même source.*)

Mentionnons deux sentences prononcées par le bailliage de Lens contre des habitants de Courcelles : sur des plaintes de son voisinage, Adrienne Bassecourt était, en 1575, accusée de sorcellerie ; aussi fut-elle arrêtée. Après sa confrontation avec plusieurs témoins et une longue enquête, la malheureuse s'avoua coupable ; condamnée au feu, elle expira bientôt dans les flammes et son corps calciné fut exposé au lieu patibulaire. Dix ans après, trois misérables, qui avaient tué méchamment une pauvre veuve, furent exécutés par l'épée, au son de la cloche de justice. (*Arch. dép. du Nord.*)

ÉGLISE. — La première mention de ce temple remonte à 1152. Le pape Eugène III, accorde à Godescale, évêque d'Arras, pour son profit personnel, le revenu de l'autel de cette église, produit dont partie avait précédemment servi à l'entretien du luminaire de la cathédrale et dont l'autre avait appartenu au custode de cette cathédrale. (*Aub. Lemire, Op. dipl.*)

L'église, sous le vocable de saint Vaast, dépendait, avant la Révolution, des abbayes de Saint-Vaast et d'Anchin. L'édifice actuel a été construit en trois fois. La tour, large et carrée, est en briques avec contre-forts garnis de pierres de taille formant chaîne ; à gauche on voit une tourelle renfermant l'escalier. Comme la plupart de celles dont nous parlerons, cette tour servant de clocher est, de chaque côté, percée d'abat-vent correspondant aux cloches et couronnée d'un flèche octogone en bois et en ardoises. Le portail de grès taillés en rustique se termine par un fronton dorique au-dessus duquel on lit 1748, année de la construction de la tour.

Les deux ailes bâties en grès et en briques vers la fin du XVIe siècle font arrière-corps ; elles forment à l'intérieur trois nefs plafonnées que séparent trois arcades reposant sur des colonnes grecques. L'une de ces colonnes porte dans son écusson trois huchets, armes de la famille de la Fosse. Ici comme dans toutes les églises que nous visiterons, la chapelle du côté de l'Évangile est celle de la Sainte Vierge. L'autre est celle de saint Roch. Le chœur légèrement incliné à gauche ne date que de 1728, ainsi que l'indique une sculpture en pierres de taille placée à l'extérieur, représentant la Cène. Ce chœur et les deux ailes qui sont d'une extrême pauvreté, doivent être rebâtis prochainement.

Les anciens titres de l'église, reposant au greffe de la mairie, se composent d'anciens baux, des comptes de 1584 à 1792 et de plusieurs registres de baptême, mariages et décès depuis 1654.

Dans la paroisse existait autrefois une confrérie de Notre-Dame de Foi, à laquelle le pape Alexandre VII avait concédé plusieurs indulgences. Le souvenir en est rappelé par une petite chapelle du même nom, bâtie en 1820.

Une autre chapelle a été construite, l'an 1835, en l'honneur de saint Christophe.

Citons encore le beau calvaire en fonte élevé, en 1854, sur un monticule agréablement planté d'arbres et d'arbustes.

En venant de Noyelles-Godault, vous voyez à l'entrée de Courcelles un grès fort mince et haut de trois mètres, appelé la Croix Brogniard. C'est, dit-on, la tige d'une ancienne croix plantée là pour rappeler la mémoire vénérée du seigneur de ce nom, qui y avait son château.

MARAIS. — Les marais communaux qui s'étendent jusqu'à la

Deûle contiennent 57 hectares ou 133 mesures. En 1743, il en avait été affermé près de la moitié pour la reconstruction de la tour de l'église ; en 1764, il n'y restait plus de pâturages pour les bestiaux des habitants.(*Réf.pour les États.*) La commune accorda, en 1821, à M. Delaby, en emphytéose pour 99 ans, 42 hectares de ces marais presque improductifs, qui furent desséchés et mis en valeur d'abord par lui, puis par son fils (médaillé et décoré pour cette cause et pour la richesse de ses récoltes). — Là se voient la grande culture et la fabrique de sucre des petits fils de l'emphytéote, établissement à la fois agricole et industriel qui a puissamment contribué à la prospérité du village.

Fosse houillère. — Une compagnie est en voie de formation pour l'exploitation de la houille en cette commune ; un puits d'extraction est arrivé à une profondeur de 210 mètres.

École. — C'est avec plaisir que nous constatons ici la bonne tenue et la direction remarquable d'une école communale pour les deux sexes.

Biographie. — Le naturaliste et célèbre chasseur Louis-Adulphe-Joseph Delegorgue, surnommé le tueur d'éléphants, auteur du *Voyage de l'Afrique australe*, naquit à Courcelles le 13 novembre 1814. Il mourut le 30 mai 1858, dans la traversée de Gorée à la terre du Grand Bassam.

COURRIÈRES.

Cette importante commune a son histoire ; M. Breton, l'oncle des peintres de ce nom, l'a publiée, en 1837, sous ce titre : *Le Village, histoire morale, politique et pittoresque de Courrières*. C'est un travail intéressant, surtout comme étude de mœurs villageoises ; nous le consulterons avec fruit.

Cette localité s'est appelée *Coureriæ* en 1070, *Cureriæ* en 1129, *Corriers* en 1223, *Courieres* en 1232, puis *Courrières*. Sa population était de 2400 habitants à la fin du siècle dernier

2366 en 1804, de 2617 en 1838 et de 2981 en 1872. Sa surperficie est de 830 hectares environ.

Si les probabilités sont insuffisantes pour admettre avec M. Breton que Courrières est établi sur le lieu même d'un camp romain, il n'est pas douteux que son origine remonte à une époque reculée. Ce fait est attesté par des découvertes successives d'antiques fondations, de vases et poteries gallo-romaines, d'armes et d'une grande quantité de monnaies du Haut et du Bas-Empire. Citons entre autres les trouvailles faites en 1864 et 1867 de dépôts importants de médailles des époques de Claude le Gothique et de Constantin le Grand. Pour les temps antérieurs, rappelons qu'on a déterré dans les marais des pièces de chêne d'un noir d'ébène, légèrement carbonisées, et des ossements d'animaux sauvages dont les espèces ont, depuis bien des siècles, disparu de notre contrée.

Courrières ne se composa longtemps que de chétives habitations éparses çà et là près des marais ; aussi dut-il échapper aux irruptions des Barbares et aux invasions des Normands. Il dépendait alors d'Hénin-Liétard. En 1002, Anselme Ier, comte de Saint-Pol et de Lens, construisit en cet endroit un château-fort bientôt entouré de maisons. Tel fut le commencement de ce village qui n'avait encore, en 1069, que 200 habitants et qui en comptait le double en 1202.

La plus ancienne charte que l'on connaisse concernant Courrières est une donation faite en l'an 1065 par Bauduin de Lille, comte de Flandre, à l'abbaye d'Hasnon d'une partie de ferme située en ce lieu. (*Gall. christ.*) En 1070, Eustache, comte de Boulogne et de Lens, et Ide, sa femme, donnent au chapitre de Lens sept courtils situés au même village et le neuvième de sa dîme. (*A. Le Mire, Op. dipl.*) En 1129, Raynold, archevêque de Reims, confirme la propriété de trois courtils situés au même lieu en faveur du monastère d'Hénin-Liétard. (*Ferri de Locres, Chr.*) On trouve encore des actes de même nature dans les années 1223 et 1232.

Avec le XI° siècle commença une ère de prospérité pour les laborieux habitants de Courrières ; protégés et aidés par leurs seigneurs, ils se livrèrent avec succès à l'exploitation de la tourbe de leurs marais, à l'élevage des bestiaux et à la culture d'un sol fertile. Peu à peu ils acquirent des droits, des priviléges et des libertés que modéraient et soutenaient sept d'entre eux, nommés échevins par le seigneur.

Mais une suite de calamités causées par les guerres devait frapper cette localité. En 1214, les Français la pillaient entièrement ; en 1302, les Flamands venaient, à leur tour, la ravager et l'incendier ; l'année suivante, les Français achevaient de la détruire. En 1415, les Bourguignons dévastaient le château, mettaient le feu à plusieurs maisons et enlevaient les bestiaux. En 1435, de fréquents passages de troupes alarmaient de nouveau la population qui était encore rançonnée, en 1478, par les Français et, vingt ans après, par les Flamands. En 1647, des Français vinrent, pendant le siége de Lens, marauder à Courrières. Sept ans plus tard, sur les données d'un espion, 400 cavaliers français surprirent en ce lieu 450 fantassins espagnols, en tuèrent une partie et firent l'autre prisonnière. La guerre de la succession d'Espagne fut désastreuse pour cette localité ; on y construisit, en 1706, sur le canal de la Deûle un fort ou redoute d'où l'on inonda les alentours. En 1708, les Hollandais et d'autres alliés ravagèrent le village ; ils pillèrent l'église dont ils enlevèrent les ornements et les vases sacrés. De 1709 à 1712, les marches continuelles des belligérants, qui fourrageaient sans cesse, ne permirent plus de cultiver les terres. En 1710, le prince Eugène, généralissime des armées impériales, s'était emparé de la hauteur de Courrières. La fin de cette longue guerre rendit à la contrée le calme et le repos dont elle avait tant besoin.(*Le P. Ignace, Mém.; Van Loon, Hist. métall.; Dom Devienne, Hist. d'Artois; Breton, Le Village; M. A. Demarquette, Hist. gén. du comté de Harnes ; Campement de l'armée des alliés.*)

Citons encore au nombre des événements malheureux de Courrières la peste de 1635, l'incendie qui, en 1640, réduisit en cendres la plus grande partie de l'ancien château, l'hiver rigoureux et la disette de 1709, enfin le grand incendie de 1746 qui dévora 84 maisons. (*Le P. Ignace, Mém.; Breton, Le Vill.*)

La Révolution fut ici ce qu'elle a été généralement ailleurs : des forcenés arrêtèrent quelques individus qu'on suspectait d'aristocratie ; l'église servit de club et près de la maison commune s'éleva l'autel de la patrie, sur lequel on voyait un vieillard en Père de l'univers et une dizaine de jeunes filles en déesses de la Raison et de la Liberté. (*Breton, Le Vill.*)

Nous ne saurions omettre de mentionner les deux magnifiques fêtes historiques célébrées à Courrières, au milieu d'une foule considérable, dans les années 1841 et 1858 ; elles représentèrent le puissant seigneur du village recevant en son château Philippe II, roi d'Espagne et comte d'Artois, entouré de sa cour.

SEIGNEURIE. — La terre de Courrières, tenue du roi de France, à cause de son château de Lens, avait une forteresse comme chef-lieu et une quarantaine de fieffés ou vassaux. Au commencement du XVIe siècle, elle comprenait, entre autres biens situés à Courrières, ce château-fort bâti sur motte; un second château avec motte, deux moulins, l'un à blé, l'autre à huile; des prairies, des terres labourables et des bois. Cet important domaine fut d'abord possédé par les seigneurs de Lens ; il appartint ensuite à une famille de Courrières, puis il passa successivement dans les maisons de Tasquet, de Melun, de Montmorency, de Riencourt, de Quiéret, de Bournel, d'Ongnies ou Oignies et de Castillon de Saint-Victor. Il ne nous est pas possible d'établir sans lacune la longue suite des seigneurs de cette terre ; la voici telle que nos recherches nous la présentent :

Anselme Ier, comte de Saint-Pol et de Lens, vivait dans les premières années du XIe siècle. On trouve au commencement du XIIIe, un Hugues de Courrières qui fut témoin à une donation faite par Wantier, châtelain de Douai, au chapitre de Saint-Amé de cette ville. Michel, seigneur de Courrières, coupable de félonie, perdit, en 1214, la moitié de ses biens. Almaric de Courrières fit, en 1223, un accord avec l'évêque d'Arras. (*Bibl. nat.*) Pierron de Courrières, chevalier, disposait, en 1295, de vingt-huit mencaudées et d'un manoir en ce village, tenus de Bauduin d'Hénin-Liétard, qui les tenait lui-même de Robert II, comte d'Artois. (*J.*

de Saint-Genois, Mon. anc.) Vers 1380, nous trouvons un second Michel de Courrières. En 1387, sa sœur Isabelle reçut de lui en don la terre de Courrières ; elle la vendit, en 1395, à Jean Tasquet, dit Hideux. Ce dernier la délaissa, en 1414, à Robert, son fils, auquel succéda Roland, son frère germain. En 1416, c'est Hanotin, autre frère germain de Robert, qui devint possesseur de ce domaine; il eut Jean Tasquet pour successeur.

Hugues de Melun, sire d'Antoing, et Béatrix de Beaussart, sa femme, à laquelle était échu le fief de Robecq, le donnèrent, en 1401, à Philippote de Melun, épouse de messire de Montmorency, chevalier, qui le laissa, vingt ans après, à son fils Jean, seigneur de Montmorency, écuyer. Philippe de Montmorency, chevalier, seigneur de Croisilles, frère du précédent, devenait, en 1430, propriétaire de ce fief auquel il ajoutait, en 1463, les deux autres par acquisition faite de Jean Tasquet. Il réunit ainsi sur sa tête toute la seigneurie. En 1474, Hugues de Montmorency, chevalier, seigneur de Bours, hérita de ce domaine par la mort de Philippe, son père, et le laissa, en 1513, à son fils Jean de Montmorency, chevalier, gouverneur de Lille. Ce dernier le transmit, en 1563, à son neveu Hugues de Riencourt, chevalier, qui lui-même le laissa, en 1573, à sa fille Jacqueline ou Marie de Riencourt, femme de Georges de Quiéret, écuyer, seigneur d'Izeux. Ces époux le vendirent trois ans après à Marie de Baudain, depuis femme de Hugues de Bournel, chevalier, seigneur de Steenbecque, en premières noces, et de François d'Oignies, en secondes. De l'union de ce dernier avec Marie de Baudain naquit François d'Oignies qui leur succéda en 1593 ; il fut créé baron de Courrières. Ses descendants furent : 1° François d'Oignies, 2° François-Louis d'Oignies, gouverneur de Philippeville, et 3° François-Florent-Joseph d'Oignies, chevalier. (*Arch. dép. du Nord, Domaine de Lens et Reg. des chartes; Le P. Ignace, Mém.*) Vint ensuite Louis-Théodore d'Oignies, baron de Courrières, lieutenant-général des armées de l'empereur d'Autriche et son conseiller d'État, époux de Michelle-Eugénie comtesse d'Argenteau, princesse de Montglion. De cette union naquit une fille unique: Marie-Élisabeth-Louise-Eugénie-Boniface d'Oignies, qui épousa à la cour de

Louis XV Louis-Auguste-Félicien de Castillon, baron de Saint-Victor, maréchal de camp au service de France, auquel elle apporta la baronnie de Courrières. Ce dernier décéda en 1789. (*Pierres tombales.*)

L'évêque d'Arras avait en ce village une petite seigneurie qui s'étendait sur une partie du presbytère bâti près de l'église et sur le terrain situé derrière le chœur. (*Le P. Ignace, Add. aux Mém.*)

CHATEAUX. — Le premier château, construit en 1002, par Anselme I*er*, comte de Saint-Pol et de Lens, s'élevait sur une motte ronde, entourée de larges fossés; il s'appelait le château de *Robecq*. Pillé en 1214 par les Français, il était, en 1302, dévasté et incendié par les Flamands. Il fut reconstruit alors et subit, en 1415, le pillage des Bourguignons. Cette forteresse fut démolie au commencement du XVI*e* siècle.

Un autre château nommé *La Mottelette* le remplaça. Il fut bâti près du premier; mais ce n'était plus qu'un vaste corps-de-logis, sans ornements extérieurs. Ce nouveau castel avait plusieurs bâtiments assez irréguliers, chapelle, jardins, vergers et larges fossés correspondant par des canaux à la rivière de la Souchez. Il fut fortement endommagé, en 1640, par un violent incendie qui dévora ses archives. Cette demeure seigneuriale fut visitée par de grands personnages, notamment par l'empereur Charles-Quint, par Philippe II, son fils, et par le prince Eugène, généralissime des armées impériales. (*Le P. Ignace, Mém.; Breton, Le Vill.*)

Il existait encore à Courrières, au milieu du siècle dernier, un autre château construit à une faible distance du chœur de l'église; il s'appelait *la Buquette*, et se composait d'un corps-de-logis à étage, entouré de fossés alimentés par un étang voisin. (*Le P. Ignace, Mém.; — Plan de notre coll.; Plan de l'arpenteur Delabye, reproduit par M. A. Demarquette, dans son ouvrage ci-devant cité.*)

Les châteaux furent vendus et démolis en 1793.

MAISON ÉCHEVINALE ET MAIRIE. — Il existait, en 1385, une maison échevinale où se tenaient les plaids; elle fut remplacée, en 1758, par une maison commune bâtie aux frais du seigneur.

Depuis 1858, Courrières possède une belle et grande mairie, parfaitement appropriée à sa destination.

JUSTICE. — Les affaires peu importantes étaient déférées aux jurés assermentés du village; c'est ainsi qu'ils condamnaient trois marchands à six livres pour avoir trompé sur le poids et, deux ans après, à 40 sols Michel Asselin qui avait appelé des *manants* de Courrières à une autre juridiction que la leur. (*Arch. dép. du Nord, Comptes du dom. de Lens.*)

L'évêque d'Arras avait aussi le droit de juridiction pour ses tenanciers, comme on le voit par ce fait : le procureur du bailliage de Lens avait constaté, en 1435, que Lebègue Foulon, homme du prélat, qui vendait cervoise, pain et denrées, n'avait pas fourni le poids. L'évêque fit fermer sa maison. (*Même source.*)

Malgré ces exceptions, la justice de Courrières appartenait aux comtes d'Artois, comme sires souverains; elle était rendue en leur nom par leur bailliage du château de Lens. Rappelons quelques jugements de ce tribunal concernant des habitants de ce village. En 1306, Jean Delatre est condamné à une amende de 13 livres pour avoir pris, la nuit, du poisson à son voisin. En 1347, le peu de soin donné par Marie Gaiande à son jeune enfant a causé sa mort; la mère indigne est punie d'une amende de 40 sols. En 1351, Nicaise Lewein, emprisonné au château de Lens, par suite de plusieurs injures faites au sergent à pied, a fait amende au gouverneur d'Artois; il en est quitte pour 10 écus. En 1358, Marie Lewérie avait incendié méchamment une grange; bientôt arrêtée et emprisonnée, l'incendiaire était, après audition de témoins, condamnée et exécutée par le feu, puis son corps calciné était exposé au lieu patibulaire. Le document qui relate ce jugement donne sur les frais qu'il a occasionnés, des détails intéressants, mais trop étendus pour être mentionnés dans une simple notice. En 1394, Jean Gascoing est puni d'une amende de 40 sols pour avoir frappé un prêtre, sire Robert de Robecque. En 1514, condamnation au bannissement pendant 10 ans et 10 jours, est prononcée contre Paul Dingles qui s'était introduit nuitamment chez une pauvre veuve et l'avait cruellement frappée, ainsi que sa fille. En 1543, trois malfaiteurs se disant hommes de guerre, qui avaient commis plusieurs vols à Courrières et dans les environs, furent condamnés, deux à être pendus et le troisième à avoir la tête tranchée. Ils parvinrent à se sauver, mais ils furent repris par le lieutenant-général du bailliage, assisté du procureur fiscal, du lieutenant de Courrières, de cinq sergents à cheval et de dix-sept autres à pied. (*Arch. dép. du Nord, Comptes du dom. de Lens.*)

Nous arrivons à ces tristes années où l'on poursuivait aveuglément et avec acharnement de prétendus sortiléges, considérés alors comme les crimes les plus abominables. En 1576, sur la plainte des habitants, Péronne Denise, veuve de Piat Fache, était suspectée de sorcellerie. La justice descend aussitôt, interroge l'accusée, la confronte avec les témoins et lui fait appliquer la question extraordinaire. Malgré ses dénégations, l'infortunée se voit condamnée au feu. En 1583, Jean Trachet est aussi accusé de maléfices; au moment de subir la question, il appelle de la sentence, mais elle est confirmée par le conseil d'Artois. Le prévenu est mis à la question du *collet* et de *l'extension ;* par exception, il n'est condamné qu'au bannissement. L'année suivante, Marie Chanteraine, femme de Jean Hennebert, est accusée d'avoir ensorcelé la femme de Pierre Dufour et d'avoir fait mourir deux de leurs enfants. La justice arrive, interroge la sorcière supposée et entend dix témoins parmi lesquels figurent son mari et un prêtre, sire Martin Dupont. Cédant aux douleurs de la question, Marie Chanteraine s'avoue coupable, aussi est-elle livrée aux flammes peu de jours après. (*Archives dép. du Nord, Comptes du dom. de Lens.*)

La haute justice fut exercée par le bailliage de Lens jusqu'en 1628. En cette année, le baron de Courrières, Messire François-Louis d'Oignies, obtint après une longue instance et de vives oppositions, que cette haute justice serait administrée en son nom, tant en matière criminelle, que civile, réelle, mixte et personnelle, par ses bailli, gens de loi et officiers. Toutefois, en cas d'appel, toute affaire devait être du ressort immédiat du bailliage de Lens. (*Arch. dép. du Nord, Ch. des comptes de Lille.*) Il en fut ainsi jusqu'à la Révolution.

Au siècle dernier, les actes et contrats portaient qu'ils étaient passés en la chambre échevinale de Courrières, par-devant les échevins jugeant à la conjure du grand bailli de la terre, haute justice et baronnie du lieu. (*Titres*.)

Depuis 1790 jusqu'en 1800, ce village fit partie du canton d'Hénin-Liétard, commune à laquelle on donna le nom de l'Humanité.

Église. — On peut selon toute vraisemblance présumer que saint Piat, l'apôtre si populaire de notre contrée et le patron de Courrières, vint annoncer en ce lieu la parole divine. Il est aussi très-probable que ce grand missionnaire y établit un oratoire, commencement de l'église actuelle. En 1069, Eustache, comte de Boulogne et de Lens, faisait construire à Courrières, en l'honneur de la Sainte-Croix, une chapelle qu'il plaça sous l'invocation de saint Piat et qui fut desservie par le chapelain du château. En 1302, Michel, seigneur de Courrières, fit élever auprès une église qui eut aussi pour patron le martyr de Seclin.

Au commencement du XVIe siècle, l'église dépérissait et d'ailleurs elle était devenue insuffisante pour une population de 800 âmes, augmentant sans cesse. Jean de Montmorency, le seigneur et le bienfaiteur de Courrières, en fit construire, l'an 1532, une nouvelle tant à ses frais qu'avec les dons importants de l'empereur Charles-Quint. Elle fut érigée sur l'emplacement de la vieille chapelle de la Sainte-Croix et à côté du lieu qu'avait occupé l'ancienne église dont une muraille fut conservée pour servir de clôture à la nef gauche.

Ce curieux monument comprend une belle tour, un vaisseau surmonté de trois toits et un chœur. La tour, partie la plus importante de l'édifice, rappelle bien les caractères architectoniques du XVIe siècle. Carrée, large et haute, elle est soutenue aux angles par quatre contre-forts gradués qui se terminent en cul-de-lampe portant une tourelle à six pans, surmontée d'une petite flèche avec girouette. Au centre, s'élève une large flèche couronnant l'édifice. Deux abat-vent ont été pratiqués de chaque côté et la face principale est percée d'une grande fenêtre ogivale sous laquelle est le portail en grès avec arcade surbaissée. Voilà la tour qu'un grand peintre, M. Jules Breton, a plusieurs fois illustrée dans ses tableaux, notamment dans sa plantation de calvaire, chef-d'œuvre qu'on admire au musée de Lille. A gauche du portail a été gravée une curieuse inscription qui laisse encore lire : *Lan MDLVIII le II de mai le roi Philippes a disnez a covriere av logis Messire Iehan de Montmorenci chevalier de l'ordre S^t...* Les belles cloches enlevées de cette tour en 1794, étaient un don de ce Philippe, deuxième du nom, roi d'Espagne et comte d'Artois.

Le corps de l'édifice qui a trois toits correspondant à un nombre égal de nefs, est en briques et en pierres de taille ; il est percé de fenêtres ogivales. De chaque côté, la nef médiane est séparée des autres par deux colonnes de grès à chapiteaux mauresques et par deux pilastres qui servent de base à quatre arcades. Entre chaque arcade est une colonnette reposant sur de modernes culs-de-lampe à figures feuillues, remplaçant d'anciens et curieux soutiens de poutre en chêne sculpté. La même disposition a été suivie pour les nefs latérales, mais sans les colonnettes. Un plâtrage recouvre les plafonds en ogive.

L'intérieur est garni de beaux panneaux de chêne ; on y remarque la chaire, les quatre confessionnaux et la balustrade sculptés avec goût. Le fond des bas côtés est occupé par deux autels ; celui de droite est décoré d'un grand tableau de l'Assomption, peint par M. Félix Devigne, de Gand ; l'autre, dédié à saint Piat, est orné d'un tableau de cet apôtre par M. Jules Breton. On remarque encore une œuvre de ce dernier artiste aux fonts baptismaux ; elle représente le baptême de l'Homme-Dieu.

Le chœur, aussi large et aussi élevé que la grande nef, est en pierre de taille à pans coupés ; il est éclairé par deux fenêtres ogivales ornées de vitraux modernes à sujets religieux. On y voit les dalles tumulaires, en marbre blanc, des deux dernières baronnes de Courrières ; elles recouvrent l'entrée d'un caveau qui renfermait leurs dépouilles mortelles, sépultures profanées en 1793.

Jean de Montmorency, mort en 1563 dans son château de Courrières, fut, selon ses dernières volontés, inhumé dans l'église de ce village, en la chapelle du bas côté droit. Ses exécuteurs testamentaires y firent élever un magnifique mausolée d'albâtre et de marbre noir, où le noble seigneur était représenté, la figure barbue, la tête sur un coussin, les mains jointes et les pieds appuyés sur un chien. Il était vêtu de son armure et de sa cotte d'armes, était décoré du collier de la toison d'or et portait à sa gauche son épée de bataille. A la partie inférieure de l'entablement se voyaient ses quartiers de noblesse. Contre le mur on lisait cette inscription gravée sur marbre noir : *Messire Iehan de Montmorensi signevr de Covriers chevalier de lordre du toison d'or govvernevr de Lille Dovai et Orchies. Grand et sovverain bailli dAllost et capitaine de la Motte av Bois.* (*A. Duchesne, Hist. généal. de la Maison de Montmorency.*) La statue fut, en 1789, enlevée et cachée dans la terre pendant les mauvais jours de la Révolution ; le reste du monument fut détruit et un misérable ne craignit point de jeter au vent les cendres du grand bienfaiteur de son village. La statue fut retrouvée en 1829, et treize ans après, le mausolée était restauré, d'après la gravure de Duchesne, tel qu'on le voit aujourd'hui.

On découvrit, en 1859, dans l'église deux grandes pierres tumulaires du commencement du XVII° siècle, malheureusement mutilées et incomplètes. Elles sont en ronde bosse et représentent, l'une et l'autre, un personnage portant armure et cotte d'armes, qui doit être un seigneur de Courrières de la maison d'Oignies. On n'a point retrouvé la pierre tombale du seigneur Hugues de Bournel, inhumé l'an 1578 en cette église après des funérailles pompeuses dont un manuscrit de la bibliothèque de la ville de Lille nous a conservé une bien intéressante description. *(Recœul de plusieurs obsecques.)*

Avant la Révolution, on admirait dans cette église des vitraux remarquables que dans sa fureur destructive le vandalisme a brisés sans pitié. Ils représentaient les personnages qui les avaient offerts, agenouillés, ayant souvent leur patron debout derrière eux : 1° Charles-Quint avec Charlemagne ; 2° Philippe II avec saint Philippe apôtre ; 3° Jean de Montmorency avec un évêque ; 4° Philippine de Lannoy, femme de Jean de Montmorency et un saint abbé ; 5° Bauduin de Maudeville et Catherine de Montmorency, sa femme ; 6° Hugues de Bournel et son épouse ; 7° Jacques du Château, gentilhomme de la maison de Charles-Quint et lieutenant du seigneur de Courrières ; 8°

Claude d'Oignies, comte de Coupigny, premier chef des finances de Philippe II; 9° enfin François d'Oignies, seigneur de Courrières. (*Le P. Ignace, Add. aux Mém. du dioc. d'Arras.*)

L'église possède une chape qui lui fut probablement donnée par Charles-Quint ; ce vêtement est orné de fort beaux orfrois à triples sujets religieux encadrés dans des niches.

CHAPELLES. — Non loin du village, sur le chemin de Dourges, on avait, dans la première moitié du XVII° siècle, élevé une grande et belle chapelle dédiée à saint Roch ; elle était construite dans un champ qui servait de sépulture aux pestiférés. Cet édifice fut vendu et démoli pendant la Révolution. Depuis lors, on a construit près de là une chapelle placée sous la même invocation.

Parmi les onze autres chapelles, notons les suivantes, quoiqu'elles présentent peu d'intérêt : 1° Notre-Dame de Bonne-Délivrande, érigée sur l'emplacement de l'ancienne mairie; 2° Notre-Dame de Douleur (*Mater Dolorosa*), rue d'Harnes ; 3° Notre-Dame de Paix, au chemin d'Oignies ; 4° Saint-Druon, Petite-Rue, et 5° Saint-Liévin, même rue. Citons encore un beau calvaire placé dans une grande niche bâtie, en 1825, à l'entrée du chemin d'Harnes. (*Renseignements de M. Guilbert, curé de Courrières.*)

MARAIS. — Hénin-Liétard et Courrières avaient joui indivisément jusqu'au milieu du XVIII° siècle de 850 mesures de marais communaux, qui furent partagées à cette époque entre les deux localités. (*Réfut. pour les États d'Artois.*) Courrières en eut alors 600 mesures pour sa part ; les habitants y firent paître leurs troupeaux en commun et y extrayèrent de la tourbe. En 1782, les États d'Artois prétendirent que ces terres devaient être partagées entre les habitants, mais ceux-ci s'y opposèrent énergiquement. De là de vives et interminables contestations longuement exposées dans un intéressant *factum* de 77 pages intitulé : *Mémoire pour les gens de loi, échevins, habitants, corps et communauté du village de Courrières contre les États d'Artois*. Enfin, en 1791, ces marais, cause de tant de discussions et de troubles, furent partagés par ménage ; on en mit les deux tiers en culture et le surplus fut planté.

LA SOUCHEZ. — La petite rivière ainsi appelée n'est qu'un ruisseau depuis sa source à Carency jusqu'à Lens. La partie qui s'étend de cette ville au canal de la Deûle, son confluent, a porté longtemps le nom de Haute-Deûle. Ce cours d'eau traverse Courrières sur une longueur de trois kilomètres canalisés, en 1861, par la Société houillère de Courrières. Cette Compagnie a établi en même temps à l'entrée de cette commune, vers Harnes, un vaste et beau rivage desservi par son chemin de fer.

Déjà cette portion de la Souchez avait été rendue navigable ; dès le XIIIᵉ siècle, le seigneur de Courrières y percevait un péage. Pour faciliter la navigation, on avait construit dans cet espace trois écluses, hautes de 12 mètres, la première au moulin seigneurial, la seconde un peu plus bas et la troisième au bac, c'est-à-dire à l'endroit où la Souchez se jetait dans la Deûle.

LE PONT. — Cette dépendance de Courrières, située à 1300 mètres des dernières habitations du centre du village, du côté de Carvin, a acquis beaucoup d'importance par l'établissement de la maison Tilloy-Delaune, placée près de là. Elle possède un beau rivage avec grand mouvement commercial. Pour traverser la Deûle, on avait d'abord employé des planches ; on se servit ensuite d'une barque qui allait d'une rive à l'autre, au moyen d'un câble. Plus tard, mais seulement après la canalisation de la rivière, cette barque fut remplacée par un bac. Il fallut l'année 1842 pour avoir un pont ; aussi fut-il appelé le Désiré, lors de sa bénédiction ; il est en bois et en fer, à une seule voie de 18 mètres de longueur.

INDUSTRIE ET COMMERCE. — Pour développer le commerce local, le seigneur de Courrières avait, en 1618, présenté requête aux archiducs, Albert et Isabelle, à l'effet de pouvoir établir un marché hebdomadaire et une foire franche annuelle, mais sa demande fut rejetée sur l'opposition des principales localités voisines. (*Arch. dép. du Nord, Ch. des comptes de Lille.*)

C'est à François-Louis d'Oignies que Courrières dut sa plus grande prospérité : ce seigneur y introduisit, à la fin du XVIIIᵉ siècle, la culture du lin et sa fabrication. Après avoir fait établir des routoirs dans une de ses propriétés, il s'était rendu dans la Flandre autrichienne pour y étudier les meilleurs systèmes de tissage et en avait ramené de bons ouvriers qui enseignèrent à la population les moyens de préparer, de filer et de tisser le lin. Cette importante industrie disparut quand les villes créèrent des tissages mécaniques. Depuis lors, l'agriculture a pris un nouvel essor ; beaucoup de femmes travaillent à la fabrication de sarraux pour le commerce lillois et plus de 500 ouvriers sont employés, toute l'année, au grand établissement fondé par la maison Tilloy-Delaune. Cette immense usine, une des plus considérables de l'Europe, est située au pont de Courrières, le long du canal de la Deûle. On y distille 300 hectolitres d'alcool par jour et l'on y fabrique en même temps des produits chimiques.

Courrières a donné son nom à une société houillère qui est la plus ancienne et l'une des plus importantes du bassin du Pas-de-Calais. Cette compagnie, établie par décret du 5 août 1852, a un périmètre de 53 kilomètres carrés ; elle a sur Courrières même, un puits donnant un charbon maigre de bonne qualité, fort estimé pour les fonderies. Pour faciliter le transport de la houille, la société a établi un chemin de fer entre Billy-Montigny et le pont séparant Courrières de Harnes, et a relié par un vaste rivage cette voie ferrée à la Souchez qu'elle a canalisée sur un parcours de 3 kilomètres jusqu'à la Deûle. Le rivage et le canal sont sur le territoire de Courrières.

Ce village possède encore une belle sucrerie parfaitement montée, un moulin à vapeur pour la mouture et deux brasseries.

ÉCOLES COMMUNALES. — Une école laïque de garçons se tient dans une vaste salle dépendant de la maison de l'instituteur. Une belle école de filles et un asile sont réunis ; ils sont contigus à la mairie, avec laquelle ils ont été construits en 1858. Cette école est dirigée par trois Sœurs de la Providence d'Arras ; l'asile est confié à deux religieuses du même ordre.

NOTES BIOGRAPHIQUES. — M. Boniface Breton, né en 1792 à Courrières où il est décédé en 1867, a publié *Le Village*, œuvre mentionnée au commencement de cette notice. M. Jules Breton, son neveu, né au même lieu en 1827, est l'un de nos meilleurs peintres; aussi est-il officier de la Légion d'honneur et a-t-il obtenu la grande médaille d'honneur au salon de 1872. Cet éminent artiste est en même temps un poète remarquable; il vient de faire paraître un recueil de charmantes poésies sous ce titre : *Les Champs et la Mer*. M. Émile Breton, frère du précédent, né à Courrières en 1831, est un paysagiste de mérite, dont les tableaux sont de plus en plus admirés et recherchés.

DOURGES.

Ce village s'est écrit *Durgis* en 1070, *Durgy* en 1106, *Dourges* en 1109 *et Dorges* en 1201; on l'appelait *Dourges-en-Escrebieux* au XVIII° siècle. Sa population était de 652 âmes vers 1795, de 827 en 1804, de 1018 en 1838; elle est de 1127 d'après le recensement de 1872.

Les premiers habitants de Dourges y furent attirés par ses forêts, ses marais avec cours d'eau, ses terres fertiles et surtout le voisinage de l'antique chaussée d'Arras à Tournai, sans doute antérieure à la domination romaine. Les nombreuses découvertes faites en ce lieu de médailles gauloises et romaines, de tuiles, de fragments de poterie et d'autres objets remontant à des époques reculées prouvent assez son antiquité.

Dourges paraît avoir été visité, vers l'an 300, par l'apôtre saint Piat et avoir eu part à ses prédications. (*M. Harbaville, Mém. hist.*)

Les Barbares qui fondirent au V° siècle sur Arras et Tournai dont ils ne laissèrent que des cendres, n'épargnèrent pas cette localité qu'ils trouvèrent sur leur chemin.

La situation de ce village lui attira d'autres calamités. Au IX° siècle, exposés aux invasions des Normands, ses habitants terrifiés y avaient creusé dans la craie, à une profondeur de cinq à six mètres, des souterrains pour s'y cacher avec ce qu'ils avaient de plus précieux, à l'approche de leurs hordes féroces et sanguinaires. Un de ces refuges fut retrouvé, vers 1825, en face des écuries de la ferme dite la cour de Dourges ; le puits d'entrée conduisait à une longue galerie qu'on n'a point osé explorer. Cette retraite correspondait sans doute à un autre souterrain découvert précédemment derrière la rue Margot, à une quarantaine de mètres de l'église. Un troisième refuge paraît avoir existé à la sortie du village, au lieu dit la Bouvache. Les deux premiers souterrains furent habités comme le fut celui d'Hénin-Liétard, placé dans la même direction, où nous avons trouvé les traces d'un séjour assez prolongé. Que devint Dourges à cette funeste époque? quoique l'histoire locale reste muette à cet égard, on doit penser que si, grâce à ces excavations, la plupart des habitants eurent la vie sauve, toutes les habitations furent pillées, puis livrées aux flammes.

Quand le calme fut revenu, l'on s'empressa de relever les maisons et de reconstruire l'église. Déjà en 1070, Eustache, comte de Boulogne et de Lens, et Ide, sa femme, dotaient la collégiale de Lens de divers biens, notamment de la moitié de cette église, c'està-dire de la moitié des revenus de sa cure. (*Le Mire, Op. Dipl.*)

Sous les Francs, Dourges faisait partie du *Pagus Scirbiu* (pays ou canton de l'Escrebieux) ; il en était encore ainsi en 1109, comme le constate une charte dont il sera fait mention ci-après.

Dourges possédait, au milieu du XIIIe siècle, des maisons de religieuses, dont Robert Ier, comte d'Artois, s'était réservé, en 1244, la juridiction et la garde. (*Arch. dép. du Pas-de-Calais.*)

Ce lieu fut souvent exposé aux passages et aux pillages des gens de guerre. Il en fut particulièrement ainsi en 1053, quand l'armée de Henri III, empereur d'Allemagne, conduite par Jean de Béthune, avoué ou protecteur militaire d'Arras et de Cambrai, s'avança jusqu'à la rivière du Bouleurieu qui traversait le territoire, mettant tout à feu et à sang. (*M. Ed. Le Glay, Hist. des Comtes de Flandre.*)

En 1413, il se ressentit de la présence des troupes qui marchaient sur Arras. En 1498, des soldats maraudeurs y commettaient beaucoup de dégâts. Mais ce fut surtout dans les années 1706, 1710 et 1711 que cette localité dut supporter une large part des misères de la guerre.

La superficie du territoire est de 1053 hectares, comprenant d'excellentes terres en labour; aussi la culture des céréales, des graines oléagineuses et de la betterave y est-elle remarquable. Deux grandes fermes avaient une exploitation considérable ; c'étaient celle de Baye qui, avant la Révolution, dépendait de l'abbaye du Mont-Saint-Éloi, et la Cour, ancienne propriété de l'abbaye d'Anchin.

L'industrie et le commerce se développent en cet endroit ; le teillage et la vente du lin, de même que les broderies sur tulle, occupent une partie notable de la population qui compte aussi beaucoup de travailleurs aux mines houillères d'Hénin-Liétard. Dourges a, depuis le 1er février 1874, une station de chemin de fer.

Ce village possède deux écoles communales laïques, l'une pour les garçons, l'autre pour les filles.

SEIGNEURIES. — Dourges eut trois seigneuries, outre celles de Bourcheul et d'Harponlieu. La première et la principale, celle qui avait les droits honorifiques, a fait partie du comté d'Hénin-Liétard. Elle appartenait, en 1244, à Robert Ier, comte d'Artois, qui la céda alors à Bauduin IV d'Hénin-Liétard, chevalier. Celui-ci l'assigna aussitôt à Mahaut, son épouse, en paiement de ses reprises. La noble dame laissa ce domaine à Bauduin, son fils aîné, qui le transmit à ses descendants. Cette terre fut possédée longtemps par la maison d'Oignies ; l'un de ses membres, baron de Courrières, la vendit, en 1690, au prince Alexandre-Albert de Bournonville, quatrième comte d'Hénin-Liétard. Ce dernier la laissa à son fils Philippe-Alexandre, qui la transmit à sa sœur, épouse de Jean de Durfort, duc de Duras, dont le fils, Emmanuel-Félicité de Durfort fut le dernier seigneur du lieu. (*Le P. Ignace, Mém.; Dancoisne, Rech. hist.*)

La seconde seigneurie était celle de l'abbaye du Mont-Saint-Éloi qui en était propriétaire depuis 1109. En cette année, Warin, seigneur de Dourges, donnait à ce monastère son fief de Dourges et de Noyelles-Godault qui se composait de maisons d'hôtes, de terres à labour, de prés, de bois et d'un moulin à eau. Dans la suite, d'autres propriétés furent ajoutées à ce fief. (*Bréquigny, Dipl.; M. de Cardevacque, L'Abb. du Mont-St-Éloy.*)

La troisième seigneurie appartenait à l'abbaye de Saint-Sauveur d'Anchin ; dans les actes concernant cette terre, le grand prieur et les religieux de ce monastère prenaient le titre de seigneurs vicomtiers du village de Dourges. (*Escallier, L'Abbaye d'Anchin, Titres mss. de 1782.*)

Justice. — Dourges relevait du prince souverain, à cause de son château de Lens ; c'est ainsi qu'il dépendait du bailliage de cette ville. On a déjà vu qu'en cédant, en 1244, à Bauduin d'Hénin-Liétard ses terres de Dourges, le comte d'Artois, Robert II, s'était réservé le jugement des rapts, meurtres et incendies qui s'y seraient commis, ainsi que l'exercice de la justice sur les maisons religieuses de ce lieu. Le droit de haute, moyenne et basse justice y fut donc exercé par le bailliage de Lens ; mais en 1628, il fut accordé à François d'Oignies, seigneur de Dourges. (*Arch. dép. du Nord, Ch. des comptes.*)

Rappelons brièvement quelques faits de justice criminelle intéressant la localité qui nous occupe.

Vers la fin du XIIIe siècle, Emmelot le Martin avait tué méchamment Baude le Marsain, son mari ; bientôt après, elle était condamnée et brûlée vive. Ses biens qui consistaient en une maison et des terres arables situées à Bourcheul, ayant été confisqués au profit de Robert II, comte d'Artois, ce prince les donna, en 1298, à Adrien Degrigny, son serviteur fidèle, en récompense de ses bons services. (*Arch. nat., M. M. 686.*)

Jacquot le Flamenc avait, en 1337, commis un meurtre dans le cimetière ; il ne tarda pas à se réfugier dans l'église où le suivirent sa femme et ses fils. Le bailli de Lens, prévenu de ce crime, arriva bientôt à la tête de 10 archers, et se présenta devant l'église qu'il fit cerner par ses hommes ; mais Jacquot et les siens se défendirent avec obstination et blessèrent très-grièvement le sergent du village. Ils se barricadèrent ensuite dans le clocher où ils furent gardés toute la nuit. Le lendemain, le bailli revint avec six cavaliers et fit le simulacre d'un assaut ; ce fut seulement alors que Jacquot, sa femme et leurs enfants se rendirent au bailli qui les fit conduire dans les prisons de Lens. Un long procès fut intenté contre ce dernier par l'official de Reims, en abus de pouvoir ; l'arrestation fut maintenue et la peine s'ensuivit. (*Arch. dép. du Nord, Comptes de Lens.*)

Le meunier de Baye avait, en 1347, caché chez lui des bannis ; il en fut quitte pour une amende de 100 sols. En 1361, convaincu de meurtres et de vols, il était conduit au gibet. (*Même source.*)

Sur la plainte des habitants, Gillette Wiarde fut, en 1575, accusée de sortiléges qui, disait-on, avaient occasionné la mort de plusieurs personnes. Comme elle protestait de son innocence, on entendit trois témoins, notamment le curé. La malheureuse fut mise à la question extraordinaire, condamnée au dernier supplice et livrée au bûcher. Enfin ce qui restait de son corps fut exposé au lieu patibulaire. L'année suivante, Colette Leclercq, aussi inculpée de sorcellerie, subissait le même sort.

En la même année, Gillette Guillebert, accusée de maléfices, fut emprisonnée pendant 130 jours, temps que dura l'instruction de son procès. Elle fut reconnue coupable ; mais comme elle n'avait fait mourir personne, elle ne fut condamnée qu'à faire réparation sur un échafaud, une torche ardente à la main, et à être bannie du bailliage de Lens pendant cinq ans.

En 1588, Bertrand Debeauquenne était pour cas de sortilége condamné à la fustigation et au bannissement. Peu après, on reprochait à Barbe Richard, sa femme, d'avoir, à l'aide de maléfices, fait mourir plusieurs personnes, des enfants sans baptême et des bestiaux. Elle reçut la question, fit des aveux, fut condamnée et brûlée. (*Arch. dép. du Nord, Comptes de Lens.*)

Enfin, en 1620, Marie la Rousse était arrêtée sous l'inculpation de sorcellerie. Après l'audition d'un grand nombre de témoins, la prétendue sorcière fut condamnée au feu, puis exécutée. (*Même source.*)

ÉGLISE. — On a vu précédemment que, par leur charte de 1070, Eustache, comte de Boulogne, et Ide, sa femme, avaient doté la collégiale de Lens de la moitié de l'église de Baye et de Dourges. En la même année, Liébert, évêque de Cambrai, accordant divers priviléges à ce chapitre, l'autorisait à posséder l'autre moitié de l'église de Baye. Enfin, Lambert, évêque d'Arras, confirmant en

1106, les possessions de la collégiale, mentionne encore l'église de Baye et de Dourges. (*A. Le Mire, Op. dipl.*) Malgré l'omission évidente du nom de Dourges dans la charte de Liébert, il ne peut y avoir ici de doute : il s'agit bien dans ces trois documents de l'église de Dourges qui était en même temps celle de Baye. L'ancienneté de ce temple est donc parfaitement établie. Toutefois, on ne sait ce que furent les églises qui ont précédé celle qui existe de nos jours.

Cette église dédiée à saint Piat, le patron de la paroisse, n'offre rien de remarquable. Elle se compose d'une tour carrée en briques avec flèche de bois et ardoises, d'un vaisseau avec trois nefs et d'un chœur assez exigu. La première partie est du commencement du XVIII° siècle, la seconde de 1731 ; quant à la troisième, elle a été bâtie, vers 1788, aux frais du chapitre de Lens qui percevait autrefois une dîme en ce lieu. Pendant la Révolution, l'édifice fut fermé, puis désigné pour servir à la fabrication du salpêtre ; aussi se trouvait-il dans un état déplorable lors du rétablissement du culte. Presque tout ce qu'il renfermait d'intéressant avait disparu sans retour.

DÉPENDANCES DE DOURGES.

Bourcheul, appelé *Borceolum* en 1129 et *Bourcoel* en 1282, a été longtemps un village et une paroisse qui avaient, à la fin du siècle dernier, une population de 168 âmes. En 1821, année de sa réunion à la commune de Dourges, ce lieu devint un hameau ; il est réduit de nos jours à une simple chapelle et à une petite ferme.

Sibylle, épouse de Jean de Hellin de Wavrin, le puissant chevalier, était en 1282, dame de Bourcheul en même temps que dame d'Harponlieu. Il est probable que ses successeurs furent les mêmes pour les deux domaines, aussi renvoyons-nous à l'article d'Harponlieu, ci-après, pour la suite des possesseurs de la terre de Bourcheul. Mentionnons que Messire d'Aoust, marquis de Jumelles, fut en sa qualité de seigneur de Bourcheul, terre à clocher, convoqué comme gentilhomme à l'assemblée des États d'Artois, tenue en 1747. (*Bultel, Notice.*)

Ce hameau relevait du bailliage de Lens ; cependant il était soumis à la juridiction du conseil provincial d'Artois en ce qui concernait l'ordre de Malte. (*Maillart, Cout. gén. d'Artois.*)

Il y existait, dès le XI° siècle, une église dédiée à Saint-Amé. L'autel appartenait à l'abbaye d'Hénin-Liétard ; il lui avait été confirmé, en 1129, par Raynold, archevêque de Reims. (*Arch. dép. du Pas-de-Calais ; A. Le Mire, Op. dipl.*)

Isolé, sans défense, Bourcheul fut exposé bien souvent aux maraudages et aux pillages qui désolèrent tant de fois nos campagnes ; mais c'est surtout en 1710 et en l'année suivante, qu'il eut à souffrir toutes les misères de la guerre ; d'abord pillé et incendié, il finit par être détruit entièrement. Ses malheureux habitants avaient fui, emportant ce qui leur restait de meubles et avaient placé sous la protection de l'abbaye d'Hénin-Liétard ce qu'ils avaient pu sauver du mobilier de leur église. A leur retour, ils ne trouvèrent plus de leurs habitations que des ruines, et du temple que des murs ébranlés. Ce qui restait de l'église et de la maison seigneuriale fut démoli le jour de Pâques de l'an 1711, par les troupes que le maréchal de Montesquiou avait employées à barrer, près de là, le canal de la Deûle.

Voilà pourquoi presque tous les habitants de cet infortuné village s'établirent à l'extrémité de son territoire qui longeait les maisons de Dourges. On ne rebâtit alors que trois habitations à Bourcheul même. Néanmoins le seigneur et la communauté du lieu décidaient, en 1747, que l'église paroissiale serait reconstruite avec les démolitions de l'ancienne et celles de la maison seigneuriale. L'édifice commencé le 22 juillet de cette année fut bénit trois mois après. Le chœur fut réédifié aux frais de l'abbaye d'Hénin-Liétard qui avait la dîme du village et qui, de temps immémorial, nommait à la cure. Le prieur-curé était un de ses religieux résidant au monastère. (*Le P. Ignace, Mém.; De Glen, Hist. abb.*) Cette modeste église délaissée peu à peu, fut abandonnée, puis démolie en 1825, après l'incorporation du village de Bourcheul dans celui de Dourges. Une chapelle formée d'une partie du clocher rappelle seule le monument.

HARPONLIEU, appelé *Haponliu* en 1194, *Haponlieu* en 1577 et *Harponlieu* depuis 1600, est situé au-delà de la Deûle, vers Oignies ; c'était un ancien fief et noble tènement relevé du souverain, à cause de son château de Lens. Le chef-lieu de cette seigneurie, dit le Jardin des Dames, consistait en un manoir avec motte entourée de fossés et en trois mencaudées de jardins et prairies qu'arrosait la rivière du Boulenrieu. (*Arch. dép. du Nord, Comptes du dom. de Lens.*) Là se voyait encore, au commencement de notre siècle, un ancien château très-important, remarquable par ses vastes proportions ; il n'en reste plus qu'une belle porte d'entrée et des murs de clôture. Dans le bois d'Harponlieu tenant à ces ruines, on remarque encore des travaux de défense, tels que retranchements et fossés.

La première mention d'Harponlieu se lit dans une donation de biens en ce lieu faite, en 1194, par Robert, sénéchal de Flandre, à l'abbaye d'Hénin-Liétard. (*Bibl. nat. F. cat.*)

Par leurs lettres de 1282 datées de la salle d'Harponlieu, Jean Hellin de Wavrin, et Sibylle, son épouse, dame de Bourcheul et d'Harponlieu, déchargent de tout droit seigneurial, pendant leur vie, toutes les rentes en blé dues sur leurs domaines aux établissements charitables d'Hénin-Liétard. (*Dancoisne, Rech. hist.*) C'étaient aussi les bienfaiteurs de l'abbaye du même lieu, car leur fils y fut inhumé. L'on voyait dans la salle capitulaire du couvent une tombe plate qui le représentait jeune et sans armes, avec cette inscription effacée en partie quand elle a été relevée : *Cy gist Iehan de Haponliv fivs monseignevr Hellin de Wavrin ki fv.... MCCLXXXII—Sebille dame de Haponliv....* (*Bibl. nat., F. lat.*)

Une alliance avec une dame d'Harponlieu fit passer la seigneurie dans la maison de Villers. (*Ibid.*) On trouve pour la suite des seigneurs : Vers 1390, noble dame de Villers ; en 1395, le chevalier Jean, seigneur de Bauffremez ; en 1402, le chevalier des Obeaux, mari d'Agnès de Bauffremez ; en 1444, Messire des Obeaux, leur fils ; vers 1460, Mathieu de Landas ; en 1472, Jean de Landas, son fils ; en 1500, Jean Van Ecke, seigneur de Brouhem, mari de Marguerite de Landas ; en 1502, Charles de Bonnen, écuyer, qui est probablement le second mari de cette dernière; en 1576, Françoise Van Ecke de Brouhem ; en 1582, Charles Van Ecke, écuyer, seigneur de Brouhem, bourgmestre du territoire du Franc en Flandre; en 1608, François Van Ecke; vers 1615, François Van Metz; en 1620, Pierre Van Metz ; en 1663, Charles de Brouhem ; en 1694, la baronne de Berlebecq. Viennent en dernier lieu Jacques-Eustache-Joseph d'Aoust, comme époux de Marie-Madeleine Derrez ; Robert-Nicolas-Eustache-Joseph, marquis d'Aoust de Jumelles, leur fils, et enfin Jacques-Eustache-Joseph, marquis d'Aoust de Jumelles, fils de celui-ci. (*Arch. dép. du Nord; Bibl. nat., Coll. Colbert; Renseignements de M. A. de Ternas.*)

BAYE se trouve ainsi écrit dans les anciens titres : *Bethai* ou *Betay* en 1070, *Beai* en 1145, *Bay* en 1244 et enfin *Baye* en 1575. On désigne par ce nom une grande propriété située à l'extrémité de Dourges, vers Noyelles-Godault, consistant en des terres à labour et une très-vaste ferme transformée depuis peu d'années en maison de campagne, entourée de jardins et de bosquets d'agrément.

Ce lieu est certainement fort ancien ; placé près de l'antique voie d'Arras à Tournai, à l'entrée de marais presque impraticables, il fut probablement choisi par les Romains comme mansion pour le service des relais de poste et pour le recouvrement des impôts en nature. Ce qui ne nous paraît pas douteux, c'est que l'avantage de sa situation et l'excellence de son sol y attirèrent des habitants dès les premiers siècles de notre ère. Ainsi s'expliquent les découvertes fréquentes de monnaies de cette éqoque, de fragments de poteries et même de restes de constructions dans les champs environnant la ferme.

Baye fut exposée aux vicissitudes du village de Dourges, dont elle partagea le sort ; c'était du reste au moyen âge une localité qui ne manquait pas d'importance. Si elle n'avait pas d'église particulière, elle possédait du moins une maison de religieuses dont Robert Ier, comte d'Artois, s'était réservé la juridiction et la garde. Ce lieu fut occupé, en 1706, par des troupes françaises qui y campèrent pendant quelque temps.

La ferme de Baye, que l'on a plusieurs fois supposée par erreur située à Courcelles-lez-Lens, a longtemps appartenu à l'abbaye du Mont-Saint-Éloi ; elle est la propriété de MM. et de Mlle Cauvet de Blanchonval.

LE TEMPLE. — Vers l'extrémité du marais d'Hénin-Liétard, du côté de Dourges et sur son territoire, se trouvait une ancienne maison du Temple. C'était une grande ferme qui comprenait 88 mencaudées de terre situées à Dourges, Bourcheul, Garguetelle, Noyelles-Godault et Courcelles-lez-Lens, sur lesquelles le seigneur d'Harponlieu, l'abbaye du Mont-Saint-Éloi et celle d'Anchin exerçaient des droits de dîme et de terrage. Vint la suppression des Templiers dont les propriétés considérables furent dévolues, en 1311, aux chevaliers de Saint-Jean de Jérusalem. La maison de Dourges dépendit alors de celle de Douai; mais, dès l'année suivante, elle était assignée à la commanderie de Hautavesnes. (*Arch. nat.; M. Mannier, Les Commanderies.*)

Cet établissement eut beaucoup à souffrir pendant la guerre de la succession d'Espagne ; en 1706, des troupes françaises y campèrent et des pillages y eurent lieu les années suivantes.

La nation s'étant emparée de tous les biens des ordres religieux, la ferme du Temple et les terres qui en dépendaient furent vendues en l'an IV au district d'Arras. Cette ferme construite en grès et en briques, entourée de murs et de fossés, fut démolie presqu'aussitôt. Il n'en reste plus que des fondations enduites d'un ciment très-dur ; dans les décombres, on a trouvé d'anciennes monnaies françaises et flamandes, de grandes tuiles fort épaisses, de curieux fragments de carrelage, des pierres sculptées et des inscriptions.

Citons pour mémoire les fermes de *Wavrechin* et de la *Maison-Rouge* situées vers Évin-Malmaison. Près d'Oignies se trouvait la ferme de l'*Abbiette* contenant 60 mesures, propriété de l'abbaye d'Hénin-Liétard, située sur le territoire de Bourcheul, quoiqu'elle fût au-dessus du canal. Les bâtiments ont été démolis dans la première moitié de ce siècle.

MARAIS. — Dourges et Bourcheul possédaient indivisément 110 mesures de marais communaux qui furent en pâturage jusqu'en

1755. Il en fut alors affermé 80 mesures et le surplus fut laissé à la disposition des deux localités pour la nourriture de leurs bestiaux. (*Réf. pour les États.*)

PONT-A-SAULX. — Avant la canalisation de la Deûle, achevée en 1690, on avait établi en cet endroit un pont de bois pour le passage de l'eau que les marais voisins y faisaient couler en abondance. Le Boulenrieu y venait de Libercourt ; en aval se jetait le ruisseau venant de Baye ; en amont affluait l'Eurin qui traversait le marais d'Hénin-Liétard jusqu'à la Buise. Pour la défense de ce point stratégique, les Espagnols y avaient établi, vers 1642, un ouvrage de campagne avec redoute quadrangulaire. Quand les Français furent maîtres du pays, ils remplacèrent ce travail par un large pont de briques avec grande voûte en arcade cintrée entre piles. Comme, en 1706, on craignait de ce côté une invasion des alliés, on y avait transporté des barrières et des guérites. En 1710, l'ennemi forçait ce passage pour se porter sur Douai dont il allait faire le siége. Coupé en 1814, puis rétabli, ce pont menaçait ruine quand, en 1858, il fut reconstruit avec goût et solidité. Près de là, en remontant le canal, devait être construite en 1643 une écluse qui est restée en projet. Il en a été de même du quai ou port d'embarquement et de débarquement que le conseil d'État avait, en 1752, ordonné d'y établir.

ÉVIN-MALMAISON.

Cette commune s'est appelée longtemps *Esvin* ; on la trouve ainsi nommée de 1307 à 1594 ; plus tard, elle s'écrivit *Évin*, puis elle porta, comme aujourd'hui, le nom d'*Évin-Malmaison*. Sa population, qui était de 756 habitants à la fin du siècle dernier, de 794 en 1804 et de 884 en 1838, est de 967 d'après le recensement de 1872. La superficie territoriale comprend environ 453 hectares.

Évin touche au département du Nord et longe le canal de la Deûle. Il était autrefois traversé par la rivière de Boulenrieu ; c'est ainsi qu'une partie de ce lieu dépendit longtemps de la Flandre. Il fut ensuite compris entièrement dans l'Artois.

Ce village parcouru par l'antique chaussée d'Arras à Tournai, paraît avoir une origine fort ancienne; souvent il fut exposé aux passages des troupes romaines et des hordes barbares. Un infatigable explorateur de l'histoire de notre contrée, Guilmot, le docte bibliothécaire de Douai, a soutenu avec une conviction profonde, résultat d'une longue étude, qu'Évin est bien le *Vicus Helena* cité par Sidoine Apollinaire, où furent battus, l'an 446, les Francs conduits par Clodion. (*Magasin encycl.; Hist. des villes.*) Le docteur Le Glay, notre savant historien, après avoir rappelé que, suivant Adrien de Valois, ce serait à Lens qu'il faudrait placer le champ de bataille, trouve mieux fondée l'opinion de Guilmot. (*Chron. de Balderic.*) A l'article de Lens, nous reviendrons sur cette question si longuement débattue et cependant toujours indécise.

La chaussée, le Boulenrieu et le pont très-étendu, bâti sur pilotis entre Évin et le lieu dit la Planche de Noyelles, facilitèrent les courses des Normands. Ces cruels envahisseurs dévastèrent tout ce qu'ils trouvèrent sur leur passage.

Le comte de Flandre, Bauduin de Lille, voulut arrêter la marche victorieuse de l'empereur d'Allemagne Henri III le Noir, et protéger ainsi la Flandre contre l'invasion imminente de ce conquérant. A cet effet, il fit, en 1054, dans l'espace de trois jours et trois nuits, un gigantesque ouvrage de défense!: c'était un immense fossé fortifié. (*M. Edw. Le Glay, Hist. des comtes de Fland.*) Sur presque tout son cours, le Boulenrieu fut élagi et approfondi; ses rives furent protégées par des retranchements. Mais c'est à Évin, à l'abord du pont, que les travaux retranchés eurent le plus d'importance, car c'était par là que l'ennemi pouvait pénétrer le plus facilement en Flandre. Ce pont fortifié serait-il le *Clausula* dont parlent Balderic et Sigebert? c'est ce que prétend Guilmot d'après les conjectures de Colvener et de Buzelin. (*Hist. des vill.; Précis anal. des trav. de la Soc. acad. de Douai.*) L'armée allemande s'arrêta dans les marais aux environs d'Hénin-Liétard, où elle exerça de grands ravages, se mit bientôt en marche sur Lécluse, au-delà de Vitry, s'avança ensuite vers le château du Buc, commencement de Lille, dont elle fit le siége, puis se dirigea vers Tournai qu'elle prit. (*M. Edw. Le Glay, ouvrage cité.*)

A cette époque, le Boulenrieu formait à Évin une inondation que le pont fortifié permettait de traverser. C'est seulement, paraît-il, par ce passage que, jusqu'au règne de Philippe le Bel, les armées venant de France pouvaient pénétrer en Flandre. (*Guilmot, Précis anal.*) Cet ancien cours d'eau se retrouve encore en cette commune : c'est un grand fossé nommé la Vieille-Rivière, situé à 40 mètres du canal de la Deûle, qui lui est parallèle et qui coule en sens contraire vers Roost-Warendin.

On a vu à l'article de Courcelles-lez-Lens qu'une armée flamande, commandée par Jean de Namur, avait campé deux fois, en 1302, entre le Boulenrieu et Brebières, pillant et incendiant une partie de l'Artois. Évin ne fut pas épargné alors par les troupes indisciplinées qui ne cessaient de le traverser. L'année suivante, il fut encore exposé aux rapines d'une soldatesque effrénée, et, en 1304, il subit les conséquences de la bataille de Mons-en-Pévèle, livrée dans ses environs.

Dans les siècles suivants, ce lieu fut encore dépouillé plusieurs fois de ses récoltes par des troupes en campagne. Pendant la guerre de la succession d'Espagne, dans les années 1709 et 1710, le voisinage des armées fut si funeste aux habitants qu'ils laissèrent les terres sans culture.

En octobre 1792, Évin était menacé des courses de l'ennemi ; aussi le directoire du district d'Arras décida-t-il l'envoi immédiat d'un détachement pour le protéger.

Une nouvelle calamité devait frapper cette commune : en 1854, le choléra enlevait le septième de sa population.

SEIGNEURIE. — *Le Fief de Bondues*, qui constituait la seigneurie dominante de ce village, fut vendu, en 1391, par la noble dame d'Évin à la dame de Waziers, veuve de messire de Flecquières. En 1435, il était relevé au nom des enfants de Thiéry. En 1457, cette terre, tenue tant du comte d'Artois que du prieur d'Évin et du seigneur de Leforest, fut vendue par messire Antoine Le Roy à Jean Wastepaste. Celui-ci la laissa, dix ans après, à sa fille, épouse de messire Martin de Boudart, qui la transmit à ses descendants. En 1582, c'était Philippe de Boudart, écuyer, qui, comme héritier de Jean, son père, était propriétaire de ce fief; douze ans ensuite, nous retrouvons encore ce seigneur en possession de cette terre qu'il tenait du roi d'Espagne, Philippe II, à cause de son château de Lens. On voit en même temps que ce domaine, qui avait alors juridiction et titre de seigneurie vicomtière, comprenait cense ou manoir, d'importantes terres labourables et des prairies. Bien que Philippe de Boudart eût aliéné plusieurs parties de son domaine, la seigneurie passa dans les mains de sa nièce et héritière, Antoinette Coquelle, veuve du chevalier Louis de Labour. En 1621, cette dame la céda au chevalier Sébastien Hannedouche qui, en 1663, la laissait à son fils Charles. Pour en finir avec cette trop longue liste, disons qu'on trouve enfin comme seigneurs de cette terre Philippe de Boudart, le baron Quarez, l'abbé d'Anchin ou le prieur d'Évin et messire Gourdin. (*Arch. dép. du Nord ; Arch. nat.*)

Évin possédait encore trois domaines assez importants que nous rappellerons en peu de mots :

Le Fief de la Malmaison avait pour chef-lieu de la seigneurie un manoir amazé de granges, étables, colombier et autres bâtiments avec cour, jardins, prés, fossés et diverses pièces de terre labourable. Il était mouvant de la seigneurie de Leforest et provenait de Nicolas de Castel, seigneur de Hovardrie, par Hugues de Moyencourt, écuyer, seigneur du Hamel. (*Arch. nat.*)

Le Fief du Pont-à-Decy, qui formait une petite seigneurie, se composait de motte, fossés, eaux, prés, terres à labour, rentes foncières et droits de pêche. Il était aussi tenu de la seigneurie de Leforest. (*Mêmes archives.*)

Enfin le *Fief Pardo*, consistant en un manoir et 40 mencaudées de terre, s'est trouvé, depuis 1437 jusqu'en 1655, dans les familles Haultain et Pardo. (*Arch. dép. du Nord.*)

JUSTICE. — Évin a longtemps appartenu pour une partie à la Flandre et pour l'autre à l'Artois ; il était alors partagé entre les juridictions de ces deux provinces. Comme dans la seconde moitié du XVII° siècle il fut compris entièrement dans l'Artois, la justice fut dès lors exercée par le bailliage de Lens, au nom du prince souverain de l'Artois, lequel pouvait, en matière pénale, gracier les coupables ou atténuer leur peine. C'est ce qu'on va voir par le fait suivant, scène de mœurs assez curieuse pour être racontée : Le dimanche 8 juin 1522 était le jour de la fête et dédicace de l'église ; aussi un grand nombre des habitants des environs s'y était-il rendu, selon l'habitude. On se divertissait joyeusement, mais, vers sept heures du soir, il fallut penser au retour. Un jeune homme de Fouquières-lez-Lens s'étant alors présenté pour reconduire chez elle une jeune fille d'Auby, un autre prétendant s'y opposa avec ses amis et ses deux oncles. De là une querelle qui devint bientôt très-violente et qui fut d'autant plus dangereuse que l'assistance y prit part; des coups furent portés et des flèches lancées non sans effusion de sang. Cette rixe à peine calmée recommença plus menaçante encore et, lorsqu'on releva les blessés, on trouva un des combattants frappé à mort. Les plus compromis dans cette lutte acharnée craignant les rigueurs de la justice prirent la fuite et quittèrent le pays. L'année suivante, le comte d'Artois, qui était l'empereur Charles-Quint, touché de commisération pour ces malheureux, leur pardonna et leur rendit leurs biens confisqués ; toutefois il les punit d'une amende pécuniaire dont l'importance restait à fixer par le bailli de Lens. Elle fut portée à 72 livres 12 sols. (*Arch. dép. du Nord, Comptes du domaine de Lens.*)

MARAIS. — Le marais communal comprend 84 hectares qui, contrairement à ce qui s'est fait souvent ailleurs, n'a pas été partagé ; il est occupé comme parts ménagères par les aînés des familles. En 1753, une partie de cet immeuble avait été affermée ; elle rapportait 3,000 livres au moyen desquelles on construisit un presbytère. (*Réfut. pour les États de la prov. d'Art.*) Un autre marais d'Évin, contenant 13 mesures 3 coupes (5 hectares 90 ares), donna lieu à de vives contestations et à de longs procès. Trois jugements rendus en 1536, 1557 et 1559 avaient maintenu le seigneur de Leforest et les habitants de ce village dans la possession des droits de pâturage et de tourberie ; mais ces droits devaient encore être contestés, surtout vers 1740. De là un nouveau procès intenté alors par la marquise de Lède, dame de Leforest, aux bailli, gens de loi, habitants et communauté d'Évin. (*Mém. pour Mme la marquise de Lède.*) La demanderesse eut gain de cause : elle fut reconnue propriétaire de cette portion de marais ; bientôt après, elle la donnait au village de Leforest qui l'aliéna plus tard.

ÉGLISE. — Pendant longtemps Évin et Leforest n'ont formé qu'une seule paroisse qui dépendait du doyenné de Raches. Leforest n'était alors qu'une annexe. L'église d'Évin a toujours eu saint Vaast pour patron ; sa cure fut jusqu'à la Révolution à la collation de l'abbé d'Anchin, lequel s'en était réservé le bénéfice. (*Le P. Ignace, Mém. ; Escallier, L'Abbaye d'Anchin.*)

D'après la tradition, l'église fut d'abord construite à l'endroit où se trouve la mairie. Celle qui l'a remplacée a été bâtie dans l'enclos du prieuré ; ce n'était d'abord qu'une grande chapelle à l'usage des religieux ; des agrandissements et changements successifs en ont fait l'église paroissiale. Cet édifice n'offre qu'un faible intérêt ; il est de trois époques : la tour date de 1574, le vaisseau, qui était de la même année, a été refait en 1830 et le chœur est de 1698.

La tour surmontée d'une flèche avec verseaux, abat-vent et petit toit, est soutenue par quatre contre-forts dont deux sont engagés dans les ailes du corps principal. L'intérieur a trois petites nefs plafonnées ; celle du milieu est séparée de chaque bas côté par quatre colonnes et deux pilastres de l'ordre toscan. Cette partie médiane n'eut d'abord que deux nefs ; l'abbé d'Anchin donna, en 1786, le terrain propre à en bâtir une troisième, ce qui fut fait en la même année. Là fut placée la chapelle du prieuré, dédiée à saint Nicolas ; les religieux s'y rendaient par une porte particulière au-dessus de laquelle étaient sculptées les armes de l'opulente abbaye. Comme le vaisseau de l'église menaçait ruine, il fut, en 1830, reconstruit presque entièrement, la muraille septentrionale ayant été seule conservée. Les autels latéraux comprennent de belles boiseries en chêne avec grandes niches. Dans le dallage des bas côtés s'encadrent les pierres tombales en marbre blanc de deux prieurs et une pierre bleue rappelant une fondation pieuse. Le chœur éclairé par deux fenêtres ornées de vitraux, est disposé avec goût et simplicité. Avant la Révolution, on y voyait fixée à la muraille une table de marbre où étaient inscrits les noms des religieux qui ont occupé la charge de prieur d'Évin depuis 1629 jusqu'à la suppression du monastère.

En passant devant le baptistère, on voit de singuliers fonts dont la base beaucoup plus ancienne que le reste, mérite d'être étudiée. Cette partie du petit monument est en pierre de Tournai et de forme carrée ; elle remonte au XIIe siècle. Sur chaque face se développent deux lions adossés en arrêt, sculptés en ronde bosse. Au-dessus, à chaque angle est une patte et près de là se dessine la place des quatre colonnettes qui supportaient la cuve. Cette curiosité est ici d'autant plus intéressante qu'elle peut servir à prouver l'ancienneté de l'église d'Évin.

En terminant ce qui concerne l'église, rappelons que les vases sacrés, l'ostensoir, la croix de procession, tous objets en argent, et les ornements sacerdotaux qui étaient d'une grande richesse, furent transportés en 1792 au district d'Arras pour être fondus et monnayés.

PRIEURÉ. — Avant la Révolution, il existait à Évin un prieuré régulier de l'ordre de Saint-Benoît ; il avait été fondé en l'honneur de la visitation de la Sainte Vierge par Marie, dame de Leforest, et aussitôt donné par elle à l'abbaye de Saint-Nicolas-aux-Bois. C'était un modeste monastère, composé de quelques bâtiments, où vivaient en communauté trois ou quatre religieux ; il était établi dans un enclos de quatre mesures, entouré de fossés et de murailles défendues par des tours avec meurtrières. En 1629, ce prieuré fut cédé moyennant une rente de 500 florins à l'abbaye d'Anchin qui devait y entretenir deux de ses religieux. Jusque-là l'office divin y avait été célébré, mais depuis lors, les moines eurent leur propre chapelle dans l'église paroissiale, ainsi qu'on l'a vu ci-devant.

La prévôté d'Évin était un bénéfice à la collation de l'abbé d'Anchin qui se l'était réservée et à qui elle rapportait annuelle ment 1800 livres au milieu du XVIIIe siècle. Un seul religieux résidait alors au prieuré ; il en fut de même jusqu'à la Révolution. (*Escallier, L'Abbaye d'Anchin; Le P. Ignace, Mém.*)

Un conflit de juridiction s'éleva en 1339, entre le prieur et le bailli de Lens. Le premier avait fait sortir de la prison du château de cette ville une femme d'Évin prévenue d'un méfait. Le bailli ayant exigé qu'elle y fût réintégrée, la cause fut portée devant le parlement de Paris qui renvoya les parties devant le bailliage d'Amiens. Le bailli de Lens y obtint gain de cause. (*Arch. dép. du Nord, Comptes de Lens.*) Neuf ans après, quatre misérables assaillirent le prieuré dont ils enfoncèrent la porte avec l'intention d'insulter et de battre le prieur ; n'ayant pu le trouver, ils incendièrent son habitation. Le châtiment suivit de près le crime. (*Même source.*)

Citons une singulière coutume de la fin du XVIe siècle : trois fois par an, à cause d'un fief, le prieur était tenu de donner à dîner au seigneur de Leforest, à sa femme, au valet et à la chambrière. De son côté, ce seigneur devait lui fournir non-seulement le pain, le vin et l'eau du sacrifice, mais encore l'enfant chargé de répondre la messe. (*Bibl. nat., Coll. Colbert.*)

Le prieuré fut vendu, en 1792, au district d'Arras à un habitant de cette ville qui en démolit une partie ; il en reste encore un bâtiment servant de grange et des murailles d'enceinte flanquées de quatre tours rondes.

CHAPELLES ET CALVAIRE. — On voit bien à Évin quelques chapelles, mais elles n'ont rien de particulier pour appeler l'attention. Citons un beau calvaire entouré d'arbustes qui s'élève à l'entrée du chemin d'Hénin-Liétard ; il a été érigé en 1829 et restauré en 1857.

INSTRUCTION PUBLIQUE. — Il existe en cette commune deux écoles laïques, l'une pour les garçons, l'autre pour les filles ; elles sont communales.

INDUSTRIE ET COMMERCE. — Ce village possède une brasserie, une tuilerie et une briqueterie.

Notes biographiques. — Nous devons un pieux souvenir à la mémoire de l'abbé Valin, né à Évin en 1765, éminent professeur de langue anglaise au collége des bénédictins de Douai, condamné révolutionnairement à mort pour son zèle apostolique et exécuté à Arras en 1792. — Nous rappelons avec plaisir que Mgr Amand-Joseph Fava, évêque de la Martinique, nommé récemment à l'évêché de Grenoble, est né à Évin en 1826.

HÉNIN-LIÉTARD.

PREMIÈRE PARTIE.

Cette notice n'est, pour ainsi dire, qu'un abrégé de nos *Recherches historiques sur Hénin-Liétard ;* aussi, nous dispensons-nous d'indiquer nos sources quand elles sont déjà citées dans cet ouvrage. Cette ville s'appelait *Henninium* en 972, *Henniacum* en 1129, *Hénin* en 1146, *Hennin* en 1307, *Hennin-Liétart* en 1424, *Hénin-Liétart* en 1477; depuis 1708, elle s'écrit *Hénin-Liétard*. Ce nom fut bien, en 1792, changé en celui de l'Humanité, mais ce fut pour peu de temps.

Cette importante localité s'élève dans une plaine fertile, à l'entrée d'un long marais mis en culture, dont l'extrémité est coupée par le canal de la Deûle. Elle est traversée par la belle route nationale de Bouchain à Calais et par plusieurs chemins de grande communication. Sa superficie territoriale est de 1462 hectares. Sa population était de 2218 habitants à la fin du XVIII° siècle, de 2410 en 1804 et de 2839 en 1838; elle est de 5029 d'après le recensement de 1872.

Époque gauloise. — Hénin-Liétard peut être considéré comme un des lieux les plus anciens de l'Atrébatie. Ce qui démontre que son origine est celtique, ce sont les découvertes qui y ont été faites successivement d'urnes, de vases, de poteries, d'armes en silex et en bronze, enfin, de nombreuses monnaies appartenant à cette époque. Ajoutons qu'il n'est aucune localité de notre contrée qui ait procuré autant de ces monnaies qu'Hénin ; et, chose digne de remarque, c'est à l'entrée du marais qu'on les a trouvées le plus souvent. La plupart de ces pièces sont d'or et de potin ; elles offrent les types atrébates et morins les plus ordinaires. Dans les grands travaux exécutés récemment à l'église, on a retiré du sol d'énormes grès bruts dont le volume semble dénoter une provenance druidique. On pourrait encore assigner la même époque à deux monticules fort anciens, nivelés depuis longtemps, appelés, l'un, la Motte, l'autre, la Croix-des-Sorciers. Enfin, suivant M. Terninck, il existait alors une voie qui partait d'Arras et aboutissait à Hénin (*Bull. de la Com. des Ant. dép.*). Voilà, certes, assez de données pour admettre l'existence d'Hénin sous les Gaulois, sauf à supposer que ce lieu ne se composait alors que d'un petit nombre de chétives demeures, éparses çà et là principalement sur les bords du marais.

Époque romaine. — Hénin continua d'être habité durant la domination romaine. Les découvertes successives de sépultures antiques ne permettent pas le moindre doute sur l'existence, à cette époque, d'un centre de population en ce lieu. La plupart de ces tombeaux se sont trouvés dans la ville même, à la station du chemin de fer, à l'entrée du chemin d'Arras et au Tilloy. Dans son *Étude sur l'Atrébatie*, M. Terninck a décrit avec détail un de ces tombeaux, déterré il y a peu d'années, en ce dernier endroit. Notre cadre restreint ne nous permet pas de mentionner les nombreux objets gallo-romains découverts à Hénin, tels que vases, urnes, poteries, verres, fibules, colliers et armes. C'est par centaines qu'il faudrait compter les monnaies du Haut et du Bas-Empire qui y ont été recueillies depuis un demi-siècle. Enfin, notons des restes d'antiques fondations, trouvés avec de grandes tuiles à rebord.

Hénin fut traversée vers le sud-ouest par la voie romaine qui conduisait d'Arras à Tournai, chaussée que nous avons retrouvée à un mètre de profondeur. Il est fort probable qu'il en existait une autre d'Hénin à Lens, localités voisines qui devaient avoir de fréquents rapports entre elles.

On pense que, vers 360, saint Martin vint prêcher à Hénin la parole divine et qu'il y fit élever un temple au vrai Dieu.

Ce lieu fut presque anéanti au commencement du Ve siècle par les Huns, les Vandales et autres barbares qui renversèrent Arras et Tournai, ne laissant que des ruines sur leur passage.

Époque franque. — Hénin eut de la peine à se relever de ses désastres ; à la fin du V⁰ siècle, il était encore presque inculte et ne comptait qu'un petit nombre d'habitants. La tranquillité dont il jouit jusqu'en 881, les avantages d'une situation favorable, la fertilité du sol et la facilité des relations augmentèrent bien vite sa population et assurèrent sa prospérité. Les mœurs s'adoucirent avec l'introduction du christianisme.

Un évêque d'Arras et de Cambrai, Aubert, mis par l'Église au nombre des saints, vint évangéliser Hénin et convertit tous les habitants. Cet apôtre affectionna particulièrement ce lieu qu'il favorisa de tout son pouvoir ; il y fit construire, vers 668, une église qu'il consacra sous l'invocation de saint Martin.

Hénin était compris dans l'antique *Pagus Scirbiu* (pays ou canton de l'Escrebieux) ; comme il formait la bourgade la plus importante de sa circonscription, on doit supposer qu'il fut le chef-lieu de ce pays.

Les antiquités franques trouvées en cette commune consistent en triens, vases de terre, épées, haches, scramasaxes, plaques de ceinturon, boucles, colliers et fibules dont une offre une tête entourée d'une légende. Si l'on pratiquait des fouilles en certains endroits, notamment à l'entrée du chemin d'Arras, on y ferait certainement de curieuses découvertes d'objets de cette époque.

Hénin sous les comtes de Flandre (863-1191). — Les Normands avaient jeté l'épouvante dans toute la contrée ; les habitants d'Hénin, terrifiés à l'approche de ces cruels envahisseurs, ne trouvèrent d'autre moyen de leur échapper que de se cacher sous terre. Ils se creusèrent donc des souterrains dont la plupart se sont comblés avec le temps ou sont restés inconnus. Il en est deux que nous pouvons indiquer : l'un, inexploré jusqu'ici, se trouve à l'angle des chemins du Ponchelet et de Saint-Roch. L'autre, que nous avons fouillé en 1849, a été creusé dans un champ situé à la voie Thérèse (n° 361 de la section B). Celui-ci, peu profond, avait une longueur irrégulière de dix mètres et une hauteur du cinquième, allant en diminuant. Une entrée ronde, en forme de puits, divisait en deux parties ce refuge qui, d'après la trace de deux ouvertures, devait avoir encore autant de galeries latérales. Des tessons de l'époque et des restes de victuailles, que nous avons trouvés dans la bourbe du fond, constatent l'âge de ce souterrain et son habitation temporaire. Les Normands parurent, en 881, devant Hénin qu'ils pillèrent et détruisirent par la flamme et le fer. Après leur passage, il n'y restait plus que des ruines.

On doit supposer qu'Hénin eut, sous les Romains, puis sous les Francs, un préposé chargé de la défense du pays, de la levée des impôts et de l'administration de la justice ; il est probable aussi que sa charge, d'abord bénéficiaire, devint héréditaire. Telle serait l'origine de la seigneurie principale d'Hénin, qui remonte au moins au milieu du X° siècle.

Ce lieu avait été si cruellement dévasté par les Normands qu'il lui fallut longtemps pour réparer ses malheurs ; aussi, près d'un siècle après l'invasion, en 972, n'était-ce encore qu'un village de bien faible importance. Enfin, les habitants reprennent courage, ils défrichent les bois, dessèchent les marais et se livrent à la culture des champs. Soutenus et encouragés par leur seigneur, ils ceignent Hénin d'un large fossé et d'une muraille crénelée, flanquée de tours. Ces travaux de défense suffisent pour inspirer toute confiance ; on se livre avec ardeur à l'agriculture, au commerce et à l'industrie. Des artisans, tels que tisserands et foulons, des ouvriers et des marchands viennent avec leurs familles se fixer dans la ville naissante qui leur promet bien-être et sécurité. Ainsi s'expliquent la prospérité et le rapide accroissement d'Hénin en ce temps heureux.

Jusqu'en 1002, Courrières avait fait partie d'Hénin ; il en fut séparé alors.

Gérard Ier, dit de Florines, évêque d'Arras et de Cambrai depuis 1014 jusqu'en 1050 environ, fut, comme saint Aubert, le protecteur et le bienfaiteur d'Hénin dont il rétablit l'église. C'est par son conseil que Robert, avoué d'Arras, seigneur de Béthune et d'Hénin, fonda en ce dernier lieu, vers 1040, un collége de douze chanoines, institution qui occupe une grande place dans l'histoire locale. Ces chanoines habitèrent d'abord des maisons construites pour eux non loin du chevet de l'église ; ils disaient les offices, avaient charge d'âmes et allaient dans les villages voisins annoncer la parole de Dieu. Plus tard, en 1808, ils choisirent l'un d'eux pour leur abbé, observèrent la règle de saint Augustin et s'affilièrent à la congrégation d'Arrouaise.

Hénin allait traverser de mauvais jours. Dans la guerre acharnée que se faisaient l'empereur d'Allemagne Henri III, dit le Noir, et le comte de Flandre Bauduin de Lille, les impériaux guidés par Jean de Béthune s'avancèrent, en 1053, vers la rivière du Boulenrieu par les marais avoisinant Hénin. Arrêtés dans leur marche par les Flamands, ils y séjournèrent et ne s'en éloignèrent qu'après avoir tout pillé et brûlé. (*M. Ed. Le Glay, Hist. des comtes de Fl.*)

Les habitants d'Hénin, cruellement atteints par ce désastre, cherchèrent les moyens de conjurer de nouveaux dangers. Soutenus et encouragés par leur seigneur, ils ceignirent leur ville d'un large fossé et d'une muraille crénelée, flanquée de tours. Ces travaux de défense inspirant de la sécurité, le calme renaît : On se livre avec ardeur à l'agriculture, au commerce et à l'industrie. Des artisans, des ouvriers et des marchands viennent avec leurs familles se fixer dans cette ville qui leur assure la tranquillité. Ainsi s'expliquent la prospérité et le rapide accroissement d'Hénin à cette époque.

L'église d'Hénin avait souffert tant d'exactions qu'elle s'était placée, au X° siècle, sous la protection du suzerain ; en 1123, elle recouvra ses franchises et fut libérée de tout pouvoir séculier. Ces immunités furent confirmées par plusieurs comtes de Flandre et seigneurs du lieu.

En 1146, l'un de ces seigneurs donnait aux chanoines un vaste terrain pour la construction d'un monastère ; on y bâtit d'abord une chapelle *castrale*, c'est-à-dire fortifiée, puis, vers 1169, on y construisit une abbaye, où ces religieux se retirèrent. En 1187, était posée la première pierre de l'église abbatiale.

Les seigneurs Liétard III, Bauduin III et Jean prirent une part active et glorieuse aux premières croisades, où les suivirent beaucoup de leurs vassaux.

Hénin sous les comtes d'Artois (1191-1383). — Dans le cours de cette notice, nous parlerons avec détail des anciennes franchises municipales de cette ville et de ses institutions communales. Si nous les mentionnons ici, c'est pour rappeler qu'elles se développèrent surtout vers la fin du XIIe siècle et dans la première moitié du XIIIe.

Chaque semaine, se tenait un marché qui avait pris une grande extension ; on y venait des environs vendre ou acheter toutes sortes de marchandises, telles que draps, toiles, cuirs, pelleterie, passementerie, vins, grains, fruits, viande et poisson. Tout étalage était soumis à certains droits.

Le seigneur Bauduin IV vendit, en 1244, à Robert Ier, comte d'Artois, sa ville d'Hénin et tout ce qu'il y possédait en terres, marais et pâturages, avec les hommages que ses vassaux étaient tenus de lui rendre. Ainsi finit, après trois siècles d'existence, la longue lignée des premiers seigneurs héréditaires de ce lieu.

Après deux siècles et demi de bonheur et de prospérité, Hénin allait être soumis à un temps d'épreuves ; les années 1297, 1302 et 1307 furent funestes. Dans la guerre entre la France et la Flandre, Philippe le Bel, assiégeant Lille avec une forte armée, avait, en 1297, posté à Hénin, sous les ordres de Jacques de Fresnoy, un détachement chargé de protéger les alentours contre les courses fréquentes de la garnison de Douai, commandée par Guillaume, l'un des fils du comte Gui de Dampierre. Les Flamands s'étant présentés, Jacques de Fresnoy fondit sur eux à la tête de ses hommes d'armes ; mais dans l'action il fut tué, ainsi qu'une forte partie des siens et le reste mis en déroute. Les vainqueurs s'emparèrent alors de la ville, qui fut pillée, incendiée et presque démantelée. L'abbaye fut aussi dévastée.

On répara du mieux qu'on put les murailles ébréchées, afin de mettre la ville à l'abri d'un coup de main. Cependant la guerre se ralluma ; Philippe le Bel leva, en 1302, une armée formidable qui marcha contre les Flamands sous la conduite de Robert II, comte d'Artois et seigneur particulier d'Hénin. Robert, attiré dans les marais de Courtrai, y périt avec l'élite de la chevalerie française dans la Journée des éperons.

Les Flamands, aussi exaltés de leur victoire que Philippe le Bel était exaspéré de sa défaite, vinrent à la rencontre du roi, qu s'avançait jusqu'à Vitry, à la tête de 80,000 hommes. Ils se postèrent entre la rivière du Boulenrieu et le village de Brebières, d'où ils ne cessèrent de ravager les environs dépendant de l'Artois. Ils pillèrent Hénin et y mirent le feu ; presque tout ce qui restait de cette ville infortunée devint alors la proie des flammes. L'abbaye même fut détruite en grande partie par ces troupes indisciplinées, cruelles autant qu'avides de butin. Les deux armées restèrent longtemps en présence sans en venir aux mains ; enfin les Français se retirèrent. Les Flamands se portèrent sur leurs pas, enlevant leurs bagages et tuant leurs traînards ; à leur retour, ils brûlèrent encore une fois Hénin dont ils massacrèrent une partie des habitants. C'en était fait des défenses de la ville qui resta dès lors ouverte, ainsi exposée à toutes les agressions.

Ce qui précède se passait en 1302. L'année suivante, les Flamands continuaient avec fureur leurs dévastations en Artois ; ils pillaient et incendiaient Lens et d'autres villes, puis détruisaient par le fer et les flammes les donjons, les maisons de plaisance et quatre-vingts villages avec leurs moissons. Hénin et son château-fort ne furent pas épargnés.

Placé sur les confins de l'Artois, entre Arras et Lille, Hénin fut encore exposé aux passages des armées ; il le fut surtout en 1304, année de la sanglante bataille de Mons-en-Pévèle, et en 1315, quand Louis le Hutin, qui avait hérité de la haine de son père contre les Flamands, vint camper entre Lillers et Hénin.

Enfin, pendant près d'un siècle, cette ville si cruellement éprouvée jouit de quelque repos, ce qui lui permit de se remettre de ses grands désastres ; mais elle ne devait plus de longtemps retrouver son ancienne prospérité. Elle eut bientôt à défendre ses droits, priviléges et libertés contre les empiètements des comtes d'Artois, seigneurs de la baillie. De là de longues contestations portées au bailliage d'Amiens et au parlement de Paris. Plus tard, surgirent d'autres difficultés concernant notamment la nomination des échevins et l'administration de la justice, litiges réglés enfin par une transaction.

Hénin sous les ducs de Bourgogne (1383-1482). — Les fréquents passages de gens de guerre flamands et français causèrent de nouveaux dommages à Hénin, vers la fin du XIV° siècle. En 1411, Jean sans Peur y passait avec ses troupes flamandes. Dans les trois années suivantes, les Flamands, les Bourguignons et les Français traversèrent tour à tour cette pauvre localité qui se trouvait dans une telle détresse que ses habitants l'avaient abandonnée pendant trois mois, jusqu'à la conclusion de la paix. (*Arch. dép. du Nord.*) En 1416, il ne restait plus que 120 pauvres maisons; aussi, en 1424, le duc de Bourgogne Philippe le Bon exemptait-il les habitants de tout logement militaire et de toute contribution en nature pour les troupes en campagne. En 1438, une grande famine et une épidémie vinrent mettre le comble à la misère en enlevant la plus grande partie de la population. Cette situation déplorable s'était à peine améliorée qu'en 1471, un violent incendie dévorait une partie de la halle échevinale et bien des maisons épargnées par la soldatesque.

Peu de temps après, l'Artois était encore le théâtre de la guerre. Quand, en 1477, Louis XI s'empara d'Arras et de Lens, Hénin fut menacé de nouveaux malheurs ; aussi les habitants consternés s'enfuirent-ils à Douai. Cependant Marie de Bourgogne, leur bonne dame, pourvut leur ville d'une forte garnison sous le commandement du vaillant comte de Fiennes. Les Français se présentèrent devant Hénin, mais cette fois ils ne purent le prendre, quoiqu'il ne fût plus fortifié.

Dans leur fuite précipitée les échevins, qui avaient emporté ce que la commune avait de plus précieux, perdirent le scel aux causes et le contre-scel, représentant, l'un, un léopard couronné; l'autre, les armes de la ville, c'est-à-dire, un cheval au trot, sellé et bridé. Marie de Bourgogne leur permit d'en faire graver de nouveaux aux mêmes types placés en sens inverse.

En 1479, les Français de la garnison de Lens fondaient à l'improviste sur Hénin où ils mettaient encore une fois tout à feu et à sang. 75 maisons et une partie de l'église paroissiale devinrent la proie des flammes.

Hénin sous les princes des maisons d'Autriche et d'Espagne. (1482-1678). — Nous venons d'esquisser le tableau navrant des calamités subies par cette ville pendant tout le siècle que dura la domination des ducs de Bourgogne, ses seigneurs particuliers. Une ère nouvelle allait heureusement s'ouvrir pour elle ; et, certes, il en était bien temps. Néanmoins elle se ressentit encore de ses désastres : le milieu de l'église, fortement endommagé par l'incendie de 1479, s'écroulait avec fracas en 1483 ; il fut rétabli tant bien que mal l'année suivante au moyen d'un nouvel octroi.

Dès lors on oublie le passé pour jouir du présent et l'on se confie en la Providence. Les fêtes se succèdent ; ce sont de joyeux avénements à l'arrivée des seigneurs, des réjouissances, des cérémonies religieuses, des pèlerinages, des divertissements tels que fêtes des évêques des innocents et des fous, travestissements, joyeusetés, mystères et soties. Puis viennent les compagnies de liesse, entre autres celle du Roi des froidures, des confréries d'archers, d'arbalétriers et d'arquebusiers, diverses sociétés de jeux ; enfin les kermesses avec leurs danses, régals et libations.

Mentionnons deux personnages de cette époque qui contribuèrent à l'illustration d'Hénin et à sa prospérité. Le premier, Jean de Feucy, le plus signalé des abbés de ce lieu, qui gouverna le monastère depuis 1515 jusqu'en 1542, était judicieux, résolu, habile, ambitieux insinuant et fort éloquent. Il obtint, en 1517, de Charles-Quint la confirmation des priviléges, libertés et exemptions accordés à son abbaye par les comtes de Flandre, Charles le Bon, Thierri et Philippe d'Alsace. Le grand monarque l'appréciait si bien et l'estimait tant qu'il l'appelait son père d'Artois ; aussi l'avait-il choisi pour l'un de ses conseillers et l'avait-il souvent chargé de missions importantes. C'est ainsi que Jean de Feucy se rendit utile non-seulement à son couvent, mais encore à la ville même. Nous indiquerons à la fin de cette notice les principaux ouvrages qu'il a laissés.

Le second personnage est Oudard de Bournonville, seigneur de Capres et de la Hamaide. Il suivit la carrière des armes et se distingua, comme colonel d'un régiment de quinze enseignes, tant aux siéges de Mons et de Harlem que dans différentes batailles. Son mérite le fit nommer gouverneur et capitaine d'Arras, gouverneur de l'Artois, conseiller d'État d'épée et chef des finances aux Pays-Bas. Voulant récompenser ses longs et honorables services, le roi Philippe II lui donna, en 1579, la Baillie et le créa, en même temps, comte d'Hénin. Oudart favorisa de tout son pouvoir l'agriculture, le commerce et l'industrie de la localité, qui, en 1566, devait à son appui l'établissement d'une foire franche. C'est grâce à sa protection et à la grande considération dont il jouissait que la ville fut épargnée par les troupes répandues dans son voisinage et par celles qui ne cessaient de la traverser. Ce premier comte mourut à Bruxelles en 1585 et fut inhumé dans l'église paroissiale d'Hénin, après les funérailles les plus somptueuses dont le *Messager des Sciences historiques de Belgique* a publié un récit fort intéressant.

Quoique Hénin soit resté étranger aux persécutions religieuses de la seconde moitié du XVI° siècle, il éprouva cependant l'influence du fanatisme de cette lugubre époque. L'échevinage condamna aux flammes les personnes suspectées de sortilége.

La commune reprit, en 1587, le projet formé dès le XIII° siècle de canaliser une partie du marais au moyen du ruisseau de l'Eurin, depuis la sortie de la ville, où se trouvait un moulin à eau, jusqu'au lieu dit la Buise, c'est-à-dire jusqu'à la Deûle. Déjà l'on avait fait choix du terrain pour le rivage, mais Oudard de Bournonville avait cessé de vivre. Son successeur se joignit aux villes de Douai et de Lens pour s'opposer à l'exécution des travaux ; de là procès et abandon regrettable du projet.

Cependant la guerre se rallumait, et ce n'était pas sans raison que les habitants s'effrayaient de la présence continuelle des troupes, car ils étaient exposés nuit et jour à leurs rapines. Pour parer à de nouvelles dévastations, ils rétablirent les anciens fossés d'enceinte, les armèrent de palissades, placèrent des barrières devant les ponts, et mirent en état de défense la tour de l'église paroissiale, cette espèce de forteresse munie de mâchicoulis et de meurtrières. Le grand cimetière, qui tenait à l'édifice, fut entouré d'une haute muraille percée aussi de meurtrières. Ces mesures protégèrent alors Hénin, mais elles ne préservèrent pas l'abbaye d'un nouveau pillage. Plus tard, en 1667, année de la prise de Douai par Louis XIV, les gens de guerre ravageaient encore une fois la ville et se faisaient un jeu de piétiner ses archives.

Hénin sous la maison de France, depuis 1678 jusqu'en 1789. — Le traité de Nimègue, par lequel Hénin appartenait à la France, aurait rendu le repos à la ville, si les prétentions exorbitantes de ses seigneurs ne l'avaient jetée dans des procès qui durèrent tout le dernier quart du XVIIe siècle. Le comte voulait que le droit de haute, moyenne et basse justice lui appartînt ; que son bailli siégeât à l'hôtel-de-ville, et que les sentences fussent rendues à sa réquisition ; qu'au seigneur seul revinssent les amendes de 60 livres ; enfin que les enseignes de tous marchands et artisans portassent les armoiries comtales. La plupart de ces demandes finirent par être rejetées.

Hénin allait endurer bien d'autres misères dans la guerre de la succession d'Espagne, où la France eut à combattre à la fois l'Empire, la Hollande et l'Angleterre coalisés contre elle. En 1708, les alliés, commandés par le prince Eugène et par le duc de Marlborough, envahissaient l'Artois ; de leur côté, les Français s'y rendaient aussi, ayant à leur tête le maréchal de Villars. Dès lors, la ville fut souvent traversée par les troupes ; des échauffourées et des rencontres eurent lieu dans les alentours qu'on ne cessa de dévaster, malgré la défense d'y fourrager. En 1709, le maréchal de Villars fixa son quartier général à Annay où il laissa ensuite une partie de son armée, puis il établit une longue ligne de retranchements qui coupait en deux le territoire d'Hénin. Après la bataille de Malplaquet, les Français vinrent encore occuper cette ville et ses environs.

En 1710, pendant le siége de Douai, l'armée d'observation des alliés s'était portée entre Arleux-en-Gohelle et Vitry. Suivant les mouvements des Français, elle vint camper entre ce dernier village et Montigny-en-Gohelle ; elle s'y fortifia par des lignes larges et profondes, flanquées de redans munis de canons. C'est à Hénin qu'était le quartier général du prince Eugène ; le généralissime logeait à l'abbaye avec les députés des troupes hollandaises. Les Français s'approchèrent de la ville ; mais, quatre jours après, ils se retiraient sur Arras. Ainsi disparurent les probabilités d'une grande bataille qui pouvait être décisive. Pendant ces jours d'angoisses, les habitants d'Hénin s'étaient réfugiés dans l'église, après avoir conduit les chevaux et bestiaux dans le cimetière. Le danger passé, ils retournèrent dans leurs maisons, mais celles que les ennemis n'avaient pas abattues étaient pillées et ravagées. Il est presque inutile d'ajouter que toutes les récoltes avaient été anéanties.

En 1711, les alliés frappaient la commune d'une forte contribution mensuelle et les parties belligérantes continuaient de détruire ses moissons. L'année suivante, un mois après l'immortelle bataille de Denain, l'armée française campait à Hénin et son illustre chef séjournait à l'abbaye, où mourait le comte de Villars, son frère, qui fut inhumé dans la cathédrale d'Arras, après de grandes cérémonies funèbres décrites dans un *Registre aux mémoriaux du Conseil d'Artois*. (*Arch. dép. du Pas-de-Calais.*)

Encore un sinistre ! En 1719, un nouvel incendie, causé par imprudence, dévorait 80 maisons.

La paroisse fut alors et pendant longtemps agitée à l'occasion des questions religieuses ; le curé, nommé Salembier, moine de l'abbaye, qui, comme son couvent, rejetait les nouvelles doctrines émises par le P. Quesnel et Jansénius, fit en chaire des lectures contre le jansénisme. L'évêque d'Arras sévit aussitôt contre lui, le menaça des prisons de l'officialité, lui interdit tout office pastoral et le remplaça dans sa charge par un prêtre séculier ; mais le prélat fut blâmé partout, et l'église resta déserte tant que le calme fut rétabli.

Hénin fut jusqu'à la Révolution le chef-lieu d'un doyenné qu'on voit mentionné dès la fin du XIII° siècle. (*M. Hautcœur, cart. de l'abb. de Flines.*) Il se composait de trois districts : Hénin-Liétard, Arleux-en-Gohelle et Méricourt. Le premier comprenait : Auby, Beaumont, Courcelles-lez-Lens, Courrières, Cuincy, Dourges, Drocourt, Equerchin, Flers-en-Escrebieux, Hénin-Liétard, Lauwin-Planque et Noyelles-Godault. Le second : Athies, Arleux-en-Gohelle, Bailleul-sir-Berthould, Écurie, Farbus, Gavrelle, Givenchy-en-Gohelle, Neuville-Saint-Vaast, Oppy, Roclincourt, Thélus, Vimy et Willerval. Le troisième : Acheville, Avion, Billy-Montigny, Bois-Bernard, Eleu dit Leauwette, Fouquières-lez-Lens, Fresnoy, Liévin, Méricourt, Montigny-en-Gohelle, Noyelles-sous-Lens, Rouvroy et Sallau. (*Carte ms.*)

Le marais d'Hénin fut l'objet de longues discussions et de troubles dans la seconde moitié du XVIII⁰ siècle. Le sixième comte Jean-Baptiste de Durfort, duc de Duras, prétendit, vers 1750, qu'il avait droit au tiers de ce marais ; quoique sa demande fut injuste, il gagna le procès qu'il avait intenté à la commune. Son successeur, Emmanuel-Félicité de Durfort, dernier comte, fut maintenu judiciairement dans la propriété de ce tiers qu'il fit cultiver ; mais quand les récoltes furent presque mûres, elles furent complètement détruites par les habitants exaspérés. C'était le soulèvement contre le seigneur. Il fallait éviter une collision plus grave ; le parlement de Paris annula les arrêts et le roi révoqua ses lettres patentes. Cependant la Révolution arrivait à grands pas.

A la fin de mars 1789, les habitants, convoqués au son de la cloche, rédigeaient en 62 articles leur cahier de doléances qui fut porté à l'assemblée d'Arras par six d'entre eux, chargés de leurs pouvoirs. (*Arch. dép. du Pas-de-Calais.*)

Hénin pendant et après la Révolution. — Les anciennes institutions, l'organisation et la physionomie de la ville vont disparaître dans le cataclysme révolutionnaire. Les droits seigneuriaux et tous les priviléges sont abolis ; la noblesse est supprimée ; les biens de l'église et ceux de l'abbaye sont déclarés nationaux. Le monastère est fermé, vendu, puis démoli ; déjà presque tous ses religieux ont pris le chemin de l'exil où quelques émigrés ne tardent pas à les suivre. C'est donc pour la commune un changement complet, une ère nouvelle.

Lors de la délimitation, en 1790, des départements et de leurs divisions, Hénin, compris dans le Pas-de-Calais, fit partie du district d'Arras. Ce fut le chef-lieu d'un canton composé des neuf communes suivantes : Hénin-Liétard, Montigny-en-Gohelle, Courrières, Bourcheul, Dourges, Évin-Malmaison, Leforest, Courcelles-lez-Lens et Noyelles-Godault. Peu d'années après, ce canton était augmenté du village d'Oignies et de la ville de Carvin qui à son tour en devenait le chef-lieu pour continuer de l'être.

Après avoir été partagé par ménage, en 1791, le marais fut divisé par individu en 1793. Il fut dès lors mis en culture et produisit de belles récoltes.

L'église paroissiale avait encore, en 1792, un mobilier fort important qui comprenait les objets suivants, tous en argent ou en vermeil, dont plusieurs étaient artistement travaillés : Christ, grande croix, deux ostensoirs, l'un avec couronne, l'autre avec croix d'or, burettes, navettes, deux encensoirs, buste-reliquaire de saint Eloy, autre de saint Aubert et quantité d'ornements décorant plusieurs reliquaires. Avant d'être envoyés au district d'Arras pour être monnayés, ces objets sacrés furent la cause de troubles très-graves qui durèrent plusieurs jours. Un des moines de l'abbaye, Lamand, nommé curé constitutionnel et notable, s'était entendu avec le maire et quelques officiers municipaux pour en conserver une partie à l'église, mais ils furent dénoncés. Aussitôt éclata une émeute populaire dont le maire aurait été la victime sans l'arrivée d'un détachement venu de Lens, qui désarma la population et ne parvint à la calmer qu'en menaçant les plus mutins de les mettre à mort. (*Dossier de notre coll.*)

Bientôt après la commune craignant la présence des Autrichiens, arma de lances 250 de ses citoyens les plus braves ; ce qui prépara l'organisation d'une garde civique.

La terreur, qui fit couler des flots de sang à Arras, épargna Hénin, grâce aux dispositions et aux déclarations de la municipalité, d'après lesquelles il n'y existait « ni prêtre réfractaire, ni émigré, ni fauteur de royalisme, de fanatisme et d'anarchie. »

Dans les guerres continues que la République et l'Empire soutinrent si glorieusement pendant vingt-trois ans, Hénin supporta avec patriotisme les charges excessives qui pesèrent sur lui. Lorsqu'à tant de victoires succédèrent d'affligeants revers, il fut souvent traversé par les troupes françaises et alliées. C'est là que les mamelouks et un escadron de chasseurs de la garde impériale apprirent la déchéance et l'abdication de l'empereur. Ce lieu vit en 1815 les Prussiens, les Saxons, les Russes et les Anglais qui y séjournèrent tour à tour. 2000 Danois y cantonnèrent même pendant trois ans.

Après le départ des alliés, Hénin n'eut plus à essuyer de nouveaux malheurs. La paix lui avait enfin rendu le repos ; l'agriculture et le commerce lui donnèrent bientôt l'aisance. Mais ce qui depuis 1856, a contribué principalement à la prospérité toujours croissante de cette ville, c'est l'exploitation de ses mines houillères ; elle lui a procuré son chemin de fer et plusieurs établissements industriels fort importants.

SECONDE PARTIE.

SEIGNEURIES.—*Seigneurie principale appelée Baillie.*—Le plus ancien seigneur dont l'histoire locale fasse mention est Liétard Ier, dit Brochet, qui vivait en 950 ; il est depuis longtemps considéré comme le premier seigneur d'Hénin ; aussi son nom a-t-il été ajouté, dès le XVe siècle, à celui de cette localité, pour la distinguer d'Hénin-sur-Cojeul. Liétard 11, son fils, lui succéda vers 996. On trouve ensuite, mais on ne sait à quel titre, Robert, avoué d'Arras, qui, comme seigneur d'Hénin, y fonda, en 1037, un chapître de douze chanoines. Après lui, vers 1071, la seigneurie revint à la famille Liétard ; c'est ainsi qu'elle était possédée, en cette année, par Isaac Liétard, dit Brochet, époux d'Adde de Vermandois, qui fit partie de la première croisade, où il se signala par sa bravoure. A Isaac succéda, l'an 1096, Eustache, son fils, seigneur de Cuvillers, qui, après avoir fait l'hommage au seigneur d'Ardres, le refusa à son fils pour le rendre au comte de Flandre. Bauduin Ier, dit Brochet, sans doute frère du précédent, du moins son héritier, soutenu par le comte de Flandre, Thierri d'Alsace, maintint le refus d'hommage au seigneur d'Ardres. Il se montra libéral envers Hénin qu'il enrichit de fondations.

Bauduin Ier avait épousé Gerberge ; il en eut une fille unique nommée Marguerite ; elle s'unit à Simon d'Alsace, frère du comte Thierri, à qui elle apporta sa seigneurie. Une telle alliance dut contribuer puissamment à l'accroissement et à la prospérité d'Hénin. A Simon succéda, vers 1150, son fils Bauduin II d'Alsace, dit de Flandre, qui changea son surnom d'Alsace en celui d'Hénin. De son union avec Elisabeth, héritière de Philippe de Hainaut, seigneur de Sebourg, il eut Bauduin III, son successeur aux seigneuries d'Hénin et de Sebourg. Quoiqu'il fût père de dix enfants que lui avait donnés Marie, son épouse, Bauduin III voulut participer à la troisième croisade ; il vendit sa seigneurie d'Hénin à Jean, dit le Brun, son beau-frère, seigneur de Cuincy, puis il partit pour la Palestine. En 1207, il rentrait en possession de sa seigneurie par le décès de son prédécesseur, mort sans postérité après avoir aussi combattu en terre sainte. Bauduin III eut pour successeur son fils Bauduin IV, seigneur de Cuincy, mari de Mahaut d'Hamelincourt, dame de Fontaine. Celui-ci confirmait, en 1229, les priviléges, franchises et libertés d'Hénin ; dix ans après, il accordait à l'abbaye une ample confirmation de ses donations et priviléges. En 1244, il vendait, du consentement de son fils aîné, à Robert Ier, comte d'Artois, sa terre d'Hénin et tout ce qui lui appartenait en ce lieu, tant en terre qu'en marais et pâturages, avec les hommages qui en dépendaient. Après avoir ainsi appartenu à ce premier comte d'Artois, la seigneurie fut transmise à ses successeurs dans l'ordre suivant : 1249. Robert II, qui succomba si fatalement à la bataille de Courtrai. — 1309. Mahaut, épouse d'Othon, comte de Bourgogne. — 1329. Jeanne de Bourgogne, femme de Philippe V, dit le Long, roi de France. — 1330. Jeanne de France, mariée à Eudes IV, duc de Bourgogne. — 1347. Philippe de Rouvre, duc et comte palatin de Bourgogne. — 1361. Marguerite de France, veuve de Louis de Crécy, comte de Flandre.

La seigneurie fut recueillie, l'an 1382, par le comte de Flandre Louis de Male qui la laissa aux suivants de la maison de Bourgogne. — 1383. Marguerite de Flandre, épouse de Philippe le Hardi, — 1405. Jean Sans-Peur. — 1419, Philippe le Bon. Citons encore : en 1462, Antoine, bâtard de Bourgogne, et Philippe de Bourgogne, seigneur de Bèvres. Cette terre échut, en 1501, au descendant de ce dernier, Jacques de Coupigny, seigneur de la Fosse, ancien maître d'hôtel de l'empereur Maximilien d'Autriche, qui la laissa, en 1506, à son fils Adolphe de Coupigny. Elle fut transmise ensuite à Anne d'Autriche, fille naturelle de Maximilien, puis fit retour à l'empereur Charles-Quint ; après lui, Philippe II, son fils, en fut propriétaire, l'an 1549. Trente ans plus tard, il en disposait en faveur d'Oudart de Bournonville, seigneur de Capres, qu'il créait en même temps comte d'Hénin.

Oudart de Bournonville avait obtenu cette grande faveur en récompense des services qu'il avait rendus dans les guerres de France, pendant les troubles des Pays-Bas, et dans les charges importantes qu'il avait occupées. Il s'était uni à Marie-Chrétienne d'Egmont, grande d'Espagne ; il en eut le suivant, son héritier en 1585, Alexandre de Bournonville, époux d'Anne de Melun, chevalier de la Toison d'or, duc et pair de France, fut gouverneur des villes de Lille, Douai et Orchies. A celui-ci succéda, en 1656, son fils Alexandre-Hippolyte-Balthazar de Bournonville, décoré du collier de la Toison d'or, chambellan de l'empereur d'Autriche, général, gouverneur de Valenciennes, gouverneur et grand maréchal de l'Artois, prince de Buggenhout et vice-roi de Navarre. Il avait épousé Jeanne-Ernestine-Françoise d'Aremberg, qui lui donna Alexandre-Albert-François-Barthélemy de Bournonville, son héritier en 1690. Celui-ci, marié à Charlotte-Victoire d'Albert de Luynes, posséda 25 seigneuries, fut maréchal de camp, prit une part active à plusieurs siéges et assista à diverses batailles où il se distingua. Philippe-Alexandre de Bournonville, fils du précédent auquel il succéda en 1705, recueillit la plupart des titres de son père et fut mestre de camp de cavalerie ; il avait épousé Catherine-Thérèse de Grammont, et il mourut en 1727, sans laisser d'enfant.

Le comté d'Hénin fut dévolu à la sœur du précédent, Angélique-Victoire de Bournonville, qui l'apporta à son mari Jean-Baptiste de Durfort, duc de Duras, maréchal de camp, illustré par ses campagnes. Il passa enfin, en 1770, à Emmanuel-Félicité de Durfort, duc de Duras, fils de ces derniers, pair et maréchal de France, membre de l'Académie française, décoré des ordres du roi et de la Toison d'or, ambassadeur en Espagne et gouverneur de la Franche-Comté.

La Hamaide était la seigneurie secondaire d'Hénin. Son premier possesseur connu est Bernard Vacca ou du Bois, qui vivait en 1123; il eut une assez nombreuse lignée. Cette terre passa successivement dans les familles de Sombres ou Sombreck, de Waziers, de Coupigny, de Ranchicourt et de Bournonville. Oudart de Bournonville possédait ce domaine quand il reçut la baillie d'Hénin ; ces deux terres et leurs titres furent alors réunis pour n'être plus séparés.

INSTITUTIONS COMMUNALES. — Des franchises municipales précédèrent de beaucoup l'affranchissement de la commune d'Hénin. Déjà, par sa charte de 1196, le roi Philippe-Auguste confirmait les constitutions et les libertés octroyées à cette ville par le comte de Flandre, Robert de Jérusalem, avec le concours de ses barons, et approuvées, en 1144, par Thierri d'Alsace, son successeur médiat. En 1229, ces priviléges furent reconnus et augmentés par le seigneur Bauduin IV et ratifiés en la même année par le saint roi Louis IX.

Les lettres de Bauduin portent qu'Hénin tient depuis les anciens temps ses assises et communes ; que le seigneur ne peut ni ne doit conduire cette ville ; que les échevins peuvent changer à leur gré tous les bans et assises pour le bien commun. Elles ajoutent que les échevins choisissent leurs successeurs parmi les plus probes de la ville, en présence du seigneur ou de son préposé, qui reçoit le serment des nouveaux élus.

Gui de Châtillon et son épouse Mahaut, comtesse d'Artois, confirmèrent, en 1255, au nom de Robert II, fils mineur de cette dernière, les libertés de la ville. Ils attribuèrent aux échevins la connaissance de tous les crimes et voulurent qu'échevins et *manants* fussent régis par les usages et coutumes d'Arras, prescription qui ne fut pas suivie longtemps.

Relatons encore les confirmations suivantes des lettres du seigneur Bauduin IV : en 1280, par le roi Philippe-le-Hardi ; en 1292, par le comte d'Artois Robert II et, en 1472, par le duc de Bourgogne Charles le Téméraire, en qualité de comte d'Artois.

Dès le XIIIe siècle, les échevins, premiers magistrats de la ville, nommés pour un an, sont au nombre de douze. Ils sont législateurs et jugent sans appel toutes les affaires civiles et criminelles, car ils ont la haute, moyenne et basse justice. De plus, ils reçoivent tous actes et conventions auxquels ils donnent le caractère d'authenticité. Parmi eux, sont des apaiseurs, désignés pour les conciliations, les trèves et les assuréments. L'échevinage son clerc ou secrétaire.

Le bailli, lieutenant du seigneur, ne prend aucune part aux délibérations des échevins; il veille au maintien des libertés, priviléges, lois, coutumes et usages de la ville. Il poursuit les crimes, délits et contraventions et fait exécuter les jugements de l'échevinage. Il est assisté de son sergent.

Les autres employés de la ville : le sergent, les gardes-champêtres et les gardes de nuit complètent l'organisation municipale.

JUSTICE. — Les bans, lois, règlements et coutumes d'Hénin furent réunis, vers la fin du XIIIe siècle, en un recueil nommé : *Le Livre blanc*, curieuse et intéressante codification dont les dispositions ont été, sauf quelques changements et additions, observées jusqu'en 1789. Ce précieux recueil que conservent les archives municipales comprend les trois divisions suivantes :

Lois civiles. — Juridiction et compétence, jours fériés, non-comparution, demande en paiement, témoignage, testament, donation, démission de biens, succession, partage, constitution de rente, vente, bail et hypothèque.

Crimes, délits et contraventions. — Assassinat, meurtre, incendie, rapt, vol, escalade, coups et blessures, port d'armes, rixes, insultes, refus de trèves, circulation nocturne dans la ville, pâturage sur la terre d'autrui, maisons de jeu, rupture de ban, etc.

Droits et obligations de chaque profession. — Arpenteurs, aubergistes, barbiers, batteurs de blé, bouchers, boulangers, cabaretiers, charpentiers, commissionnaires, courtiers, couvreurs, cultivateurs, drapiers, fabricants d'huile, fileurs de laine, foulons, marchands de sel, meuniers au blé, meuniers au guède, pareurs, passementiers, pelletiers, poissonniers, revendeurs et tisserands.

Le droit laissé aux échevins de juger toutes les affaires en dernier ressort était exorbitant ; aussi la comtesse Mahaut y avait-elle, en 1255, porté atteinte en soumettant la loi d'Hénin à celle d'Arras. En 1451, le roi Charles VII tenta de restreindre ce pouvoir, et en 1466, Louis XI, son successeur, ordonna que les sentences échevinales seraient soumises à l'appel du bailliage d'Amiens. Avant cette époque, ce n'était pas chose facile que de toucher aux lois, franchises et libertés de la ville : à son joyeux avénement à Hénin, le duc Philippe le Bon, à la fois comte d'Artois et seigneur de la baillie, avait amnistié les bannis ; il dut révoquer son édit, sur les remontrances des échevins.

Après avoir envoyé au gibet de grands criminels, tels qu'assassins, meurtriers, incendiaires et voleurs, les échevins poursuivirent sans pitié, au XVI° siècle, tout ce qui leur semblait affecté de sortilége. Ne rappelons que les faits suivants : en 1534, un cheval est condamné et brûlé pour avoir étranglé un enfant ; en 1576, trois pauvres femmes sont livrées au bûcher comme sorcières ; en 1596, trois autres malheureuses subissent le même sort pour la même cause.

CHATEAU-FORT. — Cette forteresse, déjà mentionnée dans une charte de 1129, comprenait le terrain qui porte le nom de château et s'étendait vers le marais. Le donjon s'élevait sur une grande motte au pied de laquelle étaient les dépendances ; toute l'enceinte était défendue par des murailles flanquées de tours et par un fossé large et profond qu'alimentaient les eaux du ruisseau l'Eurin. C'était alors le boulevard de la ville et la partie principale de ses fortifications. Les murailles, ébréchées en 1297, furent détruites six ans après ; le manoir fortifié, qui, depuis 1244, appartenait aux comtes d'Artois, fut délaissé par leurs puissants successeurs. Le donjon ébranlé disparut à son tour et l'éminence servit à combler la plus grande partie du fossé qui l'entourait.

Quand, en 1579, Oudard de Bournonville fut créé comte d'Hénin-Liétard, il fit reconstruire le château ; mais ce ne fut plus qu'une simple habitation seigneuriale bien restreinte. Cette demeure, où résidèrent souvent Oudard et ses successeurs, était bâtie entre cour et jardin ; elle se composait : 1° d'un corps principal comprenant vestibule, salon, salle à manger au rez-de-chaussée, et plusieurs appartements à l'étage, et 2° de basse-cour, colombier, écuries, étables, remises et hangard.

Au moyen âge, Hénin possédait un autre château moins important : c'était celui de la seigneurie secondaire ou Hamaide ; il faisait face à la rue du Châtelet.

Enceinte de la ville. — Hénin, fut au XI° siècle, entouré d'une muraille avec meurtrières, qui englobait celle du château-fort. Cette ceinture flanquée de tours était fortifiée par un large fossé circulaire dont le bord extérieur était muni de palissades. La place avait cinq portes avec pont-levis, appelées les portes du Marché, de la Motte, de Neuvireuil, du Meunier et la Porte Dourgeoise. Ces défenses furent incapables de résister aux attaques des ennemis ; les murailles ébréchées, en 1297, par la garnison de Douai, étaient détruites, en 1302, par les Flamands révoltés ; elles ne furent plus relevées. On voit encore quelques restes du fossé, qui en certains endroits ont plus de 20 mètres de largeur.

Halle. — Il existait à Hénin, dès le commencement du XIII° siècle, une halle où se tenaient tous les lundis des marchés importants ; elle était située presque en face de l'hôtel-de-ville actuel. C'était un bâtiment quadrangulaire, composé, à l'intérieur, d'une suite d'arcades romanes soutenues par des piliers. Le centre avait été laissé vide pour la circulation et le dépôt des marchandises. La façade principale, surmontée d'un beffroi, était plus élevée que les autres côtés ; elle était percée de fenêtres ornées de riches verrières dont une portait les armes de la baillie. C'est dans de grandes salles de cette aile que se tenaient les plaids généraux et les réunions échevinales. Le monument subit les malheurs du temps : dévasté et incendié dans les années 1297, 1302, 1471 et 1477, il menaçait ruine ; il fut fermé, puis démoli.

Il ne resta que l'Hôtel du Poids, placé près de là, qui continua de servir au mesurage et à la pesée des marchandises.

Hôtel-de-ville. — Cet édifice construit d'abord, vers 1480, avec une partie des matériaux qui provenaient de la démolition de la halle, était fort simple, bien qu'il eût une tourelle et de belles fenêtres ogivales à meneaux. Il fut incendié vers 1594 et se délabra bien vite ; aussi dura-t-il moins de trois siècles. (*Arch. dép. du Pas-de-Calais.*) Sur son emplacement s'éleva, en 1775, l'hôtel de ville actuel, bâti d'après les plans de l'architecte Adrien Gillet, d'Arras. Ce nouvel édifice, tout modeste qu'il est, suffit à sa destination. Deux larges portes dont la partie supérieure est demi-elliptique s'ouvrent sur les côtés de la façade ; le milieu est occupé par trois fenêtres en plate bande et au centre se trouve une grande tribune. Ce rez-de-chaussée renferme un large escalier, la demeure du concierge, la salle des archives, le dépôt des pompes à incendie, une salle de police et un jardin. L'étage a cinq fenêtres ; celle du milieu donne sur un balcon que portent deux grandes consoles largement sculptées dans le style élégant Louis XV. Une grande salle de réception, la salle du conseil municipal et le bureau du secrétariat composent cette seconde partie du bâtiment. Un campanile avec abat-son est placé sur le toit ; il loge une cloche provenant de la chapelle de la maladrerie, sur laquelle on lit : *Omnis spiritvs lavdet Dominvm.*

Nous venons de mentionner la salle des archives ; il convient d'y revenir. Autrefois, pour l'ouvrir, il fallait la présence simultanée de l'ancien maire, du maire en exercice et du bailli, qui avaient chacun une clef particulière. Ce dépôt, forcé pendant la Révolution, renferme ce que les incendies, l'incurie et la cupidité nous ont laissé d'archives antérieures à 1790. Ce sont : premièrement, le Livre-Blanc, recueil très-précieux des bans, lois, coutumes, statuts et règlements de la ville ; secondement, des Chartes, Titres et Documents dont l'inventaire a été commencé par nous et continué par M. Giry, attaché au département des manuscrits de la bibliothèque nationale ; et troisièmement, 250 volumes que nous avons classés avec l'obligeant concours de feu l'archiviste Godin, notre regrettable ami. Ces volumes comprennent : 1° Contrats passés devant les échevins ; 2° 193 comptes municipaux ; 3° Actes d'administration municipale ; 4° Comptes des impôts ; 5° Comptes des tailles ; 6° Comptes des centièmes ; 7° Comptes des miliciens ; 8° Plaids de l'échevinage ; 9° Causes de l'échevinage ; 10° Dictums civils et criminels ; 11° Audiences ; 12° Comptes des maisons de charité ; 13° Comptes des biens et revenus de l'église ; 14° enfin Comptes des biens et revenus de cinq chapelles.

ETABLISSEMENTS CHARITABLES. — La *Maladrerie*, précédemment appelée Léproserie, Ladrerie et Maison Saint-Ladre, était un hôpital important fondé, l'an 1170, par Bauduin d'Alsace, seigneur d'Hénin, et enrichi tant par ses successeurs que par les habitants de la ville, pour recueillir les lépreux et les malades atteints d'affections contagieuses ou incurables. Elle était située hors de la ville et à l'endroit où fut le calvaire, c'est-à-dire à la droite de l'entrée du chemin de Dourges. Il s'y trouvait une chapelle où la messe était chantée quatre fois la semaine par un religieux de l'abbaye. Cette maison fut supprimée par édit de 1693 ; cinq ans après, tous ses biens et revenus servaient à former un nouvel hôpital que Louis XIV venait de créer à Hénin pour les malades pauvres. La chapelle resta seule debout jusqu'à la Révolution ; c'était un petit édifice de sept mètres de longueur et d'une largeur à peu près égale, qui avait quatre grandes statues en pierre blanche, placées près de l'autel.

L'hôpital Saint-Jean-de-Jérusalem, ouvert aux malades, aux infirmes et aux vieillards, fut fondé au commencement du XIII° siècle par un seigneur d'Hénin, avant son départ pour la croisade. Il était bâti sur l'ancienne place, au lieu même où l'on voit la maison de refuge. Il fut, en 1663, reconstruit fort simplement et sans étage ; il se divisait en cinq demeures particulières avec grande cour et vaste jardin. Les fenêtres de chêne étaient d'un bel effet : séparées par un montant, elles se terminaient par deux arcades cintrées que soutenait une console sculptée avec goût. Cet établissement devint, en 1698, l'hôpital d'Hénin et réunit à ses biens et revenus ceux des autres maisons charitables qui avaient été supprimées. Les maire et échevins continuèrent d'en être les administrateurs.

L'Hôpital des Ribauds, dont il est souvent question dans les titres du XV° siècle et du XVI°, était situé dans la rue de l'Abbaye ; il avait été reconstruit en 1612 et servait de succursale à l'hôpital

Saint-Jean. C'est sur son emplacement que s'est élevée, en 1856, la nouvelle école communale de garçons.

La Maison de Charité du Saint-Esprit, créée au commencement du XIIIe siècle, était un bureau de secours pour les indigents et les orphelins. Elle possédait des biens fort importants qui dépendent maintenant du bureau de bienfaisance.

Béguinage.— Cette maison religieuse, qui était située derrière l'église, remontait aussi au commencement du XIIIe siècle ; elle se composait de plusieurs demeures et d'un oratoire. Elle fut supprimée en 1693.

Maison de refuge.—Ce nouvel établissement, dont la superficie est de 38 ares, tient lieu de l'hôpital Saint-Jean. Construit en 1844, d'après les plans de M. de Bailliencourt, architecte à Béthune, pour servir d'école communale de garçons, il n'eut cette destination que jusqu'en 1856 ; il fut alors transformé en maison de refuge. Le bâtiment principal présente, au rez-de-chaussée, huit fenêtres entre deux grandes portes, et dix fenêtres à l'étage ; l'intérieur comprend : cuisine, réfectoires, dortoirs avec trente lits, lingerie et chapelle. Les ailes renferment le logement des religieuses Augustines qui dirigent cet hospice, des appartements réservés aux malades payant et la salle des séances du bureau de bienfaisance dont les revenus s'élèvent à plus de 29,000 francs.

ÉGLISE PAROISSIALE. — Comme nous avons donné la *Description de l'église d'Hénin-Liétard* dans la *Statistique monumentale du Pas-de-Calais*, nous pourrons plus facilement l'abréger ici. Résumons d'abord les principaux faits historiques concernant ce monument. On peut admettre que, vers l'an 360, saint Martin évangélisa Hénin et y fit élever une chapelle ; mais on doit supposer aussi que ce lieu retomba bientôt dans l'idolâtrie, car c'est seulement vers le milieu du VIIe siècle, qu'il pratiqua le christianisme. Saint Aubert, évêque d'Arras et de Cambrai, vint y annoncer la parole divine et y fit construire, en 668, une église sous l'invocation de saint Martin. Cet édifice fut saccagé, en 881, par les Normands. Vers 1040, Gérard de Florines, autre évêque d'Arras et de Cambrai, fit rétablir le monument et lui donna une telle importance que Balderic, auteur contemporain, l'appelle basilique. Cette église devint alors collégiale et le fut jusque vers 1169.

Dans le X° siècle, pour échapper à des vexations fréquentes, l'église d'Hénin s'était mise sous la protection de son seigneur, aliénant ainsi ses immunités. Elle recouvra, en 1123, ses franchises qui lui furent souvent confirmées depuis et fut ainsi libérée de toute autorité séculière. Chacun de ses seigneurs qui se croisa lui fit d'importantes libéralités et le comte de Flandre, Thierri d'Alsace, se déclara son avoué ou défenseur. Le monument fut réédifié en grande partie vers 1150. En 1297 et en 1302, les Flamands l'incendièrent ; en 1479, les Français le brûlèrent à leur tour. Le milieu s'étant écroulé quatre ans après, fut bientôt reconstruit solidement, mais grossièrement et sans voûte.

L'église protégée par les anciennes défenses du château et par la muraille du cimetière, qui était percée de meurtrières, était restée le seul fort de la ville. Avec ses mâchicoulis et ses meurtrières échelonnées, la tour pouvait encore opposer certaine résistance et couvrir le reste de l'édifice ; aussi, quand le danger approchait, les habitants se réfugiaient-ils dans le lieu sacré. Les plus braves et les plus valides se postaient dans la tour et dans le cimetière, prêts à se servir de leurs armes. Ainsi s'explique une partie des malheurs éprouvés par le monument sur lequel on voit encore des traces d'attaque et de défense. C'est surtout dans l'espace de 1708 à 1712, temps de guerre si funeste à Hénin, que l'église servit de refuge aux habitants.

Pendant les mauvais jours de la Révolution, la maison de Dieu fut transformée en salpêtrière ; c'est du haut de la chaire que les délégués du directoire publiaient les lois et les décrets.

La paroisse d'Hénin, dont le patron a toujours été saint Martin, n'a cessé de faire partie du diocèse d'Arras. Elle fut desservie jusqu'en 1790 par un curé et deux vicaires, tous religieux de l'abbaye, et par un troisième vicaire ou chapelain, prêtre séculier, que nommait l'évêque. Elle a été érigée en cure de seconde classe en 1847.

L'église d'Hénin, qui a été récemment classée parmi les monuments historiques, peut être considérée comme une des plus remarquables de la contrée. La partie ancienne est d'autant plus importante qu'elle présente un fort curieux exemple de transition du plein cintre à l'ogive. En effet, elle offre les caractères les plus tranchés de la dernière période de l'architecture romane et montre en même temps, d'une manière fort nette, les commencements de l'art ogival.

Le plan de l'édifice rappelle ceux des basiliques du XIIe siècle ; ce monument qui affecte la forme d'un long rectangle terminé en hémicycle, se compose d'une tour, de trois nefs, d'un chœur et d'une chapelle en hors d'œuvre.

La tour carrée, haute de 41 mètres, est flanquée de huit contre-forts divisés en huit étages et terminés par des larmiers. La base en grès renferme un magnifique portail du XIe siècle, au-dessus duquel surplombent deux mâchicoulis établis au XIIIe. La partie supérieure, construite en pierre de taille à la fin du XVIe siècle et portant la date de 1600, comprend une grande fenêtre décorée autrefois d'une verrière aux armes d'un comte d'Hénin, sur trois faces une petite baie et de chaque côté un cadran et trois abat-vent. Sur la plate-forme, entourée d'une galerie à balustre, s'élève un toit fort bas, terminé par une longue croix de fer.

Le portail, d'une architecture à la fois sévère et grandiose, se compose d'un grand cintre garni d'un tore et d'une gorge reposant sur deux colonnes. Ce cintre en encadre deux autres qui retombent sur trois colonnes. Le chapiteau en grès de la colonne centrale forme une corbeille d'où sortent quatre larges feuilles recourbées avec grâce ; il porte une figure grimaçante, espèce de masque bizarre qui a bien le cachet du XIe siècle. Les autres chapiteaux qui sont en pierre de Tournai, présentent les mêmes caractères et la même forme, mais la face y est remplacée par un ornement trifolié emprunté à la flore du pays. Les fûts, peu élevés, sont monolithes et en grès. Les bases des colonnes, aussi en grès, sont formées de deux moulures cylindriques séparées par une large gorge et d'un socle carré. Sur trois de ces bases, on remarque des feuilles enroulées avec goût.

La partie ancienne du monument est construite en grès et en pierre de taille. La vue extérieure présente trois nefs, la grande fort élevée, les autres assez basses. Les appuis correspondant aux retombées des voûtes de la nef majeure sont des contre-forts avec arcs-boutants, tandis que les autres ne sont plus que des pinacles. Les collatérales, assez bien conservées, offrent les mêmes dispositions et les mêmes caractères ; les deux premières travées ont été, au XV° siècle, haussées d'un mur en briques avec meurtrières. Les quatre fenêtres de chaque face sont cintrées et entourées de deux retraites, l'une plate, l'autre à pan coupé. Un bandeau saillant à double biseau court à la hauteur du cintre qu'il encadre. Au-dessus règne une ligne de petites arcades ogivales, simples ou décorées de zigzags, supportées par des corbeaux où sont sculptés des sujets variés, tels que billettes, figures drolatiques, têtes de diables et d'animaux, oiseaux, fleurs et feuilles. Cette arcature souvent endommagée est couronnée d'une large corniche composée d'un filet avec biseaux et tore.

L'étage supérieur qui fait partie de la grande nef est, de chaque côté, percé de deux baies légèrement ogivales, ornées d'un tore et de deux gorges séparées par une feuillure. Ces fenêtres sont encadrées dans le haut par une astragale découpée en feuilles élégantes, qui suit en ligne droite. Là se remarque clairement la transition d'un style à l'autre : à côté d'une baie romane, on voit une fenêtre qui commence à prendre la forme ogivale. Les corniches sont presque les mêmes que celles des bas côtés, mais elles sont mieux décorées ; les archivoltes sont plus riches et dans leurs ogives figurent de singulières têtes d'hommes et de diables, des plantes et d'autres ornements.

L'intérieur de la grande nef présentait autrefois un ensemble admirable dont ce qui en reste ne peut donner qu'une idée bien imparfaite. De chaque côté, de minces et gracieuses colonnes isolées ou groupées en faisceau s'élancent majestueusement du sol jusqu'à la retombée de la voûte. Chaque travée est formée de deux colonnes avec arcade romano-ogivale garnie de deux tores et d'une gorge. Au-dessus règne un triforium qui comprend un grand cintre et trois arcades à ogive romane, portées par quatre légères colonnettes. La partie supérieure se compose d'une baie profonde presque cintrée qu'entourait une nervure de l'ancienne voûte. Les chapiteaux des colonnes et ceux des colonnettes sont de même forme : ils se composent de quatre crochets posés sur un tailloir carré, rabattu en gorge.

Les nefs latérales, étroites et basses, se ressemblent et les travées sont presque les mêmes ; cependant les faisceaux de colonnes qui se trouvent, de deux en deux travées, dans la nef majeure, ne se répètent que dans le bas côté droit. Là les arcs-doubleaux sont formés de deux tores parallèles entre lesquels on voit souvent une gracieuse guirlande de fleurs à quatre lobes. Malheureusement par suite des guerres, cette importante partie de l'édifice a subi des changements qui ont modifié son ordonnance et altéré son caractère; c'est ainsi que les centres ne correspondent plus entre eux. L'une et l'autre des collatérales ont leurs colonnes d'un tiers engagé portant cinq arcs-doubleaux dont les points d'intersection sont ornés de rosaces où sont sculptés l'Agneau de Dieu, des fleurs et des feuilles. Les chapiteaux sont fort variés ; de larges tailloirs carrés et évasés sont posés sur les corbeilles où se voient quatre feuilles largement découpées se terminant en crochets, des feuilles à bordures rabattues et dentelées, trois rangs de feuilles, des feuilles trilobées à nervures et une tête d'animal entre crochets décorés. Dans chaque travée s'ouvre une baie à plein cintre pratiquée dans l'épaisseur du mur ; elle est garnie d'un tore dont le galbe est très-remarquable. Comme elles sont majestueuses et monumentales ces fenêtres qui donnent une lumière si pure et si abondante au moyen d'une simple coupe en biseau !

La seconde partie des nefs, si grossièrement restaurée au XVe siècle, comme nous l'avons dit plus haut, a été, en 1870, reconstruite de nouveau, dans le style roman de transition de la première, sous la savante direction de M. Carré fils, d'Arras. Malgré la modicité des ressources dont il pouvait disposer, cet architecte a su tirer le meilleur parti de ce travail difficile. Nous devons ajouter ici que cette œuvre de restauration intelligente a trouvé le plus grand appui dans le zèle et le bon goût de M. le chanoine Van Drival, membre de la Commission des Bâtiments, qui s'est souvenu en cette circonstance qu'il avait exercé autrefois le saint ministère dans cette église.

Lors de la première reconstruction de cette portion du monument, on craignit avec raison l'effet des arcs-boutants voisins. C'est alors qu'on éleva au milieu de la nef majeure cette énorme arcade ogivale qui la dépare encore. Que n'est-il possible de faire disparaître cette lourde maçonnerie et de rendre ainsi à cette nef le caractère de grandeur que lui donnaient jadis la régularité, l'unité de son style et la symétrie de ses dispositions ! Dans le bas de cette arcade sont incrustés un marbre noir énumérant diverses fondations pieuses d'un chanoine de Béthune, né à Hénin, les belles pierres tombales en marbre blanc des abbés Dambrines, Dujardin et Dapvril du monastère d'Hénin et celle du douaisien Pierre-Joseph Flament, habile sculpteur ornementiste établi en cette dernière ville.

Le chœur reconstruit en 1785, aux frais de l'abbaye d'Hénin, a de vastes et belles proportions ; il est de la largeur de la grande nef, en hémicycle et de style grec. Les huit colonnes qui l'entourent portent sept arcades en cintre surbaissé. Entre les corniches et la naissance de la voûte en forme d'anse de panier, se trouve un soubassement orné de dés ; des tables saillantes avec losanges décorent les intervalles. Les chapiteaux, moulures et entablements sont d'ordre dorique.

On remarque dans le chœur les trente-six magnifiques stalles en chêne que Pierre-Joseph Flament avait sculptées pour l'abbaye moyennant 9000 livres ; le prie-Dieu des deux principales est un chef-d'œuvre de composition et de décoration. Notons aussi que le maître-autel, provenant également de ce monastère, a été remplacé depuis peu par un grand autel en pierre de Chauvigny exécuté avec art par M. Buisine, de Lille, dans le style architectural du commencement du XIII° siècle. La face se compose d'arcatures trilobées formant cinq niches où sont placées les statues de Notre-Seigneur et des quatre évangélistes, tous cinq assis. Dans le retable sont sculptés deux hauts-reliefs représentant, l'un, l'arche d'alliance, l'autre, la grappe de raisin rapportée de la terre promise. Le tabernacle est surmonté d'un dais que couronne un riche pinacle.

La chaire en chêne bruni, autre œuvre du même artiste, rappelle aussi le style roman. Sur la partie principale de la cuve hexagonale se dessinent trois arcades portant le Sauveur qui enseigne et les apôtres Pierre et Paul. L'abat-vent, de même forme, se termine par un clocheton avec arcatures et tourelles.

Avant la Révolution se trouvait dans le chœur un superbe mausolée d'albâtre et de marbre ; c'était celui d'Oudard de Bournonville, premier comte d'Hénin. Le personnage dont les cendres reposaient dans le caveau de l'église, était représenté de grandeur naturelle, vêtu d'une armure de toutes pièces, étendu sur une grande table de marbre noir, entouré de tous ses quartiers de noblesse. Ce support était lui-même soutenu par quatre lions avec écussons. Sur une seconde table gisait la statue nue du même seigneur entourée de quatre statuettes : la Foi, l'Espérance, la Charité et la Noblesse. Ce monument fut, pendant la tourmente révolutionnaire, brisé et jeté pêle-mêle dans le caveau creusé sous le maître-autel ; ce qui en reste fait partie du Musée d'Arras à qui nous l'avons offert.

La nef latérale, qui tourne autour de l'abside, est éclairée par quatre fenêtres beaucoup plus grandes que les autres ; elle renferme quatre beaux confessionnaux sculptés par Flament et deux bons tableaux, l'un, de M. Félix Devigne, de Gand, représentant saint Martin donnant la moitié de son manteau ; l'autre, le repos de la Sainte Famille en Egypte, attribué à Van Ost jeune.

La chapelle de la-Sainte Vierge, en saillie à l'extrémité de l'église, a été construite en même temps et dans le même style que le chœur. Elle est entièrement peinte et décorée de deux vitraux ayant pour sujets l'Annonciation et l'Adoration des mages.

En terminant, citons encore : 1° la partie ancienne du buffet d'orgue qui rappelle le style de la renaissance et dont on admire l'encadrement avec modillons, la corbeille de fruits en cul-de-lampe et les six pilastres d'ordre corinthien ; 2° un Christ fort ancien, haut de 2 mètres 15 centimètres ; 3° un bas-relief en chêne, représentant la Cène ; 4° deux curieux reliquaires de même forme, aussi en chêne, renfermant les restes de sainte Probe et de sainte Germaine.

ABBAYE. — Ce monastère de l'ordre de saint Augustin, affilié à la congrégation d'Arrouaise, fut quelquefois appelé Notre-Dame-sous-Eurin. Un de ses abbés, Bauduin de Glen, en a écrit l'histoire sous ce titre : *Historia abbatum monasterii henniacensis*, ouvrage inédit qui se trouve à la bibliothèque de la ville d'Arras.

Voici la liste des 44 abbés de ce couvent, dans l'ordre et avec l'année de leur nomination :

1088. Étienne. — 1121. Hugues. — 1129. Jean Ier. — 1160. Ingebrand. — 1180. Lanvin. — 1192. Simon. — 1194. Bauduin. — 1215. Jean II. — 1217. Wicard. — 1229. Vulric. — 1230. Jean III. — 1262. Jacques. — 1282. Guillaume de Dechy. — 1284. Pierre. — 1302. Lambert. — 1307. Richard du Wez. — 1326. Jean de Fampoux. — 1329. Bernard de Croisilles. — 1351. Gautier de Bouchain. — 1369. Pierre de Marque. — 1379. Enguerrand de Mastaing. — 1389. Jean Poulain. — 1397. Jean de Paris. — 1407. Jacques Chevalier. — 1419. Jean Billet. — 1434. Jean de la Tramerie. — 1445. Melchior Loucepois. — 1453. Charles Voiturier. — 1455. Abel Canel. — 1456. Jean Breton. — 1474. Jacques Levasseur. — 1515. Jean de Feucy. — 1542. Pierre Boucher. — 1546. François de Glen. — 1563. Bauduin de Glen. — 1594. Pierre de Boisrond. — 1610. Simon de Gouy. — 1616. Robert Malebranque. — 1653. Guillaume Deschamps. — 1661. Augustin Hossard. — 1699. Charles Dambrines. — 1729. Bernard Dujardin. — 1752. Laurent Dapvril. — 1769. Benoît Sproit.

Comme on l'a vu précédemment, Robert de Béthune, seigneur d'Hénin, avait fondé en ce dernier lieu, vers 1040, un chapitre de douze chanoines. Bauduin Ier, un de ses successeurs, et Gerberge, sa femme, donnèrent, en 1146, à ces religieux un grand terrain pour la construction d'une abbaye. Ceux-ci y érigèrent d'abord une chapelle *castrale*, puis un couvent qu'ils habitèrent vers 1169 et, en 1187, ils commencèrent leur église conventuelle. Ce monastère admit des sœurs converses qui formaient, pour ainsi dire, une communauté religieuse à part sous les ordres de l'abbé, mais ce fut pour peu de temps.

L'abbaye reçut de plusieurs seigneurs d'Hénin et de quelques comtes de Flandre des libéralités importantes, des priviléges et des immunités que lui confirmèrent des évêques, des archevêques et des papes. Quoique notre cadre soit trop restreint pour retracer l'histoire de ce couvent, nous ne saurions passer sous silence les dévastations que lui firent endurer les soldats en campagne, toujours prêts à ruiner les maisons religieuses. L'abbaye fut pillée et incendiée, notamment en 1297 et 1302, de 1411 à 1414, en 1558, en 1667, enfin en 1708 et dans les trois années suivantes. C'est ce qui décida les religieux à acquérir deux maisons pour s'y retirer en cas de danger, l'une, à Douai, rue des Vierges ; l'autre, à Arras, rue des Casernes.

Ce monastère logea, en 1710, le prince Eugène de Savoie et, deux ans après, le maréchal de Villars qui y perdit le comte de Villars, son frère.

L'abbaye située à l'extrémité d'Hénin, à la droite du chemin de Courrières, contenait 14 mesures ou 6 hectares qu'entourait une muraille baignée par le ruisseau l'Eurin. On y entrait par une magnifique porte en fer à cheval ; vis-à-vis étaient plusieurs salles, le parloir, le dortoir, la bibliothèque et le quartier de l'abbé. Au delà se trouvaient le chapitre, un beau réfectoire et la cuisine. A la droite de l'entrée se présentaient une cour et une belle basse-cour ; à la gauche s'élevait l'église conventuelle ; puis s'étendaient une grande cour, quelques bâtiments, un vaste potager et plusieurs jardins d'agrément.

L'église datait du XII° siècle, mais à plusieurs reprises on y avait fait des changements importants qui en avaient altéré l'ensemble. Elle formait une croix latine et n'avait qu'une nef ; le portail était surmonté d'une petite tour avec flèche. Le chœur allongé se terminait à angles droits. Le maître-autel était décoré d'un bas-relief en bois doré, qui se fermait avec quatre feuillets ornés de belles peintures ; près de là se trouvaient deux autels dédiés, l'un, aux saintes Probe et Germaine ; l'autre, à saint Augustin, patron de l'abbaye. Dans les transepts terminés en hémicycle, on voyait, à gauche, l'autel de la Sainte Vierge, éclairé par quatre fenêtres ornées de vitraux ; de l'autre côté, celui de saint Blaise, où l'on venait en pèlerinage. L'église, entièrement peinte, était décorée de plusieurs tableaux anciens; on allait la reconstruire quand la Révolution éclata.

L'abbaye comprenait en dernier lieu l'abbé et vingt religieux, tous prêtres. Déclarée propriété de l'État en 1790, elle fut, à la diligence du procureur-syndic du district d'Arras, adjugée deux ans après, moyennant 29,060 livres, à neuf individus qui démolirent les bâtiments et se partagèrent le fonds. En 1791, tout le mobilier avait été envoyé à Arras. Les vases sacrés et tous les autres objets d'argent servant au culte furent monnayés; la bibliothèque renfermant des manuscrits fort précieux fut livrée à l'armée; enfin les chartes, titres et registres furent brûlés publiquement.

Les armes de l'abbaye étaient : *Au fond de gueule à une bande d'or traversante.*

CALVAIRE. — Près de la grande chaussée, à la droite de l'entrée du chemin de Dourges, sur un tertre entouré d'une muraille avec entrée, s'élevait un grand calvaire planté au commencement du XVIIIe siècle, après une mission donnée par le Père du Plessis. Il fut longtemps l'objet d'une profonde vénération. Vendu l'an 1793 en onze lots pour 105 livres, il était démoli presque aussitôt. Le Christ conservé et caché fut replacé, en 1808, sur une nouvelle croix. Ce calvaire entièrement restauré en 1837, fut supprimé en 1864. La *Mater dolorosa* qu'on voyait au pied de la croix, décore la base du beau calvaire en fonte du nouveau cimetière.

CHAPELLES. — Hénin en comptait encore neuf en 1860; il n'en reste plus que six : Notre-Dame de Consolation; Notre-Dame des Sept-Douleurs; Notre-Dame de Grâce; Saint-Joseph; Dieu flagellé et Saint-Roch. La dernière, placée presqu'en face du nouveau cimetière, est la seule remarquable; elle a été reconstruite, en 1850, dans le style ogival, d'après le plan du regrettable Alexandre Grigny, l'éminent architecte d'Arras.

MAISONS PARTICULIÈRES. — On retrouve des restes d'architecture Louis XIII dans une dépendance de la maison de Mlle Caullet, sise rue de l'Abbaye. Ce sont des fragments de façade avec chaînes de pierre blanche et remplissage en briques, rappelant assez bien le jeu de couleurs des anciennes habitations de la place Dauphine, à Paris. Dans la rue de Rouvroy est la maison de campagne de M. Charlon, belle demeure moderne entre cour et vaste jardin, dont l'ensemble extérieur traité avec simplicité a le cachet du style de la renaissance. Il est un édifice dont l'aspect original attire tous les regards, c'est la maison de plaisance de M. Gruyelle, maire d'Hénin. Ce bâtiment important et très-ornementé, situé non loin de la gare, a été récemment construit en briques, sous la direction de M. Carré fils ; il comprend trois étages et un toit fort élevé, couronné par une crête formant galerie. Ses nombreuses tourelles rappellent le moyen âge ; la façade et le portique sont de style roman, tout en offrant des réminiscences mauresques.

MARAIS COMMUNAL. — Jusqu'en 1740, Hénin et Courrières avaient joui indivisément d'une grande partie de leurs marais ; chacune de ces communes eut alors sa part. Le marais d'Hénin, dont la contenance est de 250 hectares, a une longueur de plus de 5 kilomètres ; il est coupé par le canal de la Deûle vers son extrémité qui touche au village d'Oignies. Il était autrefois traversé par le ruisseau l'Eurin qu'à plusieurs reprises on projeta de rendre navigable ; il fut, du reste, impraticable bien longtemps ; aussi était-ce à l'aide de barquettes que les habitants de Courrières et de Dourges pouvaient par là correspondre entre eux. On y extrayait une grande quantité de tourbes dont il se faisait un commerce étendu. Il fallut la canalisation de la Deûle, terminée en 1690, pour dessécher cette terre et la rendre cultivable. Le seigneur prétendit pouvoir s'attribuer une partie du marais par voie de triage ; de là des troubles et de longues contestations auxquelles la Révolution mit fin. Ce marais fut partagé en 1791 par ménage et deux ans après, par individu.

L'EURIN était un cours d'eau qui prenait sa source à Hénin ; il suivait les fossés de la ville, puis il faisait mouvoir un moulin au lieu dit la Planchette ; ensuite il coulait autour de l'abbaye, appelée pour cette cause Notre-Dame-sous-Eurin. Ce ruisseau descendait par le marais vers Bourcheul et Harponlieu jusqu'au lieu dit la Buise ; la canalisation de la Deûle le mit à sec. (*Carte ms. de 1643 ; Le P. Ignace, Add. aux Mém.*)

AGRICULTURE, INDUSTRIE, COMMERCE.— L'excellente qualité du sol d'Hénin explique comment la culture y a toujours été prospère. Les exploitations agricoles sont nombreuses, mais peu importantes en général ; on remarque la belle ferme de M. Bruneau.

En 1581, il se tenait à Hénin deux marchés aux grains par semaine ; de nos jours, il n'y en a plus qu'un. Autrefois, cette commune avait des marchands de laine, des drapiers, des peigneurs et cardeurs de laine, des tondeurs et teinturiers de drap, des marchands de guède et de garance, des tanneurs et beaucoup de marchands de tout genre. Elle compte aujourd'hui deux fabriques de sucre fort importantes, une verrerie avec deux fours, une fabrique de produits chimiques, une fabrique d'agglomérés, deux filatures de lin, six brasseries, une savonnerie, une fabrique de bougies et une fabrique de dentelles sur tulle.

L'établissement le plus considérable est celui de la société des mines de houille de Dourges, qui exploite à Hénin deux puits produisant abondamment des charbons gras de première qualité. Cet établissement est pour la ville une source de richesse et de prospérité ; il lui a procuré l'avantage inappréciable d'un chemin de fer qui la relie à toutes les villes voisines. La même compagnie vient d'établir un chemin de fer particulier pour le transport d'une grande partie de ses produits au canal de la Deûle.

INSTRUCTION.— Hénin compte 1° une école communale de garçons tenue par six frères-maristes ; 2° une autre école de garçons, laïque et libre ; 3° une école communale de filles avec asile, sous la direction de sept religieuses de la Sainte-Union ; 4° un pensionnat de demoiselles tenu par des religieuses du même ordre ; 5° enfin un autre pensionnat de demoiselles tenu par Melle Bruneau.

NOTES BIBLIOGRAPHIQUES. — Nous mentionnerons quatre hommes de mérite, mais les trois premiers n'étant pas nés à Hénin, figureront ici comme abbés du monastère de ce lieu :

1° Jean de Feucy, conseiller de Charles-Quint, a laissé les ouvrages inédits suivants : *Notes sur les abbés du monastère d'Hénin-Liétard; Petit traitté de chronicque des forestiers de Flandres* et *Répertoire des tiltres estans au trésor des chartes d'Artois à Arras.* 2° Bauduin de Glen s'est distingué par ses travaux historiques cités ci-après, restés aussi inédits : *Historia abbatum monasterii henniacensis ; Series et monarchia regum Hispaniæ ; Delineatio belgicarum provinciarum ; Catalogus abbatum monasterii elnonensis;* enfin un ouvrage polémique contre les calvinistes. 3° Robert Malebranque a publié : *Épître de Jésus-Christ à toute âme chrétienne* et *Traité sur saint François de Paule.* 4° Étienne-Célestin Énoch, né à Hénin en 1739, fut oratorien, précepteur des enfants du comte d'Artois et évêque de Rennes ; il mourut en 1825 avec le titre de premier chanoine de Saint-Denis. Ce prélat a donné un Catéchisme estimé et des Mandements fort remarquables.

LEFOREST.

On doit à M. le chevalier Amédée de Ternas, ancien élève de l'école des chartes, une *Notice sur le village de Leforest, son château et ses seigneurs.* Ces savantes recherches insérées dans le *Bulletin de la Commission des Antiquités départementales du Pas-de-Calais* donnent de précieux renseignements dont nous profiterons.

Ce lieu s'est appelé *Forestum* en 1132, *Forest* ou *Forets* dans les quatre siècles suivants, *Le Forest* aux XVII° et XVIII° siècles, puis *Leforest,* son nom actuel. Sa population comprenait 823 habitants à la fin du siècle dernier, 985 en 1804 et 1081 en 1838 ; suivant le dernier recensement elle est de 1393. La superficie territoriale, qui était autrefois fort boisée, se compose de 667 hectares. Cette commune a deux hameaux : Phalemprise et le Château-Blanc.

Leforest était assez près de l'antique chaussée d'Arras à Tournai ; c'est ainsi que les Romains, les Francs, les Barbares et les Normands foulèrent successivement son sol, sans laisser toutefois des traces durables de leur passage. C'est à peine s'il y avait alors quelques cabanes éparses dont les timides habitants pouvaient toujours échapper au danger en se sauvant dans leurs forêts et dans les marais que la rivière du Boulenrieu rendait encore plus inaccessibles. Comme le rapporte du reste la tradition locale, ce village ne remonte pas au-delà du XIe siècle ; son origine se rapporte à la construction de son château fortifié. Une fois la forteresse bâtie et occupée, des serfs et des colons vinrent sous sa protection se fixer dans les alentours et y formèrent une bourgade.

En 1302 et dans les deux années suivantes, ce village se ressentit fortement de la présence ou du voisinage des armées belligérantes. Les Flamands révoltés avaient, en 1302, établi leur camp depuis le Boulenrieu, séparant la Flandre de l'Artois, jusqu'au village de Brebières ; ils ne cessèrent de ravager cruellement toute la contrée. Philippe le Bel s'avança alors jusqu'à Vitry, à la tête de 80000 hommes ; les armées s'observèrent sans en venir aux mains, puis les Français se retirèrent sur Paris.

Les Flamands reprirent leur position près du Boulenrieu ; mais lorsque les Français reparurent, ils se portèrent en arrière, à quelques kilomètres de là, jusqu'au village de Mons-en-Pevèle. C'est en ce lieu que fut livrée, en 1304, la sanglante et célèbre bataille de ce nom, gagnée par les Français. Leforest, voisin du combat, se vit alors enlever tout ce qui lui restait de bestiaux et de récoltes.

La paix qui suivit permit à ce village de réparer ses pertes. La tranquillité dont il jouit dans la suite et les libéralités de ses seigneurs assurèrent son bien-être.

La seigneurie de Leforest fut érigée en marquisat par lettres patentes de Louis XIV, données en 1667, au camp devant Lille.

On a vu à l'article de Courcelles-les-Lens qu'en 1664, le duc d'Elbeuf, à la tête de 800 hommes de cavalerie et d'infanterie, s'était emparé de l'une des redoutes que les Espagnols y avaient établies sur la rive du Neuf-fossé. Il fit passer cette rivière à sa cavalerie qui fut ainsi sur Leforest où elle poursuivit les ennemis dont la plupart parvinrent à se sauver dans les bois, à la faveur de la nuit. Il permit ensuite le pillage, puis rentra à Arras avec quelques prisonniers, 100 chevaux et un butin de 25000 livres. (*Le P. Ignace, Mém.*)

Les calamités qui désolèrent notre contrée pendant la guerre de la succession d'Espagne, surtout depuis 1709 jusqu'en 1712, n'épargnèrent pas Leforest dont les habitants, découragés par les rapines journalières, laissèrent tous leurs champs sans culture. En 1710, le prince Eugène, généralissime des armées impériales, choisit pour son quartier général le château de ce village où était appuyée la droite de la cavalerie de l'armée des alliés. (*Relat. de la Camp. de 1710.*)

Pendant la Révolution, l'arrivée d'un curé constitutionnel fut la cause de graves désordres et de troubles en la commune. Chassé par les habitants, l'intrus y revint escorté par un peloton de cavalerie ; mais il ne put s'y maintenir, malgré la menace faite par l'autorité républicaine de placer quatre canons aux coins du village. Il en résulta quelques émigrations. Peu de temps après, l'église servait, comme beaucoup d'autres du canton, à la fabrication du salpêtre. (*Rép. aux questions.*)

Il est à propos de mentionner une fête imposante qui attira, en 1858, à Leforest une foule considérable de curieux : c'est le centième anniversaire d'Amand Miquet, le patriarche de la commune. Cérémonie religieuse, cortége avec chars sur l'un desquels on voyait le vénérable vieillard, décorations, banquet, jeux et illumination, rien n'a manqué à la célébration de ce jour dont on gardera longtemps un bien agréable souvenir. (*Journal de Carvin.*)

SEIGNEURIE. — La terre de Leforest relevait du roi, à cause de son château de Lens. On ignore les noms des premiers possesseurs de ce domaine ; ce n'est même qu'à partir du milieu du XIVe siècle qu'il est possible d'en établir la liste. On trouve alors Jean Creton, seigneur d'Estourmel, chevalier, qui épousa Marie d'Oignies dont il eut Mathias Baudard Creton, son successeur. Après celui-ci vient, en 1388, un bâtard de Guy de Luxembourg, comte de Ligny, Jean de Luxembourg, dit Caulus, chevalier, comme époux de Jeanne d'Encre. De cette union naît Pierre de Luxembourg, qui succède à son père en l'année 1403.

La seigneurie de Leforest passa ensuite, on ne sait à quel titre, dans la maison de Le Josne. Elle appartint d'abord à Robert Le Josne, natif de Lens, nommé bailli d'Amiens, vers 1420, par le roi d'Angleterre qui le créa chevalier et le choisit pour un de ses conseillers. Ce Robert auquel un chroniqueur artésien, Jacques Du Clercq, reproche d'avoir fait pendre, décapiter, noyer ou mourir autrement plus de 1900 Armagnacs pendant les quinze années qu'il exerça sa charge de bailli, s'était acquis une fortune considérable. Il en usa pour se faire nommer gouverneur d'Arras par le duc de Bourgogne Philippe le Bon. Il eut deux fils de son union avec Jeanne de Beauvoir, dame de Lagnicourt. Jean l'ainé, fut successivement évêque de Mâcon, d'Amiens et de Thérouanne, puis cardinal, chargé en partie de l'administration du Saint-Siége. Le second, Guillaume, qui ajouta à son nom celui de Contay, titre d'une de ses terres, reçut, en 1461, de son père la seigneurie de Leforest. Ce sage et vaillant chevalier fut conseiller, chambellan, premier maître d'hôtel et l'un des ambassadeurs de Philippe le Bon. Il prit une part active aux affaires publiques, se signala par plusieurs actions d'éclat et fut, comme son père, gouverneur d'Arras. Son fils Louis qui lui succéda, en 1467, était né de son mariage avec Marie du Hamel, dame de Lully; il occupa ce même office, se distingua dans la carrière des armes et succomba glorieusement, en 1477, à la bataille de Nancy. De son union avec Jacqueline de Nesle, dame d'Acheux et de Frémicourt, était issu Philippe, écuyer, capitaine des gentilshommes de l'hôtel du roi des Romains. Il succéda à son père comme seigneur de Leforest et fut aussi, comme lui, gouverneur d'Arras; il mourut en 1501. Ce seigneur avait épousé Marguerite de Lalaing qui l'avait rendu père d'une fille unique, Marguerite: elle fut héritière de la seigneurie que par sa mort elle laissa, trois ans après, à Charles Le Josne de Contay, son oncle. Cette terre passa, en 1511, à Marie de Contay, nièce de ce dernier, qui le suivit de près dans la tombe, et ensuite à la sœur de celle-ci, Françoise de Contay.

Jean de Humières, chambellan, gouverneur de Péronne, Montdidier et Roye, puis lieutenant général en Dauphiné, Savoie et Piémont, devint seigneur de Leforest par son mariage avec Françoise de Contay ; il vendit cette terre, en 1546, à François de la Tramerie, chevalier, seigneur de Drocourt et d'autres lieux, et à Jacqueline de Gouy, sa femme, dame d'Auby et de Corbehem. Ces époux laissèrent, en 1593, ce domaine à leur fils Robert, chevalier et gouverneur d'Aire-sur-la-Lys, qui le transmit à son tour à son fils François, baron de Roisin et seigneur d'Auby, successeur de son père au gouvernement de la même ville. Celui-ci avait épousé Marie de Bernemicourt; elle lui donna, entre autres enfants, Louis-François-Alexandre, chevalier, qui releva, en 1612, la terre de Leforest. C'est en faveur de ce dernier que cette seigneurie fut, en 1667, érigée en marquisat.

Le nouveau marquis eut une fille, sa seule héritière, Anne-Louise, épouse de Philippe-François duc de Croy, comte de Rœux et prince du Saint-Empire, qui par cette union devint marquis de Leforest. Anne-Marie-Louise-Charlotte-Albertine-Josèphe de Croy, fille et héritière de ces derniers, et ainsi marquise de Leforest, épousa en 1722, Jean-François-Nicolas Bette, marquis de Lède, capitaine général des armées d'Espagne, commandant général en Aragon et vice-roi de Sicile. Devenue veuve en 1725, elle fut nommée grande d'Espagne de première classe, dame du palais et première gouvernante de la Très-Sérénissime infante. Elle vendit, en 1792, sa terre de Leforest dont les droits féodaux avaient été abolis en 1789. (*M. A. de Ternas, Not.; Le P. Ignace, Mém ; Guilmot, Hist. des vill.*)

De la seigneurie de Leforest relevaient plus de 50 arrière-fiefs dont la nomenclature est transcrite dans la collection Colbert. (*Bibl. nat.*) Le principal était le fief d'*Appencourt*, composé de maison, cense et 40 rasières de terre situées à Leforest, seigneurie que possédèrent successivement les familles Desprez, d'Avreux, Bauchet, Bellegambe et de Warenghien. (*M. A. de Ternas, Not.*) Parmi les autres fiefs situés au même lieu, citons celui de la *Motte Humanet* et celui de *Phalemprise*. (*Coll. Colbert.*)

CHATEAU. — Le premier château-fort de Leforest avait une origine féodale ; il fut probablement construit au XI⁰ siècle. On peut se figurer ce qu'il était alors : une tour carrée ou donjon s'élevait sur une motte de terre entourée de fortes palissades défendues extérieurement par un fossé très-large et profond. Ce château qui, en 1317, portait le nom de Forteresse de Monseigneur du Forest, était protégé par une enceinte murée, des fossés et des haies. (*M. Mannier, Les Commanderies.*) Il avait été reconstruit au XIII⁰ siècle ; il le fut de nouveau, en 1558, par le seigneur François de la Tramerie, tel qu'il est aujourd'hui, sauf les changements et restaurations qu'il a subis avec le temps. La planche jointe à la Notice de M· de Ternas reproduit exactement cette demeure seigneuriale sur ses deux faces principales. Nous emprunterons au travail de cet érudit la description qu'il donne de ce monument. « Baigné par les belles eaux qui la défendent de trois côtés, le château a la forme d'un parallélogramme auquel on arrive par un pont très-long élevé sur quatre arches et à peine assez large pour laisser passer une voiture. La façade, située sur le jardin autour duquel règne un grand fossé, est défendue par une terrasse fort élevée qui pouvait servir de rempart et remplacer l'eau qui ne permet pas l'approche du château sur les autres côtés. Il est entièrement excavé, construit dans le style renaissance et n'a qu'un étage, à l'exception d'une tour carrée qui en compte deux et qui se trouve placée à l'angle gauche de la façade principale. Les murs dont la base est en grès et le reste en briques, sont percés de fenêtres encadrées de pierres blanches, autrefois garnies de meneaux et surmontées de petits frontons faisant saillie, également en pierres blanches et aujourd'hui disparus. »

Cette maison de plaisance reçut souvent de nobles visiteurs. Une fête d'une grande magnificence y fut donnée à la noblesse du pays le dernier jour de l'an 1700 pour célébrer le commencement du XVIII⁰ siècle. A cette occasion, le châtelain libéral fit de grandes distributions aux pauvres et offrit une pièce de vin à chaque maison religieuse de Douai. Il remit alors un étendard brodé par sa fille, à la compagnie des arbalétriers de cette ville, qui avaient concouru à la fête. (*Dict. de la noblesse; Duthillœul, Petites hist.*)

JURIDICTION. — La haute justice était exercée, au nom du prince souverain, par son bailliage de Lens qui ressortissait à la gouvernance d'Arras. Quant à la justice vicomtière, elle appartenait au seigneur ; c'étaient le mayeur et les cinq échevins du lieu qui la rendaient. En cas d'appel, leurs jugements étaient soumis au bailliage de Lens. Lorsqu'en 1667, Louis XIV érigea la terre de Leforest en marquisat, il concéda en même temps au nouveau marquis la haute justice avec le droit d'élever en ce lieu des fourches patibulaires à quatre piliers. (*Arch. dép. du Pas-de-Calais, Reg. aux comm.*)

ÉGLISE. — L'église de Leforest a toujours eu saint Nicolas pour patron. Jusqu'à la Révolution, elle eut pour décimateurs l'abbé de Saint-Nicolas-au-Bois et le commandeur de Haute-Avesnes ; elle dépendit longtemps de l'église d'Évin-Malmaison et fut ensuite érigée en paroisse. L'édifice actuel a été construit, en 1763, à quinze mètres de l'ancien ; il a la forme ordinaire de ceux de cette époque et n'offre rien de remarquable. Il est en briques et pierres de taille avec soubassement en grès. La tour carrée, percée d'un portail cintré, est consolidée par huit légers contreforts ; elle est surmontée d'une flèche octogone établie sur soufflets. Le vaisseau est large et bien proportionné. L'intérieur, éclairé par huit fenêtres, se divise en trois nefs que séparent, de chaque côté, des arcades cintrées posées sur trois colonnes toscanes et deux pilastres du même ordre, en pierre de Tournai. Au fond des nefs latérales sont deux autels dédiés, l'un à Notre-Dame du Rosaire, en l'honneur de laquelle il y existe depuis longtemps une confrérie, et l'autre à saint Roch. Le chœur, de la largeur de la nef, a quatre fenêtres.

Dans l'ancienne église on voyait près du maître-autel, du côté de l'Évangile, un monument funèbre en marbre blanc, haut de quatre pieds, gravé en creux. Il représentait un seigneur du lieu et sa femme, encadrés dans une inscription déjà effacée et illisible au milieu du siècle dernier, comme le rapporte le Père Ignace dans ses Mémoires manuscrits.

Dans le dallage du chœur de l'église se remarquent les pierres tombales des personnes dont suivent les noms avec l'année de leur décès : 1753. Claude-François de la Tramerie, mort « dans l'odeur précieuse de toutes les vertus, lequel sut gouverner la paroisse du Forest avec toute la sagesse, le zèle, l'honneur et l'édification possible. » — 1800. François-Ignace-Louis de Calonne [Beaufaict, ancien capitaine du régiment de Lamarck. — 1808. Pierre-Jérome Cabre, desservant de la paroisse de Leforest, dont il fut l'un des bienfaiteurs. — 1811. Dame Pétronille Vandermer, épouse de Michel-Anselme-Joseph Défontaine, ancien capitaine au régiment de Marsan. — 1811. Louis-César Lemaire de Marne, ancien trésorier du parlement de Flandre. — 1820. Derecq, ancien religieux de Clairmarais, curé de Leforest, dont « la vie et la mort furent celles d'un saint. »

Cette église possède une ancienne croix de procession dont les extrémités trifoliées offrent, d'un côté, quatre anges adorateurs et, de l'autre, les symboles des évangélistes.

Il convient aussi de citer un beau calvaire élevé en 1869, à l'entrée du chemin conduisant à Évin-Malmaison.

MARAIS. — Les habitants de Leforest ont possédé en commun un grand marais de 113 mesures de terre labourable. Le seigneur y exerçait autrefois toute justice. On lit dans la *Collection Colbert* que nul ne pouvait sans l'autorisation seigneuriale tourber ou faucher de l'herbe en ce marais, sous peine d'une amende de 60 sols et de confiscation de sa faulx, de sa bêche, de son hoyau et de son louchet au profit du seigneur. On voit aussi dans les *Réfutations pour les Etats d'Artois* qu'en 1764, 98 mesures étaient affermées et que les 15 autres restaient aux habitants pour le pâturage de leurs bestiaux. D'après ce mémoire, c'est avec le produit de la location de ce marais que furent payées 15600 livres sur la construction de l'église et 8000 livres pour celle du presbytère. La possession du marais communal donna lieu à de vives et de longues contestations, puis à un procès qui dura plus de 20 ans devant le parlement de Paris. Cette propriété finit par être partagée entre les habitants, l'an 1791.

STATISTIQUE. — Leforest possède une école laïque pour les

garçons et une école de filles dirigée par cinq religieuses franciscaines qui tiennent aussi les enfants.

Cette commune renferme une fosse houillère dépendant de la compagnie de l'Escarpelle, une fort importante tuilerie mécanique perfectionnée, des sablières considérables et une brasserie.

MONTIGNY-EN-GOHELLE.

Ce village à proximité d'Hénin-Liétard, porte les noms suivants dans les titres : *Montiny* en 1070, *Montensni* et *Montengni* en 1129, *Montigniacum* en 1246, *Montigny* en 1282, *Montigny-lez-Hénin-Liétard* au siècle dernier et depuis lors, *Montigny-en-Gohelle*. Ce lieu était compris dans l'antique canton de Gohelle ou pays de forêts (*Pagus Gohella* ou *Pagus Silvinus*,) tandis qu'Hénin-Liétard se trouvait dans le canton de l'Escrebieux ou pays de marais (*Pagus scirbiu*.)

Des étymologistes pensent que le nom de Montigny vient de *Mons ignis*. S'il en est ainsi, l'on doit supposer que les Romains élevèrent en cet endroit une tour à signaux par le feu pour la transmission au loin des ordres et des nouvelles. Quoiqu'il en soit, ce lieu avait réuni quelques habitations dès les premiers siècles de notre ère, car on a trouvé plusieurs fois des antiquités gallo-romaines à l'entrée du marais communal, vers le pont Grenon. Elles consistaient en poteries rouges, noires et grises, en divers objets de fer, en grandes tuiles, grès, pierres taillées et autres débris de constructions.

La première mention de Montigny se lit dans la charte de l'an 1070, par laquelle Eustache, comte de Boulogne, et Ide, sa femme, donnent un courtil ou manoir situé en ce village au chapitre de Lens. (*A. Le Mire, Op. dipl.*)

Montigny reçut presque toujours le contre-coup des maux que les guerres causèrent à Hénin-Liétard. En 1302, après la bataille de Courtrai, il fut deux fois de suite pillé et incendié par les troupes flamandes qui, l'année suivante, venaient y achever leur œuvre de destruction. Treize ans après, le campement de l'armée de Louis le Hutin accablait ce malheureux endroit de nouvelles calamités. Dans le XVI° siècle, les fréquents passages des belligérants le réduisirent encore à une grande misère, notamment en 1415, 1477 et 1479.

Cette localité jouit ensuite d'une tranquillité relative jusqu'au commencement du XVIII° siècle. Lorsqu'en 1708, les hauts-alliés envahirent l'Artois, le comte d'Hénin-Liétard obtint du généralissime des armées de Louis XIV l'assurance que Montigny serait protégé, ce qui n'empêcha pas ce lieu d'être, depuis lors jusqu'en 1712, exposé sans cesse aux rapines et aux insultes des soldats, surtout quand, en 1710, l'armée ennemie était campée entre ce village et Vitry. (*Rech. hist. sur Hénin-Liétard.*)

Montigny fit partie du ressort du bailliage de Lens jusqu'à la Révolution.

SEIGNEURIE. — Elle était vicomtière et relevait de la châtellenie de Lens. La première mention de ses possesseurs remonte à la fin du XII° siècle : Marie, dame de Montigny et de Beaumont, se retirait alors, comme sœur converse, à l'abbaye d'Hénin-Liétard, à laquelle elle faisait des dons très-importants. (*Rech. hist.*) On trouve ensuite de la même famille : en 1282, Hugues ; en 1307, Gilles et plus tard Jean, frère et héritier de celui-ci, tous trois ayant pour armoiries : *de gueule à trois maillets de haubergerie d'argent*. (*Bibl. nat.*) Dans une vente de 1360 figure une damoiselle de Montigny. En 1385, existe un sire de cette maison, Gilles de Montigny, dit Buinard, chevalier, qui laisse, en 1404, sa seigneurie à sa fille Ide, épouse de Bauduin du Bos, écuyer. Vient ensuite Charles de Sapignies des Planques, puis, en 1468, Jeanne de Sapignies, femme de Jean Sucquet ou Chucquet, et, en 1475, Charles Chucquet, chevalier, fils de ces derniers. Bientôt après, cette terre entre dans la maison de Bournonville par le mariage de Jeannot de Bournonville, avec Hélène Chucquet, aïeult d'Oudart de Bournonville, premier comte d'Hénin-Liétard. Elle passe enfin par une union dans celle de Durfort de Duras pour y rester jusqu'à la Révolution. (*Bibl. nat.; Arch. dép. du Nord; Arch. de Douai.*)

ÉGLISE. — Dès l'an 1129, il est question de cette église, dédiée à sainte Marie-Madeleine; Raynold, archevêque de Reims, confirmait alors la possession de son autel à l'abbaye d'Hénin-Liétard. (*Arch. dép. du Pas-de-Calais.*) Quelques années après, s'élevait entre l'abbé du monastère de Saint-Nicolas-au-Bois et Robert, évêque d'Arras, une contestation sur ce droit ; elle fut déférée au Pape qui nomma pour arbitres les évêques de Soissons et de Thérouanne. Il fut décidé que l'autel de Montigny resterait en la possession de l'abbaye d'Hénin-Liétard. (*B. de Glen, Hist. abb.*) C'est ainsi que depuis lors l'abbé de ce monastère a toujours nommé un de ses religieux à la cure de cette paroisse.

L'ancienne église et son clocher étaient en briques. Le toit et la charpente rappelaient ceux de l'église paroissiale d'Hénin-Liétard ; le chœur était plus petit et moins élevé que la nef qui, elle-même, n'était pas égale en hauteur. Le clocher était une tour carrée et étroite couronnée par un beffroi de bois. (*Le P. Ignace, Mém.*) On remarquait en cette église deux belles verrières : la première, placée dans le chœur, représentait Messire de Bournonville, revêtu de cotte d'armes et de manteau, ayant près de lui Dame de Ranchicourt, son épouse. Les deux figures étaient accompagnées de leurs armoiries ; puis on voyait les blasons unis de Montmorency et Briois, de Vilain et Stavel, de Croy et Hornes, de Luxembourg et Monfort. Sur la seconde verrière de la nef on lisait : « *Messire Jehan Blondel chevalier seigneur de Beauregard et de Bailliolette qui trespassa de ce monde en ville d'Arras le vingt septieme jour de mars an mil six cens et six. Priez Dieu pour son ame.* » Au-dessus, étaient les écus accolés de Blondel et de Berthoult, portant pour cimier un *corbeau de sable becqueté de gueules sur couronnes d'or.* (*MS. appartenant à M. le marquis d'Havrincourt.*)

Comme l'église menaçait ruine, elle fut reconstruite en 1759 ; la paroisse fit les frais du clocher et des nefs, l'abbaye d'Hénin-Liétard paya ceux du chœur. Cet édifice n'a rien de remarquable ; il offre le plan, la forme et les caractères de la plupart de nos églises de cette époque. La tour aussi large que les nefs se termine par une flèche ; une tourelle avec dôme y est adossée à gauche. Le vaisseau se compose de trois nefs voûtées, séparées par trois arcades que supportent des colonnes toscanes ; le chœur forme niche dans le fond. L'autel de la nef droite est sous l'invocation de saint Roch.

Non loin de l'église, on voit un beau *calvaire* dans une grande niche ou chapelle ouverte, et, à l'endroit où se croisent le chemin d'Hénin-Liétard à Harnes et celui de Montigny-en-Gohelle à Courrières, est une petite *chapelle* assez renommée ; c'est celle de Notre-Dame des Wetz. L'année 1626, gravée dans un cartouche au-dessus de la porte, est celle de la construction d'une ancienne chapelle que celle-ci a remplacée en 1814.

STATISTIQUE. — La population de Montigny était de 374 âmes à la fin du XVIII° siècle, de 355 en 1804, et de 605 en 1838 ; elle s'élève maintenant à 888.

La superficie territoriale est de 348 hectares composés de bonnes terres arables bien cultivées. Le marais communal, dont partie a été aliénée, en 1764, pour la construction de l'église a été longtemps couvert d'eau ; desséché au moyen de quelques travaux en 1840, il est depuis lors en culture. Montigny possédait indivisément avec les communes de Fouquières-les-Lens et de Billy-Montigny un petit marais, nommé Pipi, qui a été aliéné en 1859.

Les habitants se livrent à la culture, ainsi qu'au teillage et au commerce du lin. La belle et vaste ferme du Barlet, ancien fief qui a longtemps appartenu à la famille Le Clément de Taintignies, offre une exploitation remarquable.

Montigny possède deux écoles communales laïques ; l'une est pour les garçons, l'autre, nouvellement construite, est pour les filles et les jeunes enfants.

NOYELLES-GODAULT.

Nous trouvons cette commune ainsi nommée : *Nicelle Godeldis* en 1070, *Nigella* en 1080, *Noyella* en 1129, *Noella juxtà Beai* en 1145, *Noella* en 1189, *Noele* en 1244, *Nigella Godaldis* en 1248, *Noiele* en 1373, *Noyelles-sous-Godaut* en 1762, et *Noyelles-Godault* depuis 1750.

Cette localité était encore, en 1109, comprise dans le pays de l'Escrebieux. (*A. Le Mire, Dipl. belg. nova coll.*)

Noyelles-Godault est un beau village régulièrement bâti, situé à égale distance de Carvin et de Douai. Il fut habité sous la domination romaine, ce que prouvent surtout plusieurs découvertes de sépultures des deuxième et troisième siècles. Ces tombeaux trouvés notamment dans la rue du Quesnoy, au hameau de Godault et près du chemin de Courcelles, renfermaient beaucoup d'objets, tels que vases et poteries diverses de terre noire, rouge, grise et blanche, urnes cinéraires et autres en verre, fibules et monnaies du Haut-Empire. La plus importante de ces découvertes a été décrite dans le tome II du *Bulletin de la Commission des Antiquités du Pas-de-Calais* par l'auteur de cette notice.

L'endroit qui paraît avoir été principalement habité dans les temps anciens est le lieu dit les Monts-de-Baye. Suivant une tradition populaire, ce serait là que le village aurait commencé et se serait développé. Quand la charrue sillonne les champs de ce nom, elle ne cesse de ramener au jour des monnaies du Haut et du Bas-Empire, des tessons, des fragments de tuiles et des vestiges de constructions romaines.

Près de là, passait l'antique chaussée d'Arras à Tournai. Cette route traversait le territoire actuel de Noyelles et se dirigeait vers le lieu dit la Planche de Noyelles, où coulait la rivière du Boulenrieu, alimentée par les marais presque inaccessibles de Noyelles, de Courcelles, d'Évin et de Leforest. Pendant l'occupation romaine et même antérieurement, il y avait été bâti sur pilotis un pont d'une longueur considérable qui permettait de gagner Évin à travers les marécages ; c'était la limite de l'Atrébatie et de la Ménapie. C'était, de plus, le point le plus direct entre les cités d'Arras et de Tournai ; aussi est-ce par là qu'aux IV° et V° siècles, des Francs, Germains, Alains et Vandales envahirent la contrée. On comprend combien Noyelles subit de misères lors du passage de ces hordes barbares. D'après Guilmot, le savant archiviste de

Douai, ce serait ce pont que mentionne le poète latin Sidoine Apollinaire quand il décrit le combat livré par le jeune Majorien aux Francs, en 446, à *Vicus Helena*. (*Guilmot, Hist. des villes.*)

Quatre siècles après, les Normands venaient piller et brûler les villes et les villages de l'Atrébatie ; Noyelles fut d'autant moins épargnée que la rivière, le pont et la chaussée en rendaient l'accès plus facile. Les habitants terrifiés n'eurent d'autre moyen, pour échapper à la mort, que de se cacher dans des souterrains. L'un de ces refuges avait été creusé à quelques mètres de profondeur près du sentier dit Entre-deux-Noyelles.

D'autres malheurs devaient atteindre Noyelles. En 1053, l'empereur d'Allemagne, Henri III dit le Noir, guidé par Jean de Béthune, s'avançait avec son armée jusqu'au Boulenrieu, faisant tout piller et brûler sur son passage. (*Éd. Le Glay, Hist. des comtes de Fl.*) Noyelles ne put échapper à ce désastre. En 1302, à la suite de la sanglante et funeste bataille de Courtrai, dite des Éperons d'or, où le comte d'Artois et tant de valeureux guerriers de notre contrée trouvèrent une mort si fatale, les Flamands étaient venus camper depuis Brebières jusqu'au Boulenrieu ; de ce poste ils ravagèrent tout le pays. Cependant Philippe le Bel s'avançait à la tête d'une armée formidable, et, de leur côté, les Flamands se représentaient en force et dressaient de nouveau leurs tentes près du Boulenrieu, position que le roi n'osa point attaquer. Il est inutile de dire combien Noyelles souffrit en ces circonstances. Nous pourrions rappeler d'autres épreuves, telles que les maraudages commis en 1413 et 1498, mais il convient d'abréger.

Il existait, dans la première moitié du XVIe siècle, sur la digue de Noyelles plusieurs redoutes que les Espagnols avaient élevées à une distance de 400 pas l'une de l'autre, pour arrêter l'ennemi. Ces forts étaient armés et défendus par une faible garnison. (*Le P. Ignace, Mém.*)

En 1710, le maréchal de Villars avait fait établir en ligne droite depuis Béthune jusqu'à Valenciennes, des lignes de défense formées de fossés garnis de barrières, qui traversaient Noyelles. Elles furent occupées en cet endroit par les Hauts-Alliés, lorsqu'après avoir forcé le Pont-à-Saulx, ils se portèrent sur Douai pour assiéger cette ville. En cette année et en la suivante, les terres restèrent, pour ainsi dire, sans culture, à cause de la présence ou du voisinage des armées qui fourrageaient sans cesse.

SEIGNEURIE DOMINANTE. — Un seigneur d'Hénin-Liétard, Bauduin IV, avait, en 1244, aliéné sa seigneurie et les hommages qui en dépendaient, notamment celui de Bauduin de Noyelles, écuyer, au profit de Robert Ier, comte d'Artois. En retour, il reçut entre autres biens ceux que ce dernier possédait à Noyelles-Godault, mais il les abandonna presque aussitôt à Mahaut, sa femme, pour les reprises qu'elle avait à exercer. (*Arch. dép. du Pas-de-Calais.*) Ces biens constituèrent un fief important que Mahaut laissa à Bauduin, son fils aîné et que celui-ci transmit à ses héritiers. Cette terre fut ensuite possédée par la maison de Belleforière, puis par celle d'Oignies qui la vendit, en 1690, au prince Alexandre-Albert de Bournonville. Le fils de ce dernier, Philippe-Alexandre en hérita et la laissa à sa sœur, épouse de Jean de Durfort, duc de Duras, à la mort de laquelle ce domaine fut recueilli par son fils, Emmanuel-Félicité de Durfort, qui le conserva jusqu'à la Révolution. (*Guilmot, Hist. des vill.; Duthillœul, Petites histoires.*)

Citons d'autres seigneuries de ce village :

L'abbaye de Mont-Saint-Éloi possédait en ce lieu une seigneurie qui comprenait 61 mesures de terre ; elle la tenait de Warin de Dourges qui lui avait donné, en 1109, son fief de Dourges et de Noyelles, situé dans le pays d'Escrebieux, consistant en maisons d'hôtes, terres à labour, prés et bois. La donation de ce domaine fut approuvée et confirmée, l'année suivante, par Lambert, évêque d'Arras. (*A. Le Mire, Dipl. belg. nova coll.; M. de Cardevacque, L'Abbaye du Mont-Saint-Éloi.*)

La collégiale de Lens avait aussi à Noyelles-Godault un fief dont la possession paraît remonter à l'an 1070. On voit en effet que le comte de Boulogne Eustache et Ide, son épouse, donnèrent alors à ce chapitre, entre autres biens, quatre courtils ou manoirs situés en ce lieu. (*Aub. Lemire, Op. dipl.*) Sans doute ce n'était là qu'une faible partie des possessions de la collégiale en cet endroit. Le chapitre et l'ordre des templiers se disputèrent la propriété d'un muid (12 rasières) provenant d'une donation faite par Anselme de Cantin ; en 1248, intervint une transaction en vertu de laquelle les templiers remirent au chapitre le tiers de ce bien. (*M. Mannier, Les Commanderies.*)

En 1594, Antoine d'Assignies, écuyer, sieur de Wames, Warlus et autres lieux, possédait à Noyelles-Godault une terre nommée le *Fief de Wames*, relevant du château de Lens, que lui avait donné Messire Antoine d'Assignies, son père, seigneur d'Allouagne. Ce domaine auquel était attachée la justice vicomtière, comprenait une motte sur laquelle avait été construite une maison appelée le manoir de la motte de Wames, et 65 rasières de terres en labour. (*Bibl. nat., Coll. Colbert.*) En 1607, le propriétaire en aliénait 56. (*Arch. dép. du Nord, Comptes de Lens.*)

JUSTICE. — La justice était rendue par le bailliage de Lens, au nom du prince souverain. Cependant on voit qu'en 1343, le mayeur et les hommes de Noyelles-Godault avaient condamné Robin Duret, de ce village, à un bannissement d'un an et un jour. Et, comme le banni avait tardé à exécuter le jugement, il fut pris, mis en prison et expulsé, non sans avoir au préalable payé une amende de 40 sols. La rébellion et la désobéissance envers le mayeur font condamner, en 1390, Jean Bonnier à la prison et à une amende de 6 livres. On lit encore qu'en la même année, les hommes de Noyelles-Godault punissent Michel Piérache d'une amende de 7 sols pour avoir donné un soufflet à une femme. (*Arch. dép. du Nord, Comptes de Lens.*)

Mais ce n'était là que des exceptions régies sans doute par d'anciens priviléges. Les francs hommes du château de Lens devaient continuer d'administrer la justice dans les affaires graves. En 1510, le lieutenant-général du bailliage venait avec des sergents et dix hommes s'emparer de Guérardin, accusé de viol. Peu après, celui-ci était condamné à être pendu. Il en appela de la sentence au parlement de Paris qui rendit l'arrêt suivant: « En préférant miséricorde à rigueur de justice, la cour ordonne que par trois jours de marché, Guérardin sera fustigé de verges, de carrefour en carrefour, la hart au col ; que, le troisième jour, il aura les oreilles coupées et qu'il sera banni du royaume. Peu de temps après, cet arrêt était exécuté à Noyelles même, en présence des officiers de justice et des hommes du château de Lens qui, à cette occasion, faisaient, selon l'usage, une consommation de 24 sols chez un tavernier de l'endroit. (*Même source.*)

Plus tard, on poursuivait les sorcières. En 1580, Isabeau Billet, femme de François Coppin, accusée de sortilége, était condamnée au feu, puis livrée aux flammes. Le petit manoir de cette malheureuse victime d'une aveugle crédulité revint au prince par droit de confiscation, mais il tomba bientôt en ruines, car personne ne voulait l'habiter, tant était grande la crainte de subir la fatale influence de l'esprit malin. Enfin, sept ans après, un berger et sa femme, nièce d'Isabeau, se décidaient à occuper ce manoir; il leur fut accordé en arrentement de 50 ans au canon de 15 patards. (*Arch. dép. du Nord, 37° reg. des chartes.*)

En 1597, Marie Billet, femme de Jean Carpentier, soupçonnée de sorcellerie, était enfermée dans la ferme de Baye. Aussitôt les officiers du roi y envoyaient un homme de fief et le greffier du bailliage pour interroger l'accusée et la confronter avec les témoins, enquête qui dura 6 jours. L'infortunée fut mise ensuite à la question extraordinaire et condamnée à être brûlée vive; mais il fut sursis à l'exécution parce qu'elle avait déclaré des complices parmi ses compagnes. Peu après elle mourait en prison. (*Même source.*)

La justice de Noyelles ne fut rendue par le bailliage de Lens que jusqu'en 1628. En cette année, François d'Oignies qui réunissait les titres de seigneur de Courrières, de Dourges et de Noyelles, obtenait de Philippe IV, roi d'Espagne et comte d'Artois, le droit d'exercer la haute, moyenne et basse justice, mais au siége de Courrières devant ses baillis et gens de loi. (*Arch. dép. du Nord, Ch. des comptes de Lille.*)

ÉGLISE. — On n'oserait affirmer avec Martin Lhermite, auteur de l'*Histoire des saints de la province de Lille, Douay et Orchies*, que Noyelles ait été, vers la fin du IV° siècle, visitée par saint Martin, lequel y aurait fait ériger une chapelle ou une église, bien que cet apôtre ait toujours été le patron de la paroisse. Toutefois, ce village eut son premier temple chrétien à une époque reculée ; en effet, l'an 1145, le pape Eugène III confirmait son autel à l'abbaye de Marœuil. (*Bibl. nat., Moreau.*) Ce monastère avait les deux tiers de la dîme et, jusqu'à la Révolution, ce fut un de ses religieux qui remplit les fonctions de curé. En 1709, le clocher de l'église s'écroulait entraînant le presbytère dans sa chûte; l'un et l'autre furent rebâtis à la paix d'Utrecht. Un demi siècle après, l'église était reconstruite entièrement aux frais de l'abbaye de Marœuil, avec le concours des habitants du village.

Ce monument, érigé sur un terrain assez élevé, se fait remarquer par ses belles proportions et par l'élégance de ses colonnes. La tour est de 1771 et le reste de l'édifice de 1774. Cette tour carrée, construite en briques et en pierres de taille, est surmontée d'une flèche octogone. Les deux ailes de l'édifice forment arrière-corps; l'intérieur se compose de trois nefs séparées par des arcades que soutiennent de belles colonnes ioniques en pierre de Tournai. La voûte de la nef principale est en anse de panier; de distance en distance, des arcades sont posées sur de petits pilastres toscans. Les nefs latérales offrent des arcades assises, d'un côté, sur des colonnes ioniques et de l'autre, sur des pilastres du même ordre ; à l'extrémité de chacune de ces nefs est une grande niche avec autel. Le chœur est aussi terminé en niche; six pilastres corinthiens se dessinent dans les trumeaux des fenêtres dont une corniche à modillons forme le couronnement. Les fonts baptismaux en grès, portant la date de 1545, peuvent être cités pour la pureté de leurs profils.

MARAIS. — La possession des marais importants de Noyelles donna lieu à de longues contestations. En 1245, le chevalier Bauduin, sire de Cuincy, prétendit qu'une grande partie de ces marais lui appartenait ; mais la communauté de Noyelles et l'abbaye du Mont-Saint-Éloi soutinrent qu'elles avaient un droit d'usage sur ces biens. L'année suivante, intervint un arbitrage qui n'attribuait à ce seigneur que 11 muids et 5 mencaudées, décision approuvée, en 1248, par le comte d'Artois. (*Document de notre coll.*) Bauduin y avait un château construit sur une motte entourée d'un large fossé. Cette éminence, appelée la Motte-le-Comte, a été nivelée en 1796, et un vivier, connu sous le nom de la Fontaine-Saint-Piat, fut formé du reste de ce fossé.

Les marais de Noyelles comprenaient les Grands-prés, les Petits, les Douchies, la Pâture et le Marais-à-eau. Les Prés, qui contenaient, au milieu du XVe siècle, 80 mencaudées dont les habitants ne pouvaient jouir que depuis le premier août de chaque année, appartenaient alors à Philippe le Bon, duc de Bourgogne et comte d'Artois. Ce prince en donna l'usufruit à Antoine, bâtard de Bourgogne, son fils naturel, par lettres-patentes de 1462. (*Arch. dép. du Nord.*) On voit encore dans les Grands-prés un monticule appelé la Motte-de-Noyelles, qui dut servir de base à un château fortifié, car il est entouré d'un fossé autrefois très-profond.

Les marais de Noyelles, dont le village avait affermé 36 mesures en 1764, furent, en 1793, partagés entre les habitants, par individu, à l'exception de la Pâture. Ces derniers avaient prétendu pouvoir exercer un droit de pâturage sur cette partie, mais leurs prétentions avaient été rejetées en 1791; elles le furent définitivement en 1842. L'exécution de l'arrêt qui condamnait les opposants les plus opiniâtres, exaspéra la population. Il s'ensuivit des troubles fort graves qui ne furent apaisés que par la présence du procureur-général de la cour de Douai, de cinq brigades de gendarmerie et d'un fort détachement d'artillerie.

STATISTIQUE. — Noyelles comptait 296 habitants en 1745, 460 à la fin du siècle dernier, 548 en 1804 et 718 en 1838 ; le dernier recensement lui donne 790 âmes. La superficie territoriale est de 630 hectares composés en grande partie de terres très-fertiles ; aussi la commune est-elle essentiellement agricole.

Il existe en cette localité une brasserie et deux briqueteries.

. La société des mines de houille de Dourges est sur le point d'exploiter au hameau de Godault une fosse qui promet d'être très-productive. Pour la facilité du transport de ses charbons, cette compagnie vient d'établir entre Hénin-Liétard et l'extrémité de Noyelles un chemin de fer de cinq kilomètres, qui raccorde ce nouveau puits et s'étend jusqu'à la Deûle où se trouve un beau quai d'embarquement.

Noyelles possède deux écoles laïques, l'une pour les garçons, l'autre pour les filles.

Notes biographiques. — Vers 1550, est né à Noyelles-Godault Jerôme de France, qui fut successivement conseiller pensionnaire de Douai, conseiller au grand conseil de Malines et président du conseil provincial d'Artois. Ce savant publia de remarquables ouvrages de droit et mourut à Arras, en 1605. Il a laissé deux fils qui furent, l'un, président du conseil provincial d'Artois, puis président du grand conseil de Malines; l'autre, évêque de Saint-Omer. (*Duthillœul, Petites hist.*) André Godin, qui s'est distingué dans la carrière des belles-lettres, est né aussi à Noyelles-Godault. (*Laurea belg.*) Naquit encore en ce village Bernard, éminent abbé du monastère de Loos. (*Le P. Ignace, Mém.*)

OIGNIES.

PREMIÈRE PARTIE.

Ce beau village paraît avoir porté d'abord les noms de *Onyesum casirense* et de *Ongniacum*; on le trouve ainsi écrit : *Ognies* en 1024, *Ongnies* en 1184, *Oegnies* en 1273 et *Ouingnies* en 1284. Il s'appela ensuite *Ongnies*, *Oignies-sur-rivière*, enfin *Oignies*, son nom actuel. Sa superficie est de 537 hectares; ses marais communaux avaient encore, en 1753, une contenance de 75 mesures. Le nombre de ses habitants était de 426 en 1745, de 1247 en 1804, de 1398 en 1838; il s'élève à 1785 d'après le dernier recensement.

Cette localité paraît avoir été habitée dès les premiers siècles de l'ère chrétienne; ce qui le laisse supposer, c'est son ancienne situation au milieu de bois et marais, l'antique nom de l'Estrée (*strata*), donné à une de ses anciennes rues, et les découvertes successives d'urnes cinéraires, de poteries et de monnaies de l'époque romaine. Malgré cela, nous n'oserions admettre avec Guicciardin que le nom d'*Onyesum castrense* suffise pour indiquer ici l'établissement d'un camp romain.

Quoiqu'il en soit, la première preuve écrite de l'existence de ce village ne remonte qu'au commencement du XI⁰ siècle. Nous trouvons, en l'année 1024, que les personnes, censitaires ou non, de l'abbaye de Saint-Vaast d'Arras, devaient à ce monastère les droits de tonlieu, si elles demeuraient au-delà du pont d'Oignies. (*Guiman, Tractatus de priv. et imm.*)

Par sa distance des grands chemins, comme par sa situation au milieu des bois et de marais presque impraticables, Oignies échappa maintes fois aux calamités des guerres qui désolèrent si souvent notre contrée. Cependant ce village fut, en 1304, ravagé par les Français qui se répandirent dans la campagne après la sanglante bataille de Mons-en-Pévèle. En 1478, les Français y portèrent encore l'épouvante par leurs dévastations. En 1640, les Espagnols y séjournèrent plus d'un mois, pillant les habitations, détruisant les récoltes. Dix ans après, d'autres dégâts y étaient encore commis par des maraudeurs. Oignies eut aussi sa part de misères dans la guerre de la succession d'Espagne, surtout de 1708 à 1712. En 1744, lors de l'invasion des Pays-Bas autrichiens par Louis XV, des troupes ennemies s'avancèrent jusqu'à ce village dont elles enlevèrent les chevaux, les bestiaux, les récoltes et même les meubles. (*Renseignements divers; Archives communales d'Oignies.*)

Quatre ans plus tôt, une épidémie souvent mortelle avait désolé la localité. En 1746, un incendie réduisit en cendres une vingtaine de maisons. 28 ans après, le château devenait la proie des flammes; il fut reconstruit par la comtesse de Lauraguais qui l'habitait à peine, que le couperet révolutionnaire tranchait ses jours. En 1794, la fête de la prise de la Bastille fut célébrée par des danses, des jeux publics et des chants patriotiques que la jeunesse entonnait sur l'autel de la patrie. Peu après, c'était la fête du 10 août, à laquelle on donna le plus grand éclat; le portrait de Robespierre, attaché à un poteau sur la place publique, fut brûlé aux acclamations de la foule. (*Reg. aux délib. du cons. gén. d'Oignies.*)

Les Autrichiens, en 1792 et 1794, et les Prussiens, en 1793, s'étaient avancés dans le canton de Pont-à-Marcq; chaque fois les Français vinrent l'occuper. Oignies fut alors surchargé de réquisitions de toute nature ; cette commune fut, de plus, tenue de fabriquer des piques et du salpêtre ; elle dut encore établir un lavoir avec atelier pour les troupes répandues dans son voisinage. (*Même source.*)

Signalons encore quelques faits dont Oignies a été le témoin dans le cours de notre siècle. En 1834, un terrible incendie dévorait 60 maisons. Cinq ans après, 37 maisons servaient aussi d'aliment aux flammes. En 1842, un heureux hasard faisait découvrir dans le parc du château le bassin houiller du Pas-de-Calais, découverte qui par son importance considérable allait assurer la prospérité de l'arrondissement de Béthune et en particulier celle du canton de Carvin. En 1849, le choléra sévit si cruellement sur cette commune qu'il enleva le septième de sa population. En terminant ce rapide aperçu, rappelons la consécration de la nouvelle église par Mgr Parisis, le 24 septembre 1861, solennité qui donna lieu à de magnifiques cérémonies.

SEIGNEURIE. — Oignies a donné son nom à une très-ancienne famille, aussi noble qu'illustre, qui descendait des Burgraves et châtelains de Gand, issus, à la fin du Xe siècle, des comtes de Frise et de Hollande. Cette maison a toujours figuré parmi les premières de l'Artois et des provinces voisines, et beaucoup de ses membres ont occupé les charges les plus importantes des Pays-Bas, surtout sous la domination espagnole. Cette grande et belle famille, qui avait pour armoiries *de sinople à la fasce d'hermine*, s'est éteinte, en 1818, dans la personne du comte de Gand, pair de France, grand d'Espagne de première classe.

La seigneurie d'Oignies, dont le château-fort était le chef-lieu, comprenait d'importantes terres arables, de vastes bois, le fief Allart et ceux de Wambresches, du huitième de Wermez, de la Petite-Peine, du Maisnil et des Éperons dorés, enfin les fief, terre et seigneurie de Garguetelle. Ce domaine avait déjà été élevé au titre de baronnie, quand, en 1647, Philippe IV, roi d'Espagne, l'érigea en comté avec annexion des terres et fiefs de Wahagnies, Hacquetot, Zuintezel et Cocquenplus, en faveur de François de Mérode dont le monarque voulait ainsi récompenser les fidèles services. (*Arch. nat., Coll. Colbert.*)

Voici, dès la fin du XIII° siècle, la lignée des possesseurs d'Oignies avec leurs alliances, d'après des Mémoires manuscrits du P. Ignace et plusieurs recueils d'inscriptions tumulaires : Simon d'Oignies, époux d'Havoise de Noyelles. — Michel, leur fils, chevalier, mari d'Agnès de Caumesnil, dont il eut l'enfant ci-après. — Colart, dit l'Étourdi, marié à Marie de Molembais. — 1424. Robert, leur aîné, uni à Marguerite de Créquy. — Bauduin, leur fils, chevalier, époux de Jeanne d'Eeckoute qui lui donna six enfants dont l'aîné suit. — 1495. Jean 1er, seigneur de Watène, époux de Marie de Ghistelles. — 1521. Jean II, fils des précédents, chevalier, seigneur de Watène, Nivelles et autres lieux, conseiller et chambellan de l'empereur Charles-Quint, et gouverneur de Tournai, qui s'unit à Marguerite de Lannoy dont il eut huit fils et huit filles. — 1545. Philippe, l'aîné, chevalier, seigneur de Watène et de Middelbourg, capitaine et grand bailli de Bruges et du Franc, gouverneur de l'Écluse, eut pour héritière sa fille Marguerite, vicomtesse d'Ypres et de Ledringhem, dame de Watène, Middelbourg, Linselles, Béthencourt, Ostvleteren et autres lieux, mariée à Richard de Mérode ci-après. — Ce Richard de Mérode, chevalier, baron de Frentz et du Saint-Empire, devint comme mari de Marguerite, en possession du domaine d'Oignies qu'il transmit à leur fils qui suit. — Richard II de Mérode, époux de Hélène de Montmorency, dont il eut le suivant. — François de Mérode, 1er comte, mort en 1672, sans postérité, laissa sa succession obérée, notamment son comté, à sa cousine germaine Marguerite-Isabelle de Mérode. — Cette dernière avait épousé Philippe Lamoral de Gand, comte d'Isenghien, chevalier de la toison d'or, souverain bailli des villes, pays et comté d'Alost, gouverneur de Lille, Douai et Orchies; elle mourut vers 1679. — Philippe-Balthazar de Gand, son fils et son successeur, fut prince d'Isenghien, vicomte d'Ipres, chevalier de la toison d'or, gentilhomme de la chambre du roi d'Espagne et gouverneur du duché de Gueldre et du comté de Zutphen. Il eut pour successeur son fils qui suit. — Jean-Alphonse de Gand, prince d'Isenghien, décédé en 1687. — Louis de Gand, fils et héritier de celui-ci, mourut en 1767, sans postérité. — Elisabeth-Pauline de Gand, sa nièce, qui lui succéda, fut la dernière comtesse d'Oignies ; elle épousa Louis-Léon-Félicité de Brancas, comte de Lauraguais, et fut une des nombreuses victimes du tribunal révolutionnaire de Paris.

CHATEAU. — D'après Jean de Collemieu, biographe de la fin du XI° siècle, les seigneurs de notre contrée ne cessaient de guerroyer entre eux; aussi avaient-ils des châteaux-forts pour se mettre à l'abri de leurs ennemis. Ces forteresses étaient entourées d'un fossé très-large et profond, défendu par une palissade ou protégé par des tours. Au centre, sur un monticule s'élevait le donjon percé de meurtrières et couronné de machicoulis et de créneaux; on n'y pénétrait que par un pont jeté sur le fossé. (*Acta Sanct., 27 Janv; Schayes, Hist. de l'Arch.*) Tel dut être le château-fort des premiers seigneurs d'Oignies ; c'est ce qui explique, selon nous, le nom *d'Onyesum Castrense* que portait autrefois ce village. Ce qui ne saurait être contesté, c'est l'ancienneté de ce château.

Ce manoir subit avec le temps l'influence du mouvement féodal et de l'élan des croisades; il cessa d'être une forteresse pour devenir une habitation plus commode. Toutefois il garda longtemps encore ses tourelles crénelées. (*Duthillœul, Petites hist.*) Cette ancienne demeure des seigneurs d'Oignies fut démolie vers le milieu du XVI° siècle. Bientôt après, elle était reconstruite sur un plan tout différent qui conservait le fossé circulaire dont les eaux se renouvelaient au moyen d'un aqueduc. Le bâtiment principal, en forme de marteau, était très-grand et à deux étages; son architecture extérieure était fort simple et sans ornement. Ce qui faisait surtout le charme de cette demeure, c'était son jardin de 4 hectares, clos de murs et de haies. Cette maison de plaisance fut visitée souvent par de hauts personnages; le prince d'Isenghien, gouverneur d'Arras, y résida pendant trois ans avec une suite nombreuse. (*Le P. Ignace, Mém.*) On a vu qu'en 1777, ce château devint la proie des flammes.

HALLE ÉCHEVINALE. — Oignies avait au XV° siècle et sans doute bien antérieurement, sa halle échevinale; elle était située sur la place, à l'entrée de la rue de l'Estrée. C'est là qu'était le siége de l'échevinage et que se rendait la justice. (*Bouthors, Cout. loc.*) Au rez-de-chaussée se trouvait une prison.

INSTITUTIONS ET COUTUMES. — Le seigneur renouvelait ses échevins le premier jour de chaque année; il pouvait les requérir de rendre justice à ses sujets et, en cas de refus, les y contraindre. Les séances se tenaient en halle tous les quinze jours, de dix heures du matin à midi. Le seigneur avait ses plaids nommés les *Parjurés*, trois fois l'année; le premier, le lundi après la saint-Rémi; le second, le lundi après le vingtième jour suivant Noël, et le troisième, le premier lundi après Quasimodo. Les chefs de maison étaient tenus de s'y rendre au troisième coup de cloche, sous peine de dix sols d'amende. C'est la coutume d'Oignies, revue et coordonnée en 1507, qui fournit les renseignements qui précèdent. Elle traite aussi des successions, prescrit la défense de porter certaines armes, règle la perception des impôts sur les boissons, enfin arrête les bans de mars et d'août à publier chaque année, en l'église à la messe paroissiale, concernant la culture et les moissons. (*Bouthors, Cout. loc.*) Au milieu du siècle dernier, Oignies ressortissait à la gouvernance d'Arras et de là au conseil provincial d'Artois. (*Maillart, Cout. gén.*)

ÉGLISE. — L'existence du premier temple chrétien d'Oignies remonte très-probablement à l'époque carlovingienne; nous pouvons le supposer d'autant mieux que ce village avait son seigneur particulier dès le Xe siècle. La première mention de l'église d'Oignies se trouve dans une charte de 1143; on y lit qu'Alvise, évêque d'Arras, donne l'autel de ce lieu à l'abbaye de Saint-Nicaise de Reims qu'il affectionne particulièrement, à cause de sa grande régularité. (*Gallia christ.*)

Cette ancienne église, dédiée sans doute à l'apôtre saint Barthélemy, comme l'ont été celles qui lui ont succédé, fut reconstruite en pierres de taille et en briques dans la seconde moitié du XVIe siècle, au moyen des libéralités de François d'Oignies, évêque de Tournai, et consacrée le 20 mars 1571 par son suffragant, au nom de l'évêque d'Arras. Le nouvel édifice avait trois nefs et au-dessus du chœur s'élevait, en place de clocher, un campanile avec deux cloches et une horloge. Vers 1610, une tour carrée, large et haute, mais sans flèche, fut bâtie aux frais des habitants qui s'y réfugièrent plusieurs fois durant la guerre de trente ans. Déjà crevassée en 1670, cette tour s'entr'ouvrit et tomba bientôt, entraînant dans sa chute une grande partie de la toiture et des voûtes des nefs.

Pour parer à cet accident et à ses conséquences, la paroisse fut obligée de vendre les cloches ; elle dut même abandonner les travaux, faute de ressources et les voûtes ne furent point refaites. Les malheurs des temps étaient du reste peu favorables à de lourdes dépenses. Vers 1710, l'église était pillée et dévastée par des maraudeurs ennemis. (*Le P. Ignace, Mém.*) Ainsi était commencée l'œuvre de destruction que le vandalisme et l'impiété continuèrent tristement en 1793.

Rappelons qu'autrefois la chapelle du côté de l'évangile était en même temps seigneuriale et bénéficiale. Le titulaire y disait la messe tous les jours, à l'exception des dimanches et des fêtes ; il la célébrait alors au maître-autel. Une verrière posée derrière cet autel montrait un bénédictin à genoux et les armoiries de l'abbaye de Saint-Nicaise de Reims. On voit par là que la dîme et la cure d'Oignies ont appartenu à ce monastère. Citons aussi une table d'autel du XVIᵉ siècle, richement enchâssée de jaspe, don de Colart de Vandeville, évêque de Tournai. (*Même source.*)

Cette église renfermait encore au milieu du siècle dernier de curieux monuments tumulaires ; c'étaient des tombes et épitaphes de seigneurs d'Oignies et de leurs familles. Deux recueils manuscrits nous en ont gardé le souvenir, l'un de Maloteau de Villerode, faisant partie de la bibliothèque de la ville de Douai, l'autre anonyme, appartenant à M. de Coussemaker, de Lille. Nous décrirons brièvement ces monuments, mais sans reproduire leurs inscriptions, à cause de leur longueur et de l'exiguité de notre cadre. Dans le chœur, on voyait contre le mur du côté du midi, une tombe en marbre noir où étaient représentés, entourés de leurs armes, Colart, dit l'Étourdi, vêtu en chevalier ; Marie de Molembais, son épouse, et leurs dix-huit enfants, tous agenouillés devant la

Vierge Marie. A l'opposite, était la pierre tombale de Jean II, en chevalier armé de toutes pièces, et de Marguerite de Lannoy, sa femme, avec leurs armes respectives. Près de là, se remarquait un marbre noir, surmonté d'un christ d'albâtre, où étaient figurés leurs seize enfants.

Contre le mur du côté de la chapelle de Notre-Dame, se dressait une belle tombe en marbre noir, haute de quatre pieds ; c'était celle de Bauduin, costumé en chevalier, et de son épouse Jeanne d'Eechoute, tous deux à genoux, ayant derrière eux leurs six enfants nommés : Michel dit l'Étourdi, Jean, Jacques, Lancelot, Isabeau et Marguerite.

L'église renfermait encore : 1° la pierre tumulaire de Philippe d'Oignies, élevée à sa mémoire par Richard de Mérode, son petit-fils, monument entouré des armes d'Oignies, de Ghistelle, de Lannoy, de Châtillon et autres lieux ; 2° l'épitaphe de Marguerite d'Oignies, veuve de Richard de Mérode ; 3° enfin, une belle tombe sur laquelle étaient représentés, l'un près de l'autre, Richard II de Mérode, revêtu de sa cotte d'armes, et son épouse Hélène de Montmorency, avec les armes de Mérode, d'Oignies, de Luxembourg, de Lannoy, de Montmorency et autres lieux.

Tous ces pieux monuments furent profanés en 1792, puis relégués dans le cimetière où ils ne tardèrent pas à être mis en pièces. Il en fut de même des objets précieux que l'église possédait encore à l'exception cependant de quatre belles statues en marbre blanc que les fidèles parvinrent à cacher et à sauver. Ces sculptures remarquables, exécutées dans la première moitié du XVII° siècle, représentent les évangélistes assis, ayant leurs symboles auprès d'eux ; elles sont placées dans la nouvelle église et ornent l'autel de saint Barthélemy.

En 1793, la commune envoyait à la Convention nationale toute l'argenterie de l'église, qui pesait environ 13 livres. On y remarquait une remontrance, un ciboire, un calice avec patène en vermeil et un autre calice sur lequel étaient gravées les armoiries de Francois de Mérode. Bientôt l'église était fermée et défense était faite au curé d'y continuer son ministère. Ce temple fut bien rouvert peu après, mais pour servir de salpêtrerie ; le concordat le rendit au culte. (*Reg. aux délib. du cons. gén. d'Oignies.*)

GARGUETELLE.—On a vu précédemment qu'une partie de ce lieu dépend de Carvin. Le reste, formant un hameau d'Oignies, est à deux kilomètres des premières habitations de cette commune ; il se compose de 17 maisons et de 70 habitants. C'était autrefois une petite seigneurie qui était annexée à celle d'Oignies. Son patron était saint Barthélemy, titulaire de la paroisse. Il n'est pas probable que la coutume particulière de Garguetelle, dont il a été fait mention à l'article de Carvin, ait été ici en vigueur, puisque les seigneuries n'étaient pas les mêmes.

LA BATTERIE, située à gauche de l'endroit où la Deûle traverse le chemin d'Oignies à Courrières, était déjà pourvue, en 1024, d'un pont jeté sur le large ruisseau qui fut canalisé à la fin du XVIIe siècle. Les Espagnols fortifièrent et armèrent cette position qui prit dès lors le nom de Batterie. Cette redoute, occupée en temps de guerre par une faible garnison, fut abandonnée, puis démolie sous Louis XIV. Il s'y trouvait encore, en 1731, des restes de fortifications qu'on utilisa pour la construction d'une maison bâtie près de là. *(Le P. Ignace, Mém.)* Le passage de la Deûle s'y est fait au moyen d'un bac ou d'une barquette, jusqu'à l'établissement du pont actuel, terminé en 1865. Ce pont, qui n'a qu'une arche, est construit en briques avec couronnement en pierre de soignies et balustrade en fer ; son ouverture est de quatorze mètres et sa largeur de quatre.

L'EMPIRE, situé à un kilomètre d'Oignies, n'était plus, il y a quelque temps, qu'un hameau de cinq maisons ; il compte maintenant 36 maisons et environ 120 habitants. Cet agrandissement est dû surtout au voisinage d'une fosse houillère de la compagnie douaisienne. Cette localité était autrefois un lieu libre, où les coupables de crimes ou de délits trouvaient, pendant trois jours, asile et protection ; elle paraît avoir été tenue en franc empire, d'où lui viendrait son nom.

SECONDE PARTIE

Dans la première partie de cette notice, nous avons rappelé l'histoire et l'aspect de l'ancien Oignies. Dans celle-ci, nous donnerons un aperçu du nouveau, transformé complètement par l'inépuisable générosité d'une noble châtelaine qui a consacré des sommes considérables à cette œuvre civilisatrice.

Trente années ont suffi pour opérer un tel changement, pour faire d'un modeste village une commune exceptionnelle. Quel ensemble admirable ! Voyez le château avec son parc immense ; cette église qu'on prendrait pour une petite cathédrale ; le presbytère ; l'école des garçons, le patronage ; la Miséricorde, école de jeunes filles avec asile, ouvroir et salles de réunions dominicales ; le vaste cercle avec salle de lecture et jeux de toute espèce ; la mairie et son beffroi ; enfin tant d'autres choses qu'il serait trop long d'énumérer. Passons rapidement en revue ce qu'il y a de plus important à signaler.

CHATEAU.--Cette magnifique demeure, construite sous Louis XVI, a été, depuis 30 ans, augmentée et embellie notablement par Madame de Clercq, qui en a fait sa résidence. Une large grille d'entrée, entre deux pavillons, donne accès à une grande cour d'honneur. A gauche, sont les remises et les écuries. Vis-à-vis est le château. La porte principale qui donne sur un large perron est décorée d'un fronton reposant sur console. Une corniche à modillons est placée au-dessus du premier étage. Celle du second, traitée en attique, forme le couronnement de l'édifice. La façade principale, côté du parc, offre presque les mêmes dispositions.

L'intérieur contient plusieurs salles d'un style simple, pur et raisonné. Là sont réunis de très-beaux objets d'art et d'ameublement, ainsi que de grands tableaux originaux de haut mérite. On y remarque *Junon et Vulcain*, par Rubens ; le magnifique *Portrait équestre du prince de Carignan*, par Van Dyck ; le *Lever de Vénus*, par Boucher ; *Jupiter et Junon*, par Carle Vanloo ; un *Portrait*, par Rigaud ; *Abigaïl*, par Jouvenet ; *Ruth et Booz*, par Gleyre ; la *Corne d'or de Constantinople,* par Ziem et la *Consécration de l'église d'Oignies,* par Jules Breton.

Le salon de réception, décoré dans le style Louis XVI, est d'une ornementation sévère ; il domine le parc et offre une perspective saisissante.

Les sites ravissants. les pelouses qu'animent des statues d'après l'antique, les massifs touffus, les pièces d'eau ménagées avec autant d'art que de goût, les rochers artificiels d'un effet si grandiose et les serres où abondent les plantes les plus rares, voilà de quoi surprendre et charmer le visiteur.

Dans un des nombreux massifs, on voit une colonne commémorative. C'est là que fut découvert le bassin houiller du Pas-de-Calais qui tient le premier rang dans les productions des combustibles minéraux de la France. Cette grande découverte, l'une des principales causes de la richesse et de la prospérité de l'arrondissement de Béthune, a été produite par le hasard. Pour alimenter ses pièces d'eau, Madame de Clercq avait chargé M. Mulot, le célèbre ingénieur du puits de Grenelle, d'entreprendre dans son parc une recherche d'eaux artésiennes. Tout à coup, le 7 juin 1843, la sonde signala le terrain houiller à une profondeur de 178 mètres. Bientôt les recherches de la houille s'opérèrent avec un succès inespéré dans l'arrondissement sur une longueur de 20 kilomètres et sur une largeur de 16. Bientôt aussi se formèrent des sociétés houillères, d'abord celles de Dourges et de Courrières, qui n'ont cessé de prospérer. Honneur à Madame de Clercq à qui est due cette immense découverte dont la contrée lui sera toujours reconnaissante !

MAIRIE. — La mairie construite tout récemment sous la direction de M. de Baralle, architecte à Cambrai, est un édifice remarquable ; c'est plutôt un hôtel de ville qu'une simple mairie. Le monument comprend, au rez-de-chaussée, la salle des mariages, celle des ventes, le cabinet du maire, le secrétariat, le bureau télégraphique, le corps de garde, le dépôt de pompes à incendie et deux dépôts de sûreté. A l'étage se trouvent la salle du conseil municipal, la bibliothèque et les archives. Une habitation pour le secrétaire complète l'ensemble de ces constructions. La façade de la Mairie, en briques et pierres de taille, est composée de deux motifs en avant-corps à ses extrémités et d'une partie centrale en arrière. L'un de ces avant-corps est le beffroi. La cour comprise entre ces avant-corps est close par une grille ; là se trouve le perron de l'entrée principale, au-dessus duquel est un balcon en pierre blanche. Six statues ornant les trumeaux de l'étage sont abritées par des dais taillés dans le style du moyen-âge ; ce sont : la Prudence, la Religion, la Justice, l'Honneur, la Charité et la Concorde. Le beffroi de forme carrée est garni de deux contre-forts à chaque angle ; la corniche surmontée de créneaux et la toiture couronnée d'une crête avec un bel épi, sont du style de la renaissance. Les pignons à gradins rappellent les constructions espagnoles. L'alliance heureuse et bien combinée de styles différents donne à cette construction beaucoup de cachet.

Église. — Cette église, toute en briques, commencée en 1859 et terminée à la fin de 1861, est une des meilleures constructions de Grigny. Elle est de style roman, avec cette vigueur et cette variété de lignes qui caractérisent le roman des belles époques et fait penser à la cathédrale de Tournai et à plusieurs églises de Cologne. L'intérieur est remarquable par sa perspective ; le jeu des colonnes est admirable. Les vitraux redisent toute l'histoire de la religion, dans l'ancienne loi et dans la nouvelle, les patriarches, les prophètes, les apôtres, les docteurs. La chaire elle-même montre sous d'autres formes les mêmes enseignements. Les autels et les confessionnaux sont splendides. Le visiteur est frappé des heureuses proportions de l'édifice, de la grâce et de la légèreté de tous ses détails. Il admire ces voûtes majestueuses, ces arcades élancées, ces dix colonnes en pierre dure, ces chapiteaux richement ornés de feuillages, ces plans dont les profondeurs se succèdent et se multiplient, grâce aux jours nombreux ménagés aux trois absides par une heureuse intelligence des conditions de l'harmonie. C'est surtout aux verrières de couleur qu'est dû cet aspect saisissant. Les fenêtres principales sont ornées de sujets instructifs et aux fenêtres des nefs sont de belles grisailles, à la fois simples et élégantes, tamisant la lumière avec modération, mais la donnant encore en assez grande abondance. Toutes les règles de l'iconographie ont été observées dans les verrières; les portraits des fondateurs se voient dans celles qui occupent le fond du chœur; l'ensemble produit un effet majestueux. Il convient de dire que ces verrières ont été exécutées par M. Maréchal, de Metz, sur les données de M. le chanoine Van Drival et de M. l'abbé L. Gruel, alors curé de la paroisse. Nous avons signalé la chaire, les fonts baptismaux, les autels si délicatement ornés; il faudrait encore parler de la sacristie et de ses richesses, et des orgues. Rien n'est solennel et beau comme cette église aux jours de fêtes, avec les ornements de bon goût, les plantes exotiques et les fleurs rares, et cette musique délicieuse, que dirige la châtelaine elle-même. Nous renverrons le lecteur à la monographie de ce monument, publiée par M. Van Drival sous ce titre : *Une visite à l'église d'Oignies.*

La forme de l'église est celle d'une croix latine; elle a 46 mètres de longueur, 27 mètres dans sa plus grande largeur, et près de 14 mètres de hauteur. La tour avec la flèche a la même hauteur que la longueur de l'édifice. On en admire la grâce et la légèreté. Tout y est calculé pour réaliser les meilleures conditions voulues par l'harmonie qui doit toujours être l'âme des œuvres d'art.

PRESBYTÈRE ET MAISON VICARIALE. — Après avoir fait reconstruire l'église, Madame de Clercq a voulu que le presbytère et la maison vicariale répondissent à cet édifice. Ces deux habitations réunies ne sont séparées de l'église que par la rue; elles sont bâties entre cour et jardin dans le style de la renaissance. Les tourelles, qui sont d'un bel effet, ne nuisent en rien à la distribution intérieure.

ÉCOLE COMMUNALE DE GARÇONS. — Les soins apportés à l'éducation et à l'instruction des garçons méritent d'être remarqués. L'école comprend trois vastes classes bien éclairées; une grande cour avec préau couvert; une habitation pour les frères Maristes à qui est confiée la direction de cette école, et un jardin.

PATRONAGE DE SAINT JOSEPH. — Près de là, de l'autre côté de la rue, se trouve le patronage, ouvert aux garçons les dimanches et jours de fêtes. Il comprend une grande salle de jeux avec préau couvert, et une vaste cour pour exercices de gymnastique et délassements utiles.

MISÉRICORDE. — Ce magnifique établissement, bien digne d'exciter l'admiration de tous les visiteurs, est l'œuvre toute particulière et de prédilection de Madame de Clercq qui en a conçu les plans et les a fait exécuter. C'est une école communale de filles, dirigée par 8 sœurs de Sainte-Marie, de Paris. Elle comprend : salle d'asile, préaux, 3 classes spacieuses et bien éclairées, ouvroir, vastes cours, grande et belle salle pour les réunions dominicales, chapelle, parloir et quartier des religieuses ; heureux ensemble où tout est grandement traité.

CERCLE. — Placé près du patronage, ce cercle que les plus grandes villes envieraient à juste titre, se compose d'une fort belle et très-vaste salle de réunion avec billards et autres jeux ; d'une salle de lecture renfermant une bibliothèque, et d'un jardin spacieux qui réunit tous les jeux d'adresse. C'est dans cet établissement que se tiennent les assemblées de la société de Secours mutuels sous la présidence de M. Louis de Clercq, maire de la commune, député et membre du Conseil général du Pas-de-Calais, heureux de s'associer aux œuvres fondées par Madame de Clercq, sa mère.

CHAPELLE DE GARGUETELLE. — Pour faciliter aux habitants de Garguetelle l'accomplissement de leurs devoirs religieux, Madame de Clercq y a fait construire une chapelle. Cet élégant édifice, à peine terminé, dont nous avons déjà dit quelques mots, s'élève au bout d'une petite avenue plantée ; il est d'architecture romane et en forme de croix latine. La façade principale en briques et pierres, flanquée de deux contre-forts, se termine par un pignon qu'un clocheton couronne ; elle est percée d'un portail à arcade demi-circulaire. Au-dessus de l'entrée, se voit l'image sculptée de Notre-Dame de Bon-Lieu dans une étoile à huit branches portant cette inscription copiée sur celle d'une ancienne madone vénérée dans le voisinage :

Notre-Dame de Bon-Lieu
Protégez-nous en tout lieu.

L'intérieur est éclairé par six fenêtres cintrées, ornées de vitraux. Dans la première travée de gauche est le baptistère. La sacristie est à part, quoiqu'elle communique avec le chevet. La charpente apparente et fort ornée produit un bel effet. La polychromie compose toute l'ornementation intérieure. Cette décoration, confiée à d'habiles artistes de Paris, est d'une élégance et d'un goût admirables; l'or et les couleurs s'harmonisent partout de la façon la plus heureuse.

Avant de terminer cette notice, il conviendrait de parler des aqueducs d'assainissement, qui donnent la salubrité, du pavage de toutes les rues en chaussée, avec trottoirs, de l'établissement du gaz et de tant d'autres améliorations dont le savant abbé Moigno a fait mention dans un opuscule : *Oignies. Écho de l'exposition universelle de 1867*. Mais nous ne pouvons dépasser ici les limites d'une simple notice. Disons que Madame de Clercq a toujours été puissamment aidée et encouragée dans ses diverses améliorations par le concours intelligent et actif de l'administration municipale.

DANCOISNE.

TABLE

DES NOTICES CONTENUES DANS CE PREMIER VOLUME

CANTON DE BÉTHUNE

Béthune-ville. — Histoire par feu M. le comte ACHMET D'HÉRICOURT. 1 à 156

Béthune-canton. — Notices sur Allouagne, Annezin, Chocques, Essars, Fouquereuil, Fouquières-lez-Béthune, Hinges, La Beuvrière, La Couture, Lapugnoy, Locon, Oblinghem, Vendin-lez-Béthune, Verquigneul, Verquin, Vieille-Chapelle, par M. AD. DE CARDEVACQUE . . . . 157 à 237

CANTON DE CAMBRIN

Notices sur Annequin, Auchy-lez-La Bassée, Beuvry, Billy-Berclau, Cambrin, Cuinchy-lez-La Bassée, Douvrin, Festubert, Givenchy-lez-La Bassée, Haisnes, La Bourse, Noyelles-sous-Vermelles, Richebourg-l'Avoué et Richebourg-Saint-Vaast, Sailly-la-Bourse, Vermelles, Violaines, par M. E. DRAMARD . . . . 238 à 297

CANTON DE CARVIN

Notices sur Carvin, Courcelles-lez-Lens, Courrières, Dourges, Évin-Malmaison, Hénin-Liétard, Leforêt, Libercourt, Montigny-en-Gohelle, Noyelles-Godault, Oignies, par M. L. DANCOISNE . . . . 298 à 522

ARRAS. — TYPOGRAPHIE H. SCHOUTHEER, RUE DES TROIS-VISAGES, 53.

www.ingramcontent.com/pod-product-compliance
Lightning Source LLC
Chambersburg PA
CBHW060542230426
43670CB00011B/1656